KB076520

# 한국형
# 탑다운
# 투자 전략

# 한국형 탑다운 투자 전략

## 이베스트 리서치의 주식 투자 레벨 업 프로젝트

윤지호
신중호
최광혁
정다운
최진영
지음

에프엔미디어

# '도그마'를 깨고 열린 마음으로 공부합시다

2021년, 한국의 투자 커뮤니티에는 때아닌 '매크로(macro, 거시경제) 논쟁'이 일었다. 짧지만 거셌던 상승장을 뒤로하고 금리 인상, 유동성 축소를 앞둔 상황에서, 거시경제의 상황 혹은 전망을 의사결정에 얼마나 반영해야 하는가 하는 논쟁이었다. 일각에서는 훌륭한 기업은 결국 매크로의 변동을 뛰어넘고 좋은 실적을 낼 테니 매크로를 볼 필요가 없다고 하는 한편, 반대편에서는 아무리 훌륭한 기업이라도, 또는 오히려 미래의 성장 전망을 많이 당겨온 훌륭한 기업일수록 장기간의 이익을 할인했기 때문에 할인율 상승에 따른 타격을 더 많이 입는다고 주장했다.

시간이 지나고 논쟁의 승자는 명백히 후자였다. 물론 '애플'처럼 사이클을 뛰어넘은 훌륭한 성과를 낸 기업도 있었지만, 추앙받던 기업들 대부분은 그간의 주가 상승이 그들의 실력보다는 유동성에 기댔던 것임이 완연히 드러났다. 그런 와중에, 매크로를 전혀 보지 않을 것 같던 워런 버핏의 버크셔 해서웨이는 전통 석유산업 주식에 투자해 큰 성과를 거두었는데, 이는 어찌 보면 신재생에너지에서 전통 에너지원으로 회귀하는 '매크로 사이클'에 대한 베팅이었다고 할 수도 있다.

한국은 아직 금융 투자의 역사가 짧아서 그런지 '도그마'에 갇힌 사고가 자주 목격된다. 투자는 이래야 한다느니 저래야 한다느니 투자자가 응당 갖추어야 할 '올바른' 태도를 먼저 규정하고, 이를 준수하는 행태를 '철학이 굳건'하다며 높이 쳐주고 거기서 벗어나는 행태를 '이단'으로 간주한다.

투자는 돈을 놓고 돈을 버는 행위다. 어떤 미사여구로 감싸더라도 그게 진실이다. 사회적으로 '액티브' 투자자는 효율적인 가격 결정 기능을 가지고 있지만, 그런 '사회 공헌'을 위해 이 바닥에 뛰어드는 투자자가 몇이나 되는가? 투자자의 사회적 기여란 각자가 돈을 벌기 위해 최선을 다해 투쟁한 결과 '어쩌다 보니' 이루어지는 일일 뿐이다.

돈을 버는 길은 하나가 아니다. '가치투자자'라 하여 매크로를 분석하는 일을 '이단적'으로 받아들일 필요는 없다. 오히려 매크로에 대한 고려가 없으면 기업이 어떤 실적을 냈을 때 그게 얼마나 잘한 실적인지를 제대로 판단하지 못하는 우를 범할 수 있다. 매크로를 보지 않고 기업의 가치를 분석한다는 주장은 포커판에서 내 손에 쥐어진 패만 보고 의사결정을 하겠다는 말과 같다.

'전략적 사고'는 모든 투자자에게 중요하다. 풍랑이 치는 바다와 평온한 바다에서 배를 모는 방식이 달라져야 하는 건 당연하지 않은가. 풍랑을 예측하고 요리조리 피해 다니는 곡예 운전을 하라는 말이 아니다. 풍랑이 오고 있음을 확인했다면 배에 탄 사람들에게 조심하라는 경고 방송을 해줄 수 있다는 말이다. "우리 배는 튼튼하니까 괜찮아요"라고 안심하는 것과, "우리 배는 튼튼하니까 날씨를 관측하지 않아도 돼요"라고 방심하는 것은 전혀 다르다.

### '야성'이 있는 리서치, 이베스트 전략팀

그런 점에서 이베스트 전략팀은 특이하다. 내가 20년 가까이 펀드매니저로 일하면서 만나본 애널리스트의 수는 거의 네 자릿수가 될 텐데, 윤지호 리서치센터장(현 리테일사업부 대표)을 필두로 한 이베스트 전략팀은 그중에서도 참 특이하다.

애널리스트는 분석을 주업으로 삼는다. 기업이든 거시경제든 원자재든 다양한 데이터와 논리로 무장해 미래의 시나리오를 그린다. 취합하는 데이터의 방대함과 아이디어의 깊이에서 펀드매니저들은 애널리스트를 따라갈 수 없다. 그럼에도 불구하고 애널리스트의 '분석'과 펀드매니저의 '의사결정'은 유의미하게 결이 다르다. 펀드매니저들은 고객의 돈을 쥐고 실제로 베팅을 해야 한다. 펀드매니저의 게임은 홀짝 게임이 아니다. 베팅이 틀리더라도 살아나갈 구멍을 마련해야 하고, 베팅이 맞아떨어지더라도 유의미하게 큰 수량을 베팅하지 않으면 의미가 없다. 분석-예측을 주업으로 하는 애널리스트와 포지셔닝-리밸런싱을 주업으로 하는 펀드매니저의 대화는, 같은 이야기를 나누는 듯하면서도 겉도는 경우가 상당히 자주 있다.

물론 그 차이는 펀드매니저가 감내해야 한다. 고객이 돈을 맡긴 대상이자 베팅을 하는 주체는 펀드매니저이고, 베팅에 대한 책임도 당연히 펀드매니저가 져야 한다. 애널리스트에게 포지셔닝에 대한 조언을 바라는 것은 펀드매니저의 배임이라고 생각한다. 그러므로 겉도는 대화의 공백은 펀드매니저가 스스로 메꿔야 한다.

아주 특이하게도, 그 공백을 메꿀 필요가 없는 애널리스트들이 있다. 단순한 일차원적인 예측을 내는 것이 아니라, 다양한 각도의 시나리오를 입체적으로 전망해보고 "지금은 방아쇠를 당겨도 될 때다"라고 외치는 사람들이 있다. 실제 전장에 나가서 위험을 짊어지는 훈련이 되지 않으면 이런 식으로 사고하기가 어려운데, 이런 사고를 할 줄 아는 애널리스트를 만나면 사막에서 오아시스를 찾은 양 반갑다. 이런 사람은 등 뒤를 맡길 수 있는 사람이 된다.

이베스트 전략팀의 빛나는 순간을 몇 가지 짚어보자. 2021년에 그들은 유동성 축소에 따른 주가 하락을 점쳤다. 하락을 전망하는 일은 그 자체로 상당한 용기가 필요하다. 특히나 하락이 한참 진행되었음에도 불구하고 '애널리스트들의 추정치가 충분히 내려오지 않았다, 앞으로 주가는 더욱 하락할 수 있다'라고 하는 것은 어찌 보면 자승자박이 될 수 있는 주장이었다. 미래를 정교하게 분석하고 예측하는 것이 애널리스트의 일인데, 애널리스트가 그 일을 제대로 해내지 못하고 있어서 향후 더 큰 폭의 주가 하락이 있을 수 있으니 조심하라고 애널리스트 스스로 말하다니, 이게 도대체 무슨 일인가? 과장해서 이야기하자면 '업계 내부 고발'로 불릴 수도 있는 일이었다. 이런 이야기를 담담하게 전달하는 모습에서 나는 전율을 느꼈고, 그 용기에 큰 찬사를 보냈다. 그리고 주가는 급락했다.

2022년 하반기, 이들은 의견을 뒤집었다. 시장의 펀더멘털은 부진하지만 가격에 많이 반영되었고, 이제는 긍정적인 면을 바라볼 때가 되었다고 했다. 모두가 경기 침체니 금융위기니 외치고 있을 때 그들은 위쪽을 보았다. 심지어 펀더멘털이 좋아서가 아니라, 펀더멘털이 '좋지 않음에도 불구하고' 주가는 갈 때가 되었다고 했다. 그리고 주가는 (피터 린치의 표현을 빌리자면) '아무것도 해결되지 않은 채' 반등해버렸다.

내가 이베스트를 좋아하는 이유는 그들이 단지 분석을 잘해서가 아니다. 분석을 잘하는 건 기본이다. 거기에 더해 '야성'을 그들로부터 느낄 수 있다.

한국의 지식 산업은 현장과 괴리된 경우가 많다. 금융 투자 분야는 특히 그렇다. 제도권에서 훈련받은 '전문가'들은 대중을 향해 쉽사리 입을 열지 않는다. 대중에게 조언하는 사람들은 대부분 제도권 밖의 사람들이다. 그러다 보니 개인 투자자와 '업계 사람들' 사이의 간극은 쉬이 메꿔지지 않는다. 좀 더 많은 전문가가 대중과 소통해야 한다. 케이팝 아티스트들은 전 세계에서 뛰노는데 금융인들은 언제까지 그들만의 울타리 안에서 자기복제를 하며 살 텐가.

한국의 증권사 리서치센터에서 '전략'에 관한 책이 나온다고 했을 때부터 가슴이 설렜다. 특히나 '야성'을 갖춘 하우스에서 전략 책이라니. 교과서급의 두꺼운 책이 나왔지만 충분히 읽어볼 가치가 있다. '도그마'를 깨고, 열린 마음으로 이제 좀 제대로 공부해보길 바란다.

홍진채(라쿤자산운용 대표)

추천의 글

# 다섯 필자의 '오색영롱한' 투자 길잡이

지인이 출간한 책의 추천사를 쓰는 것은 참 즐겁지만 부담스러운 일이다. 특히 얼마 전까지 이베스트투자증권 리서치센터를 이끌었던, 너무나 좋아하고 존경하는 윤지호 리테일사업부 대표와, 항상 경외심을 느끼는 전문가 신중호 리서치센터장의 글이 포함되어 있기에 더욱 그렇다. 사심이 들어갈 수 있다는 부담감도 있지만 나처럼 부족한 사람이 전문가들의 글에 코멘트를 달아서 혹여나 누를 끼치지는 않을까 하는 두려움이 더욱 크다.

원고를 받아 단숨에 읽으면서 그런 두려움은 상당 수준 사라졌다. 일단 두 분의 글에 리서치센터 주포 세 분의 글이 더해지면서 책의 색깔이 참 흥미롭게 나타난다는 점을 알았고, 윤 대표와 신 센터장의 글을 오랫동안 읽어오면서 느꼈던 점들이 새록새록 책에 담겨 있음을 알릴 필요가 있겠다는 생각이 들어서다.

글을 읽을 때는 텍스트 자체로 읽는 것도 필요하지만, 그 텍스트를 둘러싸고 있는 환경인 컨텍스트를 함께 보는 것이 더 좋을 수 있다. 가령 만해 한용운의 시 〈님의 침묵〉에서 '님'의 의미는 단순히 시 자체의 텍스트로 해석할 때와, 시가 쓰인 당시의 상황과 시인의 인품을 알고서 해석할 때가 전혀 다르게 다가온다.

윤지호 대표를 뵈면서 항상 놀라는 것은 단순히 경제 논리 혹은 시장의 스토리텔링을 통해 시장을 해석하지 않는다는 점이다. 시장을 바라보는 프레임워크가 상당히 독특하다는 느낌을 받는데, 바로 사고의 힘이라고 본다. 윤 대표는 철학 책을 비롯해 다양한 인문학, 역사, 심리학 책들을 꾸준히 읽는다. 철학은 다양한 생각을 다른 각도로 좀 더 깊게 바라보는 힘을 길러주는 학문이다. 경제학에서는 경제 주체가 합리적이라는 가정을 전제하지만, 실제 현실에서 개개인은 합리적이지 않을 수 있다. 개개인은 그들이 살아온, 그리고 경험해온 과거의 총합이기에 그 경험에 종속되기 쉽다. 이는 심리가 역사를 통해 만들어졌다는 사실과도 일맥상통한다.

1장 윤 대표의 글에서는 어떤 데이터를 바라봐야 한다는 내용보다는 시장을 다양한 각도에서 다양하게 해석할 수 있다는 점을 명확히 제시한다. 사막, 숲, 바다 각각에서만 살아온 사람들이 모여서 대화를 나눈다. 해가 어디에서 떠서 어디로 지느냐가 주제인데 사막에 사는 사람이 "해는 모래 위로 떠서 모래 아래로 진다"라는 말을 던진다. 숲에 사는 이는 "해는 나무 위로 떠서 나무 아래로 진다"라고 이야기한다. 같은 현상을 보는 각각의 시선이 다르다. 누구의 시각은 맞고 누구의 시각은 틀린 것일까?

하나의 데이터에 대해서도 각각이 바라보는 시각이 있고, 이런 시각들이 거대한 수렴을 만들면서 시장 과열로 이어지기도 하고, 반대편에서는 소외와 무시가 나타나기도 한다. 데이터를 볼 때 데이터 자체에 빠져드는 것도 필요하겠지만 다양한 시선으로 바라볼 필요가 있음을 윤 대표의 글에서 좀 더 절실하게 깨닫게 된다.

신중호 센터장의 글에도 역시 그만의 강점이 뚜렷하게 나타난다. 남들이 미처 바라보지 못하는 부분들을 읽어내고 시장의 과열 혹은 두려움이 지배적일 때도 절대로 냉정함을 잃지 않는 그의 스타일이 2장에서 확연히 보인다. 사이클이란 결국 세상은 돌고 돈다는 의미다. 아무리 위험하더라도 좋아질 수 있고, 아무리 좋아 보이더라도 꺾일 때가 있다는 관점을 실제 투자 사례를 통해 보여준다.

금융시장에서 좋은 것과 나쁜 것을 보는 것도 중요하지만, 어쩌면 좋아지는 것과 나빠지는 것을 보는 것이 더욱 중요할 수 있다. 금융시장은 미래의 기대를 반영하는데, 좋은 것은 이미 반영되었고 나빠지는 것이 영향을 줄 수 있기 때문이다. 이런 변화의 흐름이 사이클에 나타나고 신중호 센터장의 글에서 이에 대한 명확한 사례들을 접할 수 있다.

3장 최광혁 팀장의 매크로 관련 글은 개인적으로 내가 매크로를 보는 사람이기에 가장 흥미로웠다. 최 팀장은 매크로를 볼 때 가장 중요한 핵심 지표들을 현재 상황과 엮어서 재미있게 풀어준다. 단순히 '어떤 지표들이 있다'라는 안내에 그치지 않고 그 흐름이 어떻게 되어왔고 지금은 어떻게 나타나고 있는지를 보여주기에 실제 응용할 때 큰 도움을 받을 것이다. 매크로의 영향이 상당히 크게 작용하는 현 시장 상황에서 꼭 읽어야 할 부분이라고 생각한다.

4장 최진영 위원의 원자재 관련 파트가 단연 백미인데, 원자재를 이렇게 다양한 역사적 데이터로 설명하는 글을 만나기가 쉽지 않기 때문이다. 구리, 알루미늄, 원유의 가격을 바라볼 때 단순히 지금의 상황만을 해석하는 횡단면 분석뿐 아니라 그 흐름까지 읽어 내려오는 종단면 분석 또한 담아내기에 가치가 크다. 대니얼 예긴의 책 《황금의 샘》은 원유시장을 바라볼 때 그 산업의 역사를 왜 보아야 하는지를 알려주는데, 최 위원의 파트도 과거의 핵심 사건들이 특정 원자재의 가격 형성에 어떻게 영향을 끼쳐왔는지를 알려준다.

마지막으로 정다운 위원의 퀀트 파트는 일반 투자자가 가장 어렵게 느낄 수 있는 부분이다. 가장 큰 이유는 스토리보다는 숫자로 설명한다는 점이다. 퀀트는 그 자체의 차가움과는 별개로 잘못 서술되는 경우 '그냥 이런 숫자가 나왔어요'라는 단순 결과론으로 이어질 위험도 있기에 다소 불친절한 섹터라는 느낌을 받는 것도 무리는 아니라고 본다. 그렇지만 정 위원은 불친절할 수 있는 퀀트 분석 하나하나를 스토리로 엮는 작업을 함께 담아주었다. 그리고 이를 통해 투자할 때 가장 중요한 팩터가 무엇인지를 설명해준다. 투자에는 스토리도 중요하지만 숫자 역시 매우 중요하다는 점을 퀀트 공부를 통해서 익혀가는 것이 필요하며, 이 책은 그 첫걸음을 딛는 데 도움을 줄 것으로 생각한다.

각 장을 읽으면서 느낀 점을 간단하게 적었다. 적고 나서 돌아보니 가장 큰 틀에서 시장을 보는 눈, 시장이 움직이는 원리(사이클), 그 사이클에서 나타나는 매크로 변화, 매크로 변화에 영향받는 원자재라는 자산군, 마지막으로 숫자를 통해 접근하는 실제 투자 데이터까지 탑다운(top-down)의 체계로 글이 흐른다는 느낌을 받는다. 필자 5명이 쓴 글들이 훌륭하게 꿰어진 이 책이 많은 분에게 오색영롱한 투자 길잡이가 될 것으로 생각한다.

오건영(신한은행 WM그룹 팀장)

들어가는 글

# 평판을 잃게 되더라도…

함께한 기억이 희미해지기 전에 책을 쓰고 싶었습니다.

2022년 리서치 생활을 마무리할 계획을 세우고 동료들에게 제 버킷리스트를 말했습니다. 동료들과 함께 주식 투자 전략을 정리한 책을 내자는 것이었습니다. 한화투자증권 시절부터 함께한 신중호, 최광혁, 정다운, 그리고 이베스트에서 신입으로 만나 지금은 일당백이 된 최진영이 힘을 보탰습니다.

시장은 많은 개인 투자자, 애널리스트, 그리고 펀드매니저의 의견과 실제 행동(매매)이 뒤엉켜 있는 곳입니다. 애널리스트의 투자 전략은 그 얽힌 실타래를 풀고 데이터에 근거해 하나의 흐름에 녹여내는 역할을 합니다. 쉽지 않은 일이죠. 경제와 채권, 또 기업 관련 다양한 데이터를 정확히 이해하고, 이를 씨줄과 날줄로 해서 잘 짜내야 가능하기 때문입니다.

혼자 하기 힘들죠. 더 나은 판단을 위해서는 그것이 가능한 구조를 만들어야 합니다. 저와 제 동료들은 부족한 점이 많지만 더 나은 판단을 위해 팀워크를 다지고 노력해왔습니다. 서로에게 아픈 이야기마저 해줄 수 있기에 온전하게 서로의 생각을 듣고 말하는 소통을 해왔습니다. 이 책은 그러한 소통에 필요한 기본 지식을 풀어낸 책입니다. 시장에서 구할 수 있는 데이터를 어떻게 취하고 정의하며 활용해야 하는지를 정리했습니다.

투자 현실은 풀기 어려운 문제도 늘어나고 경험하지 못한 충격도 더 빈번해지고 있습니다. 데이터는 늘어가지만 이를 적절히 취해서 엮어내기가 만만치 않습니다. 열심히 한다고만 되는 것이 아닙니다. 혼자가 아니라 함께 고민할 때, 가설을 세우고 데이터를 제대로 해석할 수 있을 것입니다. 문제는 해결해야 하고 질문에는 답해야 합니다. 애널리스트의 투자 전략은 문제를 해결해서 미래에 대응하는 과정이 되어야지, 후행적으로 따라가면서 나오는 질문에 답하는 뒤늦은 오답노트가 되어서는 안 됩니다.

이베스트 리서치센터에서 다뤄온 접근법을 이제 많은 이에게 전하려 합니다. 물론 우리의 설명이 적절하지 않을 수 있고 이해하기 어려울 수도 있습니다. 이 역시 우리 필자들의 몫입니다. 책을 내는 데 많은 분의 도움이 있었지만, 특히 10년 전 제가 리서치센터에 온 이후 지금까지 응원하고 지원해주신 이베스트투자증권 임직원들, 홍원식 전 사장님, 그리고 어려운 시기에도 리서치 지원을 아끼지 않고 용기를 주신 김원규 사장님에게 감사함을 전합니다.

처음 들었을 때부터 늘 마음에 두어온 문장으로 마지막을 갈음하려 합니다. “사람들을 돕고 싶다면 그들에게 진실을 말하라. 당신 자신을 돕고 싶다면 사람들이 듣고 싶어 하는 말을 하라.” 미국 경제학자 토머스 소웰의 말입니다.

증권가 리서치에서 진실은 때론 평판에 흠집을 내지만 투자자들에겐 올바른 방향을 제시합니다. 설령 평판을 잃게 되더라도 진실만을 알리겠다고 마음먹게 하는 문장입니다.

앞으로도 평판보다 시장 자체에 더 집중하겠습니다.

2023년 2월, 새로움을 꿈꾸는 필자 5명을 대표해서

윤지호

# 차례

## 4장. 원자재: 원자재를 알아야 물가를 이긴다 | 최진영

# 1장

윤지호

# 투자라는 전쟁터에서 살아남으려면

## 주가는 양극단을 오간다

뭍으로 나와보니 아가미로는 숨이 쉬어지지 않는다. 살려면 이곳의 호흡법을 배워야 한다. 지금의 투자 세상은 아가미로 숨 쉬는 바다가 아니다. 바다에서 뭍으로 나온 투자자들은 아가미가 아닌 폐로 숨 쉬는 법을 알아야 한다. 달라진 환경에 적응하고 진화해야 생존할 수 있다. 바다와 뭍에서 숨을 쉬는 방식이 다르듯이, 기업 자체 외에 주변 환경을 이해하고 적응해야만 성공적인 투자자가 될 수 있다. 투자 전략이 필요한 이유다.

2021년 봄, 투자자들은 희망이 가득했다. 주가가 이미 정점을 찍은 뒤였지만, 새로운 미래를 이야기하며 '주식은 장기적으로 들고 가면 된다'는 식의 '매수 후 보유 전략'을 외치는 이들의 목소리가 미디어를 뒤덮었다. 새로운 투자자들을 유혹하는 각종 신조어가 나오고, 그에 대한 해설이 나오고, 대중은 그런 기회를 놓치지 않으려는 소외공포증(FOMO) 가운데 있었다. 돈을 불리기는 커녕 까먹기 딱 좋은 때, 투자자들이 주식시장에 몰려들었던 것이다. 장부가치 대비 시가총액이 1.2배를 넘어 1.3배라는 초유의 수치를 보이고 있었지만, 투자에 반하는 의견을 내면 시대에 뒤떨어진 이로 취급받았다.

거시 환경(매크로, macro)에 신경 쓰지 말고 좋은 주식은 그냥 들고 가면 된다는 식의 상향식 접근(바텀업, bottom-up)이 증시를 주도했고, 하향식 접근(탑다운, top-down)은 투자자의 관심 밖이었다. 같은 기간 동안 일어난 최악의 현상은 이때 증시에 들어온 입문자들에게 '시장을 쉽게 이길 수 있다'라는 헛된 망상을 심어줬다는 것이다. 일부는 강세장의 성과를 향유했지만 대다수는 수익을 현금화하지 않았다. 주가가 조정기에 들어섰지만 장기 투자의 환상 속에 투자자 대다수는 주식 비중을 그대로 유지했다.

이 글을 쓰는 2022년 가을 분위기는 이와는 정반대다. 주가는 폭락했고, 미디어는 매일매일 인플레이션의 공포를 중계하고, 투자자들은 비관을 넘어 공포의 시간을 맞이하고 있다. 저평가 매력(deep value)이 높아진 좋은 주식이 넘쳐나지만 투자자들은 물가지표와 실업률, 그리고 정기적으로 돌아오는 파월 의장의 목소리에만 관심을 집중하고 있다. 매크로 전망이 악화되면서 좋은 기업이 망했을 가격에 거래되고 있었지만 투자자들은 이를 외면하고 있다. 이베스트투자증권 리서치센터 구성원들이 이 책을 쓴 이유다.

2020년 이후 지금까지의 경험을 잊지 말아야 한다. 각자 적용했던 투자 사례를 잘 정리하고, 사용한 전략이 잘 작동되어왔는지 검토해야 한다. 투자자 대다수는 손실을 제한하거나 이익을 지키는 데 실패했다. 지난 2년을 경험한 투자자는 이제 선택해야 한다. 자신의 잘못이 무엇인지를 외면하고 무시한다면 똑같은 실수를 반복하면서 향후의 성과도 과거와 마찬가지일 것이다. 무엇을 잘못하고 있는지 깨닫는다면 다음에는 실수를 줄이고 기회를 잡을 수 있다.

거듭된 실패로 주식 투자에 진절머리 난다고 해서 증시를 떠나는 것도 좋은 선택이 될 수 없다. 한국은 이제 저성장 국가다. 노동에만 의존해 살아가기가 힘들어졌다. 자본의 힘으로 돈을 불리는 능력을 키워야 금융자본주의 사회에서 생존할 수 있다. 주식 투자는 이제 삶의 일부분이 되었고 이후에도 그래야 한다.

시장에 항상 발을 담가두되, 시장에 취해서는 안 된다. 주가가 오르면 흥분하고 주가가 하락하면 공포에 질리는 행태에서 벗어나야 한다. 2021년 봄으로 기억을 되돌려 보자. 각종 TV 예능 프로그램에 주식 셀럽과 투자자들이 함께 나올 때 이를 주식 투자자의 저변 확대로 해석했지만, 지금 생각해보면 그때가 주식 비중 축소의 적기였다.

피터 린치가 비유했던 칵테일파티의 4단계가 2021년 봄에 전개되었다. 칵테일파티에 참석한 펀드매니저에게 아무도 관심을 갖지 않는 침체기를 지나, 그에게 조금씩 말을 걸고 의견을 묻는 주가 상승 시기를 거쳐, 파티 참가자들이 큰 목소리로 훈수를 두는 과열 단계에 도달했던 것이다. 아쉽게도 이제 칵테일파티는 끝났고 투자자들은 앞다투어 시장을 떠나 도망가고 있다. 주가가 내려와 트레일링 주가순자산배수(Trailing PBR) 0.8배에 다가서고 있지만 어느 누구도 주식의 시대를 이야기하지 않는다. 여전히 종말론이 투자 세상을 지배하고 있다.

하지만 길게 보면 종말론적 사고보다 순환론적 사고를 지닌 이들이 투자 세상을 지배한다. '장밋빛 미래'로 현재를 정당화할 때 주가는 무너지고, 반대로 암울한 미래를 공포로 받아들일 때 반전이 시작된다. 트레일링 PBR이 1.2배를

[그림 1-1] 코스피 확정 자본총계 기준 PBR(2005~2022)

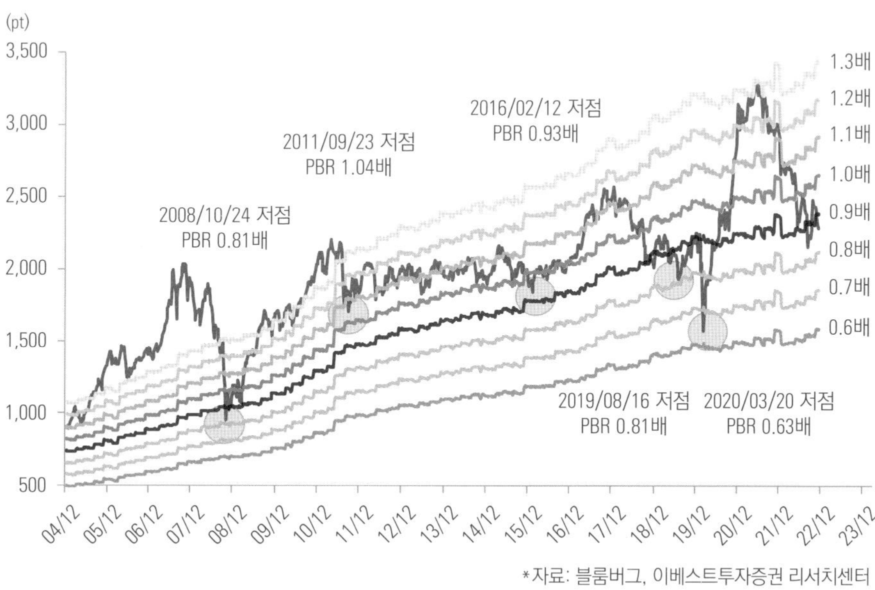


*자료: 블룸버그, 이베스트투자증권 리서치센터

넘어섰던 2021년에 위험을 줄여야 했다면, 0.8배에 다가선 시점에는 위험을 안고 주식 비중을 늘려야 한다.

물론 이 글을 쓰는 시점의 상황은 좋지 않다. 인플레이션을 잡기 위해서는 경기를 어느 정도 훼손할 수밖에 없다는 생각이 커지고 있다. 나아가 부채로 성장한 1980년 이후 40여 년간의 부채 의존 경제가 붕괴하고 있다는 극단의 우려도 주가에 반영되고 있다. 물론 시스템 위기가 도래해 주가 조정이 더 깊어질 수 있더라도 한 가지 분명한 사실이 있다. 주가 하락은 그 자체로 주가 상승의 씨앗을 잉태한다는 것이다.

주가는 양극단을 오간다. 고점과 저점을 정확히 알 수는 없지만 시장 온도를 측정함으로써 상투권이나 바닥권 정도는 가늠할 수 있다. 세상은 망하지 않는다. 하지만 이미 주가는 거의 망한 수준에 도달해 있다. 정부는 최악의 상황으로 치닫는 것을 막기 위해 긴축 정책을 취하고, 기업들도 비용을 축소하고 생산성을 개선하고자 최선을 다하고 있다. 위기는 대비하지 않을 때 찾아오지, 상황을 개선하려는 의지가 강할 때 닥쳐오지 않는다.

경기와 기업은 사이클이 있고 사이클을 인정하는 순환적 사고가 투자 세상을 이끈다. 순환적 사고를 어떻게 적용해야 하는지는 하워드 막스의 책 《투자에 대한 생각》에 실린 1991년 메모에 담겨 있다. 하워드 막스는 고점과 저점을 예측하는 신의 영역에 도전하기보다 다음과 같은 노력을 기울이는 편이 낫다고 말한다.

"첫째, 시장이 극단적으로 되는 상황을 경계하고, 둘째 그에 따라 행동을 조절하고, 셋째 무엇보다 수많은 투자자들로 하여금 고점과 저점에서 커다란 실수를 하게 만드는 다수의 행동에 동조하지 않는 것이다."

> 비관적인 분위기일 때 우리는 투자합니다. 비관론이 좋아서가 아니라 비관론이 초래한 가격이 마음에 들어서입니다. 이성적인 투자자의 적은 비관론이 아니라 낙관론입니다. - 워런 버핏

투자는 상식이다. 주가는 장기적으로 가치를 따라가지만 단기적으로 고평가와 저평가를 반복한다. 순환적 사고란 고점과 저점을 예측하는 것이 아니라 고평가 구간에서 조심하고 저평가 구간에서 용기를 내자는 것이다. 워런 버핏의 말대로 투자자는 비관론 자체를 좋아하기보다 비관론이 주는 가격을 사랑해야 한다. 리스크 관리는 리턴이 커졌을 때 하는 것이지, 리스크가 불거졌을 때 하는 것이 아니다.

2021년 봄과 같이 모두가 증시를 낙관하는 시절이 돌아온다면 낙관론이 주는 가격은 경계해야 한다. 바닥을 알 수 없지만 '물리면서 사야 하는 가격'이

있고, 고점은 알 수 없지만 '일단 일정 부분 현금을 확보해야 하는 시기'가 있다. 투자자는 결국 어느 시점에 공격적으로 나아갈지 또는 수비에 나설지를 가늠해야 한다. 각자 자신에게 맞는 투자 전략을 찾아내야 적절한 판단을 내릴 수 있다.

## 숲과 나무를 함께 봐야 하는 이유

분위기에 휩쓸리지 않고 투자자 스스로 더 나은 의사결정을 할 방법은 없을까? 남들이 흥분할 때 의심하고 남들이 두려워할 때 용기를 내려면 묘안이 필요하다. 감정에 동요하지 않고 공격(risk-on)할 때인지 아니면 수비(risk-off)에 전력할 때인지를 결정할 수 있는 나만의 전략 말이다.

전략의 출발은 '돈의 흐름'을 알아가는 것이다. 꼭 주식 투자가 아니어도 너무나 당연한 삶의 지혜다. 돈이 있어야 당장 의식주를 해결할 수 있고, 돈이 있어야 각자 꿈을 위해 미래에 투자할 수 있다. '돌고 도는 돈'은 멈추지 않고 흘러간다. 투자자는 그 흐름을 파악하고 반보 앞서 행동해야 생존할 수 있다. 돈은 항상 어디론가 움직인다. 채권에서 주식으로 가든, 선진국에서 신흥시장으로 가든, 성장주에서 가치주로 가든 스스로 증식을 원하는 돈은 멈추지 않는다. 투자자는 돈을 따라가야 한다. 세상이 혼란스럽고 불확실성이 증폭되면 돈은 안전한 곳을 향하기도 한다. 투자자가 잠시 쉬어갈 때다. 공포와 탐욕의 양극단을 저울질하며 세상의 자금이 어디로 흘러가는지를 알아야 한다.

좋은 기업을 찾는 길도 다르지 않다. 음식점을 차린다고 생각해보자. 음식점 평가 항목으로는 맛이 첫 번째이고 다음으로 청결도, 교통, 주차 시설, 인테리어 등을 꼽을 수 있다. 맛은 뛰어나지만 나머지가 아쉽다면, 음식점 주인은 더 크고 입지가 좋은 매장에 자리 잡아 매출 확대를 계획할 수 있다. 보다 좋은 위치에 음식점을 여는 데는 돈이 많이 필요하다. 하지만 줄 서서 기다리는 충성도 높은 소비자가 있다면 욕심을 낼 만하다. 돈을 어떻게 조달하느냐가 관건일 뿐이다.

이때 음식점 고유의 가치인 '맛과 친절' 외에 다양한 변수가 개입한다. 부채를 얻으려면 금리 수준과 부동산 가격이 중요해진다. 좋은 기업도 돈의 관점에서 바라봐야 한다. 구매하고 결제하고 판매하고 판매 대금을 회수하는 동안 자금 흐름이 원활해야 한다. 기업이 외부가 아닌 내부 조달로 돈을 창출하면 투자자는 더 높은 가치를 부여할 수 있다. 돈을 비싸게 외부에서 조달하지 않고 값싼 내부의 자금원으로 대체해온 아마존과 애플이 투자자의 사랑을 받아온 배경이다. 잉여현금흐름이 어디로 향하는지도 중요하다. 투자자에게 돌려주거나 새로운 비즈니스에 진출하는 등 돈이 기업에 가만히 머무르지 않고 배당이나 미래를 위한 투자로 이어지는지를 추적해야 한다.

진자(秦)의 위치는 어디인가? 좋은 기업은? 투자 전략은 이에 답해야 한다. 전략은 싸움(戰)과 계략(略)이다. 즉 '잘 싸우기 위한 계략'이다. 영어로 전략(strategy)은 '군대를 이끌다'라는 그리스어 'strategos'에서 유래했다. 승리하려면 좋은 위치를 선점하고, 바람과 비 등 날씨가 공격에 유리할 때까지 전체 상황을 조망하면서 부대를 통솔해야 한다. 작은 전투에 지더라도 큰 전투는 이겨야 승리할 수 있다. 큰 전투에 이기려면 형세가 유리한 때를 알아야 한다. 형세는 한 가지 방향이 아니라 앞뒤를 살펴야 파악할 수 있다.

안개가 가득한 전장에서 '돌격 앞으로' 명령을 내린다면 결과는 어떨까? 안개를 이유로 적군이 긴장을 풀고 있다면 공격에 성공할 것이다. 반면 적이 더 촘촘히 경계하고 있다면 무모한 공격은 실패하고 적의 반격을 받아 궤멸할 위험에 빠질 것이다. 지금이 공격할 때인지 아니면 수비에 전력할 때인지를 결정

[그림 1-2] 경복궁 향원정

하는 것만으로도 투자 성공의 빈도가 달라진다. '투자'라는 전쟁터에서 승리하기 위해 '전략' 수립이 필요한 이유다.

기업 하나만 보고 가는 것보다 주변을 아울러야 한다. 내가 사는 곳은 서촌이다. 인왕산 아래이고 경복궁 옆 마을이다. 그러다 보니 경복궁을 자주 간다. 한때는 '한국의 대표 건축물들은 왜 이리 왜소할까?'라는 생각을 하곤 했다. 유럽의 장엄한 건축물, 그리고 중국 자금성의 광대함에 비교하면 이런 생각이 드는 것이 당연하다. 하지만 자주 가다 보니 어느새 다른 모습이 들어오기 시작했다. 주변 환경과의 조화다. 정전인 근정전을 멀찍이 바라보면 북악산의 웅장함이 보인다. 신하와 사신에게 연회를 베푸는 경회루와 달리, 왕과 왕비가 조용한 휴식을 취하는 향원정은 눈 오는 겨울과 소나기 내리는 여름의 색깔이 정말 다르다. 풍광 자체가 건물과 조화를 이룰 때 건물의 진가를 알 수 있다. 건물의 가치를 평가할 때 건물 구석구석을 보는 것이 우선이지만 주위 환경과 어울리는지, 더 넓은 공간의 한 부분으로 어떤 역할을 하는지를 관찰하는 것도 중요하다.

투자도 다르지 않다. 건물(기업)과 풍광(매크로)의 어우러짐이 가치 평가의 출발이다. 숲과 나무를 함께 봐야 하는 이유다. 주식 투자 경험이 적을수록 더 그러하다. 특정 종목이나 이슈에만 집중하다가 증시 전반의 큰 흐름을 놓치는 광경을 종종 목격한다. 잘 깨지지 않는 좋은 계란을 고르고(종목 선정) 여러 바구니에 나누어 담는 것(분산 투자)도 중요하지만, 지금이 계란을 담아야 하는 시점인지 아니면 바구니를 최대한 비우고 가볍게 들고 가야 하는 시점인지를 파악하는 것도 그에 못지않게 중요하다.

매크로 이슈는 소음일 뿐이라고 단정 짓는 이들도 있지만, 다양한 산업에 걸쳐 다수의 종목을 장기간 투자해본 전문 투자자라면 기업 실적과 산업 전망뿐 아니라 거시경제와 경기 흐름이 중요함을 안다. 경제, 산업, 퀀트 등 탑다운 데이터가 투자 성과와 리스크 관리의 열쇠가 된다는 점을 체감할 것이다. 예를 들어 미국의 중앙은행(FRB)이 갑자기 기준금리를 올리면 왜 유럽과 아시아의 주식시장이 충격을 받는지, 석유수출국기구(OPEC)의 대규모 감산 결정이 중국과 한국의 물가와 에너지 섹터 주가에 어떤 영향을 미치는지 쉽게 이해할 수 있다.

건물 맞은편에서 바라보면 안에서는 보이지 않던 허점을 볼 수 있다. 2008년 금융위기가 파국으로 치닫는 국면에서 기업 하나하나를 보면 큰 위험을 알기 어려웠다. 주택과 금융시장에서 보인 위험 신호를 데이터로 추적해온 이들 중 일부만 최악의 상황을 피하고 기회를 포착했다. 영화 〈마진콜〉은 2008년 금융위기를 촉발한 그날 밤의 이야기다. 회사의 리스크 관리자가 자사 금융상품의

[그림 1-3] 영화 〈마진콜〉과 〈빅쇼트〉

손실이 자산을 넘어섰음을 인지하고, 이런 데이터에 근거해 먼저 시장에 자산을 팔아넘긴 24시간을 그려냈다.

영화 〈빅쇼트〉도 마찬가지다. 미국의 주택 경기지표와 부실주택 담보대출 데이터를 집요하게 추적해 투자 기회를 찾아내는 과정을 보여준다. 결국 두 영화는 다양한 하향식 데이터를 관찰하고 추론하는 과정이 투자에 얼마나 유용한지를 알려준다.

2021년 봄, 시장에 들어온 입문자들은 유튜브나 방송에 나온 전문가들의 다양한 기업 추천, 또 미래 성장 산업에만 관심을 두었다. 2021년 가을 이후 인플레이션 위험이 점증하고 금리가 올라가는 기간에도 상향식 접근에 기반한 기업 추천이 시장의 주된 관심사였다.

잊혔던 매크로 데이터를 주목하기 시작한 것은 2022년 5월을 넘어서면서

였다. 미디어는 상향식 접근이 아닌 하향식 접근으로 뒤덮였다. 기업 자체보다 금리와 연준, 환율과 고용 등 매크로 지표들을 향한 다양한 시나리오를 논의하고 있다. 2022년 3분기에서 4분기에 걸친 글로벌 증시 폭락은 탑다운 전략의 필요성을 다시 상기시킨 계기가 되었다.

## 모든 구간에 유효한 전략은 없다

> 우리는 눈을 가린 채 현재를 지나간다. (중략) 나중에서야, 눈을 가렸던 붕대가 풀리고 과거를 살펴볼 때가 돼서야 우리는 우리가 겪은 것을 이해하게 되고 그 의미를 깨닫게 된다. - 밀란 쿤데라, 〈누구도 웃지 않으리〉

우연이 개입하면서 투자는 더욱 어려워진다. 밀란 쿤데라의 단편 〈누구도 웃지 않으리〉는 우연히 받은 편지에 관한 것이다. 우연한 편지가 어떤 이에게는 사소하지 않았고 사태는 증폭되고 악화된다. 어느 순간 주인공의 선택으로 삶이 달라진다. 투자도 다르지 않다. 2020년 봄의 코로나19가 이리 오래 우리를 괴롭힐지 누가 알 수 있었을까? 또 2022년 봄, 러시아와 우크라이나 전쟁이 40여 년간 잠자던 인플레이션의 악몽을 되살릴지 누가 알 수 있었을까? 많은 투자자는 단선적인 인과론을 투자에 적용하지만 하나의 인과법칙은 잘 작동하지 않는다. 쿤데라의 소설처럼 선택과 결과 사이에 우연이 끼어들기 때문이다.

'주린이'로 불리는 초보 개인 투자자가 크게 유입된 시기가 2020년 가을에서 2021년 봄까지였다. 서점가의 베스트셀러가 증권 서적이었고 증권 투자 관련 유튜버는 스타가 됐다. 반도체 슈퍼 사이클 기대와 무형재(intangible asset) 경제의 재평가가 투자자들의 기대 수준을 한껏 끌어올린 시기였다. 2021년 봄, 코

[그림 1-4] 코로나19 이후 지수대별 거래 대금 규모와 비중

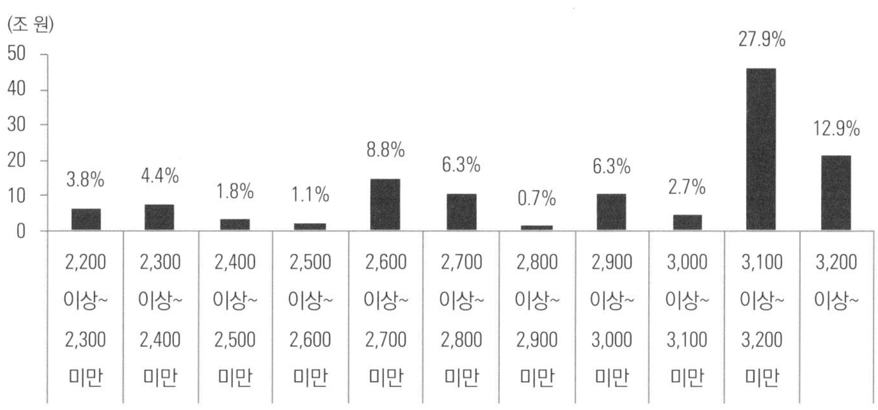


*자료: 블룸버그, 이베스트투자증권 리서치센터

스피지수가 3,100pt를 넘어 3,300pt에 접근하는 구간에서 개인 투자자가 증시에 대거 유입되었고, 이들 투자자는 대개 한국의 대표 기업을 사서 장기 보유한다면 그 어떤 자산보다 큰 수익을 얻을 수 있다는 접근법을 선호했다. 이들의 마음에 '매수 후 보유 전략'이 굳건히 자리 잡으면서, 복리 효과가 작동하는 시간의 힘과 함께 가자는 투자 전략만이 옳은 투자인 양 취급받았다.

하지만 현실은 냉혹했다. 코로나19 이후 증시에 유입된 투자 자금의 40% 이상이 코스피지수 3,100pt 이상이었다. '시간은 돈'이라는 시각에서 장기 투자에 나섰던 투자자 대다수는 지금 큰 손실 영역에 들어선 것이다.

우연이 개입하기에 투자자는 편향될 수밖에 없다. 우연한 사건을 절대적인 기준으로 삼으면서 생기는 비극이다. 코로나19 팬데믹이라는 우연하고 예기치 않은 사건 이후 공포가 극에 달한 시점에 코로나19 사태에서 벗어나기 위한 돈 풀기의 힘으로 시장이 돌아섰고 강세장은 2021년 1분기까지 이어졌다.

2022년 가을은 어떠한가? '매수 후 보유 전략'은 미련한 이들의 버티기로 취급되고 '존버'라는 단어는 조소의 대상이 되고 있다. 서점에서는 트레이딩과 투자 심리 관련 서적이 인기를 끌고 기업 자체보다 경제 관련 기사에 모든 투자자의 귀가 쏠려 있다. 언제 투자를 시작했는가에 따라 선호하는 투자 전략이 달라질 수 있고 투자 규모에 따라서도 선호하는 투자 전략이 변할 수 있다. 뛰어난 투수가 다양한 구질의 공을 갖고 타자를 요리하듯이, 투자자는 상황에 따라 투자 전략을 변용 적용할 수 있어야 한다. 특정 전략이 모든 시장 환경에서 유효하지는 않기 때문이다.

어떤 전략을 선택하든 열린 마음으로 접근해야 한다. 특히 자신의 경험이 아니라 책을 통해 접근하는 투자자라면 더더욱 그러하다. 단 하나의 전략에만 묶여서는 안 된다. 어떤 전략도 모든 시장에서 유용한 것은 아니기 때문이다. 만약 현시점에서 손실 폭이 크다면 현재 적용하고 있는 전략은 적절한 방안이 될 수 없다. 손익은 현재 적용하고 있는 전략이 유효한지를 가늠하는 점수판이다. 투자자 스스로 전략을 찾아 나서야 한다. 성격에 맞아야 하고 일상과도 어울리는 전략이어야 한다. 시행착오를 통해서만이 자신에게 맞는 투자 전략을 찾아낼 수 있다.

2020년 코로나19 이후 시장에 진입한 투자자 상당수는 자신과 맞는지 여부와 상관없이 '매수 후 보유 전략'을 선택했다. 가장 쓰기 쉬운 전략이고 강세장에서 매우 잘 먹혔다. 탑다운보다 바텀업에 기반한 전략으로, 펀더멘털이 좋은 기업을 찾아서 매수한 후 매크로 환경 변화에 신경 쓰지 말고 장기간 들고 있으면 된다는 것이다. 매수 후 보유 전략 투자자들이 주식을 파는 것은 기업 펀더멘털에 뭔가 변화가 생겼을 때만이라는 표현은 너무나 유혹적이다. 그들은 시장, 경제, 주가에 무슨 일이 일어났다고 해서 주식을 팔지 않는다. 오직 사업 자체에만 관심을 갖고, 적절하게 싼 그 주식을 최대한 오래 들고 있으면 된다고 한다.

하지만 실제 주식시장에서 장기적으로 성공하는 투자자의 비율은 높지 않다. 이유가 뭘까? 한마디로 '바텀업에 기반한 매수 후 보유 전략'은 이론적으로는 매우 쉬워 보이지만 실제 적용하기는 그리 쉽지 않기 때문이다. 좋은 기업을 선별해내기는 매우 어렵다. 의사가 의술을 배우듯이 오랫동안 훈련받아야 가능하다. 좋은 주식을 찾아내려면 기업의 미래 현금흐름과 현재 주가를 비교해서 가치보다 가격이 낮은 기업을 선별해야 한다. 그러려면 재무제표를 잘 읽을 줄 알아야 하고 사업보고서의 주석 사항까지 꼼꼼히 체크해야 한다.

이 과정은 생각보다 어렵다. 모두가 워런 버핏이 될 수는 없다. 장기적으로 들고 갈 만한 주식을 골라내기는 실제 매우 까다롭다. 시장 방향과 특정 업종을 스스로 잘 찾아낸다고 하더라도 종목 선택이 빗나갈 수 있다. 피터 린치의 말대로 '주변에 자주 보이는 기업'을 산다고 해서 꼭 그 기업이 안전하다고 보기는 힘들다. 전문가의 손에서 매수 후 보유 전략은 먹힐지 몰라도, 많은 투자자는 최근의 약세장에서 주로 손실을 보는 결과를 맞이했다. 그들은 저평가된 주식이 아니라 고평가된 기술기업 주식들을 샀다. 매수 후 보유 전략이 먹히는 전략이라 하더라도 사람들이 생각하는 것만큼 쉬운 것은 아니다.

> 미래를 아는 것은 확실히 어려운 일이지만, 현재를 이해하는 것은 그다지 어렵지만은 않다. '시장 온도를 측정'하기만 하면 된다. (중략) 시장에서 매일 어떤 일이 벌어진다고 해도 그때마다 우리가 행동해야 할 필요는 없다. 그러나 시장이 극단적인 상황에 있고, 따라서 시장의 성명(聲明)이 매우 중요한 시점에서는 필요한 행동을 취할 필요가 있다. - 하워드 막스, 《투자에 대한 생각》

그나마 한국 증시에서 매수 후 보유 전략의 변용으로 활용되는 바이 더 딥(Buy the Dip, 저가 매수) 전략은 상대적으로 유용하다. 하워드 막스가 제시한 극단에 가까워졌을 때의 과감한 행동이 한국 증시에서 잘 작동했다. 한국 증시는 미국 증시에 비해 추세적 흐름이 약하고 비추세 시장이 오래 지속되기 때문이다. 비추세적 흐름이 지속되는 국면에서는 매크로 이벤트에 따라 주가 출렁임이 커질 수밖에 없다. 변동성이 커질 때, 특히 기업 고유의 펀더멘털 요인이 아닌 매크로 불확실성 확대로 주가가 동시에 하락할 때 좋은 기업을 포트폴리오에 편입하는 것이 낫다.

또 하나, 한국 증시가 지닌 고질적인 할인 요인도 감안해야 한다. 한국과 미국을 대표하는 주가지수와 시가총액의 1990년 이후 크기 변화를 보면, 두 지수 모두 우상향했지만 기울기 차이가 크다. 한국의 기울기가 낮은 것은 시총 증가를 주가지수가 따라잡지 못했기 때문이다. 우리 증시의 고질적 문제인 더블 카운팅(이중 계산)의 영향이다.

한국에서는 시장이 좋을 때나 부진할 때나 주주 권리를 훼손하는 방식의 자회사 상장이 이어지고 있다. 반면, 해외에서는 모회사와 자회사의 동시 상장 사례를 찾아보기 힘들다. 가령 구글은 지주회사 알파벳을 설립하고 2015년 지주회사 체제로 전환했다. 유튜브, 구글, X, 딥마인드, 웨이모 등 자회사의 기업가치는 그룹 내 유일한 상장사이자 지주회사인 알파벳에 모두 반영돼 있다. 구글이 지주회사 디스카운트(할인) 이슈에서 상대적으로 자유로운 이유다. 반면 한국의 지주회사는 자기 돈이 아닌 남의 돈(부채)을 활용하면서, 지분을 낮게 유지하는 방식으로 자회사를 늘려갈 수 있다. 국내 기업의 물적 분할과 자회사 상장이 이어짐에 따라 시총과 지수의 괴리가 커지고 이는 장기 투자자의 주주가치 훼손으로 연결된다.

결국 한국 증시에서 매수 후 보유 전략이 더 자리 잡으려면 기업 지배구조를 가문(재벌)의 지배에서 주주의 지배로 바꾸어 시장 왜곡을 바로잡아야 한다. 현실은 반대다. 물적 분할과 자회사 상장이 시가총액에 반영되면서 코스피와 S&P500의 시총 대비 상대지수의 간극은 커지고 있다. IMF 위기를 극복하

[그림 1-5] 코스피200지수와 시가총액(1990~2022)

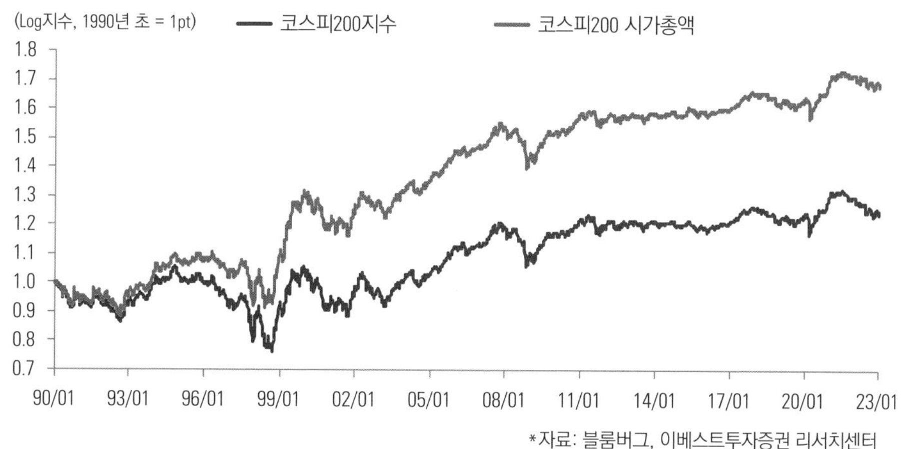


*자료: 블룸버그, 이베스트투자증권 리서치센터

[그림 1-6] S&P500지수와 시가총액(1990~2022)

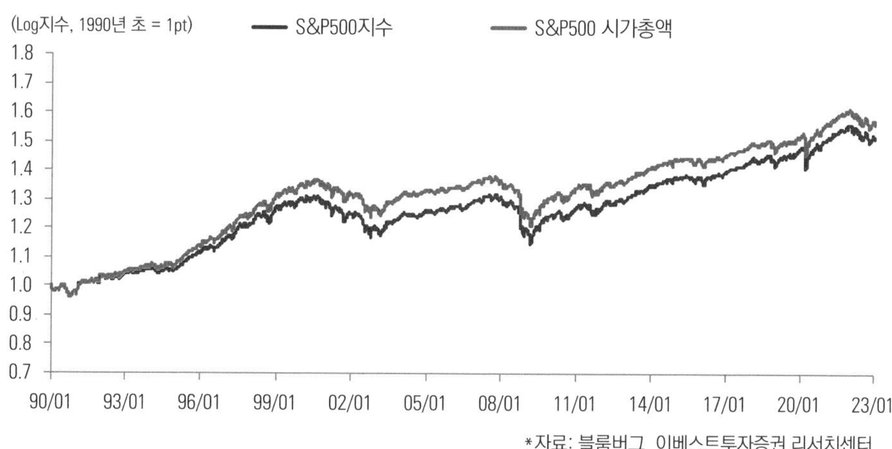


*자료: 블룸버그, 이베스트투자증권 리서치센터

는 과정에서 대기업 집단의 빅딜을 추진하기 위해 허용했던 법적 규제 완화를 개정해야 한다. 구조조정 시기에 필요했던 법령과 제도를 개선하는 일을 미뤄서는 안 된다. 주주 권리가 보호되어야 한국 증시에 장기 투자자가 귀환할 수 있다.

매수 후 보유 전략 외에 투자자의 성격과 라이프스타일에 맞는 전략들을 찾기 위해 시간을 들여야 한다. 주식시장에서 언제나 성공할 수 있는 마법의 묘약은 존재하지 않는다. 각자 시행착오를 겪으며 자신에 잘 맞는 전략을 찾아가야 한다. 증시에 일희일비하기 싫다면 기간별 분산 투자가 어울린다. 오르는 주식에 올라타는 모멘텀 투자도 있다. 모멘텀 투자는 유동성이 풍부한 강세장에서 가장 잘 먹힌다. 다수의 의견과는 반대로 행동하는 접근법도 있다. 모멘텀 투자와 달리 투자자들의 관심에서 벗어난 종목이나 시장을 주목하는 것이다.

투자자의 성향에 따라 투자 전략이 달라지기도 하지만, 좀 더 정교한 투자자로 거듭나려면 앞서간 사람들이 이미 실전에 적용했던 전략을 이해하고 데이터화할 수 있어야 한다. 이 책에서는 그런 실전 운용 전략은 다루지 않았다. 이미 다양한 전략을 체계적으로 정리한 멋진 책들이 번역 출간되어 있기 때문이다. 애스워드 다모다란이 쓴《다모다란의 투자 전략 바이블》과 라세 헤제 페데르센이 쓴《효율적으로 비효율적인 시장》이 그렇다. 다모다란은 다양한 전

[그림 1-7]《다모다란의 투자 전략 바이블》과《효율적으로 비효율적인 시장》

략을 소개하면서 각각의 전략이 어떤 배경으로 도출되었고 장단점이 무엇인지를 상세히 알려준다. 페데르센은 8가지 헤지펀드 운용 전략을 소개하고 각각의 전략을 실제 적용했던 운용자와의 인터뷰를 실어, 실제 투자에서 어떻게 활용될 수 있는지를 맛보기로 소개한다. 쉬운 책은 아니지만 다소 어렵게 느껴지는 좋은 책과의 만남은 성공 투자의 큰 계기가 되어준다.

## 성장과 가치는 연결되어 있다

프레임은 어떤 대상을 바라보는 관점이다. 투자자는 성장과 가치, 이 두 단어 사이에서 자기 자신을 규정한다. 가치투자자를 자처하거나 성장투자자라고 강조하는 사람이 많다. 두 단어 사이의 고민은 햄릿의 '사느냐 죽느냐 그것이 문제로다'에 버금간다. 두 가지 접근법의 차이는 다음과 같다.

가치투자자는 펀더멘털에 기반해서 좋은 주식을 고른다. 가치투자는 다른 투자자들이 원하지 않는 주식을 사는 것과 같다. 지루하고 거래도 없는 주식을 싸다는 논리로 매수한 후 보유한다. 가치보다 가격이 싸졌을 때를 기다린다. 가치주 투자자들은 시간이 지날수록 시장이 회사의 가치를 반영하길 기다리며 주식의 시장 가격이 본질 가치를 넘어서면 매도한다. 이는 시장이 회사의 본질 가치를 반영하기 시작할 때 발생한다.

이런 투자 접근법을 창시한 사람은 《현명한 투자자》의 저자인 벤저민 그레이엄이다. 투자자로서 그레이엄은 펀더멘털이 안정적이지만 일시적인 시세 변동으로 인해 저평가된 기업들을 찾았다. 그는 안전마진, 내재가치, 미스터 마켓의 개념을 개발하며 유명해졌다. 만약 미스터 마켓이 제시하는 가격이 비합리적으로 낮다면 투자자가 매수할 기회가 된다.

가치투자의 본래 형태는 양적 접근법(quantitative approach)이다. 이는 질적 요소인 사업의 질과 경영진의 수준을 배제하고 숫자와 가치 평가(valuation)만 보는 것을 의미한다. 미국의 성장주가 질주하던 구간에서는 가치주 스타일을 추구하는 투자자들이 조롱의 대상이 되기도 했다. 하지만 금리가 상승하고 할인율이 증가하자 가치주 스타일이 재평가되고 있다. 금리가 상승하면 성장주는 밸류에이션 부담이 커지는 반면 가치주는 상대적으로 안정성이 부각된다. 가치주 투자자는 내러티브보다는 숫자와 밸류에이션에 집중하는 정량적 접근을 취하기 때문이다. 잃지 않을 안전마진과 지속 가능한 배당만으로도 시장의 변동성 파도를 헤쳐나갈 수 있다.

성장주 투자자는 새로운 상품과 서비스를 통해 기업이 빠르게 성장할 때를 주목한다. 그들은 그 기업의 가치가 이익 증가에 따라 증가할 것이며 궁극적으로 현재 주가를 정당화하는 수준 혹은 그 이상으로 성장할 것으로 기대한다. 성장주 투자자들은 미래에 기업이 많은 이익을 거두어들일 것이라는 기대를 바탕으로 프리미엄(높은 PER 등)을 지불한다.

성장주 투자(growth investing) 접근법은 질적 접근법(qualitative approach)이라고도 불린다. 필립 피셔의 저서인 《위대한 기업에 투자하라》가 그 시작이다. 피셔는 이 책에서 "한 산업에 속해 있는 다섯 개의 회사를 각각 방문하여 나머지 4개의 회사들의 장단점에 대해 심도 있는 질문을 해라. 십중팔구로 다섯 개 회사에 대해 놀랍도록 상세하고 정확한 윤곽이 나타날 것이다"라고 말했다. 이 투자 방식은 양적 요소인 가치 평가 등을 고려하지 않고 사업과 경영 자체만 고려한다. 미래의 전망이 재무제표에 반영되어 있지 않기 때문에 높은 가격에 매수하는 것이 여전히 합리적이라고 여긴다.

성장주 투자자들은 기업이 벌어들인 이익을 배당하기보다는 기업의 미래를 위한 재원으로 다시 활용하기를 바란다. 금융위기 이후부터 코로나19 위기를 극복하는 과정까지 성장주 투자는 매우 뛰어난 성적을 거두었다. 금리가 낮은 만큼 성장주들의 가치가 치솟았고, 플랫폼과 신기술에 투자하는 펀드매니저는 록 스타 같은 대우를 받았다. 성장주 투자는 위험할 수 있지만 보상은 엄청나다.

누구나 돈을 벌고 싶어 한다. 미래를 그려보고 지금보다 나아질 미래 가치에 돈을 투입한다. 성장주 투자자는 뱀파이어가 피를 갈망하는 것처럼 미래 이익 성장이 지속되기를 원한다. 이를 위해서 당장은 이익이 크지 않더라도 기존 산업을 재편하거나 아예 새로운 시장을 만들 기업을 찾는다. 누구나 꿈꾸는 아마존과 테슬라, 네이버와 카카오 등은 강세장에서 어떤 주식보다 멋진 성과를 보여주었다.

성장주냐 가치주냐의 논쟁이 항상 있었지만, 정작 가치투자의 대가 워런 버핏은 '성장은 가치를 산출하는 핵심 요소'라고 했다. 가치를 판단할 때 어떤 변수를 무시할지 아니면 면밀하게 고려할지의 기준이 되고 부정적 또는 긍정적 영향을 주는지를 결정짓는 변수가 바로 성장이라는 것이다. 버핏 회장의 표현을 빌리면 "두 가지 접근은 붙어 있다". 이런 조언에도 불구하고 아쉽게도 '성장 vs. 가치'라는 프레임으로 시장을 바라보는 이가 여전히 많다.

실제 한국 증시에서도 가치주가 우위를 보였는가 아니면 성장주가 우위를 보였는가를 두고 다양한 논쟁이 이어져왔다. 어떤 방식으로 비교하느냐에 따라 다르겠지만 나는 가치주가 장기적으로 성장 대비 우위를 보여왔다고 판단한다. 여기에는 반론이 있을 것이다. 무엇보다 많은 사람이 참고하는 에프앤가이드(FnGuide)의 WMI500 스타일지수 기준, 다시 말해 그냥 인덱스로 보면 가치주가 부진하기 때문이다.

WMI500 스타일지수는 롱숏(long/short) 성과가 아니라 시가총액가중 방식의 주가지수다. 시가총액 500위 이내 종목을 대상으로 하며 가치주지수는 PBR, 주가현금흐름배수(PCF=PCR), 주가매출액배수(PSR), 배당수익률을 기으로, 성장주지수는 3년 순이익 성장률, 3년 매출액 성장률, 자기자본이익률(ROE)×유보율, 향후 2년 매출 성장률 컨센서스를 기준으로 산정한다.

[그림 1-8]에서 시총 방식의 가치주와 성장주 상대 비교를 보면 금융위기 이전까지는 가치주가 우위였고 금융위기 이후 현시점까지는 어떤 스타일이 우위인지 가늠하기 힘들다. 하지만 다른 방식으로 접근하면 결과가 다르다.

[그림 1-8] 가치주/성장주 상대지수(WMI500지수, 2005~2022)

*자료: 블룸버그, 이베스트투자증권 리서치센터

[그림 1-9] 가치주/성장주 상대지수(이베스트 산출, 2005~2022)

*자료: 블룸버그, 이베스트투자증권 리서치센터

[그림 1-9]는 이베스트 리서치센터에서 활용하는 방법이다. 이 책의 5장을 쓴 정다운 퀀트 애널리스트가 팩터 유니버스를 통해서 자체적으로 트래킹하는 차트인데 상당히 많은 지표가 들어간다. 가치주에는 주가수익배수(PER), PBR, PSR, 주가잉여현금흐름배수(PFCF), PCF 등이 포함되고, 성장주에는 영업이익·순이익·매출액 성장률, ROE 증가율 등과 성장률 추이(slope) 등이 포함된다. 코스피200 구성 종목 중에서 각 지표 기준 최상위 40개 종목과 최하위 40종목으로 롱숏 포트폴리오를 구성해 누적 수익률을 계산한다. 앞의 시가총액 가중 방식보다 성장률이 좋은 주식과 안 좋은 주식을 명확히 구분할 수 있다는 강점이 있다. 이렇게 팩터를 분석해보면 한국은 가치주 우위가 뚜렷하다.

기업의 가치는 잉여현금흐름과 할인율에 따라 결정된다. 할인율을 통해 미래 현금의 지금 가치가 얼마인지를 측정할 수 있고, 잉여현금흐름을 통해 재투자나 배당을 가늠할 수 있다. 투자를 통해 미래에 내가 가질 수 있는 돈의 무게가 현시점의 가치다. 월가의 격언 중 '페니는 현명하게 쓰고 파운드는 바보같이 쓴다'라는 말이 있다. 싸구려 기업과 싼 기업은 다르다. 박스권에서 싸구려 기업은 시장에서 사라질 수 있다.

시장 전체에 대한 기대 수준이 낮아지는 구간에서 좋은 기업이 합리적 주가에 올 때가 매력적인 기회다. 이때 좋은 기업은 아마도 인플레이션으로 인한 비용 상승을 수월하게 가격에 전가할 수 있거나, 산업 내에서 시장 지위가 강해지거나, 가시적 사업 확장에 나서는 기업이 될 것이다. 워런 버핏은 "가격은 당신이 지불하는 것이고 가치는 당신이 얻는 것"이라고 말했다. 아무리 가치 있는 기업이라도 투자자가 어떤 가격에 주주가 되었는가에 따라 좋은 주식인지 나쁜 주식인지가 결정된다. 성장주냐 가치주냐의 구분은 중요하지 않고, 성장하는 주식을 싼 가격에 사는 전략이 한국 증시에 유용하다. 앞서 강조한 바와 같이 바이 더 딥 전략의 우위다.

## 어떤 정보가 투자에 도움되는가

1987년 개봉한 영화 〈월스트리트〉는 주식 투자자라면 반드시 봐야 하는 명작이다. '탐욕은 선(Greed is Good)'이라는 금융자본주의의 복음을 전달하는 장면이 영화 내내 가득하지만, 요즘 들어 이 영화가 다시 떠오른 이유는 다른 데 있다. 투자 관련 정보가 넘쳐나는 세상에서 무엇을 취하고 버려야 하는지의 기준을 알려주기 때문이다.

주식 중개인 버드 폭스는 3개월 동안 끈질기게 시도한 끝에 큰손 게코와의 미팅 약속을 비서에게서 받아낸다. 게코가 즐기는 시가 한 상자를 들고 사무실에 들어가는 그 장면을 나는 잊지 못한다. 내 초년병 시절, 기관투자가나 투자자를 만나 뭔가를 전할 때의 떨림이 연상되기 때문이다. 기회를 잡은 주인공이 숫자와 분석에 기초한 첫 번째 투자 아이디어를 이야기하자 게코는 말을 끊는다. "그냥 강아지네. 또 없나, 자네?(It's a dog. What else you got, sport?)" 여기서 강아지(dog)는 월가의 은어로, 수익률을 크게 기대할 수 없는 기업을 의미한다. 폭스는 두 번째 기업을 제시한다. 사업 구조조정 관련 기업이다. 게코는 짜증스러운 표정으로 역시 강아지일 뿐이라며 말을 끊는다.

폭스는 준비한 투자 아이디어를 소진했지만 미처 준비하지 않은 한 기업을 더 이야기한다. 블루스타 항공, 아버지가 노조 위원장으로 있는 항공사였다. 노조, 최근 일어난 사고, 재판 등 회사의 평이한 이야기에 게코는 항공사를 별로 안 좋아한다고 하면서도 집중해 듣는다. 폭스는 항공기 추락 사고 후 승소로 얻은 기회를 설명한다. 그때 게코는 이렇게 답한다. "나는 하루에 100개 정도의 아이디어를 보는데 그중 한 개를 선택한다네." 폭스의 아이디어가 채택된 것이다.

영화는 불법과 합법의 경계선을 보여준다. 아직 시장에 널리 알려지지 않은

[그림 1-10] 영화 〈월스트리트〉

상승 요인(catalyst)을 찾아내고, 남들이 그런 가치를 인지하기 전에 투자에 나서고, 성공한다. 미국의 1980년대는 탐욕의 시대(the decade of greed)로 불린다. 1980년 1,000 전후였던 다우지수는 1989년 2,500 전후까지 상승했다. 마이크로소프트와 인텔 등 많은 첨단 기업이 자리를 잡고 1990년대에 폭발적 성장을 하는 시작점이었다. 주식시장에서 돈을 번 이가 넘쳐났지만 그만큼 법과 범죄 사이의 경계를 넘나드는 이도 늘어났다. 영화 〈월스트리트〉는 이 광경을 카메라에 담아 1987년에 개봉했고 그해 아카데미상을 받았다. 당시 내부자 거래로 감옥에 간 '이반 보에스키 사건'에서 아이디어를 얻어 만든 영화라고도 한다.

왜 게코는 준비된 투자 아이디어가 아닌 설익은 정보에 주목했을까? 앞서 들은 두 기업은 이미 여기저기서 들어 장단점을 파악했지만 마지막 기업은 낯

설었기 때문이다. 물론 무엇보다 폭스가 언급한 승소에 게코는 주목했다. 게코가 투자 기회를 잡은 이유는 일단 남들이 모르는 정보를 폭스를 통해 알게 됐기 때문이다. 하지만 더 중요한 것은 아직 그 정보가 확산되지 않았으며 무엇보다 그 정보의 가치를 독립적 사고로 알아냈다는 점이다.

잊지 말라. 아는 만큼 보인다. 투자 정보는 공평하고 공정해서 모든 사람이 돈을 벌 기회를 똑같이 가진다고 생각하겠지만 현실은 그렇지 않다. 주식 투자는 결국 정보를 획득하고 그것을 돈이 되는 정보와 그렇지 않은 정보로 분류하는 능력에 달려 있다. 신문, 인터넷, SNS, 유튜브 등등 투자자들은 매일매일 쏟아지는 정보의 홍수 속에서 살아갈 수밖에 없다. 어떤 투자 정보가 친구에게서 오든, 브로커로부터 오든, 좋아하는 유튜브 채널에서 오든, 일단 이 모든 것을 색안경을 끼고 보고 일정 부분은 걸러내는 능력을 갖춰야 한다. 투자자가 너무 많은 투자 정보에 노출될 때 대개는 탐욕과 공포라는 극단적 감정에 사로잡혀 결국 잘못된 선택을 하기 때문이다.

다양한 매체의 등장으로 투자자들은 정보 과부하 상태에 빠져 있다. 뭔가 새로운 내용을 매일매일 듣고 있지만 뒷북이다. 막상 투자자에게 왜 그 주식을 매수했는지 질문하면 답변이 시원찮다. 많은 경우 어떤 이가 추천했기 때문이고, 주로 그 어떤 이에 대한 설명으로 자신의 투자를 정당화하려 한다. 그 어떤 이는 대체로 돈을 크게 벌었다거나 엄청 유명하다거나 여하튼 '엄마 친구 아들'과 비슷한 느낌이다. 아니면 사이비 종교 지도자와 비슷한 비법 투자 영도자, 바로 사기꾼일 확률이 높다. 이런 유의 투자 정보에 기반해서 투자했다면 이는 그저 도박일 뿐이다.

정보의 바다에서 살아남으려면 정보 수집보다 정보 해석이 중요하다. 본래 고급 정보는 소수만 공유하고 외부 유출은 아주 적다. 처음부터 끝까지 소수만의 리그다. 하지만 투자시장은 다르다. 처음에는 동일하게 소수의 시장이지

[그림 1-11] 정보의 수렴과 확산

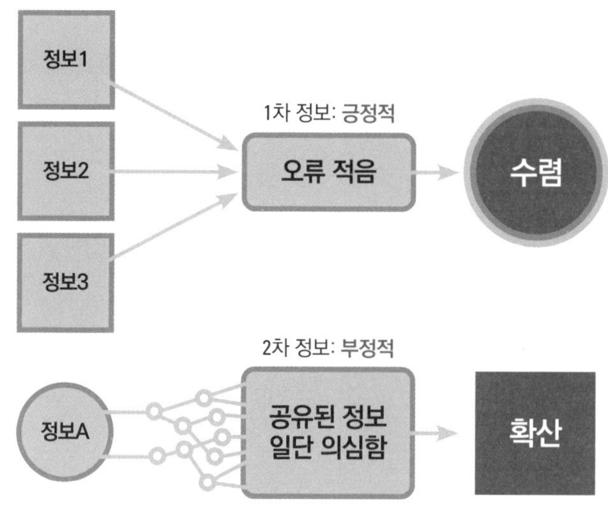


만 시간이 지나면 모든 정보가 정보력이 떨어지는 이들에게까지 전달된다. 역정보와 무가치한 자료가 넘쳐나는 세상에서는 일단 확산되기보다 수렴되는 정보에 집중해야 한다. '너만 알고 있어'라는 투자 정보와 확신에 찬 의견은 경계하라.

주변에서 변화를 읽어내고 스스로 추론해야 한다. 실생활에서 어떤 분야가 좋아지고 나빠지고 있는지 알아채야 하고, 기업에서 알려주는 공개된 숫자와 수렴된 정보를 독립적 사고로 재해석할 수 있어야 한다. 그래야 장기 투자가 가능해진다. '카더라'에 기반한 얕은 조언, 팬덤으로 추종하는 투자와는 거리를 두어야 한다. 주가 변동성이 커질수록 자신의 재무 상태와 포트폴리오 정비에 집중해야 한다. 투자에 유용한 정보는 밖이 아닌 안에 있다.

투자 정보를 어떻게 활용할지를 보여주는 좋은 사례가 있다. 바로 카카오다. 카카오는 장기 투자자의 쇼핑 목록에 있지 않았다. 카카오는 2014년 10월 1일

[그림 1-12] 카카오와 카카오뱅크 주가 추이(2007~2022)

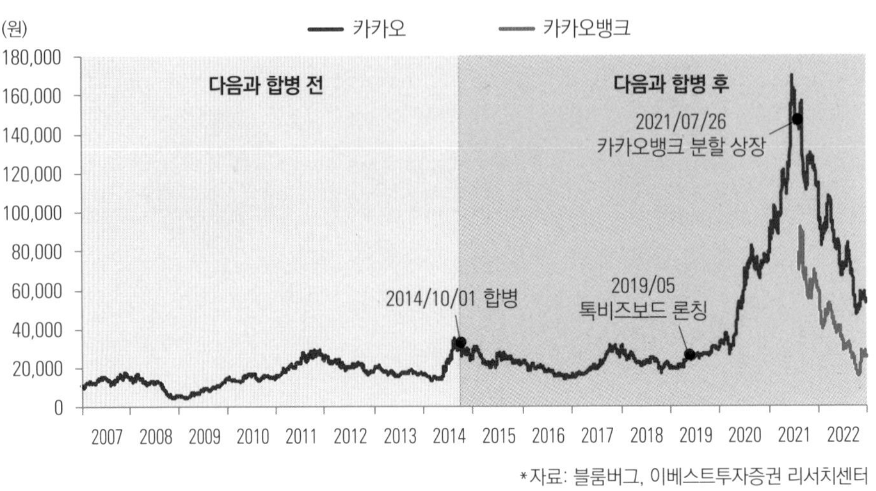


*자료: 블룸버그, 이베스트투자증권 리서치센터

다음커뮤니케이션과 카카오의 합병으로 재탄생한 후 국민 모바일 메신저인 카카오톡 플랫폼을 활용해 핀테크(카카오페이), 모빌리티(카카오모빌리티), 커머스(카카오커머스), 콘텐츠(카카오페이지) 등 다양한 플랫폼 사업에 공격적으로 투자했다. 이 투자로 카카오의 영업 실적은 합병 둘째 분기인 2015년 1분기부터 급격히 악화되어 2018년 4분기까지 4년간 부진이 지속되었다. 이 기간 동안 카카오는 투자자의 시야에서 사라진다. 다양한 비즈니스를 시작했지만 실적 시즌마다 반복된 쇼크로 인해 신뢰도는 점점 더 추락했다. 주가 2만 원이 깨지면 잠깐 샀다가 3만 5천 원이 넘어가면 파는, 그저 그런 주식으로 치부되었다.

투자자들은 카카오가 지닌 비즈니스 모델은 좋지만 이를 활용해 돈을 벌지 못하니 투자 매력이 떨어진다고 판단했을 것이다. 그러나 카카오 관련 데이터를 추적하고 이를 기반으로 추론해온 이들은 2019년 5월 톡비즈보드 론칭에 주목했다. 외형이 아니라 실제 수익이 개선될 가능성을 엿봤기 때문이다. 카카오의 비즈니스가 우리 실생활에 밀접해지고 드디어 수익이 개선될 조짐이 보였다. 무엇보다 2014~2018년의 장기간 주가 횡보로 투자자의 무관심이 커져 있다는 점이 오히려 매력으로 느껴졌다.

카카오는 2018년 4분기에 바닥을 찍고 2019년 1분기 턴어라운드에 성공한다. 이후 2020년 초 코로나19의 발발로 핀테크(카카오페이), 콘텐츠(카카오페이지), 게임(카카오게임즈) 등 주요 플랫폼 사업들의 수혜가 본격화되었다. 비대면 디지털 플랫폼 사업의 성장 잠재력이 부각되면서 플랫폼 기업에 대해 매우 우호적인 밸류에이션 분위기가 형성되었고 카카오 주가는 폭발적인 상승을 시현했다. 카카오가 투자에 집중하던 시기에 그 가능성을 보고 인내해온 투자자들도 뛰어나지만, 더 뛰어난 투자자는 모두가 카카오를 외면하던 2019년 5월 톡비즈보드 론칭에서 가능성을 엿본 사람들이었다.

카카오는 이후 모든 이들에게 무형재 경제의 주도주로 주목받으면서 주가가 끝 모를 상승을 이어갔다. 내러티브의 힘으로 주가가 올라가면서 미디어에서는 카카오의 미래를 칭송하기 바빴다. 이즈음에서 투자자는 알려진 데이터를 다시 보고 추론해야 했다. 성장에 대한 과한 밸류에이션은 항상 문제를 일으켰다. 카카오는 자회사 상장을 이어갔고 그중에 카카오뱅크가 있었다. 하는 일은 기존 은행과 별 차이가 없었지만, 카카오라는 상징성으로 과도한 오버 밸류 구간에 들어섰다. 상장 초기 한때 카카오뱅크의 시가총액은 40조 원을 상회하며 신한지주와 KB금융 양사의 가치를 합산한 것보다 높았다. 당시 카카오뱅크의 PBR은 8배에 달했다([그림 1-13] 참조).

아무리 금융 플랫폼으로서의 성장성에 높은 가치를 부여하더라도, 카카오뱅크는 동종업계에서 동일한 사업 구조를 갖는 타 기업과 비교할 때 이렇게 과도한 밸류에이션이 정당화되기 힘들다.

그런 와중에 시장 참가자들의 심리를 확인해주는 상징적인 사건이 있었다. BNK투자증권의 애널리스트가 카카오뱅크의 공모가가 다른 은행에 비해 지

[그림 1-13] 카카오뱅크와 주요 은행 시가총액 비교(2021/08~2022/09)

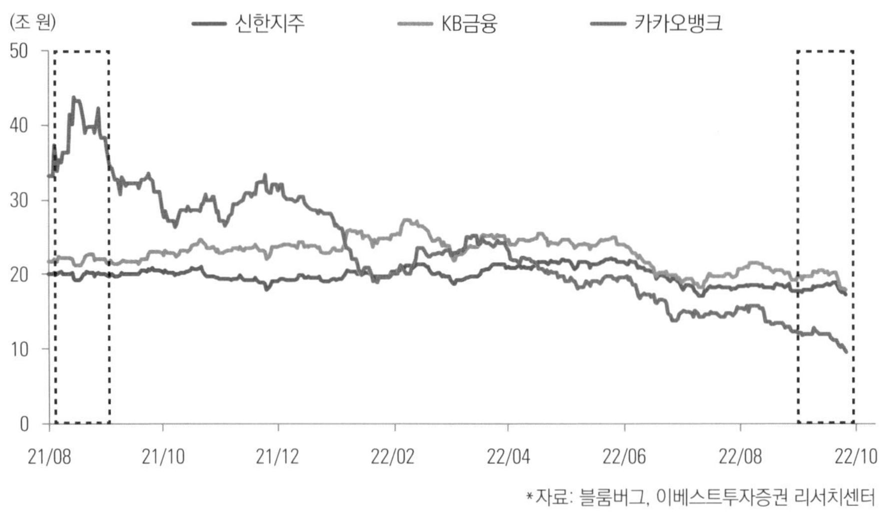


*자료: 블룸버그, 이베스트투자증권 리서치센터

나치게 높게 설정되었다고 판단해 소신 있게 '매도' 의견의 보고서를 발간했다. 그러나 개인 투자자들의 거센 항의로 해당 증권사 홈페이지에 게시된 보고서가 삭제되어버린 것이다. 현시점에서 생각해보면 카카오뱅크도 은행일 뿐이라는 당시의 주장은 매우 타당했다. 주가는 결국 본질 가치에 수렴한다. 이후 카카오뱅크의 주가는 추락했고, 이런 성장 내러티브로 추종자를 양산했던 카카오 주가도 내리막길에 들어선다.

이 사례에서 남들과 다른 독립적 사고의 중요성을 깨달을 수 있다. 어떤 이는 금리 상승에서 할인율 변화를 반영해 성장주 하락 가능성을 타진하고, 또 어떤 이는 매도 보고서를 놓고 벌어진 마녀사냥에서 과열된 심리에 주목했을 것이다. 데이터에 기반해 독립적으로 생각하는 법을 익혀야 적시에 적절한 투자 판단을 내릴 수 있다.

이 책 2장에서 5장까지 투자 전략 설정, 거시경제와 원자재 분석, 퀀트 기반의 데이터 해석과 의사결정 기법을 다룬다. 다양한 데이터를 제시하며 전략적 활용법을 모색하는데 각각의 데이터는 계절성과 접근성 등에서 고유한 특징을 지니고, 그 특징을 이해해야 활용도를 높일 수 있다. 이런 고유의 특성에 앞서 데이터를 어떻게 분류하고 접근해야 하는지도 이해해야 한다.

계절성과 순환적 사이클을 찾아내기 위한 증가율 데이터는 동일한 기준으로 비교해야 하고, 서베이 데이터는 경기 상황을 보여주지만 설문조사가 지닌 한계, 바로 주관적 의견이라는 점을 감안해야 한다. PER과 재고/출하비율 같은 비율 데이터는 절대적이 아니라 상대적으로 비교해서 해석해야 한다. 이 중에서도 가장 중요한 것은 증가율 데이터다. 증가율은 방향과 그 방향의 힘을 가늠할 수 있다는 점에서 가장 중요한 데이터다. 보통 전년 동기비와 전년 동월비는 계절성을 제거해 추세를 파악하고, 전기비와 전월비는 단기적 변동, 즉 속력을 파악하기 위해 사용한다.

'모멘텀'이라는 용어가 있다. 모멘텀의 사전적 의미는 운동량, 기세, 타성 등인데, 쉽게 말해 '어떤 방향성이 지속되는 힘'으로 보면 된다. 경제 성장, 물가, 주가 등 어떤 데이터가 상승 모멘텀이 있다는 말은 데이터가 상승 방향으로 움직이는 힘이 있다는 말이다. 한편 어떤 데이터가 상승하지만 모멘텀이 약화되고 있다면, 데이터는 상승하지만 그 방향의 힘이 약해져서 곧 정점을 찍고 하락할 가능성이 커진다고 이해하면 된다.

[그림 1-14]에 있는 4가지 데이터를 보자. A, B, C는 모두 전년 대비 증가하고 있다. D는 상승에서 하락으로 전환되는 역성장으로 성장과 성장률 모두 하락했다. A, B, C는 셋 다 성장하고 있지만 성장 속력, 즉 성장 모멘텀에 차이가 있다. 만약 A, B, C, D가 기업의 이익이라면 최선호 기업은 당연히 성장하면서 성장 속력마저 가파른 B가 될 것이다.

쉽게 알 수 있듯 성장과 성장률은 다르다. 성장은 이전 대비 증가를 의미하

[그림 1-14] 성장과 성장률은 다르다

데이터 성장률

A: 데이터 상승, 성장률 일정

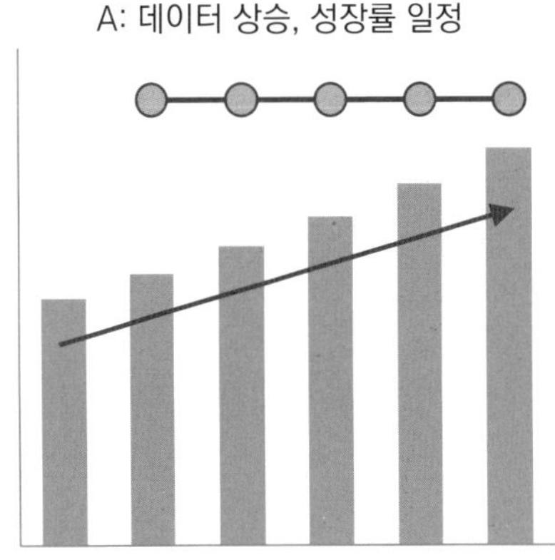

B: 데이터 상승, 성장률 상승

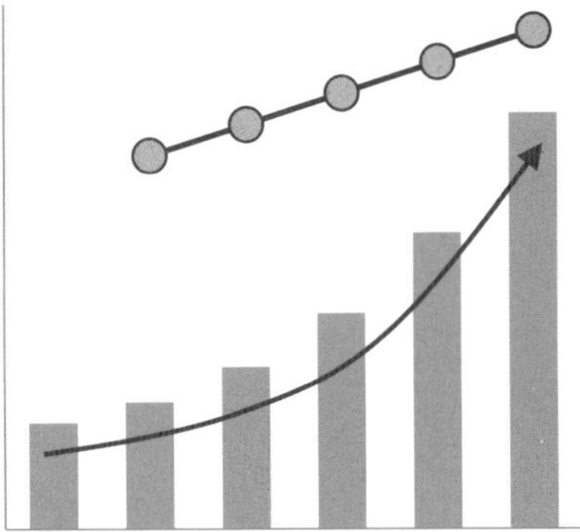

C: 데이터 상승 둔화, 성장률 하락

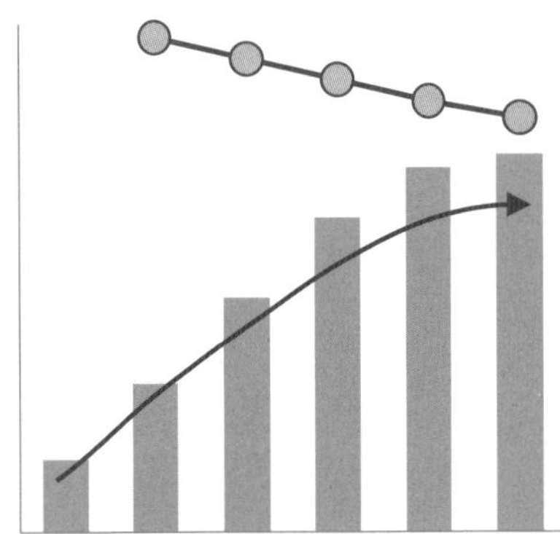

D: 데이터 하락, 성장률 (-) 전환

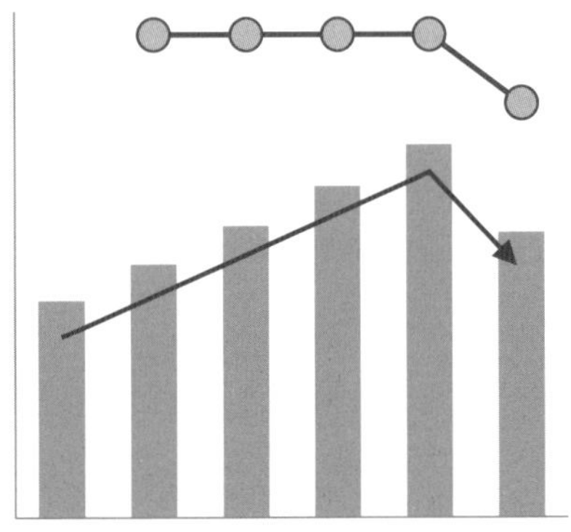

*자료: 이베스트투자증권 리서치센터

고, 성장률은 성장(혹은 쇠퇴)의 속력을 의미한다. 성장률이 꺾이면 성장 추세도 곧 꺾일 수 있다는 뜻이다.

눈썰매장을 떠올리면 쉽게 이해할 수 있다. 눈썰매를 타려면 리프트에 탑승해서 출발점까지 올라간다. 눈썰매를 타고 내려가면 어느 시점까지는 가속도가 붙어 빨라지겠지만 도착점 근처의 평평한 지역부터는 속력이 느려지다가 완만하게 멈춘다.

여기서 주목해야 할 것은 도착하기 전에 이미 속력이 줄기 시작한다는 사실이다. 눈썰매가 도착하기 전에 속력이 줄어들듯이, 어떤 지표든 좋아지는 속력이나 나빠지는 속력이 줄어드는 시점에 앞서 주가가 반응한다. 모든 가격 움직임의 근거가 되는 뉴스가 널리 알려지기 전에 미리 순환론적 사고로 투자 결정을 해야 한다. 성장의 방향과 속력을 데이터로 먼저 추론하는 것이 이를 가능하게 한다.

## 나만의 분명한 기준이 있어야 한다

[그림 1-15] 눈은 다르게 인식한다

[그림 1-15]에서 가로선은 모두 평행하지만 삐뚤어진 것처럼 보인다. 대표적인 착시 그림이다. 실제로는 평행하지만 눈이 다르게 인식했을 뿐이다. 데이터 해석도 마찬가지다. 투자자가 처한 포지션에 따라 데이터 해석이 달라질 수 있다. 매크로 환경이 악화되는 국면에서도 주식 비중이 높으면 시장의 반등 가능성을 찾게 되고, 이미 주식 비중이 낮다면 최악의 가능성을 기다리게 된다. 투자자가 감정의 소용돌이에서 벗어나기란 쉽지 않다.

투자자는 다양한 데이터를 획득함으로써 많은 사실을 알게 되고, 아는 사실에서 또 새로운 사실을 알아낼 수 있다. 이것이 추론이다. 사와카미 아쓰토는 책 《불황에도 승리하는 사와카미 투자법》에 "투자는 추(推, 상상)와 론(論, 논리 = 힘)을 미래로 날리는 것이다. 이것이야말로 장기투자자의 예측 작업이며 상상력 게임이다"라는 멋진 문장을 남겼다. 투자자는 상상력을 발휘해서 미래를 예측하고 그 방향으로 민첩하게 행동해야 한다는 의미다.

하지만 여기에는 경험과 현실에 따른 개인의 주관이 반영된다. 동일한 개인이라도 어제의 현실과 오늘의 현실은 다를 수 있다. 자신이 어떤 포지션을 취하느냐에 따라 선택이 달라질 수 있다. 포지션에 집착하면 현실을 '있는 그대로의 세계'가 아닌 '있어야 할 세계'로 바꿔버리게 된다. 집착으로 인한 착시가 현실을 윤색하는 순간이 투자에서 가장 위험한 순간이다. 이 책에서 다룰 수많은 데이터를 이해한다면 지식은 늘겠지만, 그것만으로 투자자가 의사결정이라는 행동으로 연결하기는 그리 쉽지 않다. 투자는 'y = f(x)' 함수로 단순화할 수 없다.

증시가 조정에 들어가자 대학 입시 학원도 고시 학원도 아닌 증권가에 '공부만이 살길이다'라는 슬로건이 떠돌았다. 어떤 이는 기술적 분석을, 또 어떤 이는 퀀트 분석을, 또 어떤 이는 기업 탐방을 잘 공부하면 돈을 벌 수 있다고 외쳤다. 무엇을 공부하란 말인가? 문득 떠오르는 공부 대상은 회계와 경제, 성장 산업 정도다.

"재무 상태를 보고 그 회사의 미래를 알 수 있다면 오늘날 세계 최고의 부자들은 회계사일 것이다"라는 피터 린치의 농담이 떠오른다. 전보다 더 아는 것 같은데 투자 성적은 시원찮다. 이유가 무엇일까? 투자 성공 여부는 순간순간 내리는 투자자의 결정에 달려 있기 때문이다. 누군가에게 결정을 미루지 않고 스스로 더 나은 결정을 내릴 독립적 사고 틀을 갖추어야만 투자자로 생존할 수 있다.

누구나 후회 없는 선택을 하고 싶어 하지만 그리 쉽지 않다. 성공한 소수의 특징은 하나로 규정하기 어렵다. 각자 개성이 뚜렷하다는 정도의 공통점이 이들을 하나로 묶을 뿐이다. 이를 대개 개개인이 지닌 '투자철학'으로 규정한다. 애스워드 다모다란의 《투자철학》은 투자할 때 각자의 철학이 필요함을 재조명해준 책으로 유명하다. 이 책에서 저자는 투자철학을 바탕으로 한 운용만이 모든 투자자가 합리적으로 가정하는 기존 투자 이론이 지닌 약점을 보완할 수 있음을 강조했다. 나는 여기서 한발 더 나아가려 한다. 바로 구시대의 유물로 치부되는 철학적 사고가 투자에 매우 유용하다는 시각이다.

현실에서 철학은 설 자리를 잃고 있다. 대학들은 앞다퉈 철학과를 축소하고 경영과 공학 부문의 비중을 늘리기 바쁘다. 철학은 실제 삶에 별 도움이 되지 않는, 괴짜들의 지적 유희 정도로 치부되고 있다. 투자의 세상에서는 다르다. 성공적인 투자자가 되려고 회계, 경제, 신기술 관련 지식으로 기초 체력을 쌓는다면, 이는 멋진 타자가 되기 위해 러닝을 하고 웨이트 훈련을 하는 것과 같다. 기초 체력은 준비일 뿐이다. 위대한 타자가 되려면 자신만의 타격 폼을 갖춰야 하듯이 투자자도 자기에게 맞는 추론 능력을 갖춰야 한다. 철학이 이를 가능하게 한다.

대중에게서 벗어나 남과 다르게 투자하기를 두려워하지 않았던 앙드레 코스톨라니는 부다페스트대학에서 철학을 전공했고, 조지 소로스는 런던정경대(LSE)에서 사사한 칼 포퍼의 철학에 자신의 생각을 덧붙여 자신만의 '재귀성 이론'을 만들었다. 이를 통해 펀더멘털과 주가는 독립변수와 종속변수의 관계가 아니라 서로 영향을 주고받는 상호 종속변수의 관계임을 이해하게 되었다. 신채권왕으로 불리는 제프리 건들락도 다트머스대학에서 철학을 전공했다. 평소 그는 니체와 비트겐슈타인으로부터 차용한 철학적 개념어를 활용하기로 유명하다.

위의 세 명이 낯설다면 세계적인 베스트셀러 《제로 투 원》의 저자 피터 틸을 떠올리기 바란다. 그는 스탠퍼드대학에서 철학자 르네 지라르를 알게 되면서 모방이라는 뜻의 '미메시스' 개념을 투자와 연결했다. '모방욕망'은 현재 금융시장을 이해하는 데도 매우 유용한 사고 틀이다. 지라르는 모방욕망이 전염됨을 강조했고 이를 '모방전염'이라 지칭했다. 투자자에게 주는 시사점은, 모방하고자 하는 욕망은 영원하지 않고, 과열되면 결국 어느 시점에서 사라진다는 것이다.

'모방전염'의 사례는 주변에서 쉽게 찾을 수 있다. 투자를 결정하기 전에 누구나 네이버 검색창이나 투자 토론방에 사고자 하는 종목명을 쳐보지 않나? 지라르의 표현을 빌리자면 '다른 사람의 눈으로 바라보기'는 일상이 된 지 오래다.

다른 투자자가 먼저 원했기 때문에 나도 원한다는 식으로는 투자의 정글에서 살아남기 힘들다. 중국집에 가서 한 명이 자장면을 시키면 "나도 자장면"을 외쳤다가 다른 이가 짬뽕을 주문하면 "나도 짬뽕"을 외친다면 그것은 내 욕망이 아닌 타인의 욕망에 불과하다. "내가 먹고 싶은 것은 볶음밥"이라고 결정할 수 있어야 한다. 투자자라면 타인의 욕망이 맞물린 사이클에서 한 걸음 벗어나 있어야 한다. 그러려면 '남들과 다르게 생각하기'를 훈련해야 한다. 투자에 대한 분명한 기준이 있어야 한다. 스스로에게 묻고 이해하는 과정이 있어야 기준을 마련할 수 있다.

이유를 모르고는 한 걸음도 나아갈 수 없다. 무력감에 빠진 투자 성적에서 벗어나는 출발점은 남이 아니라 내 안에 있다. 스스로 추론하는 힘을 길러야 한다. 그래야 선택할 수 있다. 이 책은 그런 힘을 길러줄 것이다.

인간은 '옳은 선택'을 모르기에 불안해한다. 누군가에게 의존하거나 전지전

능한 방법론을 찾으려 한다. 세상을 있는 그대로 바라보기는 쉽지 않다. 뭔가를 선택해야 할 상황에 처할 때 각기 다른 길로 가는 이유다.

가끔 영화 〈매트릭스〉를 본다. 일단 재미있고, 보고 나면 신기하게도 뒤죽박죽이었던 머릿속이 맑아지면서 산적한 현안이 정리된다. 〈매트릭스〉는 철학적인 영화이기도 하다. 메로빈지언은 '인과법칙'에, 모피어스는 '자유의지론'에 기반한 믿음을 강조한다. 모피어스가 네오에게 선택을 제시한다.

> "You take the blue pill - the story ends, you wake up in your bed and believe whatever you want to believe.(파란 약을 먹으면 이야기는 끝나고, 자네는 침대에서 눈을 뜨고 믿고 싶은 것을 믿으며 살아갈 걸세.)
> You take the red pill - you stay in Wonderland and I show you how deep the rabbit-hole goes.(빨간 약을 먹으면 자네는 이상한 나라에 남고, 나는 자네에게 토끼굴이 얼마나 깊은지 보여주겠지.)"

이 장면은 인간의 선택이란 무엇인지, 그리고 그 선택이 어떠해야 하는지를 알려준다. 사이퍼의 선택(환상)이 옳을까, 아니면 네오의 선택(현실)이 옳을까? 답은 분명하다. 사이퍼의 선택은 옳지 않다. 파란 약으로 얻은 것은 환상으로 구성된 거짓이니까! 네오가 빨간 약을 자유의지로 선택한 것처럼, 고난을 겪더라도 현실에 머무는 것이 옳다.

아쉽게도 나를 포함한 많은 이는 '믿고 싶은 것만 믿으려 한다'. 자신과 다른 사람보다는 같은 사람들 속에서 편안함을 느끼기 때문이다. 그런 집단 속에서의 확신은 환상이지, 현실이 아니다. 그럼에도 믿고 그 믿음을 강요한다. 믿음은 강요하는 것이 아니다. 파란 약(환상)이든 빨간 약(현실)이든 선택은 각자의 몫이다. 이 책에서 제시하는 다양한 데이터를 해석할 수 있다면 현실을 딛고 서서 미래를 상상하고 그 상상력에 투자할 수 있을 것이다. 파란 약으로 얻은 것은 환상 가득한 거짓일 뿐이다. 네오의 선택처럼 현실을 받아들이고 힘든 현실을 극복하기 위해 최선을 다해야만 사육되지 않는 인간이 될 수 있다.

주식시장은 상어들이 득실거리는 바다다. 장기적인 투자자가 되려면 스스로 상어에게서 벗어나 살아남는 법을 찾아내야 한다. 하향식 접근으로 상황을 이해하고 상향식 접근으로 기업 하나하나를 가늠해보는 과정을 거치지 않는다면 TV나 유튜브 속의 낯선 사람에게 의존해야 한다. 많은 이는 누군가 꿀단지를 건네주기를 기대한다. 하지만 우리는 알고 있다. 누구도 꿀단지를 그냥 주지 않는다는 것을. 스스로 판단해 돈을 잃는다 해도, 정부도 증권회사도 누구도 투자자를 돕지 않는다. 결국 투자자는 자신의 투자에 책임을 져야 한다. 시장에서는 그저 혼자뿐이다. 만약 주식 투자가 자기에게 맞지 않는다고 판단했다면 적어도 투자를 멈춰라.

칸트는 "우리는 철학을 배우는 것이 아니라 철학적으로 사고하는 것을 배우는 것이다"라고 했다. '철학'을 '투자'로 바꾸어 생각해보라. 당신은 투자 시각에서 사고하는 법을 훈련하고 있는가? 투자 시각으로 사고하는 법을 훈련하고 스스로 발전시켜야 한다. 이 책은 스스로 사고하는 법을 위한 기초 체력 훈련이다. 누군가에게 의존하지 않고 스스로 데이터를 바탕으로 추론하는 힘을 키워야만 투자자로 생존 가능하다. 투자 성과는 자신의 선택과 논리, 다시 말해 각자의 경험치에서 크게 벗어나지 않기 때문이다.

## 이 책에 담긴 내용

해가 지고 어스름이 내려앉으면 내게 다가오는 것이 개인지 늑대인지 구분하기 힘들다. 프랑스에서는 이때를 '개와 늑대의 시간'이라 한다. 석양의 시간은 익숙한 평화와 낯선 위협 사이를 모호하게 보여준다. 이쪽인지 저쪽인지 단정하기 힘든 시간이다. 2022년 금리와 물가가 치솟자 금융위기와 외환위기를 떠올리는 투자자가 늘어났다. 사람들은 이 상황을 어떻게 바라봐야 할지 몰라 우왕좌왕하고 있다. 달려오는 늑대가 곧 우리를 덮칠 거라는 두려움이 팽배해지고 있다.

하지만 잊지 말자. 아프리카에서 태어난 인간은 두려움을 떨치고 숲에서 나와 사바나 초원으로 걸어나갔기에 지구의 주인이 될 수 있었다. 사냥감이었던 인간이 사냥꾼이 되기를 선택함으로써 가능했던 일이다. 바깥세상이 두렵다고 동굴에만 머물렀다면 살아남지 못했을 것이다. 두렵지만 누군가는 동굴을 나섰고, 희생은 있었지만 결국은 살아남았다.

나는 닥쳐올 미래는 더 나아질 것으로 낙관한다. 모든 인간의 DNA가 동굴로 도망가 숨으려 할 때 동굴 밖으로 한 걸음 나선 이들의 DNA는 살아남아 인간의 지배종이 되었다. 그리고 인간은 두려움의 대상이었던 늑대를 길들여 개로 만들었다. 팻 시프먼은 《침입종 인간》에서 호모 사피엔스가 '늑대를 가축화해 개로 만들어 사냥'했기 때문에 생존했다고 주장한다. 다른 고생인류가 멸종하고 우리가 살아남은 이유는 더 큰 동물을 더 많이 사냥할 수 있었기 때문이다.

물론 상황은 아직 불확실하다. 동일한 데이터를 갖고서도 각자 시장을 보는 프레임에 따라 해석을 달리한다. 여전히 불확실성이 지배한다. 하지만 미국의 경제학자 프랭크 나이트는 불확실성이 바로 이윤의 원천이라 주장했다. 불확실성이 존재하지 않는다면, 다시 말해 예측 가능한 위험만 존재하고 구매자와 판매자가 각각 완전한 정보를 갖고 있다면 이윤이 창출될 수 없다고 나이트는 보았다. 불확실성이라는 축복을 즐기자. 길게 보면 세상에 일어났던 수많은 사건에도 불구하고 시간은 흘러갔고 세상은 망하지 않았다. 현실을 딛고 서서 미래를 바라보자. 향후 10년의 앞날이 펼쳐진 길목에서 우리는 선택의 기로에 서 있다.

이 책에는 탑다운 투자자가 알아야 할 다양한 핵심 지표와 그 활용법을 담았다. 여기서 제시한 방법론을 이해한다면 다양한 지표의 투자의 맥을 짚고, 그에 따라 비중을 조절하고, 극단적 심리 쏠림에 휩쓸리지 않을 수 있다. 특히 과거에 비해 거시경제와 퀀트 데이터를 수집하기 쉬워진 요즘 상황에서 이런 접근법은 다양한 투자 아이디어로 실전에 적용 가능하다는 점에서 매력적이다. 투자자는 미래의 사건을 확률로 측정하고, 그것이 현실화되기 전에 투자에 나선다. 그 측정을 위한 가늠자를 2장에서 5장에 걸쳐 담았다.

먼저 투자철학과 접근법 측면에서 가장 중요한 순환론적 사고를 짚어본다. 2장 '투자 전략: 사이클을 읽으면 전략이 보인다'(신중호)는 종말론이 아니라 순환론적 사고의 기반이 되는 '사이클'과 사이클을 판단하는 데이터, 그 데이터를 통한 시장 해석을 담았다. 호황과 불황도, 광기와 공포도, 환호와 절망도 모두 사이클 국면에서 나타나는 전형적 패턴일 뿐이다. 사이클을 벗어나는 가격에 휩쓸리는 것(환호 국면의 매수, 절망 국면의 매도)을 경계하는 것이 탑다운 접근의 핵심이다. 사이클을 파악하는 핵심 지표 10개에서는 신용, 경기, 이익, 심리라는 4개 사이클의 이해와 판단법을 집중적으로 다룬다. 관련 핵심 지표 10개를 선정하고 각 지표의 해석법을 제시했다. 더불어 출처를 명시함으로써 독자가 직접 최신 데이터를 찾아 가공하고 해석해 시장 판단의 줄기를 만들 수 있도록 가이드를 제공하고자 했다.

실전 사이클 분석에서는 4개 사이클과 핵심 지표를 활용하는 방법을 수록했다. 신용 사이클에서는 경기 침체 시그널로서 미국 장단기 금리 차의 역할과 활용법, 하이일드 스프레드의 의미, 한국 시장의 상승과 하락을 좌우하는 지표인 달러화가 글로벌 자산배분에서 갖는 의미 등을 다룬다. 무엇보다 경기 사이클을 실전에 적용할 때 OECD 글로벌 경기선행지수를 해석하는 방법을 상세히 검토했다. OECD 경기선행지수만 잘 파악해도 한국 증시의 중기적인 흐름을 놓치지 않을 수 있다. 이를 위해 OECD 경기확산지수가 갖는 의미를 도출했으며, 경기선행지수 레벨과 경기확산지수를 활용한 주식 매수와 매도 시점의 기준까지 제시했다.

이익 사이클에서는 수출은 금액 레벨보다 증가율이 중요함을 강조했다. 증가율이 둔화될 때는 경기 고점과 밸류에이션 축소를 고민해야 하며, 증가율이 개선될 때는 경기 저점과 밸류에이션 확장을 기대할 수 있다. 수출 증가율과 함께 무역수지는 국내 기업들의 이익률을 결정짓는 변수다.

심리(수급) 사이클 편에서는 원/달러 환율이 OECD 경기선행지수의 선행 지표임을 상기시키고, 원/달러 환율 상승 구간에서의 뉴스와 심리 지표를 교차 검증했다. 이를 통해 과도한 쏠림 현상을 경계해야 하는 이유를 깨달을 수 있다. 더불어 미국 신용증거금을 함께 제시해 원/달러 환율 상승 국면에서 신용증거금의 급격한 추락은 투자자들의 과도한 패닉 시그널이며, 반대로 신용증거금 급등과 원/달러 환율 하락, 장밋빛 뉴스는 유포리아(근거 없는 과도한 행복감) 시그널임을 제시한다.

3장 '경제 분석: 경제지표 무조건 봐야 한다'(최광혁)는 자산시장 전망을 위한 경제 분석 과정에서 반드시 알아야 할 내용들을 중점적으로 다뤘다. 사례

분석을 통해 경제지표를 해석하기보다는 주요 경제지표를 어떤 식으로 찾고 어떻게 분석해야 하는가에 집중했다. 시기와 상황마다 변화하는 일회성 해석이 아니라 앞으로 경제 분석을 하는 데 참고할 매크로 지표들을 이해하는 것이 중요해서다. 지표가 발표되는 시기와 지표의 세부 내용 모두를 외울 필요는 없다. 하지만 각 지표가 말하는 것이 무엇인지 정도는 숙지해야 이를 해석하는 방법을 파악할 수 있다.

우선 최근 이슈가 되는 통화정책 전환과 환율 상승 문제를 다루었고, 한 달의 주기 동안 어떤 시기에 어떤 경제지표를 확인해야 하는지를 정리했다. 여기서 언급한 지표만으로도 경제 분석의 전반적인 흐름을 느낄 수 있을 것이다. 이어서 경제지표를 분석할 때 필요한 단위, 개념 등을 먼저 설명하고, 추가로 분석에 유용한 개념들을 나열했다. 그리고 지출, 생산, 통화 각 측면에서 경기를 어떤 방식으로 분석하는지를 보여주었다. 지출 측면의 경기 분석이 항상 중심이 되지만 상황에 따라서 생산과 통화 지표의 중요성이 높아지기도 하므로 여기에도 지면을 할애했다.

그런 다음 우리가 중요하다고 생각하는 경제지표들의 개념과 해석 방법을 설명했다. 미국 경제지표를 중심으로 소개했는데, 글로벌 경제 분석에서 가장 중요한 중심축이고 자료를 접하기가 가장 쉽기 때문이다. 경제지표는 크게 고용, 소득과 지출, 산업 생산, 물가, 주택을 중심으로 작성했다. 각 지표의 기본 개념, 확인 방법, 실제 분석 사례의 순서로 설명했고 최근 이슈가 되거나 추가로 알아두면 도움이 될 사항들을 덧붙였다.

4장 '원자재: 원자재를 알아야 물가를 이긴다'(최진영)는 생소하지만 반드시 알아야 하는 원자재를 다루었다. 원자재의 개념 설명으로 시작해 에너지(원유), 귀금속(금), 산업금속(구리, 알루미늄, 니켈), 농산물 등 개별 원자재의 가장 기본적인 수급과 이 수급을 변화시킨 사례들을 다룬다.

먼저 주식과 원자재의 차이를 이해해야 한다. 경기 선행 자산인 주식과 달리 원자재는 '부동산과 같은 현물 자산이자 경기 동행 자산이고, 인플레이션과 계절성에 민감하며, 달러화와 역의 상관관계'라는 정도를 알면 된다.

원자재 데이터를 이해하는 데 중요한 포인트는 '한 원자재의 수급만 봐서는 안 된다'는 점이다. 원자재는 또 다른 원자재의 원료로 사용되면서 동시에 각각이 서로의 대체재로서 기능한다. 개별 원자재 부분에서는 에너지와 귀금속, 산업금속, 농산물의 기본적인 생산 공정과 수요처, 주요 생산국과 소비국을 소개했다. 단순 소개뿐 아니라 일련의 사례들을 통해 주요 생산국의 계절성(난방 시즌, 우기, 기상 이변 등)과 정치·지정학적 변수(증세 문제, 노조 파업, 종파 갈등 등)가 수급에 미친 영향까지 살펴봤다. 역사가 똑같이 되풀이되지는 않지만 비슷한 패턴을 보인다는 점에서 투자 기회가 될 수 있다.

마지막으로 원자재에 투자할 때 주의할 사항을 정리했다. 일반적으로 원자재 가격이 상승하면 관련주들이 움직인다. 벤치마크인 원자재 가격과 비슷한 추세로 움직이지만 일부 구간에서는 다른 방향으로 움직이기도 한다. 그 원인을 살펴보기 위해 원료 생산 - 중간 생산 - 가공기업 간 수익 구조 차이와 원료 생산(업스트림) 기업의 비용 문제를 다뤘다. 이 외에도 과거 사례를 통해 원자재 ETP 투자 시 주의할 부분까지 정리했다.

5장 '퀀트 투자: 퀀트 리서치를 활용한 전략 수립'(정다운)은 투자자에게 가장 생소한 분야일 것이다. 그러나 이 책의 내용을 숙지하고 실전에 적용하려면 반드시 알아야 한다. 퀀트는 어쩌면 탑다운 투자에 가장 실용적인 접근법일 수 있다. 여기서는 퀀트 리서치와 의사결정이 진행되는 과정을 중점적으로 다뤘다.

기본적으로 퀀트 리서치는 '관찰과 측정 → 예측과 전망 → 대응 전략과 모델링 → 피드백'의 순환 과정으로 이루어진다. 각 단계의 특징을 요약하면 다음과 같다.

관찰과 측정은 금융시장을 살펴보고 이를 숫자로 표현하는 작업이며 이를 통해 시장의 상황을 파악한다. 이익 컨센서스가 만들어지는 과정, 오류의 가능성, 해석의 팁 등을 설명하고 밸류에이션, 수급, 배당 등도 간단히 다뤘다.

예측과 전망은 의사결정의 영역으로서 주관적 판단에 따라 가능성이 높은 결과를 선택하는 것이다. 때문에 변화 요인을 중점적으로 고려해야 한다. 접근 방식은 크게 과거 사례 참조, 평균 회귀, 추세 추종으로 구분한다. 퀀트 역시 매크로 지표를 봐야 한다. 매크로 판단이 예측과 전망의 기반이 되고 비교 대상이나 기준점이 될 수 있기 때문이다. 투자 모델 관점에서도 매크로 지표를 기초 데이터로 활용하고 사이클에 따라 전략의 성과가 달라지기 때문에 매크로가 중요하다.

대응 전략과 모델링은 예측과 전망의 결과물이다. 예측과 전망을 얼마나 잘 반영하느냐가 핵심이다. 백테스트를 통해 예측한 환경에서 대응 전략이 기대한 성과를 보이는지 확인해야 한다. 전략이나 모델은 정적 모델과 동적 모델, 스크리닝과 스코어링 모델로 구분할 수 있다. 동적 모델은 시점마다 다른 조건을 통해 결과를 도출하고, 정적 모델은 매번 동일한 조건을 활용한다. 스크리닝은 조건에 부합하는 종목만 걸러내고, 스코어링은 모든 종목에 점수를 매기고 우선순위를 정한다. 백테스트에서는 주의 사항과 해결 방법을 다뤘고, 사례로 가치주 투자 전략을 소개해서 리서치 과정을 실전에 적용하는 방법을 설명했다.

이 외에도 리서치 사례 3가지를 소개하고 팩터 분석도 간단히 다루었다. 초과수익을 창출하는 이상 현상(어노멀리)에 대한 연구로서 종목 선정, 지표의 성과 측정, 스마트 베타 ETF 활용 등은 개인 투자자도 활용할 여지가 있다. 또한 팩터 관점에서 이익 모멘텀, 성장, 가격 모멘텀, 리스크, 퀄리티, 유동성, 가치, 배당이라는 8가지 유형의 특징도 소개했다.

마지막으로 2023년 주식시장을 전망했다.

2장에서 사이클을 이해하고, 3장과 4장에서 경제 분석과 원자재 데이터를 통해 경제와 상품시장의 온도를 측정한 다음 5장에서 퀀트 리서치에 기반해 적절한 투자 전략을 실행에 옮길 수 있게 하는 것이 이 책의 목적이다.

후회는 과거 때문에 생긴다고 생각하지만, 실상 후회가 일어나는 가장 큰 이유는 미래다. 과거의 잘못 자체보다 그런 과거의 잘못으로 미래가 불투명해진 것이 후회의 본질이다. 후회하지 않으려면 최선의 선택을 해야 하고, 최선의 선택은 데이터를 기반으로 해야 한다.

이 책은 최선의 선택을, 올바른 결정을 위한 책이다. 필자들의 자그마한 지식을 독자와 공유하는 것은 큰 기쁨이다. 부를 향한 독자의 소망을 이루는 데 이 책이 도움이 되고자 한다.

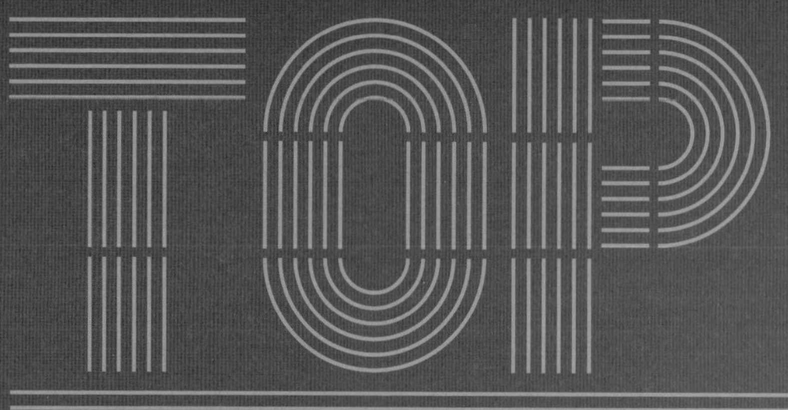

# 2장

신중호

# 투자 전략: 사이클을 읽으면 전략이 보인다

# 시장을 보는
# 애널리스트의 눈

## 애널리스트가 하는 일

애널리스트는 무엇을 하는 사람인가? 주가를 맞히는 사람인가? 결코 아니다. 거창하게는 '통찰을 만드는 사람(insight maker)'이라고 말하고 싶다. 인간은 누구나 자신만의 통찰을 가지고 투자 아이디어를 도출할 수 있다. 애널리스트는 통찰, 즉 남과 다른 생각을 바탕으로 미래에 무슨 일이 일어날 수 있는지 추론하는 일을 전문적으로 하는 사람이다.

거창하게 이야기했지만 애널리스트들이 일상적으로 하는 일은 의미 있는 데이터의 수집과 업데이트, 또 수집과 업데이트의 연속이다. 이 과정에서 논리를 세우고 투자 아이디어를 도출한다. 시장을 이해하는 데 필요한 데이터를 찾

[그림 2-1] 애널리스트의 주 업무

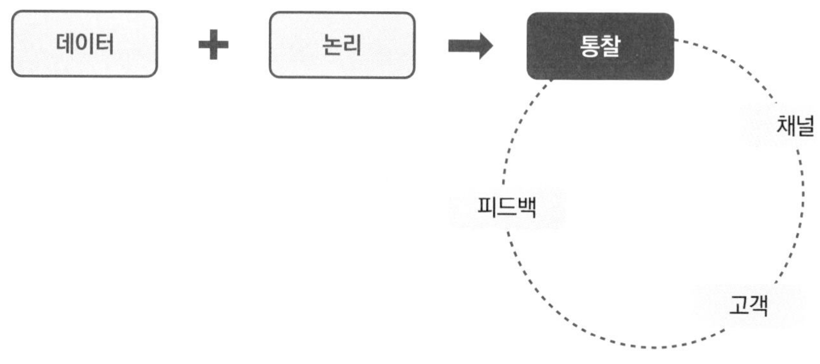


고, 그 데이터를 잘 해석하는 것. 이것이 애널리스트가 할 수 있는 최선이자 강점이다.

## 투자 전략 수립의 첫걸음, 사이클 이해

애널리스트로 일하면서 깨달은 점은 '사이클'의 중요성이다. 세상사는 반복되기 마련이다. 그러나 그 과정이 늘 동일하지는 않다. 사이클을 이해하고 과거와의 유사성과 차이점을 구분하는 일이 전략 설정의 첫걸음이라 할 수 있다.

사이클은 [그림 2-2]와 같이 상승, 하락, 변곡점으로 구성된다. 자금이 유입되면 가격이 상승하면서 투자 수익률이 낮아진다. 그러면 자금이 유출됨에 따라 가격이 하락하고, 이것이 누적되면 다시 수익률이 높아지면서 자금이 유입되는 것이다. 사이클의 높낮이, 고점과 고점 또는 저점과 저점 간의 길이는 시기마다 다르다. 다만 오르고 내리는 순환은 항상 반복된다. 그 안에서 돈은 수익을 쫓아 끝없이 움직이면서 진폭을 만들고 기회를 제공한다.

[그림 2-2] 정상적인 사이클

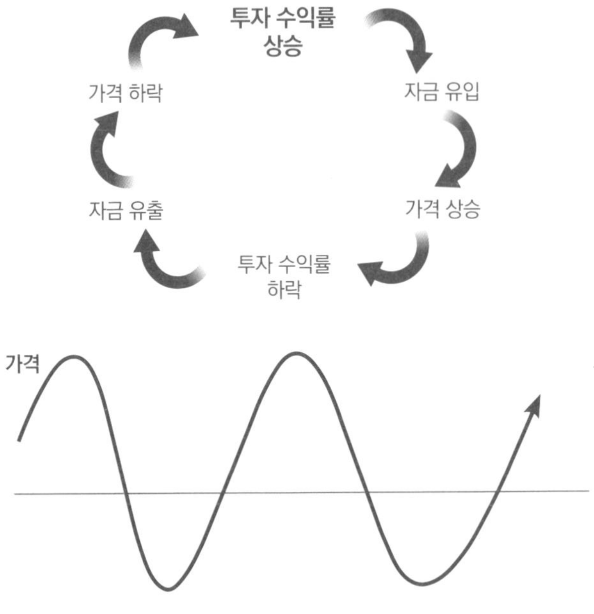


[그림 2-3] 코로나 이후 패닉 바잉 사이클은 사이클의 단면일 뿐

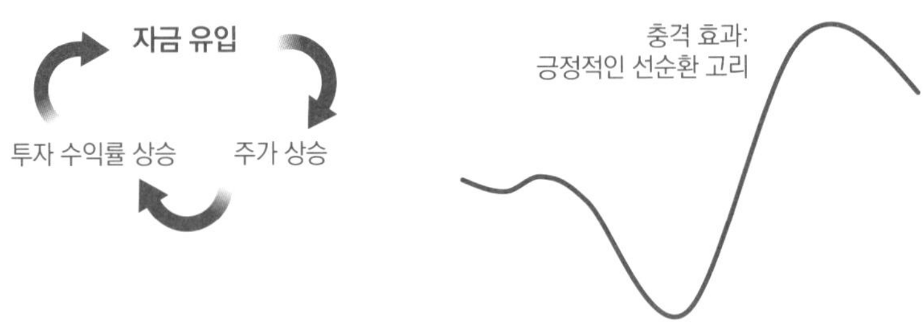


코로나19 팬데믹 이후 주가 상승 추세가 강하게 이어지자 사람들은 사이클이 파괴되었다고 착각했다. 금융위기와 코로나19 팬데믹 등 외부적인 이벤트에 따라 초기 자산시장이 붕괴한다. 이후 시장이 정상화되는 과정에서 자연스럽게 성장률이 급등하는 성장률 왜곡 효과가 나타나 높은 성장률이 유지될 것이라는 전망으로 바뀐다.

상승이든 하락이든 추세가 길어지면 사이클이 파괴되었다는 착각을 하기 마련이다. 끝없이 오르는 자산 가격, 높아지는 수익률, 또다시 유입되는 자금. 그러나 항상 올라가기만 하는 가격은 없다.

사이클의 존재가 여전히 의심스러운가? 2021년의 3가지 장면을 보자.

### 동학개미운동의 실체: 스마트 개미? 이번에도 다르지 않았다

2020년 3월 코로나19 팬데믹에 의한 주가 폭락은 그야말로 기회였다. '패닉을 사라'라는 증시 격언 그대로 시장은 가파르게 상승했고, 이후 1년 동안 한국 주식시장은 코스피와 코스닥 모두 100% 이상의 경이로운 수익률을 냈다.

개인 투자자들이 투자를 시작한 지수 레벨은 어디일까? 아쉽게도 50% 가까운 자금이 3,100pt 이상에 몰려들었다. 개인들의 적극적인 주식 참여가 소

[그림 2-4] 반복되는 개인 투자자들의 빚투 사이클

*자료: 블룸버그, 퀀트와이즈, 이베스트투자증권 리서치센터

위 '꼭지' 시그널로 작동했던 경험이 많다.

2000년대 중반 미래에셋자산운용 중심의 적립식 펀드 열풍, 2010년대 자문형 랩어카운트, 2015년경 유행한 한국형 헤지펀드, 2017년 증권사 PB 장세, 그리고 2020~2021년 유튜버. 모두 개인의 자금을 주식시장으로 연결한 매개체였다. 동시에 개인의 신용잔고 비중은 그 어느 때보다도 가파르게 증가했다. 주기가 4~5년에서 2~3년으로 짧아지는 모습도 관찰되었다. 경기 순환과 비슷하지 않은가. 이번에도 다르지 않았다.

### 경기는 더 좋아질 수 있다? 이번에도 다르지 않았다

2020년 1분기 이후 주가는 계속 상승하고 경제지표 또한 놀라울 정도로 개선되었으며 수출액이 눈부시게 증가했다. 급기야 2021년 5월 수출 증가율이 둔화됨에도 '사상 최대 수출액' 등의 표현에 오히려 환호했다. 수출 증가율 둔화라는 부정적 이슈를 긍정적으로 해석하는 분위기일 때, '누구나 좋아하는 시기'가 아닌지 의심부터 해야 한다.

간단한 지표를 확인해보자. 경제협력개발기구(OECD)에서 매월(통상 둘째 주 초반) 발표하는 경기선행지수라는 지표가 있다. 한국 주식시장은 외부 수요에 강한 탄력성을 갖고 있기 때문에 OECD 한국 경기선행지수보다 OECD Total(글로벌) 경기선행지수의 변화에 주목해야 한다.

경기선행지수를 확인했다면 한국 시장을 역추적해보자. OECD 경기선행지수가 고점을 기록한 이후 수개월간의 코스피 주가를 보자([그림 2-5] 참조). '누구나 좋아하는 시기' 이후의 주가 성과는 사실 별로였다. 1980년 이후 비슷한 상황이 총 6회 있었는데 1년 후 성과는 1980년대(1983년, 1987년) 빼고는 마이너스 수익률이었다.

그렇다면 이렇게 생각해보아야 하지 않을까? '1980년대 후반과 같은 상황

[그림 2-5] 경기선행지수의 레벨을 비틀어서 생각해야 하는 이유

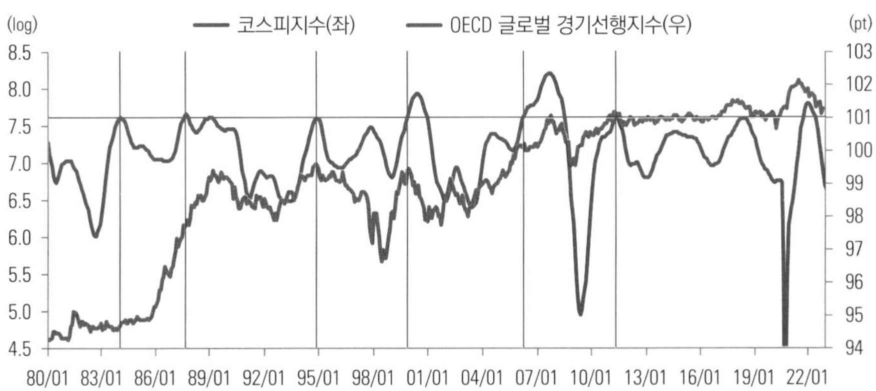


*주: 그림 속 가로선은 1980년 이후 OECD 글로벌 경기선행지수 고점의 최빈값을 나타냄

*자료: 블룸버그, OECD, 이베스트투자증권 리서치센터

이 아니라면 국내 주식은 생각보다 오래 횡보할 수도 있겠구나!' 경기선행지수만 봐도 시장 아이디어를 얻어낼 수 있다.

### 새로운 논리로 포장된 고밸류? 이번에도 다르지 않았다

2021년의 주식시장을 묘사하는 단어는 바로 '카카오'가 아닐까 싶다. 한때 주가매출액배수(PSR) 10배를 뛰어넘으며 한국 플랫폼 기업에 새로운 가치를 부여한 기업. 새로운 논리로 포장된 고밸류는 계속 이어질 수도 있지만, 매크로와 투자 전략 측면에서는 경계의 목소리를 낼 수 있다. 너무 높은 밸류에이션이 갖가지 논리로 포장될 때 살펴볼 지표는 무엇일까? 바로 '수출'이다.

나는 2021년 6월에 다음과 같이 주식시장 리뷰를 작성한 바 있다. 공교롭게도 2022년 11월 말 현재 카카오 주가는 2021년 6월의 고점에서 67%가량 하락했다.

지난 1개월간 메가캡에서 두드러진 특징은 대형 성장주 급등(네이버, 카카오의 시총 +20%). 그러나 과도한 밸류에이션 후유증은 간과해서는 안 될 것(한미약품, 아모레퍼시픽 사례). 카카오의 12M F PBR 8배(PSR 10배) 돌파 이후에도 새로운 비즈니스 모델에 대한 신뢰도는 여전히 높음. 그러나 한미약품, 아모레퍼시픽 등 이전 성장주에 대한 PBR 논리도 8배 이후 피크아웃, 5~6년이 지난 지금 장기 투자에도 한미약품, 아모레퍼시픽 주가는 고점 회복하지 못함 _ Ebest EDGE, 6월 시장 해석과 향후 시장스타일 고민, 2021/06/30

카카오를 쥐고 있지 않으면 불안하다고 느낀 적이 있는가? 그렇다면 밸류에이션과 수출 지표를 같이 보자. 카카오는 내수 기업인데 수출 지표와 연결한 것은 수출 지표의 변곡점에서 나타나는 성장주의 과도한 밸류에이션 패턴을 설명하기 위함이다.

[그림 2-6] 한국 수출 증가율 변화에 민감해야 하는 이유

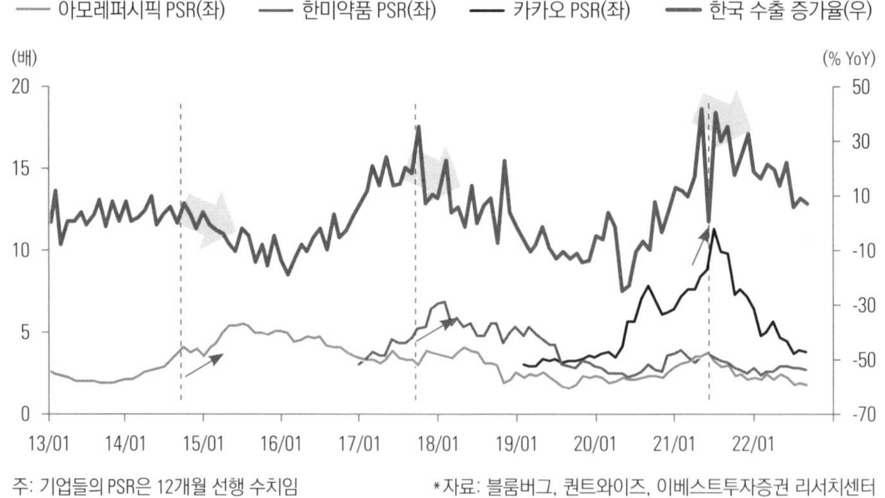


주: 기업들의 PSR은 12개월 선행 수치임

*자료: 블룸버그, 퀀트와이즈, 이베스트투자증권 리서치센터

[그림 2-6]을 보면 한국 수출 증가율은 2021년 5월 정점을 찍고 내려오고 있었다. 수출 증가율 상승 구간에는 주식시장 레벨 업과 유동성 유입, 낙관 심리의 연장이 펼쳐진다. 그러나 수출 증가율 레벨이 둔화되는데도 경제와 투자 관련한 장밋빛 뉴스가 쏟아지기에 낙관 심리는 좀처럼 꺾이지 않는다. 이미 시장은 상승 동력이 약화되는 구간으로 접어들지만 당시 부각되는 소위 주도주 밸류에이션은 '이번에는 다르다'는 투자자들의 인식을 자극해 주가가 과도하게 높아지는 경향이 있다.

2021년의 카카오도 앞서 아모레퍼시픽, 한미약품과 같은 사례다. 만약 카카오 투자자가 매크로 지표를 활용했다면 너무 높은 밸류에이션과 이후 악재(규제 이슈 등)로 인한 하락을 피할 수 있었을 것이다.

## 중앙은행이 가장 중요하다

투자자들이 가장 경계해야 할 것은 추세의 변곡점에서 현재의 추세가 더 이어질 수 있다는 기대감이다. 역사적으로 주식 강세장이 어떻게 끝났나? 약세장 끝에서 시장과 경기는 어떻게 올라설 수 있었나? 바로 중앙은행의 정책 전환이었다. 다만 중앙은행도 신(God)은 아니다. 흔히 중앙은행 결정권자들은 모든 것을 안다는 태도로 시장을 대하지만 중앙은행이 존재해도 버블과 위기가 반복되어왔다.

사이클은 모두의 선택이 어우러진 결과다. 본원통화에서 총유동성까지 시장 참가자들은 각자의 선택을 내린다. 이 선택의 근원에는 신용(또는 부채)이 있는데, 신용 창출에는 중앙은행의 스탠스가 가장 중요하다. '연준에 맞서지 말라'라는 격언이 바로 이런 의미다. 중앙은행이 파티장에서 음악을 켜고 끄니

[그림 2-7] 주요 사이클의 분해와 변수 선택

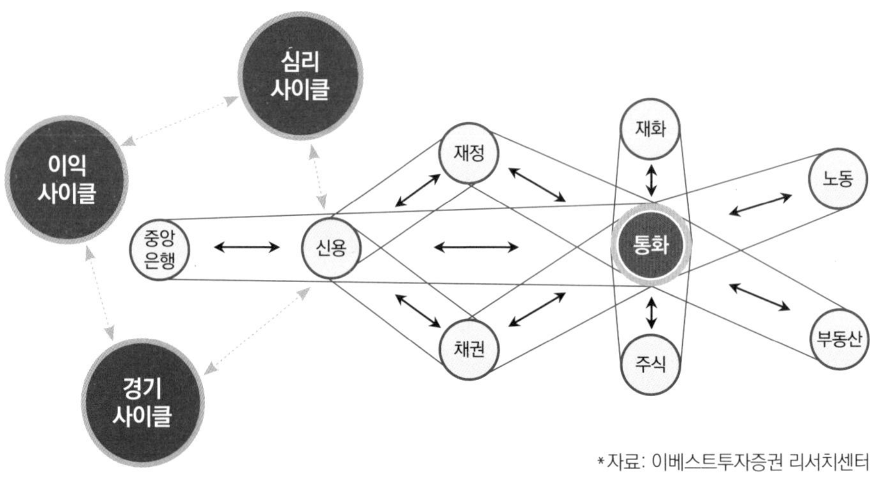


*자료: 이베스트투자증권 리서치센터

그들의 선택에서 사이클의 전환을 판단하는 기준을 잡을 수 있다.

이를 도식화하면 [그림 2-7]과 같다. 신용 팽창과 축소는 중앙은행이 조정하지만 수레바퀴처럼 엉켜 있는 많은 자산의 수익률은 자본의 유입과 유출에 의해 결정된다.

이 장에서는 중앙은행과 신용이 만들어내는 각종 사이클(신용, 경기, 이익, 심리)을 설명하고자 한다. 의미 있게 보아야 할 지표와 이를 해석하는 방법을 제시하겠다. 지표 몇 개로 금융시장 전체를 알 수는 없지만 큰 변화를 파악하기에는 무리가 없을 것이다.

# 사이클을 파악하는 핵심 지표 10개

사이클을 크게 신용, 경기, 이익, 심리의 4개로 나누고 이들을 구성하는 핵심 지표 10개를 뽑았다.

## 신용 사이클의 핵심 지표

### 미국 장단기 금리 차

10년 만기 국채 수익률에서 2년 만기 국채 수익률을 뺀 것으로, 세인트루이스 연준에서 운영하는 사이트 FRED에서 매일 발표한다.

출처: FRED(https://fred.stlouisfed.org/series/T10Y2Y)

[그림 2-8] 미국 장단기 금리 차(1976~2022)

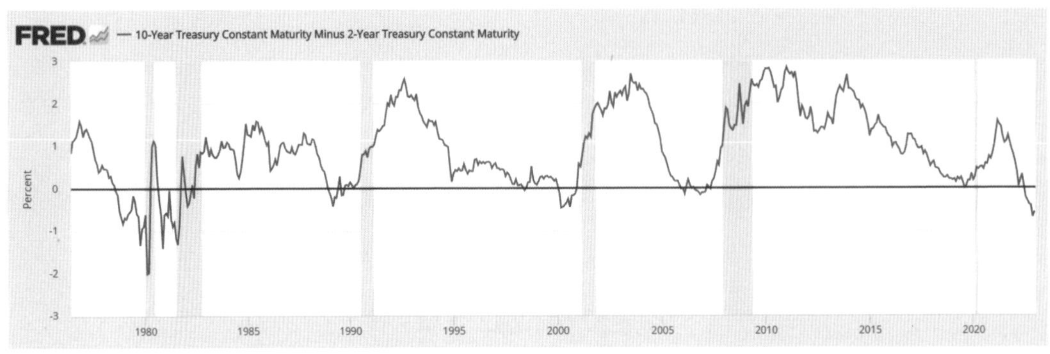


**활용법**: 미국 2년 만기 국채 수익률은 연준의 금리 정책에 따라 움직이고, 10년 만기 국채 수익률은 경제 성장률과 물가 전망에 반응한다. 따라서 장단기 금리 차, 즉 10년 수익률에서 2년 수익률을 뺀 수치는 가까운 미래와 더 먼 미래의 성장률(물가) 차이라고 봐도 된다. 지난 수십 년 동안 경제와 금융시장의 전환점과 주요 사건을 높은 확률로 예견해주었다.

장기 금리가 단기 금리보다 높아서 장단기 금리 차가 우상향할 때는 금융기관들이 자금을 대출해주고자 하는 압력이 높아진다. 금융 장세의 서막을 알리는 신호다. 반대로 연준이 금리를 인상해서 장기 금리가 단기 금리보다 빠르게 하락함으로써 생기는 장단기 금리 차 축소는 경기 정점과 둔화를 암시한다. 경우에 따라서는 장기 금리가 단기 금리보다 낮아지는 장단기 금리 역전 현상이 벌어지기도 한다.

### 미국 하이일드 스프레드

하이일드 스프레드는 신용도가 낮은 기업의 채권과 신용도가 높은 미국 장기 채권 간의 금리 차이를 말한다. 신용도가 낮은 기업의 채권 금리는 경기가

[그림 2-9] 미국 하이일드 스프레드(1996~2022)

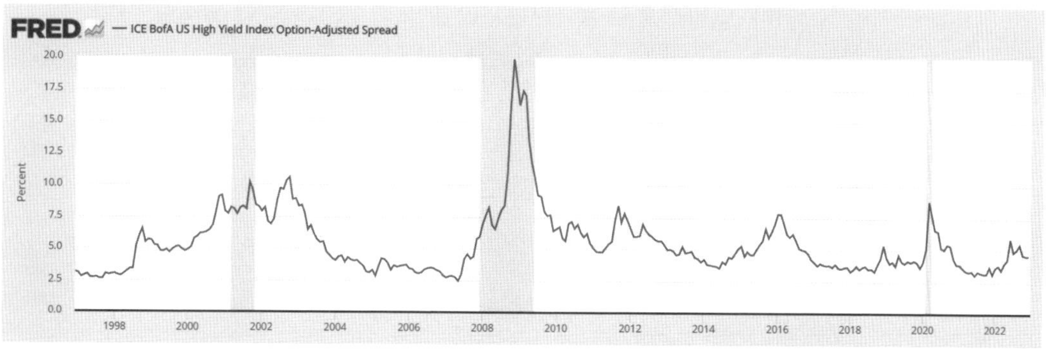


좋아지거나 정상적일 때는 문제가 없지만, 경기가 안 좋아지면 상대적으로 급격하게 상승한다.

**출처**: FRED(https://fred.stlouisfed.org/series/BAMLH0A0HYM2)

**활용법**: 하이일드 스프레드 상승은 비우량 기업들의 자금 유치에 문제가 생길 수 있다는 뜻이다. 장단기 금리 차가 역전된 후 하이일드 스프레드가 상승하면 주식시장에서는 강력한 매도 신호로 작동한다.

단일 지표만으로 해석하기보다는 다른 지표와 합쳐서 해석하면 더 유의미한 신호를 구분해낼 수 있다. (통상 VIX로 불리는 변동성지수의 급격한 상승을 동반한) 단기간의 스프레드 상승 이후 하락하는 시기가 주식시장 진입 시점으로 볼 수 있다. 중앙은행, 특히 연준이 기준금리 인하나 양적 완화 등의 완화적 스탠스를 취한 후에 하이일드 스프레드가 하락한다면 여러 악재와 공포에도 불구하고 주식시장에 진입할 기회다.

## CFTC 달러화 투기 포지션

미국 상품선물거래위원회(Commodity Futures Trading Commission, CFTC)에서 발

표하는 거래자 동향 보고서에서 통화, 원자재, 주식 등 주요 자산의 순포지션을 확인할 수 있다. 일반적으로 증권사를 비롯한 금융기관은 블룸버그 단말기 등을 통해 매주 금요일에 데이터를 업데이트한다. CFTC는 상품 거래를 상업용(commercial)과 비상업용(non-commercial)으로 구분한다. 상업용은 상품 실수요와 관련된 거래를 말하고, 비상업용은 상업용 이외의 거래다. 투기는 비상업용 거래에 포함되기 때문에, 비상업적 순매수 건수가 증가하면 투기 수요도 증가한 것으로 해석한다.

**출처**: CFTC(https://www.cftc.gov/MarketReports/CommitmentsofTraders/index.htm)

**활용법**: 투기 포지션은 투자자들의 심리 상태를 반영하므로 역발상 지표로 활용할 수 있다. 이를테면 달러화 투기 포지션이 역대 최소 수준인데 달러화가 폭락하고 미국 경제에 대한 의구심 등이 확산된다면 이후에는 달러화가

[그림 2-10] 미국 비상업용 거래와 달러인덱스(2000~2022)

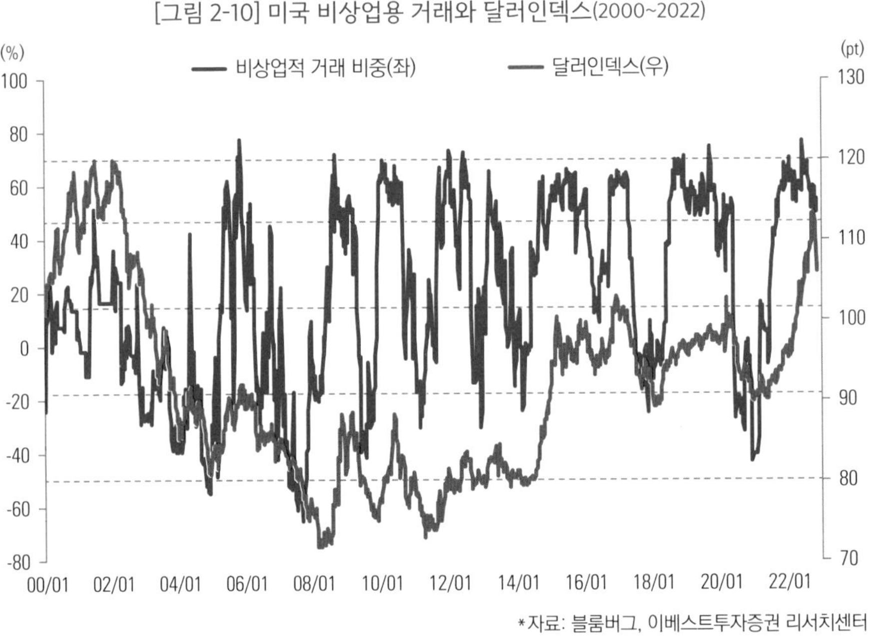


*자료: 블룸버그, 이베스트투자증권 리서치센터

상승할 가능성이 높다. 반대로 달러화 투기 포지션이 역대 최대 부근으로 다가간다면 연준의 기준금리 인상 사이클이 막바지에 이르고 경기 둔화 압력이 점차 완화되고 있을 가능성이 높다.

다만 단일 지표로만 보지 말고 미국과 유럽의 중앙은행 스탠스, 즉 미·독 금리 차 확대 여부와 미국의 서비스 및 제조업과의 경기 개선 차도 함께 보아야 신뢰도 높은 지표로 활용할 수 있다.

### 중국 사회융자총액과 신용자극지수

중국 사회융자총액(China Total Social Financing)은 일정 기간을 명시해 측정하는 유량(flow) 지표로서 10개 지표(현지 통화 은행 대출, 외화표시 은행 대출, 위탁 대출, 신탁 대출, 비할인 은행인수어음, 비금융 기업의 국내 주식 자금 조달, 회사채 순자금 조달, 자산유동화증권, 대출상각, 국채)의 월간 순변동 합계로 구한다.

중국 신용자극지수(China Credit Impulse)는 사회융자총액의 연간 변동률과 최근 4분기 명목GDP를 비교해 중국 신용 사이클을 측정하는 지표다. HP 필터법으로 보정해서 추세의 단기 변동 폭을 일정 수준 이하로 제한하면서 순환 변동의 진폭을 추정한다.

중국 관련 경제지표는 구하기가 어렵다. 홈페이지에 게재된 내용도 중국어 버전과 영어 버전이 다른 경우가 많아서 데이터 접근이 제한적이다(발표 일정도 일자보다 기간으로 정해지는 경우가 많다). 검색엔진에서 China Total Social Financing이나 China Credit Impulse를 검색해서 확인할 수도 있다.

**출처:** 블룸버그, CEIC, 주요 검색엔진

**활용법:** 중국 사회융자총액 12개월 합계의 전년 대비 증가율은 중국 총수요의 선행 지표다. 사실 중국 신용자극지수와 방향성이 유사하니 신용자극지수를 확인해도 무방하다. 중국 사회융자총액은 중국 정부의 경기 부양 의지 또

[그림 2-11] 중국 신용자극지수, 주택 가격 변동률, CSI300지수(2005~2022)

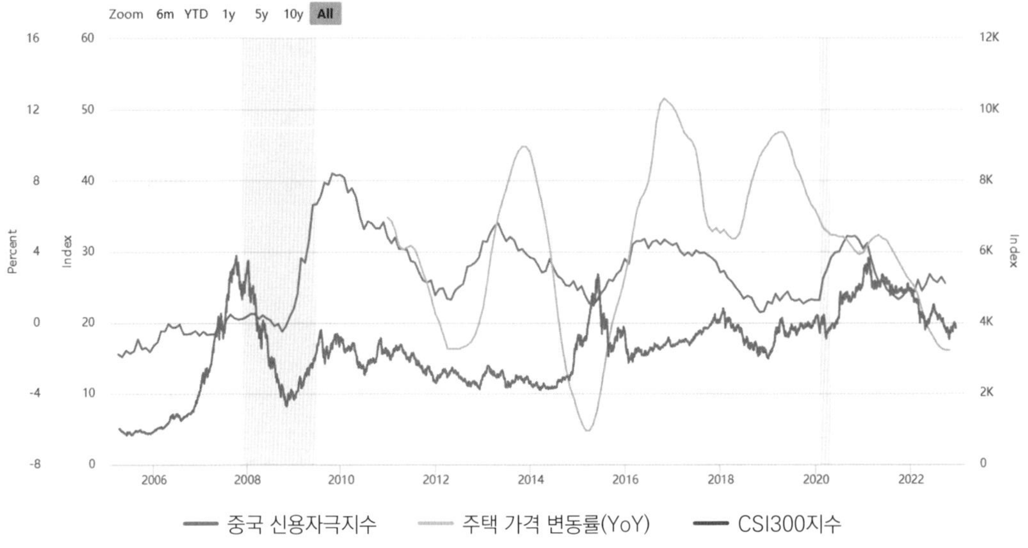


*출처: https://en.macromicro.me/charts/35559/china-credit-impulse-index

는 긴축 강도를 충분히 반영하고, 주요 핵심 지표(생산자물가지수, 한국의 이익 등)에 선행성을 보인다. 다만 이 지표가 변한다고 해도 경제지표의 변화나 이익, 주가의 반응이 즉각 나타나지 않을 가능성이 높다. 지표의 반응에 시차가 있기 때문에, 정교하게 타이밍을 예측하기보다는 자산을 배분할 때 챙겨 본다.

이 지표가 저점에서 우상향할 때 신흥시장과 경기 순환주를 편입하고, 정점에서 우하향할 때 선진시장과 방어적 자산을 편입한다. 이 지표의 변화를 미리 가늠하는 것이 신흥시장과 선진시장에서 자산을 선택할 때의 핵심일 텐데, 중국의 생산자물가지수를 함께 보기를 권한다. 중국의 생산자물가지수가 전년보다 낮으면 향후 사회융자총액이 회복될 가능성이 높고, 반대로 전년보다 높은 수준이면 사회융자총액이 둔화될 가능성이 높다.

## 경기 사이클의 핵심 지표

### OECD 경기선행지수

OECD는 1980년대 초 회원국의 경기종합지수를 편제하기 시작해 2022년까지 34개 회원국을 종합한 경기선행지수(Composite Leading Indicator, CLI)를 계산하고, 주요 비회원국 6개국의 경기선행지수도 함께 작성했다. 지역별로 구분하면 주요 경제대국 7개국으로 이루어진 G-7, 유로존에 속하는 12개국을 포함해 총 15개국으로 구성된 유럽연합(EU-15), 아시아의 5대 경제대국 등을 대상으로 OECD 경기선행지수를 작성했다. 그리고 회원국들에서 수집한 자료

[그림 2-12] OECD 경기선행지수

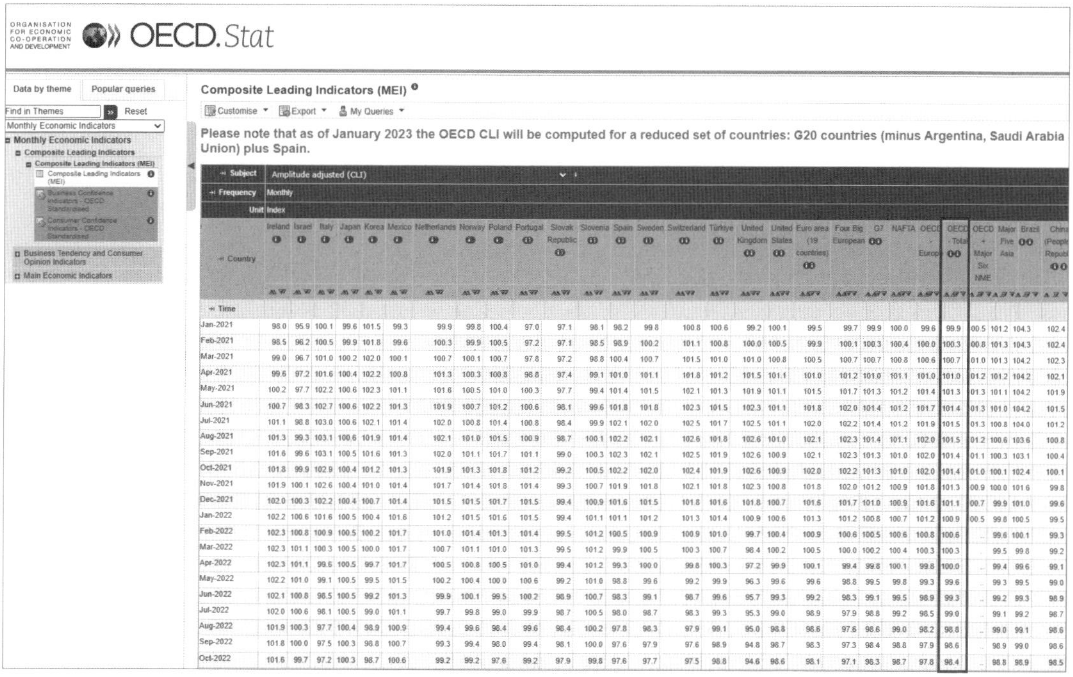

OECD.Stat

Composite Leading Indicators (MEI)

Please note that as of January 2023 the OECD CLI will be computed for a reduced set of countries: G20 countries (minus Argentina, Saudi Arabia Union) plus Spain.

Subject: Amplitude adjusted (CLI) / Frequency: Monthly / Unit: Index

| Time | Ireland | Israel | Italy | Japan | Korea | Mexico | Netherlands | Norway | Poland | Portugal | Slovak Republic | Slovenia | Spain | Sweden | Switzerland | Türkiye | United Kingdom | United States | Euro area (19 countries) | Four Big European | G7 | NAFTA | OECD - Europe | OECD - Total | OECD + Major Six NME | Major Five Asia | Brazil | China (People's Republic…) |
|---|---|---|---|---|---|---|---|---|---|---|---|---|---|---|---|---|---|---|---|---|---|---|---|---|---|---|---|---|
| Jan-2021 | 98.0 | 95.9 | 100.1 | 99.6 | 101.5 | 99.3 | 99.9 | 99.8 | 100.4 | 97.0 | 97.1 | 98.1 | 98.2 | 99.8 | 100.8 | 100.6 | 99.2 | 100.1 | 99.5 | 99.7 | 99.9 | 100.0 | 99.6 | 99.9 | 00.5 | 101.2 | 104.3 | 102.4 |
| Feb-2021 | 98.5 | 96.2 | 100.5 | 99.9 | 101.8 | 99.6 | 100.3 | 99.9 | 100.5 | 97.2 | 97.1 | 98.5 | 98.9 | 100.2 | 101.1 | 100.8 | 100.0 | 100.5 | 99.9 | 100.1 | 100.3 | 100.4 | 100.0 | 100.3 | 00.8 | 101.3 | 104.3 | 102.4 |
| Mar-2021 | 99.0 | 96.7 | 101.0 | 100.2 | 102.0 | 100.1 | 100.7 | 100.1 | 100.7 | 97.8 | 97.2 | 98.8 | 100.4 | 100.7 | 101.5 | 101.0 | 101.0 | 100.8 | 100.5 | 100.7 | 100.7 | 100.8 | 100.6 | 100.7 | 01.0 | 101.3 | 104.2 | 102.3 |
| Apr-2021 | 99.6 | 97.2 | 101.6 | 100.4 | 102.2 | 100.8 | 101.3 | 100.3 | 100.8 | 98.8 | 97.4 | 99.1 | 101.0 | 101.1 | 101.8 | 101.2 | 101.5 | 101.1 | 101.0 | 101.2 | 101.0 | 101.1 | 101.0 | 101.0 | 01.2 | 101.2 | 104.2 | 102.1 |
| May-2021 | 100.2 | 97.7 | 102.2 | 100.6 | 102.3 | 101.1 | 101.6 | 100.5 | 101.0 | 100.3 | 97.7 | 99.4 | 101.4 | 101.5 | 102.1 | 101.3 | 101.9 | 101.1 | 101.5 | 101.7 | 101.3 | 101.2 | 101.4 | 101.3 | 01.3 | 101.1 | 104.2 | 101.9 |
| Jun-2021 | 100.7 | 98.3 | 102.7 | 100.6 | 102.2 | 101.3 | 101.9 | 100.7 | 101.2 | 100.6 | 98.1 | 99.6 | 101.8 | 101.8 | 102.3 | 101.5 | 102.3 | 101.1 | 101.8 | 102.0 | 101.4 | 101.2 | 101.7 | 101.4 | 01.3 | 101.0 | 104.2 | 101.5 |
| Jul-2021 | 101.1 | 98.8 | 103.0 | 100.6 | 102.1 | 101.4 | 102.0 | 100.8 | 101.4 | 100.8 | 98.4 | 99.9 | 102.1 | 102.0 | 102.5 | 101.7 | 102.5 | 101.1 | 102.0 | 102.2 | 101.4 | 101.2 | 101.9 | 101.5 | 01.3 | 100.8 | 104.0 | 101.2 |
| Aug-2021 | 101.3 | 99.3 | 103.1 | 100.6 | 101.9 | 101.4 | 102.1 | 101.0 | 101.5 | 100.9 | 98.7 | 100.1 | 102.2 | 102.1 | 102.6 | 101.8 | 102.6 | 101.0 | 102.1 | 102.3 | 101.4 | 101.1 | 102.0 | 101.5 | 01.2 | 100.6 | 103.6 | 100.8 |
| Sep-2021 | 101.6 | 99.6 | 103.1 | 100.5 | 101.6 | 101.3 | 102.0 | 101.1 | 101.7 | 101.1 | 99.0 | 100.3 | 102.3 | 102.1 | 102.5 | 101.9 | 102.6 | 100.9 | 102.1 | 102.3 | 101.3 | 101.0 | 102.0 | 101.4 | 01.1 | 100.3 | 103.1 | 100.4 |
| Oct-2021 | 101.8 | 99.9 | 102.9 | 100.4 | 101.2 | 101.3 | 101.9 | 101.3 | 101.8 | 101.2 | 99.2 | 100.5 | 102.2 | 102.0 | 102.4 | 101.9 | 102.6 | 100.9 | 102.0 | 102.2 | 101.3 | 101.0 | 102.0 | 101.4 | 01.0 | 100.1 | 102.4 | 100.1 |
| Nov-2021 | 101.9 | 100.1 | 102.6 | 100.4 | 101.0 | 101.4 | 101.7 | 101.4 | 101.8 | 101.4 | 99.3 | 100.7 | 101.9 | 101.8 | 102.1 | 101.8 | 102.3 | 100.8 | 101.8 | 102.0 | 101.2 | 100.9 | 101.8 | 101.3 | 00.9 | 100.0 | 101.6 | 99.8 |
| Dec-2021 | 102.0 | 100.3 | 102.2 | 100.4 | 100.7 | 101.4 | 101.5 | 101.5 | 101.7 | 101.5 | 99.4 | 100.9 | 101.6 | 101.5 | 101.8 | 101.6 | 101.8 | 100.7 | 101.6 | 101.7 | 101.0 | 100.9 | 101.6 | 101.1 | 00.7 | 99.9 | 101.0 | 99.6 |
| Jan-2022 | 102.2 | 100.6 | 101.6 | 100.5 | 100.4 | 101.6 | 101.2 | 101.5 | 101.6 | 101.5 | 99.4 | 101.1 | 101.1 | 101.2 | 101.3 | 101.4 | 100.9 | 100.6 | 101.3 | 101.2 | 100.8 | 100.7 | 101.2 | 100.9 | 00.5 | 99.8 | 100.5 | 99.5 |
| Feb-2022 | 102.3 | 100.8 | 100.9 | 100.5 | 100.2 | 101.7 | 101.0 | 101.4 | 101.3 | 101.4 | 99.5 | 101.2 | 100.5 | 100.9 | 100.9 | 101.0 | 99.7 | 100.4 | 100.9 | 100.6 | 100.5 | 100.6 | 100.8 | 100.6 | .. | 99.6 | 100.1 | 99.3 |
| Mar-2022 | 102.3 | 101.1 | 100.3 | 100.5 | 100.0 | 101.7 | 100.7 | 101.1 | 101.0 | 101.3 | 99.5 | 101.2 | 99.9 | 100.5 | 100.3 | 100.7 | 98.4 | 100.2 | 100.5 | 100.0 | 100.2 | 100.4 | 100.3 | 100.3 | .. | 99.5 | 99.8 | 99.2 |
| Apr-2022 | 102.3 | 101.1 | 99.6 | 100.5 | 99.7 | 101.7 | 100.5 | 100.8 | 100.5 | 101.0 | 99.4 | 101.2 | 99.3 | 100.0 | 99.8 | 100.3 | 97.2 | 99.9 | 100.1 | 99.4 | 99.8 | 100.1 | 99.8 | 100.0 | .. | 99.4 | 99.6 | 99.1 |
| May-2022 | 102.2 | 101.0 | 99.1 | 100.5 | 99.5 | 101.5 | 100.2 | 100.4 | 100.0 | 100.6 | 99.2 | 101.0 | 98.8 | 99.6 | 99.2 | 99.9 | 96.3 | 99.6 | 99.6 | 98.8 | 99.5 | 99.8 | 99.3 | 99.6 | .. | 99.3 | 99.5 | 99.0 |
| Jun-2022 | 102.1 | 100.8 | 98.5 | 100.5 | 99.2 | 101.3 | 99.9 | 100.1 | 99.5 | 100.2 | 98.9 | 100.7 | 98.3 | 99.1 | 98.7 | 99.6 | 95.7 | 99.3 | 99.2 | 98.3 | 99.1 | 99.5 | 98.9 | 99.3 | .. | 99.2 | 99.3 | 98.9 |
| Jul-2022 | 102.0 | 100.6 | 98.1 | 100.5 | 99.0 | 101.1 | 99.7 | 99.8 | 99.0 | 99.9 | 98.7 | 100.5 | 98.0 | 98.7 | 98.3 | 99.3 | 95.3 | 99.0 | 98.9 | 97.9 | 98.8 | 99.2 | 98.5 | 99.0 | .. | 99.1 | 99.2 | 98.7 |
| Aug-2022 | 101.9 | 100.3 | 97.7 | 100.4 | 98.9 | 100.9 | 99.4 | 99.6 | 98.4 | 99.6 | 98.4 | 100.2 | 97.8 | 98.3 | 97.9 | 99.1 | 95.0 | 98.8 | 98.6 | 97.6 | 98.6 | 99.0 | 98.2 | 98.8 | .. | 99.0 | 99.1 | 98.6 |
| Sep-2022 | 101.8 | 100.0 | 97.5 | 100.3 | 98.8 | 100.7 | 99.3 | 99.4 | 98.0 | 99.4 | 98.1 | 100.0 | 97.6 | 97.9 | 97.6 | 98.9 | 94.8 | 98.7 | 98.3 | 97.3 | 98.4 | 98.8 | 97.9 | 98.6 | .. | 98.9 | 99.0 | 98.6 |
| Oct-2022 | 101.6 | 99.7 | 97.2 | 100.3 | 98.7 | 100.6 | 99.2 | 99.2 | 97.6 | 99.2 | 97.9 | 99.8 | 97.6 | 97.7 | 97.5 | 98.8 | 94.6 | 98.6 | 98.1 | 97.1 | 98.3 | 98.7 | 97.8 | 98.4 | .. | 98.8 | 98.9 | 98.5 |

를 이용해 회원국과 지역별 경기와 산업 생산 등의 양상을 예측하는 종합선행지수를 계산한다. 매월 2째 주에 발표되며, 자세한 일정은 주요 검색엔진에서 OECD CLI release dates를 검색해 확인할 수 있다.

OECD는 2023년에 경기선행지수를 개편했다. 아르헨티나, 사우디아라비아, 유럽연합 국가들을 제외하고 G20 국가와 스페인을 포함한 지수로 축소한 것이다. 기존 OECD 글로벌 경기선행지수의 방향과 가장 유사한 지표는 'G20' 기준이니, 책에서 언급하는 OECD 글로벌 경기선행지수 대신 G20 지표를 써도 무방하다.

**출처:** OECD(https://stats.oecd.org)

**활용법:** OECD 글로벌 경기선행지수는 월간 데이터이며 단기적인 증시 판세보다 6개월 이상의 중기 시장을 전망하는 지표로 활용한다. 특히 경기확산지수(Diffusion Index)를 같이 보면 좋다. 경기확산지수는 경기선행지수의 선행 지표로서 경기선행지수의 방향성을 8개월 정도 먼저 예측한다. 경기선행지수가

[그림 2-13] OECD 글로벌 경기선행지수와 경기확산지수(1980~2022)

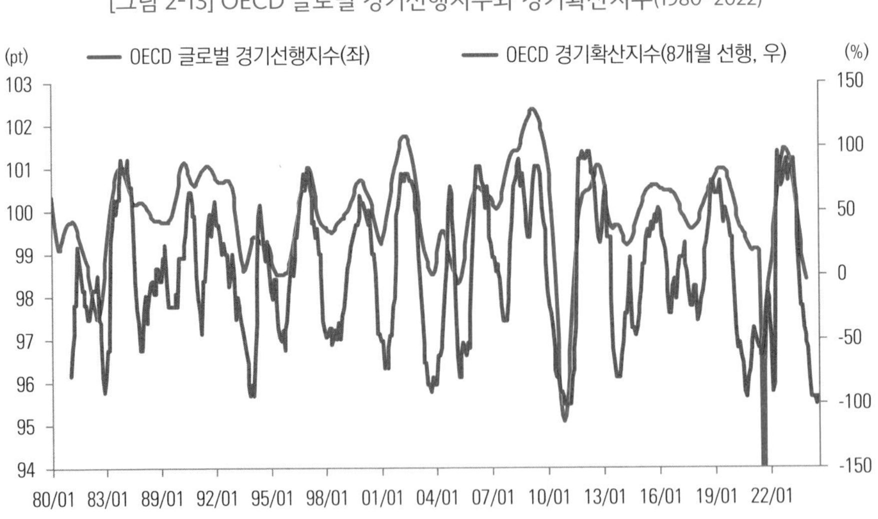


*자료: OECD, 이베스트투자증권 리서치센터

곧 글로벌 수요의 바로미터이고, 한국 수출 증가율의 방향성과 레벨을 예측해 준다. OECD 글로벌 경기선행지수가 바닥에 자리 잡으면 한국 주식시장은 중기 상승 국면(1년 6개월 이상)에 진입할 가능성이 높고, 고점에서 둔화되기 시작하면 중기 하락 국면(6개월~1년)에 진입할 가능성이 높다.

OECD 경기확산지수는 따로 제공되지 않지만 독자도 쉽게 계산할 수 있다. OECD 경기선행지수 월간 데이터를 엑셀 파일로 다운로드한 후 국가별 지표의 전월차를 구한다. 표본 국가의 전월차 중 (+)의 개수(A)와 (-)의 개수(B)를 구해서 '(A – B)/전체 국가 × 100'으로 계산하고 비율로 표시한다.

## 글로벌 유동성

글로벌 유동성(Global Money Supply) 지수는 주요 12개 통화(유로존, 미국, 일본, 호주, 캐나다, 스위스, 한국, 대만, 중국, 브라질, 멕시코, 러시아) 표시 M2의 달러화 표시 금액이다. 각국 중앙은행 홈페이지에서 M2를 다운받아 각 통화를 달러로 전환하면 데이터를 만들 수 있지만 개인 투자자가 만들기는 어렵다. 따라서 글로

[그림 2-14] 글로벌 유동성 지수(2006~2022)

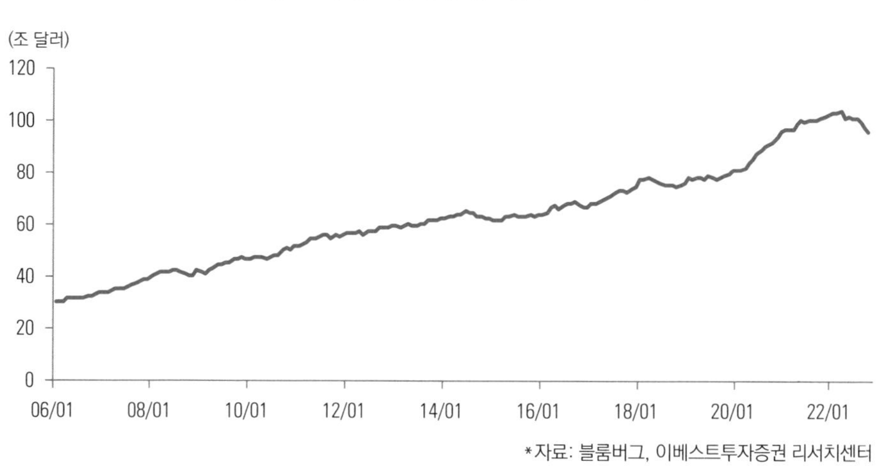


*자료: 블룸버그, 이베스트투자증권 리서치센터

[그림 2-15] 글로벌 유동성 증가율(2006~2022)

*자료: 블룸버그, 이베스트투자증권 리서치센터

벌 유동성의 개념을 명확하게 이해하고 증권사 리포트를 볼 때 투자 길잡이로 삼는 것이 좋다.

**출처: 블룸버그, 각 중앙은행 홈페이지**

**활용법**: 글로벌 유동성은 장기적으로는 증가 추세를 보인다. 다만 절대적인 수치보다는 증감률에 민감해져야 한다. 유동성이 계속 증가하니 시장이 올라갈 수밖에 없다는 소위 TINA(There is no alternative, 주식밖에 없다) 장세를 2021년 기대했지만, 실상은 경기 변화에 변동성이 노출되었다는 점을 기억해 보자. 따라서 글로벌 유동성을 해석할 때는 반드시 증감률을 체크해야 한다. 글로벌 물가(OECD 소비자물가지수)가 글로벌 유동성 증가율에 후행하기 때문이다. 대략 6개월이 걸리니, 유동성 증가율의 정점 또는 바닥 통과 신호가 나온다면 6개월 후 물가 변화율을 충분히 예상할 수 있다.

## 이익 사이클의 핵심 지표

### 한국 수출 증가율

매월 1일 오전 9시경 발표되는 한국 수출 증가율은 국내 지표 중 가장 중요한 데이터로서 한국무역협회와 관세청에서 구할 수 있다. 중요한 것은 언론 기사에 나오는 자극적인 문구(65년 만에 최대, 역대급 수출액 돌파 등)에 현혹되지 말아야 한다는 점이다.

**출처:** **한국무역협회, 관세청**(https://unipass.customs.go.kr/ets/)

**활용법:** 수출액보다 수출 증가율에 예민해져야 한다. 기업의 매출 증가율은 한국 수출 증가율에서 비롯되기 때문에 한국 애널리스트들의 이익 변화를 크

[그림 2-16] 관세청 홈페이지 수출입통계 화면

수출입무역통계 | 무역통계소개 | 무역통계조회 | 수입가격공개 | 무역통계분석 | 통계자료실 | 기업특성별무역통계 | English | 메뉴전체보기

수출입통계: 수출입총괄 / 품목별 수출입실적 / 국가별 수출입실적 / 성질별 수출입실적 / 신성질별 수출입실적 / 품목별 국가별 수출입실적 / 성질별 국가별 수출입실적 / 신성질별 국가별 수출입실적 / 대륙별 수출입실적 / 경제권별 수출입실적 / 세관별 수출입실적 / 종류별 수출입실적 / 항구/공항별 수출입실적

수출입총괄 — Home › 무역통계조회 › 수출입통계

조회기간 월 2022.01 ~ 2022.11 통계기준 ◉ 수리일 ○ 출항일

초기화 조회

검색결과 차트

통계자료는 매월 15일 전월 자료 반영
무역통계 이용허락 유형은 출처표시 후 자유롭게 이용가능 한 "제1유형"에 해당됩니다.

전체 11 건 페이지당 20 선택 단위 : 천 불(USD 1,000) 인쇄 다운로드

| 기간 | 수출건수 | 수출금액 | 수입건수 | 수입금액 | 무역수지 |
|---|---|---|---|---|---|
| 총계 | 12,372,852 | 628,957,654 | 37,195,617 | 671,499,029 | -42,541,374 |
| 2022.01 | 1,099,823 | 55,459,733 | 3,434,132 | 60,439,038 | -4,979,305 |
| 2022.02 | 1,017,579 | 54,158,182 | 3,131,841 | 53,403,500 | 754,683 |
| 2022.03 | 1,402,877 | 63,790,213 | 3,543,893 | 63,787,063 | 3,150 |
| 2022.04 | 1,026,978 | 57,849,590 | 3,398,507 | 60,203,825 | -2,354,235 |
| 2022.05 | 1,100,585 | 61,592,267 | 3,365,874 | 63,120,750 | -1,528,483 |
| 2022.06 | 1,241,311 | 57,683,984 | 3,348,995 | 60,128,657 | -2,444,673 |
| 2022.07 | 987,722 | 60,257,562 | 3,418,441 | 65,311,422 | -5,053,860 |
| 2022.08 | 1,122,062 | 56,647,318 | 3,391,112 | 66,040,158 | -9,392,840 |
| 2022.09 | 1,130,710 | 57,191,679 | 3,286,737 | 61,021,734 | -3,830,055 |
| 2022.10 | 1,021,258 | 52,437,167 | 3,325,294 | 59,161,656 | -6,724,489 |
| 2022.11 | 1,221,947 | 51,889,959 | 3,550,791 | 58,881,226 | -6,991,267 |

게 좌우한다. 수출 증가율이 늘어나면 한국 기업의 영업이익이 개선되고 주가 밸류에이션이 확대된다. 반대로 수출 증가율이 줄어들면(플러스 값이더라도 하락하면) 한국 기업의 영업이익이 하락하고 주가 밸류에이션이 축소된다. 수출 증가율을 해석할 때는 반드시 경기선행지수의 경기확산지수와 중국 사회융자총액 등의 거시경제 지표를 함께 보아야 한다. 경기 호황 국면에서 수출 증가율이 꺾였는지, 경기 불황 국면에서 감소율이 줄었는지(현재 마이너스지만 플러스를 향해 가고 있는지) 등 복합적으로 파악하는 것이 중요하다.

## 한국 무역수지

한국 무역수지는 수출액(통관 기준)과 수입액(통관 기준)의 차이를 나타내며, e-나라지표 홈페이지에서 확인할 수 있다. 한국 기업의 영업이익을 가늠해주기 때문에 중요하다. 매월 1일 오전 9시경 수출입 데이터와 함께 발표된다.

[그림 2-17] e-나라지표 홈페이지 경상수지 및 무역수지 화면

경상수지 및 무역수지 ☆ 33

관심지표등록 | 이미지 인쇄 | 파일다운로드 | URL복사

그래프 | 통계표 | 의미분석 | 관련용어 | 지표정보 | 정책정보 | 의견 및 질문

통계표 경상수지 및 무역수지 | 기간선택 연도 | 1991 ~ 2021 | 조회 | 행열전환

통계표다운로드 | 조회설정 | 데이터찾기 | heatMap | 증감비교 | 전체 증감비교 | 초기화

경상수지 및 무역수지

[단위 : 백만불]

| | | 2022 01월 | 2022 02월 | 2022 03월 | 2022 04월 | 2022 05월 | 2022 06월 | 2022 07월 | 2022 08월 | 2022 09월 | 2022 10월 |
|---|---|---|---|---|---|---|---|---|---|---|---|
| 경상수지 | 경상수지 | 1,916 | 6,419 | 7,058 | -79 | 3,860 | 5,610 | 791 | -3,049 | 1,583 | 883 |
| | 상품수지 | 820 | 4,273 | 5,638 | 2,948 | 2,742 | 3,594 | -1,434 | -4,449 | 466 | -1,478 |
| | 서비스수지 | -492 | 570 | 358 | 573 | -16 | -492 | 294 | -774 | -343 | 52 |
| | 본원소득수지 | 1,878 | 1,707 | 1,150 | -3,246 | 1,451 | 2,769 | 2,267 | 2,242 | 1,837 | 2,256 |
| | 이전소득수지 | -290 | -131 | -88 | -354 | -316 | -261 | -335 | -67 | -376 | 54 |
| 무역수지 | 무역수지 | -4,742 | 901 | 212 | -2,508 | -1,614 | -2,457 | -5,085 | -9,401 | -3,768 | -6,698 |

· 출처: 한국은행「국제수지동향」

**출처:** e-나라지표(https://www.index.go.kr/)

**활용법:** 이 지표에서는 무역수지 개선과 한국 영업이익에 대한 시장 기댓값을 비교해야 한다. 무역수지가 개선되고 있음에도 한국의 밸류에이션이 여전히 낮은 수준이고 시장을 비관적으로 보는 애널리스트가 다수라면 한국 기업의 실적 서프라이즈 가능성이 높다고 예상할 수 있다. 반대로 무역수지가 하락하고 있는데도 수출 증가율이 괜찮고 기업들의 이익이 예전과는 다른 영역에서 잘 관리되고 있다는 방어 논리가 지배적이라면 향후 실적 시즌에 실적 쇼크 기업들이 출현할 가능성을 대비해야 한다.

## 심리 사이클의 핵심 지표

### 미국 신용증거금(Margin Debt)

신용증거금은 투자자들이 신용 대출 등 돈을 빌려서 주식에 투자한 금액이다. 미 금융산업규제국(Financial Industry Regulatory Authority, FINRA)에서 집계해 매월 3주 차에 발표한다.

**출처:** FINRA(https://www.finra.org/investors/learn-to-invest/advanced-investing/marginstatistics)

**활용법:** 단순 레벨보다 증가율이 중요하다. 증가율이 의미 있게 달라졌을 때(이를테면 전년 대비 20% 수준) 경기와 주가 밸류에이션을 체크하는 습관이 필요하다. 대상 월의 다음 달 3주 차에 발표되기 때문에, 주식시장이 급격하게 변한 후에야 확인될 가능성이 높다. 그럼에도 매일의 원/달러 환율과 시장의 과열·공포 심리를 재차 확인하는 과정에서 필수로 보아야 한다. 단일 지표보다는 중기 시각을 확고히 하는 보조 지표로 활용하는 것이 좋다.

[그림 2-18] FINRA 홈페이지 미국 신용증거금 화면

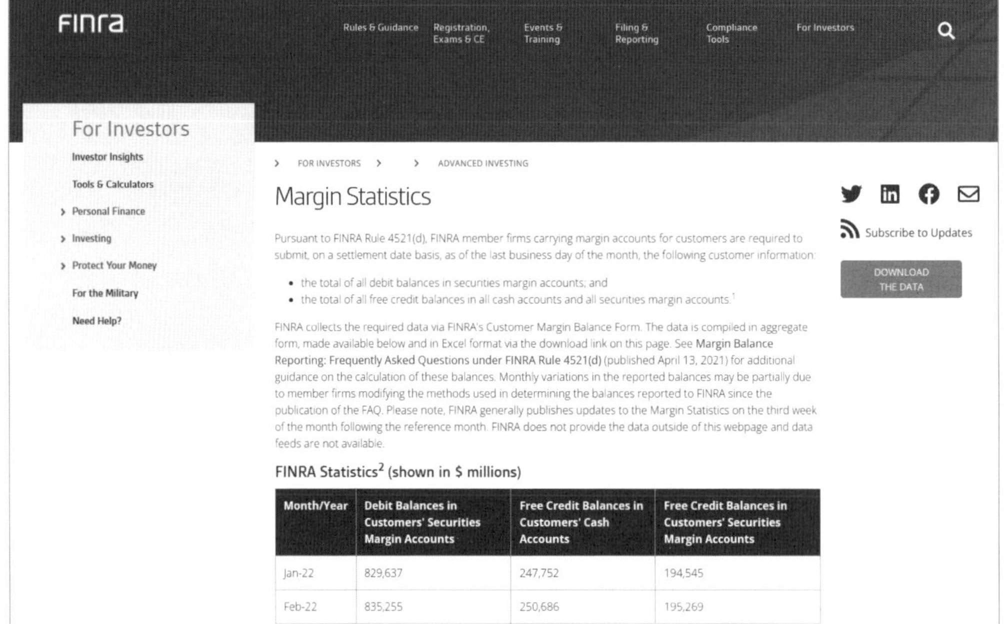

FINRA

Rules & Guidance | Registration, Exams & CE | Events & Training | Filing & Reporting | Compliance Tools | For Investors

For Investors

Investor Insights
Tools & Calculators
Personal Finance
Investing
Protect Your Money
For the Military
Need Help?

FOR INVESTORS > > ADVANCED INVESTING

Margin Statistics

Subscribe to Updates

DOWNLOAD THE DATA

Pursuant to FINRA Rule 4521(d), FINRA member firms carrying margin accounts for customers are required to submit, on a settlement date basis, as of the last business day of the month, the following customer information:

- the total of all debit balances in securities margin accounts; and
- the total of all free credit balances in all cash accounts and all securities margin accounts.[1]

FINRA collects the required data via FINRA's Customer Margin Balance Form. The data is compiled in aggregate form, made available below and in Excel format via the download link on this page. See **Margin Balance Reporting: Frequently Asked Questions under FINRA Rule 4521(d)** (published April 13, 2021) for additional guidance on the calculation of these balances. Monthly variations in the reported balances may be partially due to member firms modifying the methods used in determining the balances reported to FINRA since the publication of the FAQ. Please note, FINRA generally publishes updates to the Margin Statistics on the third week of the month following the reference month. FINRA does not provide the data outside of this webpage and data feeds are not available.

**FINRA Statistics[2] (shown in $ millions)**

| Month/Year | Debit Balances in Customers' Securities Margin Accounts | Free Credit Balances in Customers' Cash Accounts | Free Credit Balances in Customers' Securities Margin Accounts |
|---|---|---|---|
| Jan-22 | 829,637 | 247,752 | 194,545 |
| Feb-22 | 835,255 | 250,686 | 195,269 |

## 한국 원/달러 환율

원/달러 환율은 미국 달러에 대한 한국 원화의 교환 비율이다. 원/달러 환율이 올라가면 원화 가치가 하락하고, 원/달러 환율이 내려가면 원화 가치가 상승한다는 의미다.

**출처**: e-나라지표, 주요 포털 사이트

**활용법**: 한국의 원화는 여러 경제지표의 대리 지표다. 글로벌 경기선행지수와 동행하며 중국 위안화(통제된 환율)를 실질적으로 대변하는 교환 지표다. 원/달러 환율을 매일 챙겨 볼 필요는 없지만 1,300원, 1,200원, 1,100원 등 상징적인 수치가 되면 민감하게 살펴보아야 한다.

원/달러 환율이 지속적으로 하락하고 언론에서 한국 경제 레벨 업 분위기,

[그림 2-19] e-나라지표 홈페이지 환율 화면

환율 42

관심지표등록 이미지 인쇄 파일다운로드 URL복사

그래프 통계표 의미분석 관련용어 지표정보 정책정보 의견 및 질문

통계표 환율 기간선택 연도 1970 ~ 2021 조회 행렬전환

통계표다운로드 조회설정 데이터찾기 heatMap 증감비교 전체 증감비교 초기화

환율

[단위 : 원/달러]

| | | 2019 | 2020 | 2021 | 2022 06월 | 2022 07월 | 2022 08월 | 2022 09월 | 2022 10월 | 2022 11월 |
|---|---|---|---|---|---|---|---|---|---|---|
| 원/달러 | 환율 | 1,156.4 | 1,086.3 | 1,188.8 | 1,298.4 | 1,299.1 | 1,337.6 | 1,430.2 | 1,424.3 | 1,318.8 |
| | 절상률(%) | -3.5 | 6.5 | -8.6 | -8.4 | -8.5 | -11.1 | -16.9 | -16.5 | -9.9 |
| 엔/달러 | 환율 | 109.1 | 103.3 | 115.1 | 136.2 | 132.5 | 138.5 | 144.5 | 147.8 | 138.4 |
| | 절상률(%) | 1.3 | 5.6 | -10.2 | -15.5 | -13.2 | -16.9 | -20.3 | -22.1 | -16.9 |
| 원/100엔 | 환율 | 1,059.8 | 1,051.2 | 1,032.5 | 953.2 | 984.1 | 966.0 | 989.9 | 963.2 | 952.6 |
| | 절상률(%) | -4.8 | 0.8 | 1.8 | 8.3 | 4.9 | 6.9 | 4.3 | 7.2 | 8.4 |

· 출처: 기획재정부 (통화별 환율 조사통계)

· 주석: * 환율은 서울외환시장 종가(15:00현재, '05.2월 이전은 16:00현재, '03년 이전은 16:30현재)
* 절상율은 전년말비 변동율

투자자들의 과열 반응, 경기 지속성에 대한 이야기가 나온다면 역으로 경기가 정점을 찍고 내려올 가능성을 타진해야 한다. 환율이 가파르게 상승하면서 사람들이 환율에 과도한 관심을 갖고 언론에서는 한국 경제를 비관하는 뉴스를 내보내고 있다면 역시나 반대 방향으로 생각해볼 수 있다. 신용부도스와프(CDS) 프리미엄, 경상수지 레벨 등이 안정적이고, 무엇보다 주식시장의 밸류에이션이 과도하게 낮음에도 불구하고 투자자들이 깊은 경기 침체를 우려하며 비관적으로 행동한다면, 경기 바닥에 대한 희망 섞인 시각을 던져볼 수 있다.

# 실전 사이클 분석

## 신용 사이클: 미국 장단기 금리 차부터 살피자

신용(credit, debt)은 금융시장에서 대부, 융자의 의미로 쓰이고 특히 주식시장에서는 유동성의 의미로 쓰인다. 신용 사이클을 정확히 이해한다면 주식시장 사이클의 9부 능선을 넘었다고 해도 과언이 아니다.

신용 사이클은 어떻게 측정하고 유용한 데이터는 무엇인가? 오랫동안 추적해본 바, 가장 유용한 데이터는 미국의 장단기 금리 차, 달러, 중국의 생산자물가지수(PPI)로 압축할 수 있다.

### 신용 사이클을 파악하는 첫 번째 열쇠: 미국 장단기 금리 차

구글에서 '장단기 금리 역전'으로 검색해서 나온 2019년 기사 제목이다.

> 美 장단기 금리역전, '이번엔 다르다'는 낙관론 _ 한국경제(2019/08/16)
>
> 한은 "장단기 금리역전, 반드시 경기침체 전조는 아냐"_ 연합뉴스(2019/10/18)

2019년 8월경 미국의 장단기 금리 차가 역전되자 언론에서 자주 인용된 주제가 바로 경기 침체 시그널로서의 신뢰성 여부였다. 이전과는 경제 체계가 달라졌기 때문에 신호가 오작동했다고 해석하는 분위기가 많았다. 주식시장(특히 미국)은 계속 오름세였고, 어디를 봐도 경기 과열 국면은 아니라고들 생각했다. 당시 한국은행은 경기 침체의 전조가 아니라고 진단했다. 만약 코로나19 팬데믹 이전인 2019년 8월에 장단기 금리 차 역전이라는 이 신호를 신뢰했다면 코로나19라는 전대미문의 위기를 벗어날 수도 있지 않았을까?

경기 상승기에 인플레이션 압력이 높아 연준이 긴축으로 선회하면 단기 금리가 상승하는 반면 장기 금리와 인플레이션 압력은 떨어지는 구간이 오는데, 이것이 바로 장단기 금리 차 축소다.

나아가 장단기 금리 차가 역전된다는 것은 경기 침체를 시사한다. 돈을 빌려주는 입장(은행)을 생각해보면 쉽게 이해할 것이다. 은행은 예금 등 단기 자금을 받아 장기로 대출하는 구조다. 따라서 장단기 금리 차가 벌어지는 구간에서는 순이자마진(NIM)이 확대되고, 이익이 늘어나니 대출을 더 늘리는 선순환이 된다. 반면에 장단기 금리 차가 역전되면 은행 입장에서는 역마진이 발생하기 때문에 신규 대출을 꺼리고, 이미 집행된 대출도 만기가 되면 연장해주지 않으며, 경우에 따라서는 조기 상환 압력을 넣는다. 이로 인해 시중 유동성이 점점 줄어든다.

[그림 2-20] 경고 신호: 장단기 금리 차 역전 후 하이일드 스프레드가 6%를 넘어가면 글로벌 증시 급락 구간이 언출될 수 있다

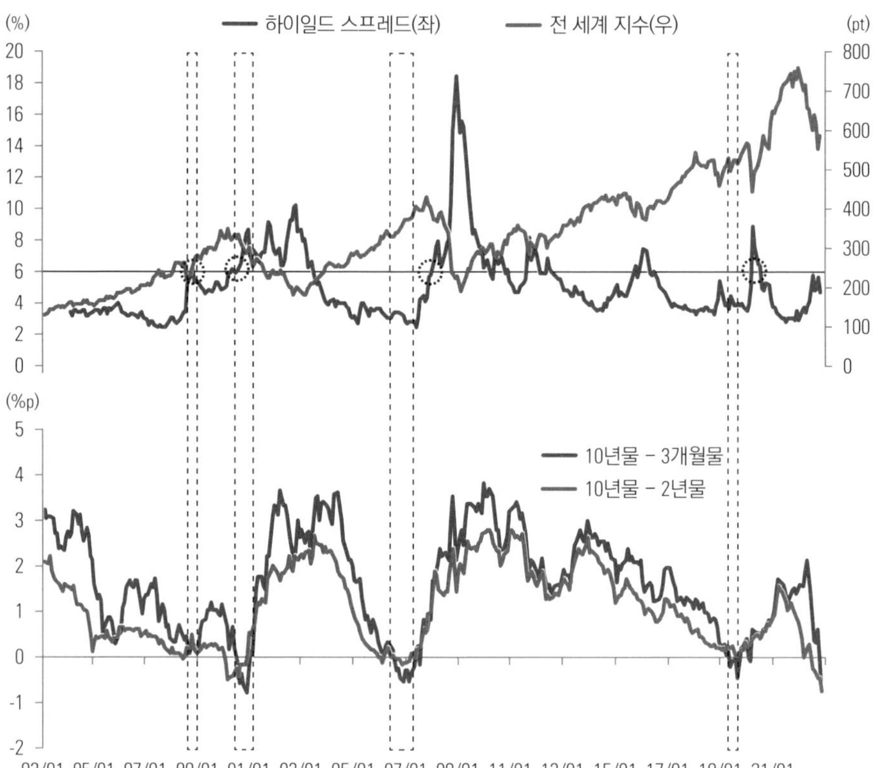


주: 하이일드 스프레드는 US Corporate High Yield Average OAS, 전 세계 지수는 MSCI AC World Index

*자료: 블룸버그, FRED, 이베스트투자증권 리서치센터

그런데 이는 장기적으로 진행되는 과정이다. 장단기 금리 차가 역전되었다는 뉴스를 듣고 주식을 다 팔았는데 이후에도 한참 동안 시장이 상승할 수 있다. 장단기 금리 차와 주가 고점 사이에서 좀 더 정교하게 의사결정할 수 없을까?

여러 차례 검증한 결과 장단기 금리 차와 하이일드 스프레드를 함께 체크하는 것이 유용하다. 즉 장단기 금리 차가 축소되는 구간에서 하이일드 스프레드가 벌어지기 시작하면 주식 비중을 줄이는 것이 좋다. 장단기 금리 차 역전

이후 하이일드 스프레드가 6%가 넘으면 위험 신호이니 주식시장 급락이 연출될 수 있음을 기억하라.

원리는 간단하다. 금리가 올라서 비용이 상승하면 문제 되는 기업들이 생겨난다. 신용도가 낮은(통상 현금흐름이 나쁜) 기업들의 수익이 낮아지기 때문인데, 금융기관이 이런 기업에 대한 대출 이자를 더 얹으면서 하이일드 스프레드가 상승한다.

### 신용 사이클을 파악하는 두 번째 열쇠: 미국 달러인덱스

주식시장 방향만큼이나 예측하기 어려운 것이 달러화다. 다만 현재 달러화가 강세인지 약세인지 판단한다면 신용 사이클의 위치를 조금 더 정확하게 파악할 수 있다.

국제결제은행(BIS)과 국제통화기금(IMF) 보고서에서도 자주 언급되듯, 달러화 방향성에 따라 글로벌 무역량과 유동성의 유량이 결정된다. 달러화 방향 설정이 곧 글로벌 위험 자산의 중요한 베팅 기준이 된다.

달러화 방향을 어떻게 판단할 것인가? 먼저 2016년 연초, 주가와 환율의 변동성이 급격히 증가하면서 쏟아졌던 기사 제목을 보자. 구글에서 기간을 2016년 1~2월로 설정하고 '경기둔화'를 키워드로 검색하면 다음과 같은 기사들이 나온다.

[저성장 중국경제] G2 중국 6%대 성장진입, 2015년 6.9%성장 _ 뉴스핌(2016/01/19)

[수출 끝없는 추락] 中 경기침체 '수렁' 속으로 _ 서울신문(2016/02/02)

현대硏 "中 GDP 대비 부채, 금융위기 때보다 높아…부채發 리스크 확산 우려" _ 조선비즈(2016/02/24)

브라질 '카니발 취소' 최악의 경기침체 _ 이코노믹리뷰(2016/01/13)

2015년 말 미국 연준이 금리를 인상한 후 달러화 강세와 중국 경착륙 우려 등으로 신흥 국가의 자본 유출 압박이 심화되자 코스피는 2015년 11월 2,050pt 수준에서 2개월 동안 10% 이상 하락해 1,800pt 초반까지 급락했다. 퍼펙트스톰을 두려워해서 주식을 더 팔아야 했을까?

'퍼펙트스톰'이나 '10년 만의 위기' 등등 자극적인 제목이 언론을 도배할 때의 감정을 바로 주식시장에 투영해서는 곤란하다. 저 시점에 공포에 떨어 주식 매도 대열에 합류했다면 이후 2년간의 강세장을 놓치는 우를 범했을 것이다.

장면에 대한 감정을 앞세우지 말고 실제로 달러화 강세가 얼마나 진행되었는지, 달러화 투기 포지션을 통해 시장의 우려나 기대가 얼마나 반영되었는지, 사회융자총액 변화율 등 중국의 주요 지표는 어떤 방향을 가리키는지, 유럽 중앙은행은 미국 연준에 비해 완화적인지 긴축적인지를 함께 보아야 한다.

[그림 2-21] 달러화는 미국이 전 세계에서 차지하는 GDP 비중

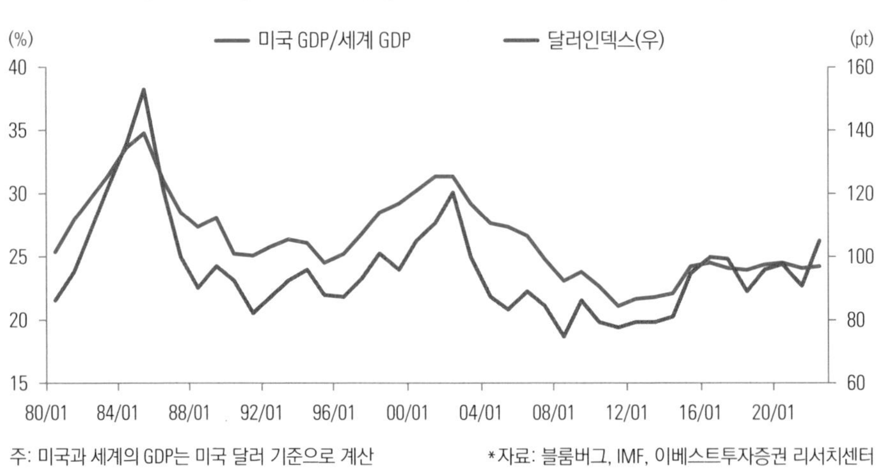


주: 미국과 세계의 GDP는 미국 달러 기준으로 계산

*자료: 블룸버그, IMF, 이베스트투자증권 리서치센터

[그림 2-21]을 보자. 미국의 GDP가 전 세계 GDP에서 차지하는 비중은 달러화를 한눈에 이해하게 해준다. 미국이 전 세계에서 독보적으로 성장하거나 잘 버티는 시기에는 달러화가 강세를 보인다. 반대로 미국보다 다른 국가들의 성장률이 높다면 달러화는 약세를 보인다. 다만 모든 국가의 성장률을 살펴보고 판단할 수는 없으므로 미국의 통화정책(특히 유럽과 비교), 달러화 투기 포지션, 미국의 서비스업과 제조업 차이를 주로 체크한다.

우선 미국과 독일의 금리 차를 통해 달러화의 방향성을 예상할 수 있다. [그림 2-22]에서 보이는 것처럼 미·독 금리 차와 달러인덱스는 큰 틀에서 방향성을 같이한다. 물론 금리 차가 확대됨에도 불구하고 달러인덱스가 상승하지 못한 구간이 중간중간 있다. 대부분의 경우 달러인덱스는 금리 차에 후행해서 상승했고, 달러화가 상승하는 구간에서는 위험자산의 변동성이 커지기 마련이므로 이때 달러를 사서 외환 수익을 낼 뿐만 아니라 큰 변동성에 대비하는 기회로 삼을 수 있었을 것이다.

[그림 2-22] 미·독 금리 차 확대, 유럽과의 금리 차는 어떤가?

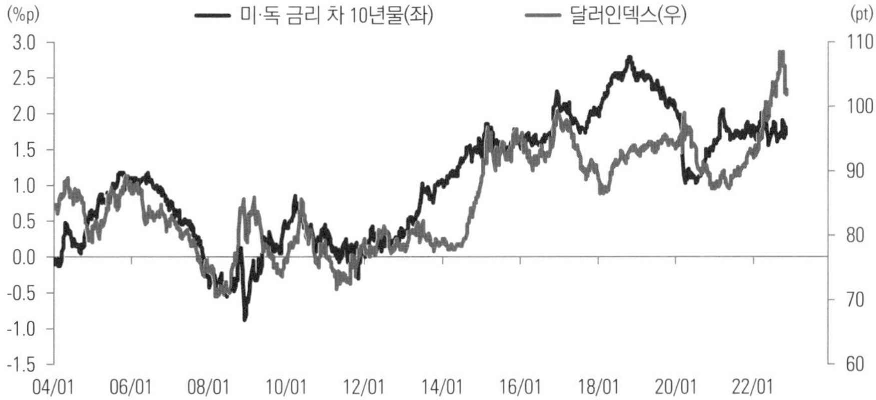

(%p) — 미·독 금리 차 10년물(좌) — 달러인덱스(우) (pt)

*자료: 블룸버그, 이베스트투자증권 리서치센터

미·독 금리 차(10년물)의 방향은 결국 경기 수준을 나타내기 때문에 여러 요인을 고려해야 하지만, 그 수익률 간의 차이를 파악하고 이후 연준과 유럽중앙은행(ECB)의 정책 스탠스를 가늠한다면 달러인덱스의 방향성에 대한 1차적 그림을 그려낼 수 있다.

특히 달러화 투기 포지션(상품선물거래위원회 비상업적 거래자들의 순포지션) 상태를 같이 봐야 한다. 이미 시장 재료(긴축, 성장 차이 등)가 참가자의 포지션에 녹아 있다면, 강력한 이슈에 노출된 후 되레 방향을 달리하는 경우가 있기 때문이다. 이를테면 미국의 긴축 사이클이 본격화되자 달러화가 오히려 약해지는 것이다.

2022년 11월 현재 시점에서 보면 달러화 투기 포지션이 역사적 최고 수준이다. 그러나 미국의 긴축 사이클은 논쟁의 여지는 있지만 후반에 접어들고 있다. 즉 달러화 투기 포지션을 구축하는 근거가 점점 희박해지는 시기임을 고려해야 한다. 2022년 킹달러의 시대가 서서히 저물 수도 있다는 투자 콘셉트

[그림 2-23] 달러화 투기 포지션은 한계 수준까지 올라왔나?

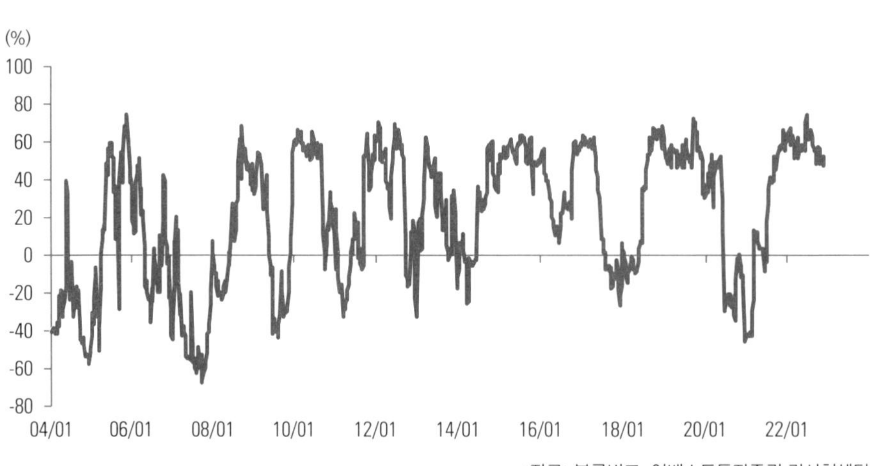


*자료: 블룸버그, 이베스트투자증권 리서치센터

를 잡아갈 수 있다.

또한 미국 서비스업과 제조업의 경기 차에서 달러화의 방향성을 예측할 수 있다. 미국은 고용의 85% 이상이 서비스업이다. 서비스업이 회복되어야 연준은 긴축의 방아쇠를 자신 있게 당길 수 있다. 서비스업이 회복되어 연준이 긴축 사이클에 들어갈 때, 한국처럼 수출 제조업 비중이 큰 국가는 경기 모멘텀이 둔화될 수 있다. 서비스업은 대면 활동을 기반으로 하는 비즈니스가 많기 때문에 자국 기업의 수혜 폭이 크고, 서비스업이 좋아지면 글로벌 물동량이 적어진다.

반대로 ISM제조업지수가 50pt를 하회한 상태에서 글로벌 경기 우려가 심해지면 선진국 중앙은행, 특히 연준의 스탠스에 주목해야 한다. 제조업 부진으로 인한 경기 침체와 이에 대응하는 연준의 적극적인 자세는 서비스업 대비 제조업의 강세를 이끈다. 수출 제조업을 비롯한 신흥시장으로의 자금 유입(달러화

[그림 2-24] 미국 ISM 제조업과 서비스업의 회복 속도에 예민해지자

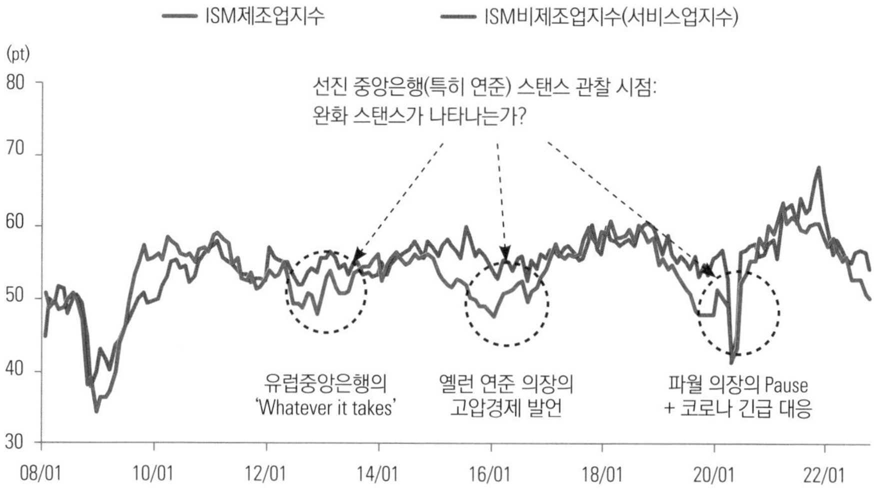

*자료: 블룸버그, 이베스트투자증권 리서치센터

[그림 2-25] 미국 경기 회복이 완연(서비스업 강세)해지면
되레 한국 증시가 둔화되는 이유(달러화 강세)

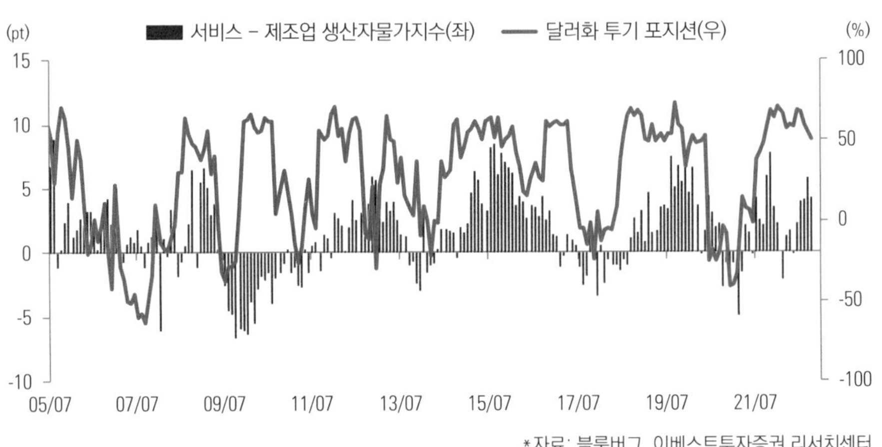


*자료: 블룸버그, 이베스트투자증권 리서치센터

약세)을 촉발한다. 이때가 신흥시장의 기회다. 반대로 서비스업 회복으로 넘어가는 경기 확장 국면에서는 신흥시장의 수익률이 낮아진다. 실제 ISM의 비제조업지수(서비스업지수)와 제조업지수 차이가 벌어지면 달러화 투기 포지션이 쌓여가는 것을 확인할 수 있다.

한국 증시 투자 아이디어로 확대해보면 제조업의 예기치 않은 급락(세계 금융위기, 남유럽 부채위기, 유가 급락과 위안화 기습 절하, 코로나19 팬데믹 등) 이후 회복까지의 탄력기가 가장 좋은 매수 기회다. 반대로 미국의 고용이 완연한 회복에 들어섰고 경기 확장으로 넘어가는 과정이라는 뉴스가 들려오면 한국 증시는 달러화 강세에 의한 외국인 매도 압력과 박스피라는 오명의 굴레에 다시 갇힐 확률이 높다.

### 신용 사이클을 파악하는 세 번째 열쇠: 중국 사회융자총액과 생산자물가지수

중국 사회융자총액은 중국의 수요라고 말할 수 있다. 실제로 중국 신용의

총합이고 중국 정부의 정책적 의도도 이 지표에 고스란히 드러난다. 중국 사회융자총액은 중국 명목GDP에 6개월 정도 선행하기 때문에 중요하다. 중국의 수요 회복에 발맞춰 달러화 강세가 종료되면 한국을 비롯한 신흥시장으로의 자금 유입도 기대할 수 있으니 상당히 중요한 지표다.

[그림 2-26] 투자자들은 이 지표의 고점, 저점에 민감해져야 한다

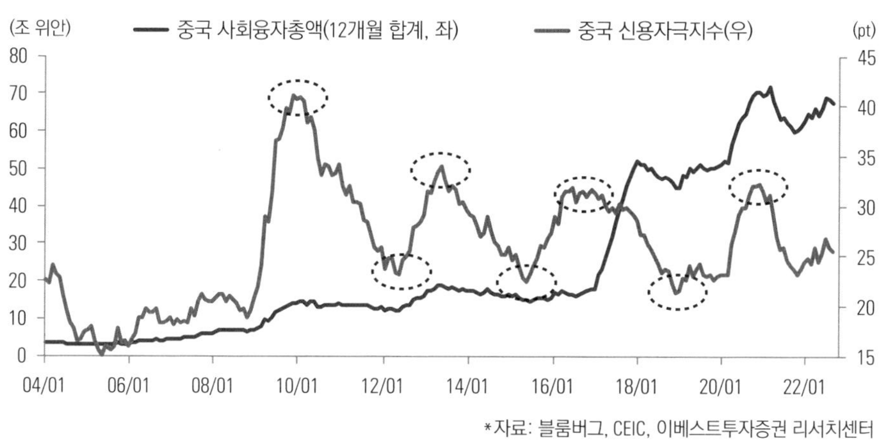


*자료: 블룸버그, CEIC, 이베스트투자증권 리서치센터

[그림 2-27] 중국 사회융자총액은 수요의 선행 지표 역할

*자료: 블룸버그, CEIC, 이베스트투자증권 리서치센터

[그림 2-28] 중국 사회융자총액과 생산자물가지수

*자료: 블룸버그, CEIC, 이베스트투자증권 리서치센터

그러다 보니 사회융자총액이 언제 줄어들지, 또는 언제 확장되어 글로벌 수요를 견인하는 역할을 할지 등 중국 정부의 스탠스에 예민해지는데, 물가 수준과 지급준비율을 함께 보는 게 좋다. 특히 생산자물가지수에 주목해야 한다. 중국은 물가가 잡혀야 정책을 쓴다. 스태그플레이션 상황(소비 둔화, 물가 상승)에서 정책을 통해 물가 상승을 더욱 유발해 여론을 악화시키고 버블을 만들 필요가 없기 때문이다. 과거에 중국 정부는 생산자물가지수가 3% 레벨로 떨어진 이후에야 지급준비율을 내리고 경기 진작을 위한 정책을 폈다.

## 경기 사이클: OECD 글로벌 경기선행지수 해석하기

경기를 판단하는 지표는 너무나 많지만, 단순화하면 성장과 물가의 두 축으로 정리할 수 있다. [그림 2-29]처럼 물가의 상승과 하락, 경기의 성장과 둔화라는 기준으로 현 경기 상태를 파악한다. 그 후 경기 국면에 맞는 자산 선택을 통해 투자 수익을 추구할 수 있다.

그렇다면 경기와 물가를 어떻게 판단할 수 있을까? 두 가지 지표를 소개하고자 한다. 바로 OECD 글로벌 경기선행지수와 글로벌 유동성 증가율이다.

[그림 2-29] 경기 판단, 몇 사분면에 있나?

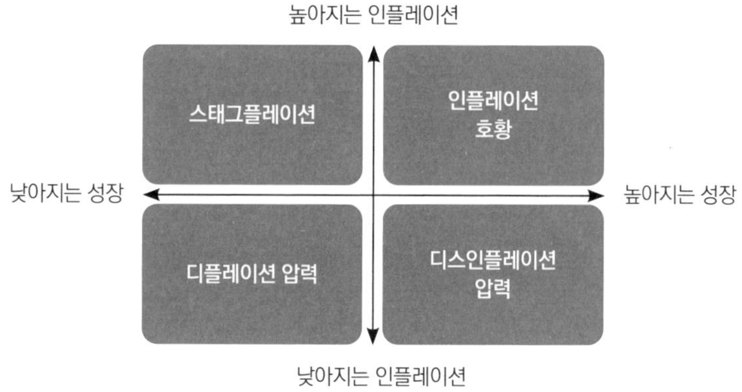


[그림 2-30] 경기 국면에 적합한 자산 선택은?

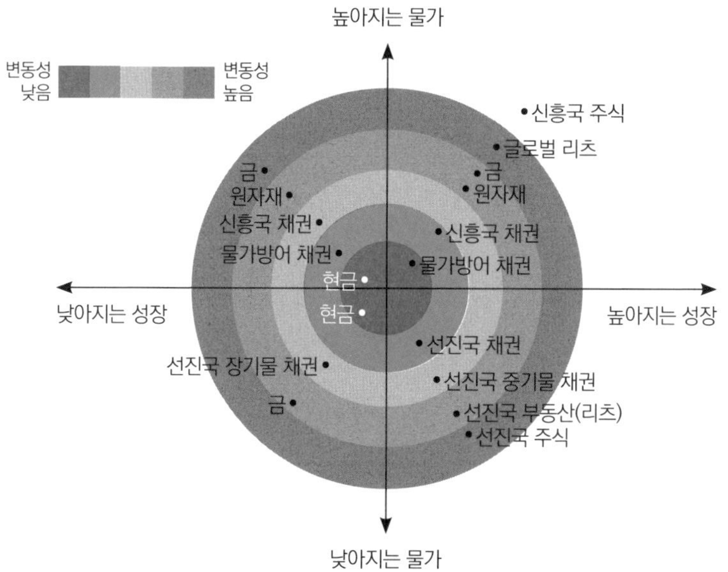

### 매월 발표되는 OECD 경기선행지수를 챙겨 보자

경기선행지수의 수준과 전월차만 봐도 경기와 시장의 중기 전망을 할 수 있다. OECD 경기선행지수는 OECD가 매월 2주 차에 발표한다. 1개월 전의 데이터이기 때문에 주가에는 이미 반영되었을 수도 있다. 그럼에도 중요한 것은 현재의 경기 수준과 방향성을 점검할 수 있기 때문이다.

OECD 경기선행지수는 100pt를 기준으로 확장과 둔화를 구분하지만 수준보다는 방향성이 중요하다. 2007년 이후 경기선행지수와 코스피지수를 담은 [그림 2-31]을 보면 경기 고점에서의 투자(글 작성 당시 하락 중이던 2021년 고점 제외)는 평균 수익률 -12%로 3번 모두 손실을 보았다. 반면 저점에서의 평균 수익률은 37%로 4번 모두 수익을 냈다. 탑다운 측면에서는 극단값(통계적으로는 아웃라이어)이 발생했을 때 투자 수익을 얻을 수 있다. 지난 10여 년간 4번의 기회이니 대략 30개월에 한 번씩 국내 주식시장은 큰 기회를 주었다.

'공포에 매수하고 환호에 매도하라'라는 격언은 놀랍도록 맞는 진리지만, 뉴스와 감정만으로 대응하면 안 된다. 좀 더 섬세하게 자료를 추적해야 객관적

[그림 2-31] 코스피지수와 OECD 경기선행지수(2007~2022)

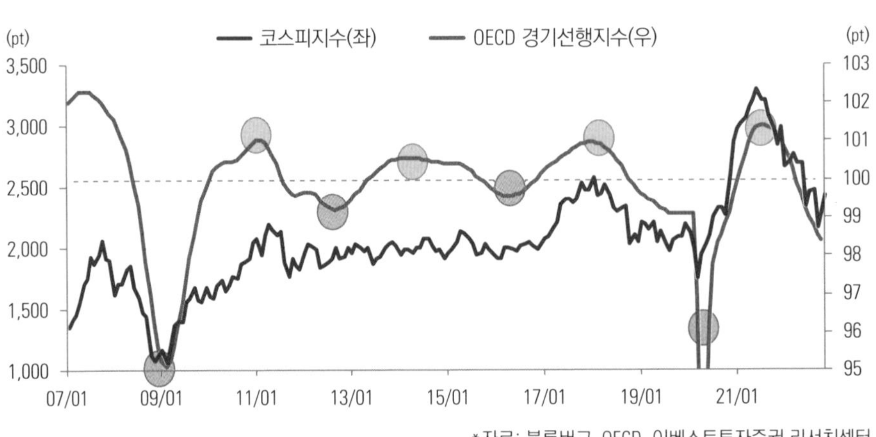


*자료: 블룸버그, OECD, 이베스트투자증권 리서치센터

근거를 가지고 의사결정할 수 있다. OECD 경기선행지수의 수준, 전월차 변동 추이, 경기확산지수의 고점과 저점 형성 시기, 한국 수출 증가율을 살펴보자.

우선 OECD 경기선행지수가 100pt 이상인지 이하인지 확인하자. 매수 시점을 고민한다면 100pt 이하로 떨어질 때까지 기다리자. 그러고 나서 전월차가 줄어드는지 확인하면 좋다. 전월차가 줄어든다는 것은 경기 저점이 다가온다는 암시이기 때문에, 주가 하락 폭이 깊어질수록 공포에 주식을 매수할 시간이 가까워진다.

더하여 OECD 경기확산지수를 통해 저점과 고점 시점을 가늠할 수 있다. 경기확산지수가 8개월 정도 선행하기 때문에, OECD 경기선행지수가 100pt 이하이면서 전월차가 줄어들고 경기확산지수가 저점 신호를 줄 때 국내 주식시장을 매수 관점으로 접근해도 괜찮을 것이다. 좀더 신뢰도를 높이기 위해서 한국 수출 지표를 확인하자.

**의사결정 과정 1. OECD 경기선행지수와 한국 수출 증가율을 활용한 주식 매매 정리**

**주식 매수 신호**

① OECD 경기선행지수가 100pt 이하
② OECD 경기선행지수 전월차 (-) 폭 감소
③ OECD 경기확산지수가 저점 신호 발신
④ 그 기간의 한국 수출 증가율이 전월 대비 증가

**주식 매도 신호**

① OECD 경기선행지수 100pt 이상
② OECD 경기선행지수 전월차 (+) 폭 감소
③ OECD 경기확산지수가 고점 신호 발신
④ 그 기간의 한국 수출 증가율이 전월 대비 감소

[그림 2-32] OECD 경기선행지수와 한국 수출 증가율을 통해 저점과 고점 파악하기

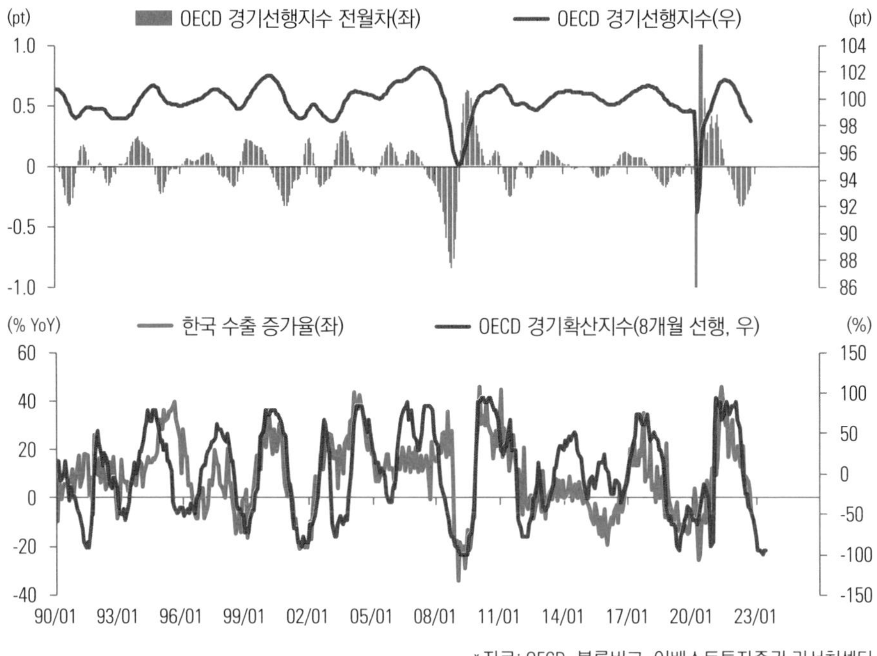


*자료: OECD, 블룸버그, 이베스트투자증권 리서치센터

반대의 경우, 즉 주식 비중을 줄일 때도 마찬가지다. 고점을 확인하는 과정을 보자. 경기선행지수가 100pt 이상인 상황에서 경기확산지수가 2020년 6월에 고점을 기록해 향후 8개월 안에 OECD 경기선행지수가 고점을 찍으리라고 예고했다. 2020년 하반기부터 바로 주식을 매도할 필요는 없었지만, 실제 2021년 1분기 이후로는 경기선행지수가 고점을 기록하는지 확인해야 한다. 이때 한국 수출 증가율도 같이 보자. 실제로 수출 증가율이 2021년 5월 고점을 기록해서 경기확산지수의 신뢰도를 높여주었다. 그렇다면 6월 수출 증가율이 발표된 7월 초부터 한국 주식 비중을 줄여나갈 수 있다.

앞서 언급한 지표들은 월 단위로만 확인해도 반년이 걸린다. 2~3년마다 반복된다면 투자자 입장에서는 너무 긴 사이클이라고 생각할 수 있다. 그러나

신뢰도 높은 데이터로 뒷받침할 수 있는 투자 기회는 그렇게 자주 오지 않는다. 투자는 잘 기다리는 자가 이기는 게임이다.

### 물가는 글로벌 유동성 증가율이 좌우한다

유동성이 계속 증가하니 유동성 장세가 지속된다는 말에 현혹되면 안 된다. 유동성이 증가하더라도 증가율이 하락하면 물가 상승 압력이 둔화되어서 인플레이션 베팅(신흥시장 자산 확대, 금융과 경기 순환주 베팅)이 쉽지 않기 때문이다. 2021년에는 너무 많은 강세론자가 유동성만 부르짖었다.

글로벌 유동성 증가율을 보는 것은 OECD 소비자물가지수(CPI)를 선행하기 때문이다. 각국의 현금성 자산이 증가하면 근원(에너지와 식료품 제외) 및 전체(에너지와 식료품 포함) 물가 상승 압력으로 이어진다. 실증 데이터를 보면 글로벌 유동성 증가율이 변화하고 6개월 후에 물가 증가율이 따라간다.

물가 수준이 화폐 수량에 비례한다는 화폐 수량설의 공식 MV=PY(통화량×통화 유통 속도 = 가격 수준×생산량)를 떠올려 보자. 통화량 증가는 성장과 물

[그림 2-33] 일단 중앙은행의 스탠스로 인한 물가 상승률은 둔화될 수 있음

*자료: 블룸버그, 이베스트투자증권 리서치센터

가 상승 압력으로 작동한다. 통화 유통 속도가 감소하는데도 통화량 증가율이 상승하면 PY(명목GDP) 상승 압력이 커지는데, 코로나19 팬데믹 이후의 상황이 그랬다.

인플레이션 고민이 높은 현재, 글로벌 유동성 데이터를 통해서 보면 글로벌 물가 압력이 서서히 둔화되고 2023년 초반까지 하락할 가능성이 높다. 경기선행지수 하락과 물가 상승률 둔화를 감안하면 자산은 앞서 디스인플레이션 또는 디플레이션 압력이 높은 구간의 배분을 따르는 것이 좋다. 신흥시장보다는 선진국 주식, 선진국 리츠, 더불어 선진국 중에서 특히 미국의 장기채 보유 비중을 늘리라는 신호로 해석할 수 있다.

## 이익 사이클: 한국 수출 증가율이 가장 중요하다

한국에서는 이익이 어떻게 순환되는지 알아보자. 탑다운 접근 방법은 다분히 매크로 지표를 통한 이익의 방향성에 초점을 맞춘다. 그렇다 보니 신산업 출현이나 버블, 버스트 등의 굴곡까지 모두 체크하기는 어렵다. 다만 현재 이익의 방향성과 레벨을 점검해 주식시장의 진입과 후퇴를 결정하는 것이 유용하다.

한국 이익 사이클의 핵심 지표는 한국 수출 증가율, 무역수지(6개월 평균)의 방향성(또는 유가의 선행성)이다. 그리고 한국 수출 증가율의 선행 지표로 OECD 경기확산지수에 주목한다.

### 매월 1일 발표하는 한국 수출 지표에 민감해져라

한국 수출 증가율은 매출 방향성과 마진의 주요 변수다. 금액보다 증가율이 중요하다.

2021년 10월 1일 발표된 기사 제목을 보자. 9월 수출 지표를 다루었는데, 무역 통계를 집계한 이후 사상 최대의 수출액이 나왔고 또한 65년 만에 최고라는 타이틀이다.

> "65년만에 최고" 9월 수출 558억달러…반도체 ·석유화학 호조(종합) _ news1 뉴스(2021/10/01)

문제는 2021년처럼 언론에서 자극적인 뉴스를 뽑아낼 때 시장이 그대로 환호한다고 보면 안 된다는 점이다. '65년 만에 최고'라는 타이틀은 언론에서 뽑아내기 참 좋은 소위 짜릿한 데이터다. 10월 1일 당일 코스피는 되레 1.6% 하락했고 당일 포함 3일간 -5.27%의 급락세가 연출되었다.

수출 지표가 저렇게 좋은데도 주가는 왜 하락했을까? 우리는 증가율에 예민해져야 한다. 10월 1일에 발표된 수출액 전년 대비 증가율 16.9%는 그해 5월 45.6%의 높은 수치에서 내리 5개월째 하락한 것이다.

그렇다면 왜 한국 수출 증가율이 중요한가? [그림 2-34]를 보자. 우리나라는 내부 수요보다 외부 수요에 의해 매출 증가율이 결정된다. 중간재 수출 비중(2022년 10월 누계 기준 74.9%)이 압도적으로 높다. 기업은 고유의 고정비가 있고, 이를 충분히 상쇄해야 비로소 이익률이 급상승한다. 즉 국내 기업들은 수출 증가율이 올라갈 때 이익률이 상향 조정되는 경향이 있다. 거꾸로 수출 증가율이 하향 안정화될 때에는 매출 증가율이 하락하고 이익률이 조정되면서 전체 실적의 기대치가 내려온다.

일반 투자자는 물론이고 언론과 관계 기관도 수출액이 높은데 굳이 증가율 하락을 나쁘게 해석해야 하느냐고 묻는다. 당장 이익이 하향 조정되지 않고

[그림 2-34] 한국의 가공 단계별 수출 비중(2022년 10월 누계)

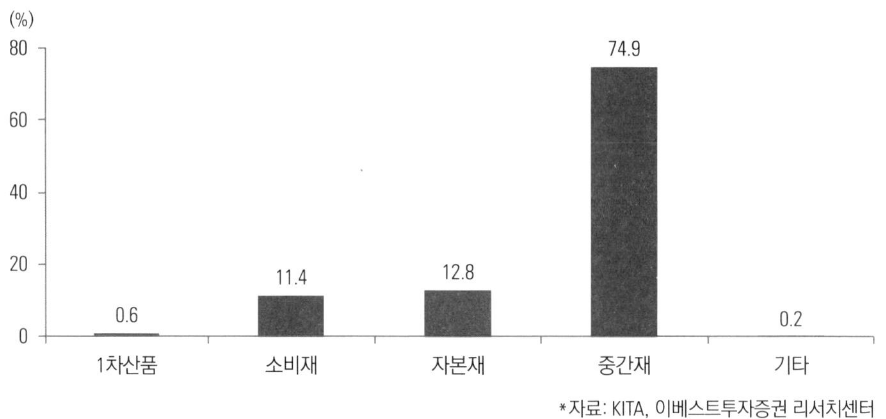


*자료: KITA, 이베스트투자증권 리서치센터

[그림2-35] 한국 실적 핵심 지표: 한국 수출 증가율(2004~2022)

*자료: 블룸버그, 퀀트와이즈, 이베스트투자증권 리서치센터

주가 변화도 크지 않기 때문이다.

그러나 주요 변곡점에서의 가격 변화와 기댓값 변화는 반드시 시차가 존재한다. 주가가 하락하기 전에 이익이 하향 조정되는 경우는 드물고, 주가가 상승하기 전에 이익이 상향 조정되는 경우 또한 찾기 어렵다.

수출 증가율이 상승하거나 하락할 때 고스란히 한국 영업이익률과 이익조정

[그림 2-36] 가격과 이익 변화, 주가에 대한 투자자들의 반응

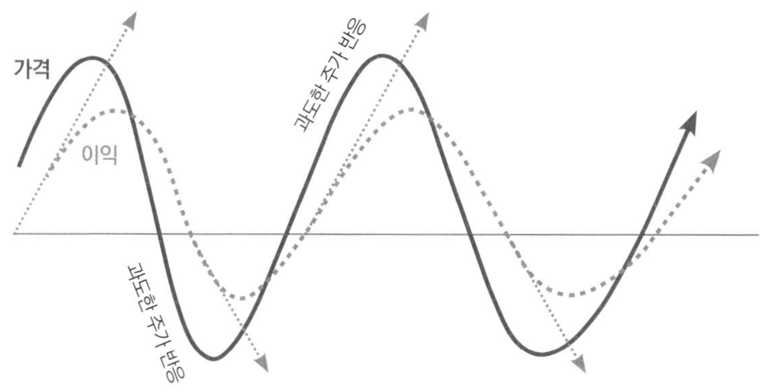


[그림 2-37] 수출 증가율 둔화 이후 애널리스트들의 이익 하향 조정이 뒤따르고 있다

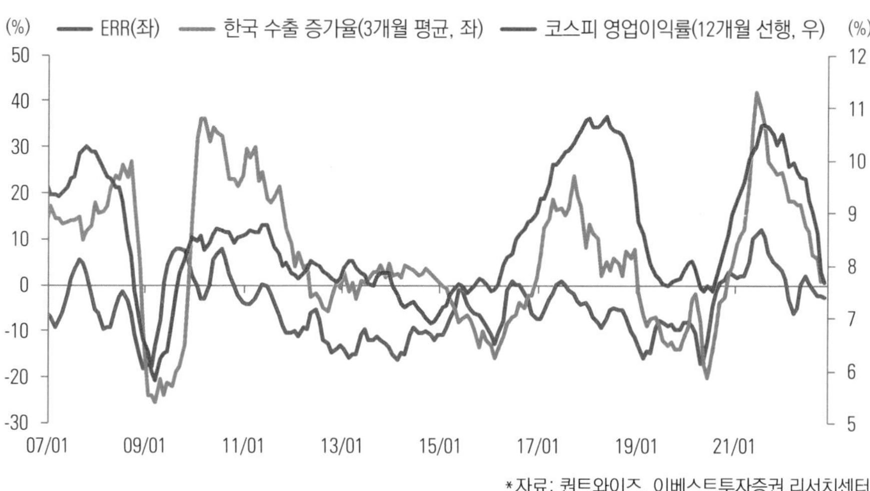


*자료: 퀀트와이즈, 이베스트투자증권 리서치센터

비율[Earnings Revision Ratio, ERR = (특정 기간의 이익 추정치 상향 조정 수 – 하향 조정 수)/전체 이익 추정치]로 이어지는지 확인해보자([그림 2-37] 참고). 실제로 2021년 5월 이후 둔화된 수출 증가율을 후행해, 실적 시즌 동안 높아진 눈높이가 조금씩 낮아지고 있다. ERR 하향은 결국 살 만한 기업이 줄어든다는 의미이므

로 수출 증가율 둔화 시기에는 한국 주식시장에서 종목을 선택하기가 어려워진다.

이렇게 중요한 한국 수출 증가율의 방향성을 어떻게 측정할 수 있을까? 한국 기업의 경쟁력이 장기적으로 조금씩 높아진다는 변수가 있긴 하지만 결국 외부 수요의 변화를 추적해야 한다.

### OECD 경기확산지수는 한국 수출의 선행 지표

OECD 경기확산지수는 한국 수출의 중요한 선행 지표다. 37개 국가 선행 지표의 전월차(단기적인 경기 회복 속도) 비율을 통해 앞으로의 글로벌 수요 회복을 가늠하기 때문에, 지난 30년 이상의 데이터를 토대로 봐도 의미 있는 결과가 나온다. 경험적으로 8개월 정도의 시차가 발생한다.

### 한국 기업들의 영업이익은 무역수지와 유가에서 드러난다

일반적으로 수출 데이터가 발표되면 수출 지표에만 집중한다. 그러나 수입

[그림 2-38] OECD 경기확산지수는 한국 수출 증가율의 선행 지표다

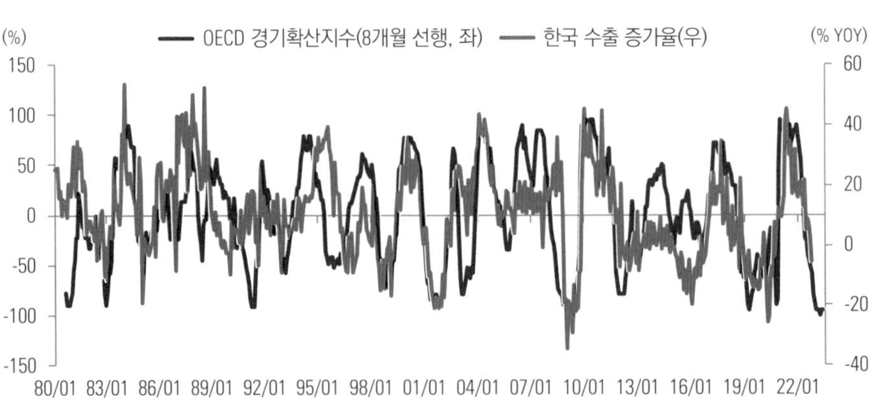


*자료: OECD, 블룸버그, 이베스트투자증권 리서치센터

[그림 2-39] 기업 이익(마진) 사이클

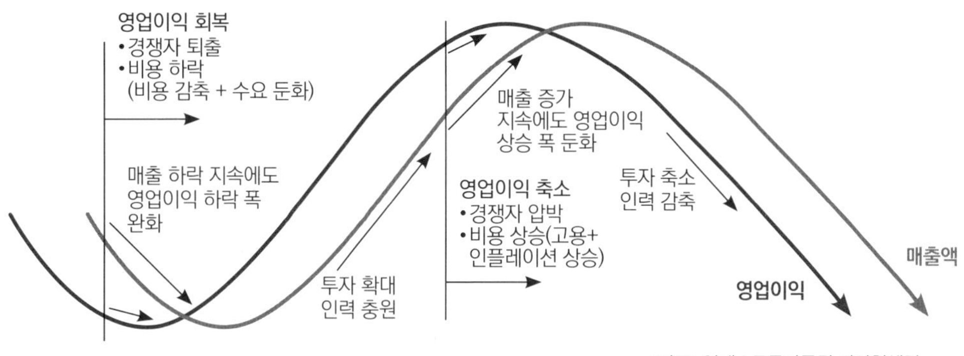


*자료: 이베스트투자증권 리서치센터

증가율 변화도 함께 추적하면 한국 기업의 영업이익을 어느 정도 확인할 수 있다. 국내 제조업은 전형적인 기업 이익 사이클의 모습을 보여준다. 간단하게 만든 [그림 2-39]와 같은 그림을 연상하면 쉽다.

실제로 [그림 2-40]을 보면 국내 제조업 영업이익 증가율이 매출액 증가율에 선행한다는 것이 확인된다. 2022년 11월 현재, 글로벌 경기 수요 부진으로 매출 성장에 대한 전망은 여전히 암울하다. 다만 기업 내부의 영업이익 변화는 다른 얘기다. 코스피 밸류에이션도 영업이익 증가율에 더 밀접하게 움직이고 있다는 점에 주목해야 한다. 모두가 시장을 부정적으로 보면서 매출 증가율의 추가 하향 조정을 이유로 실적 하락 리스크를 얘기하겠지만, 반보 앞선 투자자라면 최악의 국면을 벗어나고 있다고 볼 수도 있다.

특히 중요한 변수가 바로 에너지, 즉 유가의 방향성이다. 주지하듯 2022년 한국의 무역수지 적자 폭 증가의 주된 원인은 에너지다. 수입 물가 악화의 대부분을 차지하기 때문인데, 유가에 의한 국내 제조업 기업들의 이익 변화는 2022년만의 현상이 아니다. 지난 20년간의 유가 선행성을 참고하면 국내 기업들의 영업이익 변화를 일정 부분 가늠할 수 있을 것이다([그림 2-41] 참조). 유가

[그림 2-40] 밸류는 영업이익의 함수:
기업의 유기적 움직임은 경기 바닥 이전에 영업이익 회복을 이끌어낸다

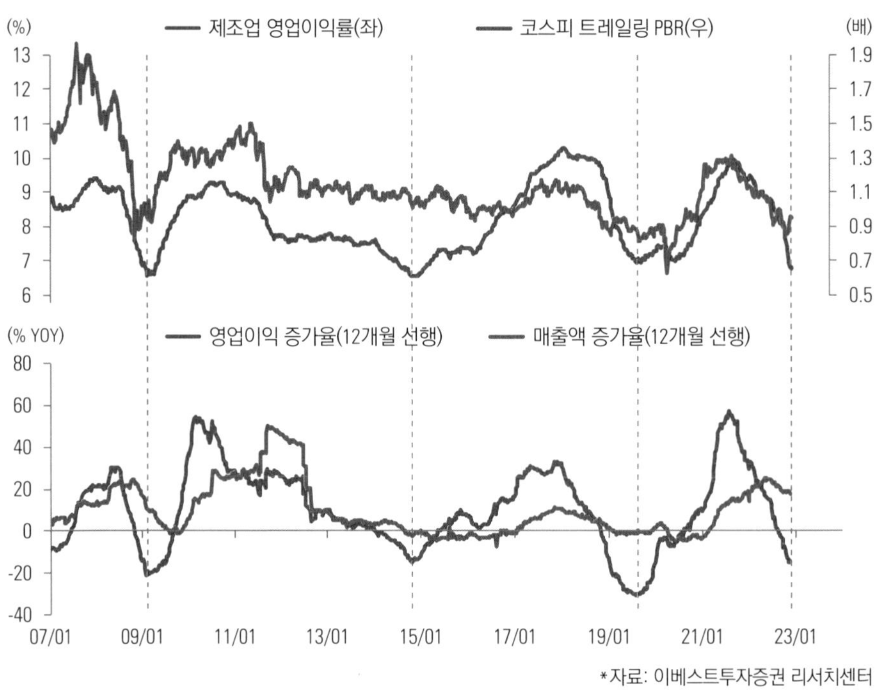


*자료: 이베스트투자증권 리서치센터

[그림 2-41] 국내 제조업 영업이익, 하향 속도 둔화 및 저점 구간 통과 중

주: 두바이유 가격은 3개월 이동평균 & 6개월 선행 값

*자료: 이베스트투자증권 리서치센터

선행성을 신뢰한다면 국내 제조업 영업이익률은 2022년 11월 중순에 저점을 기록했을 가능성이 높은 상황이다.

## 심리(수급) 사이클: 원/달러 환율로 외국인의 속내 알아보기

마지막은 심리와 관련된 지표들이다. 대표적인 지표가 바로 원/달러 환율이다. 경기 상황과 신용 상태, 이익의 과대·과소 평가를 함께 고려해 시장 타이밍을 저울질한다. 특히 외국인의 매수·매도가 증시의 큰 방향성을 좌우하기 때문에 원/달러 환율이 중요하다. 원/달러 환율은 글로벌 경기선행지수의 대리 지표라고 보아도 무방하다.

경기가 상당히 좋음에도, 그리고 원화가 강세를 보이면서 주식시장에서 장밋빛 뉴스가 나오고 있음에도 불구하고 외국인의 매도가 계속되고 있다면

[그림 2-42] OECD 글로벌 경기선행지수를 그대로 반영하는 한국의 원화

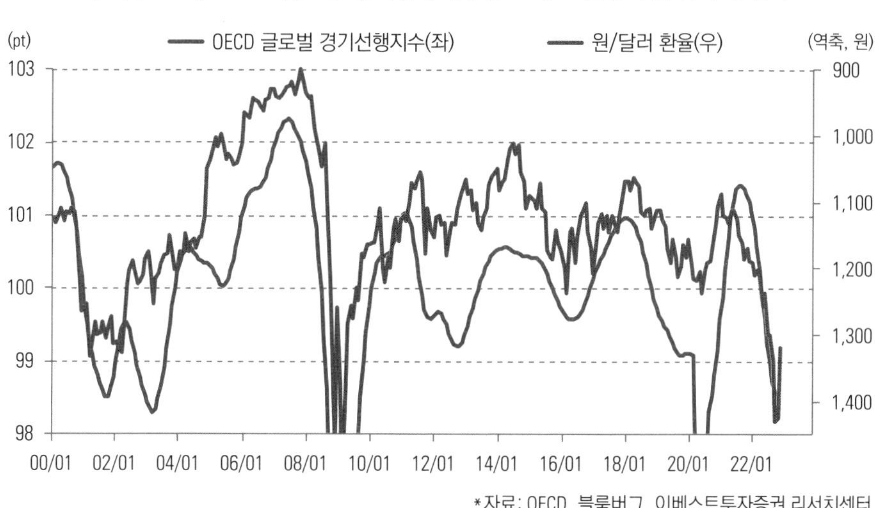


*자료: OECD, 블룸버그, 이베스트투자증권 리서치센터

[그림 2-43] 역방향을 보이는 미국 신용증거금 증가율과 원/달러 환율:
간격이 벌어지면 신중한 시장 대응, 간격이 좁혀지면 경기 바닥권 진입 고민

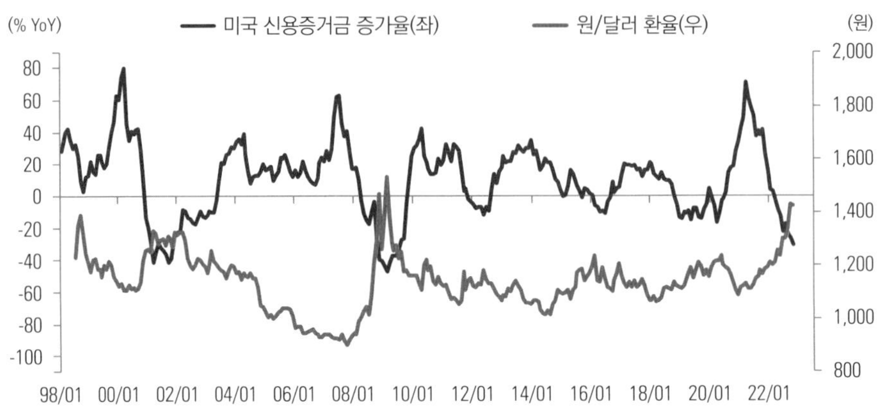


*자료: FINRA, 블룸버그, 이베스트투자증권 리서치센터

의심하자. OECD 글로벌 경기선행지수가 100pt를 넘어서서 경기 확장을 보이고 원/달러 환율이 1,100원 근처까지 내려왔다면 경기의 정점을 보고 있는 것이다.

경기가 상당히 좋지 않고 비관적인 뉴스가 들려옴에도 외국인 매수로 인한 지수 반등이 며칠 이어진다면 또 의심해보자. OECD 글로벌 경기선행지수가 계속 하락해서 100pt를 깨고 내려왔고 원/달러 환율이 가파르게 상승하고 있으며 언론에서 위기 국면을 조성하는 분위기인가? 그렇다면 경기의 바닥을 보고 있는 것이다.

추가로 확인하면 좋은 지표가 미국 신용증거금 증가율이다. 외국인 수급과도 어느 정도 연결되는 지표다. 레버리지가 얼마나 확대되어 주식시장에 과한 심리가 투영되어 있는지를 알려준다. 경기선행지수와 원/달러 환율의 수준을 확인한 다음 미국 신용증거금 증가율을 보니 과열 상태(전년보다 20% 증가)라면 심리 과열 국면으로 이동하는 중으로 보아도 된다. 거꾸로 원/달러 환율이 가

[그림 2-44] 미국 레버리지 확장은 외국인들의 한국 주식 매수 강도를 높이는 요인

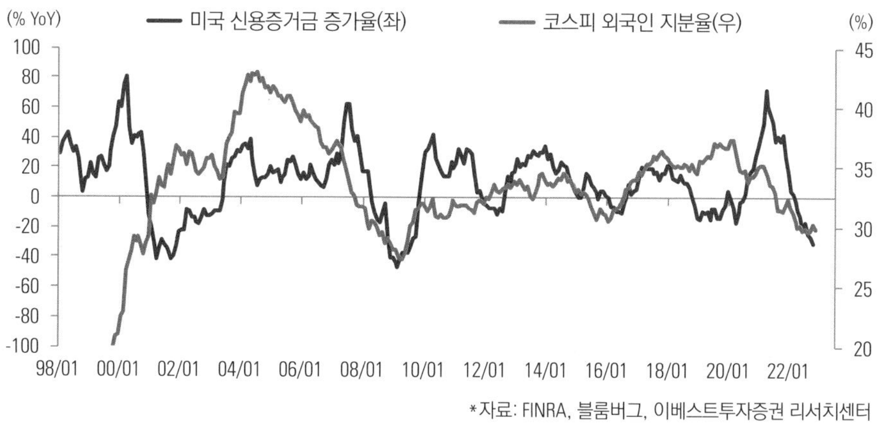


*자료: FINRA, 블룸버그, 이베스트투자증권 리서치센터

파르게 상승할 때 신용증거금 증가율이 공포 국면(전년보다 감소한 경우)이라면 점차 바닥권에 진입하고 있다고 본다.

# 언제 어디에 투자해야 하나

## 주식, 채권, 금… 현명한 자산 선택 요령

지금부터는 핵심 사이클 지표를 활용해 자산과 업종을 선택하는 방법을 살펴보자. 탑다운 접근을 통해 자산 선택의 실수를 줄이고 수익률을 높여 목표 달성 기간을 줄일 수 있다.

### OECD 경기확산지수 활용

[그림 2-45]는 주식의 채권 대비 실적을 OECD 글로벌 경기선행지수와 함께 나타낸 것이다. 채권 지표는 ICE U.S. Treasury 20+ Year Bond Index로, 최소 만기가 20년 이상인 미국 달러 표시 채권 수익률의 가중평균 가격 지수

[그림 2-45] 경기선행지수의 상하방 압력대로 움직이는 주식과 채권 간 상대지수

*자료: OECD, 블룸버그, 이베스트투자증권 리서치센터

를 사용했다. 주식 지표는 MSCI AC World Index를 사용했다. 23개 선진국과 24개 신흥국의 대형주·중형주 시가총액가중 지수로서 2022년 5월 현재 2,930개 이상의 종목으로 구성되고 각 시장의 자유 유동주식 조정 시가총액의 약 85%를 차지한다. 주식의 채권 대비 실적은 주식 지수를 채권 지수로 나누어 계산하며 1997년 1월 초의 값을 100으로 설정했다.

이 그림에서 확인되는 것처럼 경기에 따라 주식과 채권의 수익률에 격차가 발생한다. 경기의 수준보다는 방향성에 주목하자. 경기가 우상향일 때는 주식 수익률이 채권 수익률보다 월등하고, 우하향일 때는 채권 비중을 확대해야 수익률을 보전할 수 있다.

자산배분의 기준은 OECD 경기선행지수에 있다. 경기 사이클 분석에서 던졌던 질문을 그대로 다시 해보자. 첫째, OECD 경기선행지수가 100pt 이상인가, 이하인가? 둘째, OECD 경기선행지수의 전월차가 줄어드는가, 확장되는가? 셋째, 이 부분이 중요한데, OECD 경기확산지수의 고점과 저점은 언제 형성되는가?

단일 지표만으로 경기를 판단하는 것은 지나친 단순화일 수 있지만 개인 투자자가 너무 많은 데이터를 가지고 판단하는 것도 바람직하지 않다. 데이터를 꾸준히 추적하면서 신뢰할 수 있는 자기만의 방식을 확립하는 것이 중요하다. 개인 투자자가 주식 투자를 시작할지, 채권을 사서 기다릴지 판단할 때는 OECD 경기선행지수에 더해 경기확산지수를 활용하는 정도면 충분하다.

OECD 경기확산지수는 글로벌 경기선행지수를 대략 8개월 선행하므로 완연한 추세를 확인하고 의사결정할 여유 시간을 제공한다. OECD 경기선행지수와 경기확산지수는 매월 발표할 때 데이터를 재조정하니 추세를 확인하는 것이 바람직하다.

OECD 경기선행지수가 파워풀한 것은 OECD가 세계 각국의 경기선행지수 구성 항목을 달리하고 가중치를 부여하는 등 각국에서 경기에 선행하는 다양한 지표를 찾아 종합했기 때문이다. 주요 5개국의 경기선행지수 구성 항목만 보더라도 각국의 특성을 잘 감안했다는 점이 확인된다.

[그림 2-46] 경기확산지수는 경기선행지수를 8개월 선행하므로
고점과 저점을 확인하고 의사결정을 할 수 있다

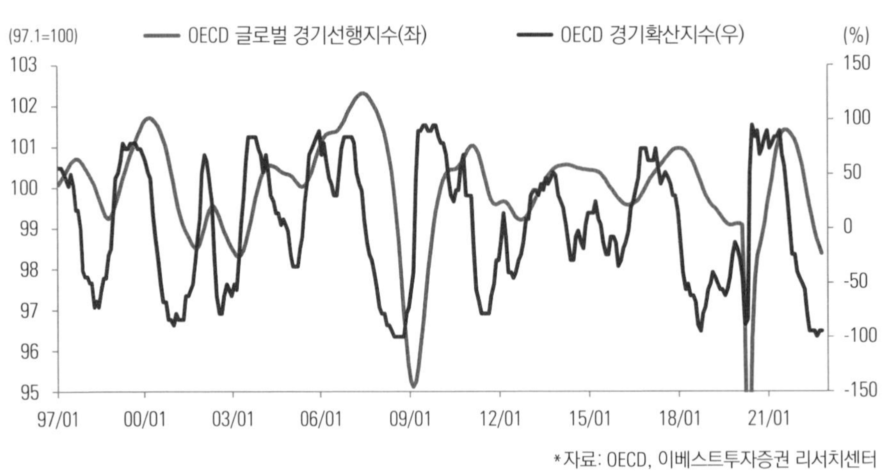


*자료: OECD, 이베스트투자증권 리서치센터

[표 2-1] 주요 5개국의 OECD 경기선행지수 구성 항목

| 국가 | 항목 | 출처 |
|---|---|---|
| 한국 | 제조업 경기실사지수(% balance) | 한국은행 |
| | 종합주가지수(2010 = 100) | 한국은행 |
| | 제조업재고지수(역계열)(volume) | 통계청 |
| | 재고순환지표(%p) | 통계청 |
| | 장단기 금리 차(%p) | 통계청 |
| | 순교역조건(2015 = 100) | 통계청 |
| 중국 | 화학비료 생산량(톤) | 국가통계국 |
| | 조강 생산량(톤) | 세계철강협회 |
| | 5000개 기업의 수출주문 응답 비율(%) | 중국인민은행 |
| | M2 통화량(m2) | 국가통계국 |
| | 자동차 생산량(대) | 국가통계국 |
| | 종합주가지수(CNY) | 상하이증권거래소 |
| 미국 | 주택 착공 건수(number) | 센서스국 |
| | 내구재 신규 주문(USD) | 센서스국 |
| | 종합주가지수(2015 = 100) | 뉴욕증권거래소 |
| | 소비자신뢰지수(normal = 100) | 미시간대학교 |
| | 제조업 주당 노동시간(hours) | 노동통계국 |
| | 제조업 구매관리자지수(% balance) | 공급관리자협회 |
| | 장단기 금리 차(%p) | 연방준비제도 |
| 독일 | IFO 기업환경지수(normal = 100) | 독일 경제연구소 |
| | 제조업 주문 유입량/수요(% balance) | 독일 경제연구소 |
| | 제조업 수출 주문(% balance) | 독일 경제연구소 |
| | 제조업 신규 수주(2010 = 100) | 독일 연방 통계청 |
| | 제조업 최종재 재고(% balance) | 유럽 위원회 |
| | 장단기 금리 차(%p) | 유럽 중앙은행 |
| | 서비스업 업황 전망지수(% balance) | 유럽 위원회 |
| | 소비자신뢰지수(% balance) | 유럽 위원회 |
| 일본 | 재고/출하 비율(2015 = 100) | 총무성 통계국 |
| | ITS 수입/수출 비율(2015 = 100) | 재무성 관세국 |
| | 예금/대출 비율(%) | 일본은행 |
| | 제조업 월간 근무시간(2015 = 100) | 총무성 통계국 |
| | 주택 착공지수(2015 = 100) | 국토교통성 |
| | 종합주가지수(2015 = 100) | 일본은행 |
| | 장단기 금리 차(%p) | 일본은행 |
| | 중소기업 업황 지수(% balance) | 일본정책금융공고 |

*자료: OECD, 이베스트투자증권 리서치센터

[그림 2-47] OECD 한국 경기선행지수 구성 항목 6가지

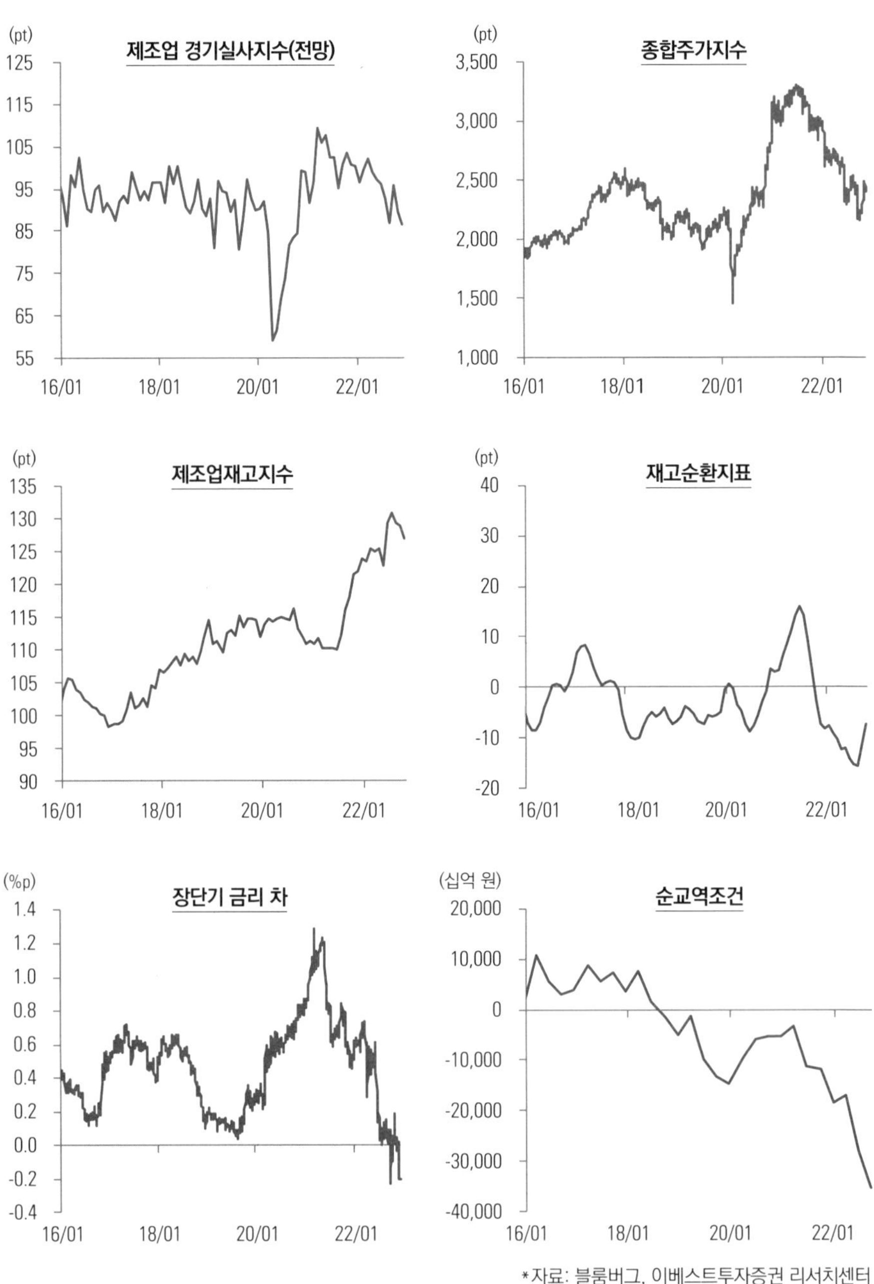


*자료: 블룸버그, 이베스트투자증권 리서치센터

경기선행지수의 전월차는 경기선행지수 모멘텀을 나타낸다. 따라서 OECD 경기확산지수가 글로벌 경기 모멘텀 개선·둔화의 바로미터가 된다. 다만 경기선행지수를 8개월 선행하는 원인은 정확히 밝혀지지 않았다. 각국에서 발표하는 선행성 지표들이 갖는 특성(재고 지표, 건축 허가 등) 때문인 듯하다.

### 교차 검증 1: 미국 장단기 금리 차와 OECD 경기확산지수

사이클 핵심 지표로 추가 체크하면 데이터의 신뢰도가 높아진다(그럼에도 데이터의 수준과 발생 주기를 감안하면 경기확산지수를 활용하는 것이 낫다). 앞서 중요하게 언급한 신용 사이클, 그 안에서도 의미 있는 장단기 금리 차를 경기확산지수와 비교해서 판단해보자.

매크로 투자자와 투자 전략가는 장단기 금리 차를 빈번하게 확인한다. 장단기 금리 차가 역전되면 경기 침체를 의심하는 지표로 참고한다. 미국의 장단기 금리 차가 제시한 경기 침체 시그널(2000년, 2008년) 역시 경기확산지수가 정점을 지나 내려오는 모습을 보인 후 출현했다.

[그림 2-48] 미국 장단기 금리 차와 OECD 경기확산지수

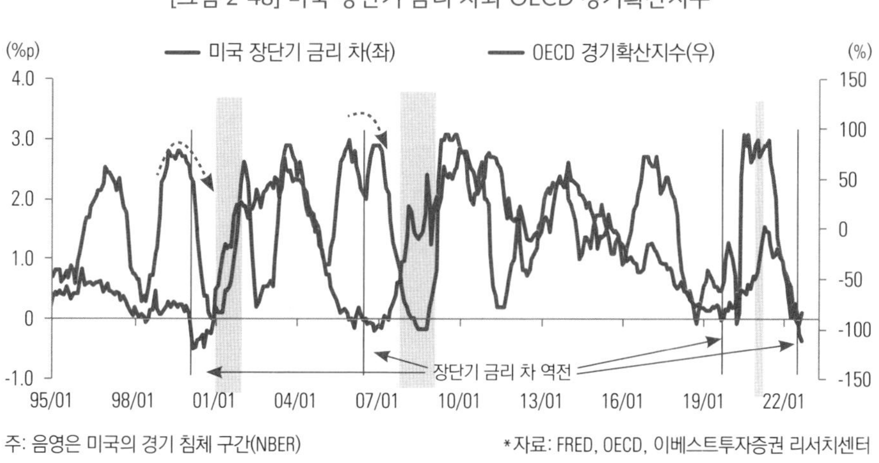


주: 음영은 미국의 경기 침체 구간(NBER)

*자료: FRED, OECD, 이베스트투자증권 리서치센터

2019년 8월에 장단기 금리 차가 역전되었을 때는 경기확산지수가 전혀 다른 방향성(주식 비중 확대 신호)을 보였다. 이때는 다음과 같은 의사결정이 필요하다. 첫째, 경기확산지수 신호를 따라 주식 비중을 확대한 다음 지켜보다가 둘째, 장단기 금리 역전 이후 하이일드 스프레드가 6%를 넘어서면 매도할 필요가 있다. 그런 결정을 하지 못했다 하더라도 실증 데이터(물론 코로나19 팬데믹이라는 극단의 공포를 견뎌야 했지만)에서는 주식 비중 확대가 더 나은 선택이었다.

### 교차 검증 2: 달러화 투기 포지션과 OECD 경기확산지수

위험자산과 안전자산, 선진시장과 신흥시장의 수익률을 가르는 단 하나의 지표가 있다면 바로 달러화다. 달러화 방향성 지표 중 하나가 달러화 투기 포지션인데 [그림 2-49]를 보면 알겠지만 달러화 투기 포지션과 OECD 경기확산지수는 역의 관계다. 달러화 투기 포지션은 전문 데이터 제공 기업(블룸버그 등)이나 CFTC에서 직접 데이터를 내려받아야 하는 번거로움이 있으니 경기확산지수로 판단해도 된다.

[그림 2-49] OECD 경기확산지수, 큰 틀에서 달러화 투기 포지션과 역의 관계를 보인다

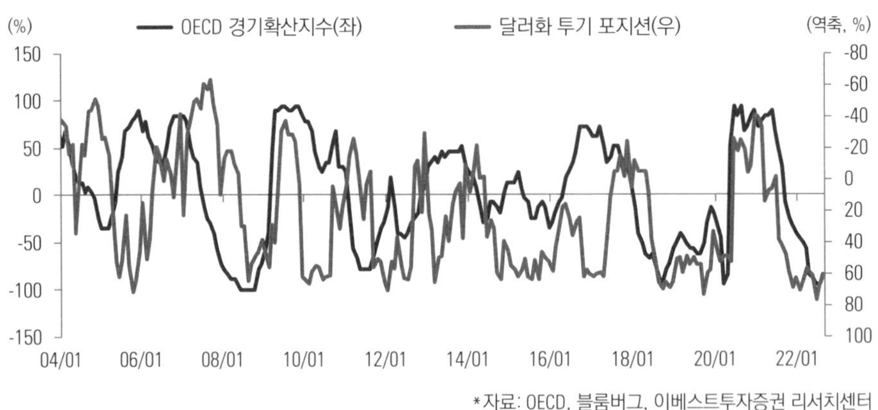


*자료: OECD, 블룸버그, 이베스트투자증권 리서치센터

[그림 2-50] OECD 경기확산지수는 한국 수출 증가율을 경험적으로 약 8개월 선행한다

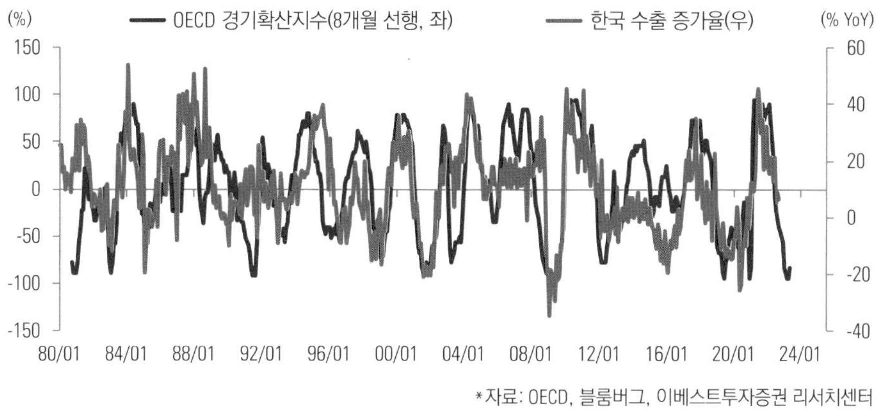


*자료: OECD, 블룸버그, 이베스트투자증권 리서치센터

### 교차 검증 3: 한국 수출과 OECD 경기확산지수

한국 이익은 한국 수출 증가율에 의해 결정된다. 글로벌 경기에 따라 한국의 이익 변화율이 극명하게 바뀌는 만큼, 한국 시장에 투자하려면 글로벌 경기와 한국 수출 증가율의 증감 폭을 점검해야 한다. [그림 2-50]은 OECD 경기확산지수가 한국 수출 증가율을 8개월가량 선행함을 보여준다. OECD 경기확산지수의 변곡 시그널을 인지하고 한국 수출 증가율의 변화를 확인하면 자산배분을 결정할 수 있다.

## 장기 투자자를 위한 실전 자산배분

### 전략 1. 주식인가, 채권인가?

OECD 경기확산지수를 활용한 실전 자산배분이다. 몇 가지 사례를 통해 경기 국면을 활용한 자산배분의 유용성을 검증해보자. 주요 자산은 주식과 채권이며 주식은 MSCI ACWI, 채권은 ICE U.S. Treasury 20+ Year Bond Index 데이터를 활용했다. 8개월 동안 OECD 경기확산지수를 확인하고 9개월 차에 자산배분(매월 말 편입·편출)을 결정했다. 이를테면 OECD 경기확산지수가 변곡점을 지나서 8개월 동안 상승 추세인 경우 주식 자산을 편입하고, 반대의 경우 채권 자산으로 교체하는 방식이다. 교체 비용과 배당 재투자는 감안하지 않은 실증 데이터는 [그림 2-51]과 같다.

전략 A는 경기 국면을 감안한 전략이고, 균등배분 B는 경기 국면을 감안하지 않고 주식과 채권에 50:50 비율로 투자한 전략이다. 벤치마크로는 MSCI ACWI를 사용했다. 1997년 말부터 2021년 말까지 누적 수익률로 전략 A는 734%, 균등배분 B는 181%, 벤치마크는 231%를 기록했다. 연평균 수익률(CAGR)은 각각 9.2%, 4.4%, 5.1%로 나타났다. 균등배분 B는 변동성이 작지만 수익률은 주식만 보유하는 벤치마크에 뒤처졌다. 자산배분을 통해 수익을 추구한다면 전략 A처럼 경기 국면을 감안해야 한다.

[그림 2-51] 주식과 채권, 2개 자산으로 구성한 자산배분 성과

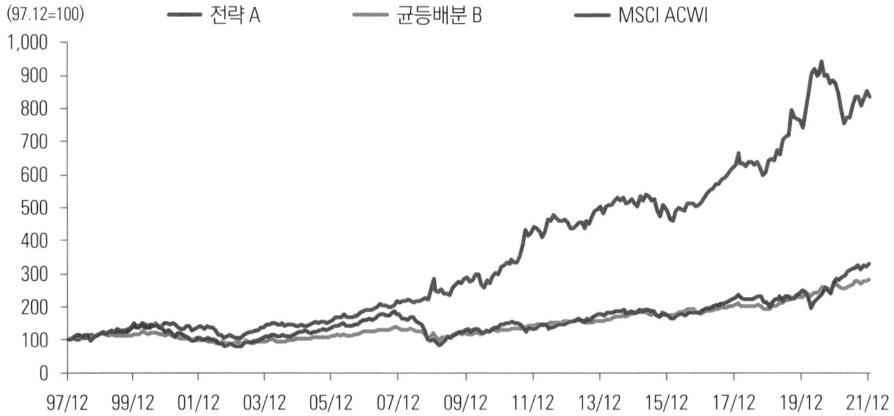

*자료: 블룸버그, 이베스트투자증권 리서치센터

누적 수익률은 특정 구간의 월등한 수익률로 인해 왜곡될 수 있으니, 매년의 수익률과 벤치마크 대비 성과를 살펴보자. 연간 절대 수익률의 평균을 보면 전략 A는 10.1%, 균등배분 B는 4.8%를 기록했다. 상승 확률도 전략 A는 79.2%, 균등배분 B는 66.7%로, 전략 A가 평균 수익률과 상승 확률 모두 높다. 상대적인 개념인 벤치마크 대비 초과수익률과 초과 달성 여부를 보자. 전략 A는 초과수익률이 연평균 3.1%p인 반면, 균등배분 B는 -2.2%p로 벤치마크보다 낮다. 초과 달성률 또한 전략 A는 54.2%로 높고, 균등배분 B는 45.8%로 낮아서 역시 벤치마크를 밑돈다.

정리하면 경기 하락 구간을 방어하기 위해 주식과 채권을 50:50으로 배분하면 변동성은 낮출 수 있지만 경기 확장과 상승 구간의 소외 현상을 배제하지 못한다. 경기 국면에 따라 주식과 채권 비중을 조정함으로써 상승장 소외 현상을 줄이고 연평균 수익률과 누적 수익률을 높일 수 있다.

마이클 모부신은 《통섭과 투자》에서 "훌륭한 투자철학에는 의사결정 과정,

[그림 2-52] 전략 A와 균등배분 B의 연간 수익률 추이

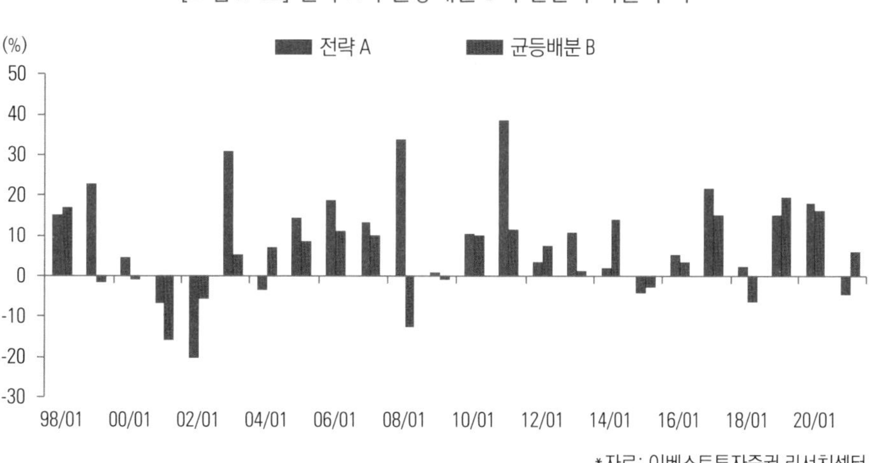


*자료: 이베스트투자증권 리서치센터

[그림 2-53] 전략 A와 균등배분 B의 벤치마크 대비 연간 수익률 추이

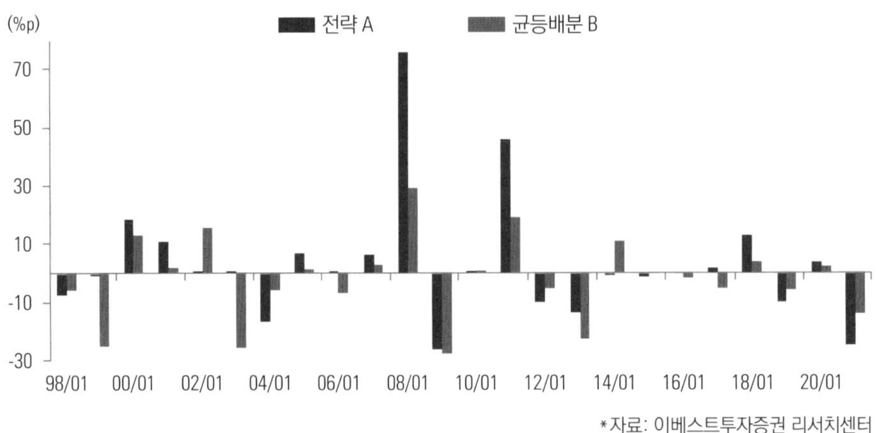


*자료: 이베스트투자증권 리서치센터

**의사결정 과정 2. OECD 경기선행지수와 경기확산지수를 활용한 자산배분 정리**

① OECD 경기선행지수가 100pt를 넘어 경기 확장 국면 진입
② OECD 경기선행지수 전월차의 (+) 폭 축소
③ OECD 경기확산지수가 고점을 지나 일정 기간(대략 8개월) 하향 곡선을 그림

그렇다면 전체 자산에서 주식 비중을 줄이고 채권 비중을 확대한다.

① OECD 글로벌 경기선행지수가 100pt를 깨고 내려와서 계속 하락
② OECD 경기선행지수 전월차의 (-) 폭이 축소
③ OECD 경기확산지수가 저점을 지나 일정 기간(대략 8개월) 상향 곡선을 그림

그렇다면 경기 저점이 예상되니 주식 비중을 늘려나갈 때다.

Tip. 경기선행지수와 경기확산지수의 시차(8개월)를 감안, 경기확산지수 8개월간의 흐름(특히 변곡)을 관찰한 후 9개월 차에 주식과 채권의 비중을 결정한다.

장기적 관점, 확률적 개념 통달이라는 공통점이 있다"고 했다. 투자자는 직접 데이터를 가공하고 판단하는 과정을 거쳐야 한다. 왼쪽에 제시한 의사결정 과정 2는 내가 제시하는 것이어서 절대적이지는 않다. 여러분도 데이터를 직접 확인하고 조금씩 실행에 옮긴다면 자신만의 투자법을 가질 수 있을 것이다.

OECD 경기확산지수를 통한 의사결정은 1996년 이후 총 17회 발생해서 평균 18개월에 1회에 불과하다. 경기의 상승과 하락 사이클을 합치면 대략 36개월, 재고 사이클과 유사한 패턴이다. 이렇게 경기 국면을 활용하는 전략은 자주 발생하지 않는다.

경기 국면 판단이 잦을수록 자산 선택의 변수가 많아지고 그 자체가 불확실성과 자산 선택의 복잡성을 높인다. 매크로를 활용한 투자는 극단을 발견하고 이용하는 것이 최선이다.

오크트리 캐피털 매니지먼트를 세운 하워드 막스의 책《하워드 막스 투자와 마켓 사이클의 법칙》에 나오는 구절을 유념해야 한다. "나의 개인적인 '모두'는 48년 동안 4~5번이었다. 나는 사이클 최극단에서만 판단이 맞을 가능성을 극대화했다. 나는 물론이고 그 누구도 극단을 제외하고서는 꾸준히 성공할 수 없다."

### 전략 2: 경기 상승 구간에는 주식과 어떤 자산? 경기 둔화 구간에는 채권과 어떤 자산?

이제는 경기 사이클을 활용한 알파(초과수익) 전략을 구사해보자. 경기 상승 구간에는 상승 탄력이 높은 자산, 경기 하락 구간에는 하방 경직성이 강한 자산을 선택한다. 알파 자산 선택을 위해 지난 경기 순환에서의 자산별 수익률과 승률을 체크한다. 1995년 이후 경기는 상승(경기선행지수 저점~고점)과 하락(경기선행지수 고점~저점)을 9번 거듭했다([그림 2-54] 참고). 진폭과 기간은 다르지

[그림 2-54] OECD 글로벌 경기선행지수의 상승과 하락 구간: 경기는 여전히 사이클이다

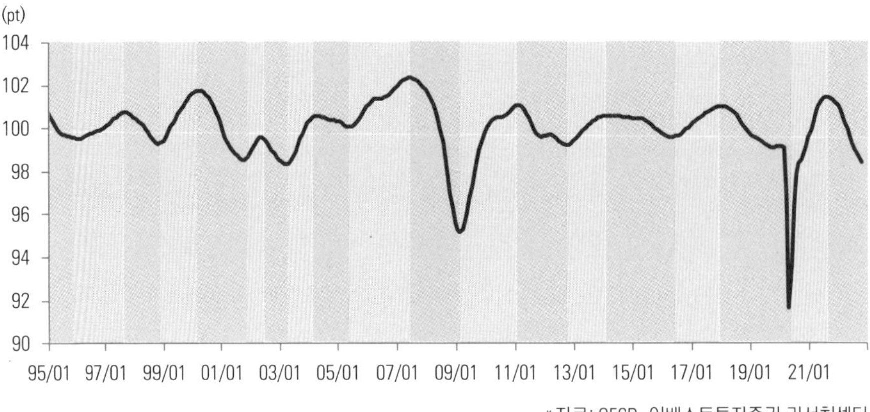


*자료: OECD, 이베스트투자증권 리서치센터

만 영원한 상승도 하락도 없다. 가장 화려할 때 두려워해야 하고 가장 침울할 때 용기를 내야 한다는 것은 이 그림만 봐도 이해가 된다.

경기 국면과 자산별 성과를 좀 더 세분화해서 살펴보자. 주요 자산의 수익률은 총 25개 지수를 통해서 확인한다([표 2-2] 참조).

지수별 상승과 하락의 평균 수익률, 상하방 변동성(경기선행지수 상승 구간과 하락 구간 수익률의 표준편차)을 그려보면, 변동성이 클수록 수익률도 커지는 결과가 나온다([그림 2-55] 참조). 직관적으로 이해하는 사실이 데이터로도 입증된다. 변동성이 가장 큰 자산은 원유(WTI)이고, 변동성이 가장 작은 자산은 달러 인덱스다. 모든 자산의 변동성이 평균 수익률보다 높기 때문에, 적절한 시점에 자산을 배분하지 않으면 수익률이 상당히 낮아지고 원금을 회복하기까지 오래 걸릴 수 있다.

여기서 주식을 매수할 때 전 세계 IT 지수(MSCI AC IT)를 추가하고 채권을 매수할 때 금을 추가하는 방법으로 자산배분을 꾸려보자. 경기 상승 구간에 IT, 경기 하락 구간에 금을 넣기로 한 이유는 [그림 2-56]과 [그림 2-57]에 잘

[표 2-2] 경기 국면별 주요 자산 성과를 확인하기 위한 주요 지수

| 자산 분류 | 인덱스 이름 | 지수 |
|---|---|---|
| 주식 | MSCI AC World | 전 세계 지수 |
| | MSCI EM | 신흥국지수 |
| | MSCI DM | 선진국지수 |
| | MSCI USA | 미국 |
| 원자재 | Generic 1st Crude Oil, WTI | 원유(WTI) |
| | XAUUSD Spot | 금 |
| | LME Copper 3 Month Rolling Forward | 구리 |
| | S&P GSCI Agriculture | 농산물 |
| 통화 | Dollar | 달러화 |
| | J.P. Morgan Emerging Market Currency Index | 신흥국 통화 |
| 섹터 | MSCI World Energy Sector | 에너지 |
| | MSCI World Material Sector | 소재 |
| | MSCI World Industrial Sector | 산업재 |
| | MSCI World Consumer Discretionary Index | 경기 민감 |
| | MSCI World Consumer staples Sector | 필수소비재 |
| | MSCI World Health Care Sector | 헬스케어 |
| | MSCI World Financial Sector | 금융 |
| | MSCI World IT Sector | IT |
| | MSCI World Communication Services Sector Index | 통신 |
| | MSCI World Utilities Sector Index | 유틸리티 |
| 채권 | ICE U.S. Treasury 20+ Year Bond Index | 장기채 |
| | iBoxx USD Liquid High Yield Index | 하이일드 |
| | iBoxx USD Liquid Investment Grade Index | 회사채 |
| 대체자산 | S&P Global REIT Index USD | 글로벌 리츠 |
| | Macquarie Global Infrastructure Index 100 USD TR | 글로벌 인프라 |

*자료: 블룸버그, 이베스트투자증권 리서치센터

나타나 있다. IT는 경기 상승 구간의 평균 수익률은 원유(WTI)보다 낮지만 경기 하락 구간의 상승 확률이 높다. 따라서 이를 편입하면 경기 국면 판단 오류를 보정할 수 있다. 채권을 매수할 때 금을 추가하는 것도 같은 논리다. 경기 하락 구간의 평균 수익률은 장기채가 월등하지만 경기 상승 구간의 상승 확

[그림 2-55] 경기 상승과 하락 구간에서 주요 자산의 평균 수익률과 변동성(1995~2021)

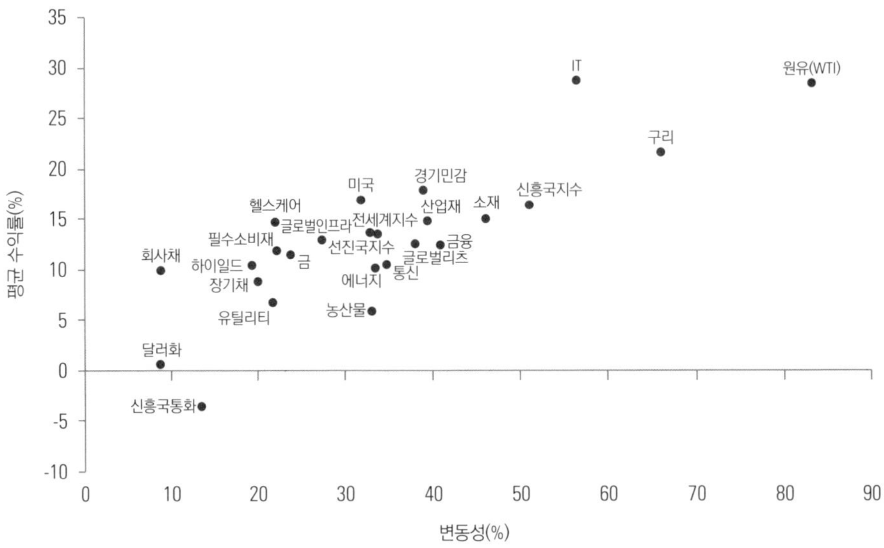


주: 경기 상승(OECD 경기선행지수 상승 구간), 경기 하락(OECD 경기선행지수 하락 구간),
평균 수익률은 18개 구간의 단순 평균, 변동성은 18개 구간의 수익률의 표준편차

*자료: 이베스트투자증권 리서치센터

[그림 2-56] OECD 글로벌 경기선행지수 상승 구간의 수익률과 경기 하락 구간의 상승 확률

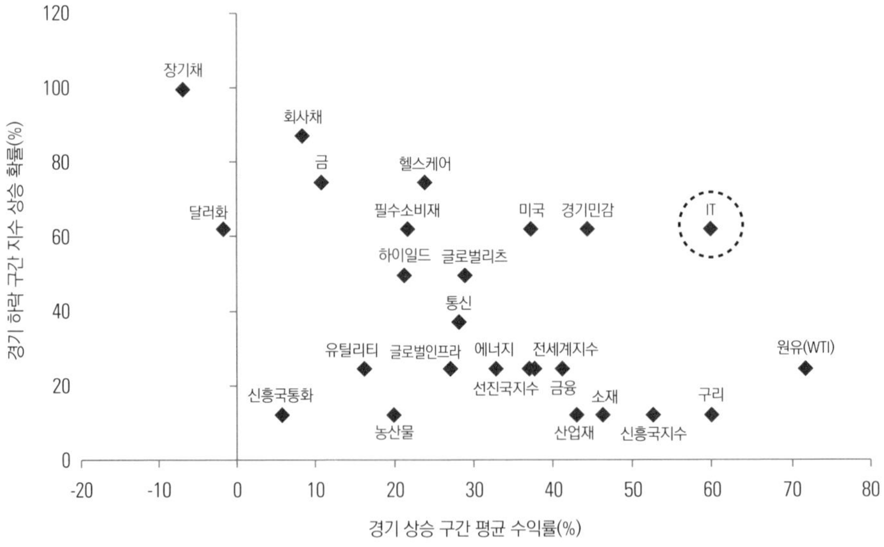


*자료: 이베스트투자증권 리서치센터

[그림 2-57] OECD 글로벌 경기선행지수 하락 구간의 수익률과 경기 상승 구간의 상승 확률

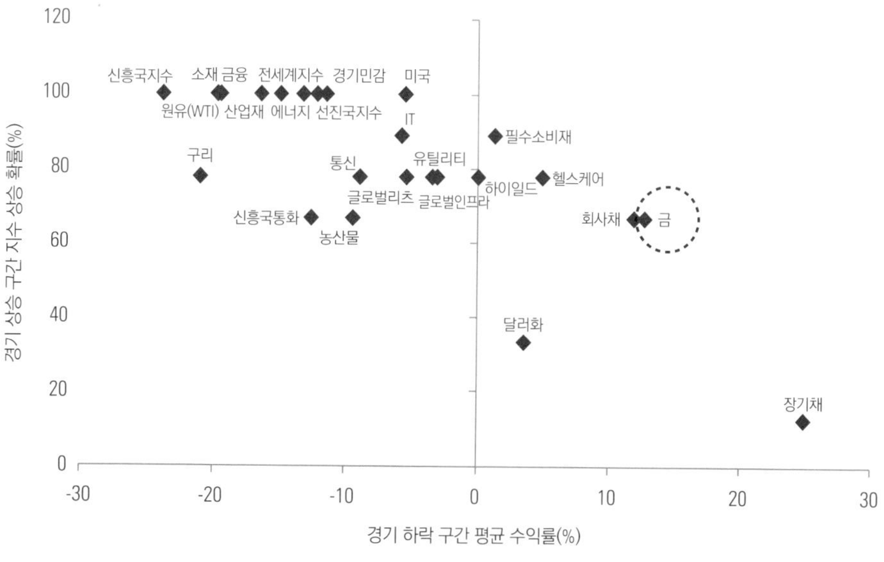


*자료: 이베스트투자증권 리서치센터

[그림 2-58] 주식, IT, 채권, 금의 4개 자산으로 구성한 자산배분 성과

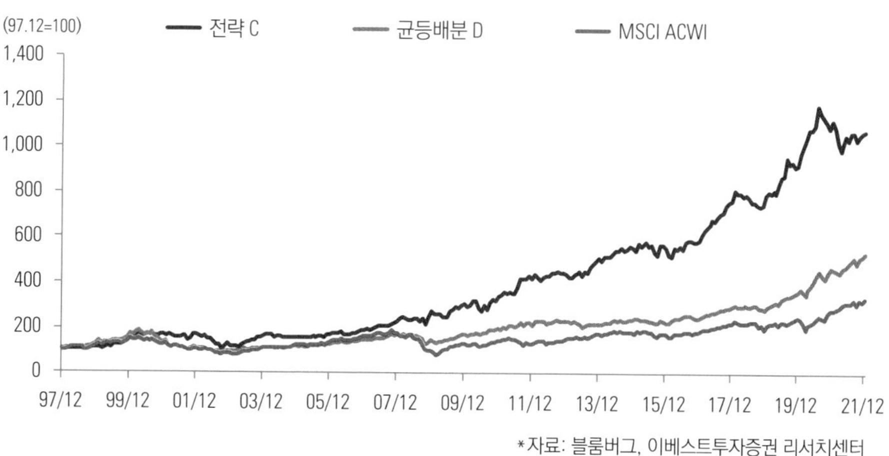


*자료: 블룸버그, 이베스트투자증권 리서치센터

률을 감안하면 금을 추가하는 것이 유리하다.

[그림 2-58]은 경기 국면을 감안한 전략 C(주식+IT vs. 채권+금)와, 경기 국면

[그림 2-59] 전략 C와 균등배분 D의 연간 수익률 추이

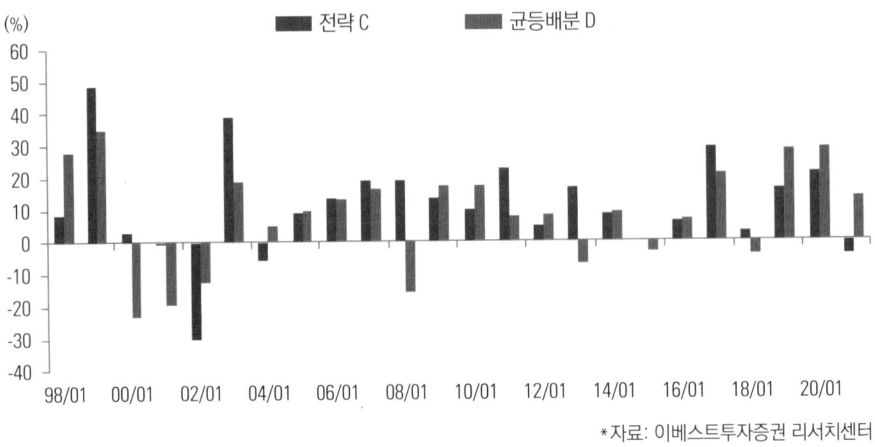


*자료: 이베스트투자증권 리서치센터

을 감안하지 않고 주식·채권·IT·금에 25%씩 투자한 균등배분 D, 전 세계 주식을 비교한 그래프다.

우선 누적 수익률을 보자. 1997년 말 투자를 시작해서 2021년 말이 되면 전략 C는 969%(전략 A 734%), 균등배분 D는 428%(균등배분 B 181%), 전 세계 주식은 231%를 기록했다. 연평균 수익률은 각각 10.4%, 7.2%, 5.1%로 나타난다. 앞서 균등배분 B는 주식만 운용한 벤치마크의 실적에 못 미쳤지만, 균등배분 D는 연평균 수익률이 주식보다 1.4배 높았다. 경기 국면을 감안하지 않고 주식보다 높은 수익률을 얻고자 한다면 전 세계 주식, 채권, IT, 금을 25%씩 편입해 계속 투자하는 것도 나쁘지 않은 선택일 수 있다.

연도별 성과도 살펴보자. 연간 절대 수익률을 보면 전략 C는 11.5%, 균등배분 D는 8.4%를 기록했다. 상승 확률 측면에서도 전략 C는 83.3%, 균등배분 D는 70.8%를 얻어서, 전략 C의 대응이 평균 수익률과 상승 확률이 높다.

벤치마크 지수 대비 연간 수익률 차이와 초과 달성 여부도 체크해보자. 전략 C는 초과수익률이 연평균 4.5%p인 반면, 균등배분 D는 1.3%p에 불과하다.

[그림 2-60] 전략 C와 균등배분 D의 벤치마크 대비 연간 수익률 추이

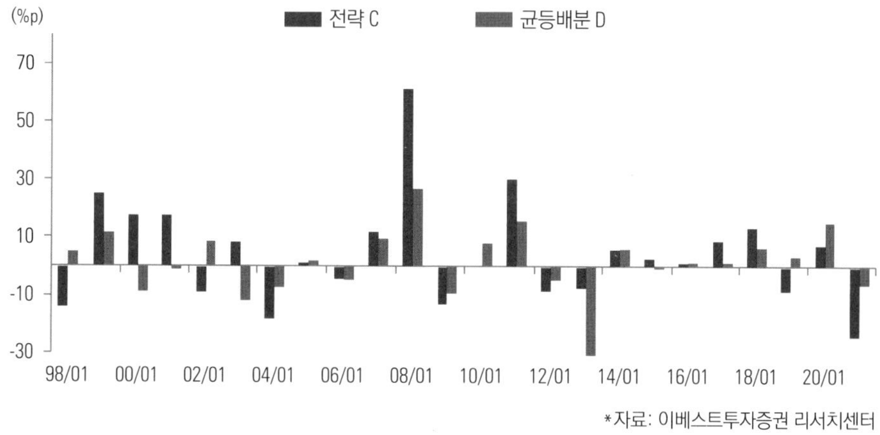


*자료: 이베스트투자증권 리서치센터

초과 달성 확률 또한 전략 C는 62.5%로 높고 균등배분 D도 58.3%로 높아서 전 세계 주식에 투자한 것보다 낫다.

이제 2개 자산(주식, 채권)과 4개 자산(주식, IT, 채권, 금)을 활용한 자산배분을 정리해보자. [표 2-3]에서 확인할 수 있듯이 경기가 상승하면 주식과 IT, 경기가 하락하면 채권과 금에 투자하는 전략 C가 절대 수익률 측면에서 상승 확률 83%로 가장 높고 전 세계 주식 지수 대비로도 63% 승률을 보였다.

경기 국면을 감안하지 않고 몇 개 자산에 동일 비중으로 투자한다면 '주식과 채권(균등배분 B)'보다는 '주식, IT, 채권, 금(균등배분 D)' 편입이 나은 선택이다. 후자의 절대적인 상승 확률이 70%가 넘고 벤치마크 지수 대비 상승 확률과 초과 수익률도 높기 때문이다.

이 자산배분 성과가 미래에도 동일하다고 보장할 수는 없다. 다만 첫째, 경기 판단의 길라잡이가 될 수 있는 지표(OECD 경기확산지수)가 존재한다는 점, 둘째, 경기 사이클에 맞는 자산 선택이 필요함을 성과로 확인한 점, 셋째, 2개 자산이 아니라 4개 자산을 통해 경기 판단의 오류에 따른 손실을 방어할 수

[표 2-3] 1997년 이후 OECD 경기확산지수를 활용한 자산배분 결과(2021년 말 기준)

| 자산배분 스타일 | | 절대(%) | | 초과(전 세계 지수 대비, %p) | |
|---|---|---|---|---|---|
| | | 상승 확률 | 연평균 수익률 | 상승 확률 | 연평균 초과수익률 |
| 전략 C | 주식+IT ↔ 채권+금 | 83.3 | 11.5 | 62.5 | 4.5 |
| 전략 A | 주식 ↔ 채권 | 79.2 | 10.1 | 54.2 | 3.1 |
| 균등배분 D | 주식: IT:채권:금 | 70.8 | 8.4 | 58.3 | 1.3 |
| 균등배분 B | 주식:채권 | 66.7 | 4.8 | 45.8 | -2.2 |

*자료: 이베스트투자증권 리서치센터

있다는 점에 의의를 둔다.

OECD 경기확산지수는 하나의 경기 판단 지표일 뿐이다. 파워풀하지만 동시에 꾸준한 신뢰성 검증도 필요하다. 이를테면 OECD 경기확산지수가 정점(저점)을 찍고 나서 OECD 경기선행지수가 어느 수준이며(100pt 기준) 전월차가 축소(확대)되는지, 달러화 투기 포지션은 하단(상단)에 머물러 있는지, 수출 증가율이 둔화(확대)되는지 체크해야 한다. 더불어 어떤 이슈가 생겨서 중앙은행이 스탠스를 바꾼다면 중요한 정책 결정이니, 경기확산지수로 판단한 경기 국면보다 우선한다.

각 자산에 투자하려면 ETF를 활용하는 것이 편하다. 다음은 한국과 미국에 상장된 ETF 목록이다.

[표 2-4] 한국 상장 ETF

| 자산 구분 | 티커 | 이름 | 총보수(%) |
|---|---|---|---|
| 전 세계 주식 | A189400 | ARIRANG 글로벌MSCI(합성 H) | 0.40 |
| IT | A381180 | TIGER 미국필라델피아반도체나스닥* | 0.49 |
| 금 | A132030 | KODEX 골드선물(H) | 0.68 |
| | A319640 | TIGER 골드선물(H) | 0.39 |
| 미국 장기채 | A305080 | TIGER 미국채10년선물 | 0.29 |
| | A308620 | KODEX 미국채10년선물 | 0.30 |

* 한국에는 2022년 11월 현재, 전 세계 IT를 추종하는 ETF가 상장되어 있지 않아서 TIGER 미국필라델피아반도체나스닥 ETF로 대체함

[표 2-5] 미국 상장 ETF

| 자산 구분 | 티커 | 이름 | 총보수(%) |
|---|---|---|---|
| 전 세계 주식 | ACWI | iShares MSCI ACWI ETF | 0.31 |
| IT | FTEC | Fidelity MSCI Information Technology Index ETF | 0.08 |
| 금 | VGT | Vanguard Information Technology Index Fund ETF | 0.10 |
| | IAU | iShares Gold Trust | 0.25 |
| 미국 장기채 | GLD | SPDR Gold Shares | 0.40 |
| | TLT | iShares 20+ Year Treasury Bond ETF | 0.15 |

# 사이클 판단에 유용한 책들

주식시장은 항상 새롭다. 그러나 또한 항상 새롭지 않다. 매일, 매주, 매월, 매년 발표되는 데이터, 투자 현인들의 생각을 챙겨 보는 일은 반복되고 또 반복되기 때문이다. 우리가 주식시장이라는 망망대해에서 목적지 도달 가능성을 높이는 길은 현인들의 경험과 지식을 단시일 내 빠르게 축적하는 것이다.

바로 옆에 있는 책 몇 권을 꺼내 본다. 정말 추천하고 싶은 책들로서 몇 번이고 보고 또 본다. 경제 분석 측면에서 굳이 순서를 정하면 가장 먼저 읽을 책은 《금융 오디세이》(차현진 지음)로, 돈의 역사와 은행의 역할이라는 기초를 다질 수 있다. 초심자뿐만 아니라 전문 지식이 충분한 사람도 읽다 보면 개념이 역사적인 장면으로 기억되어 흥미롭다. 《하워드 막스 투자와 마켓 사이클의 법칙》(하워드 막스 지음)은 시장 사이클과 자산의 성질, 수익의 원천을 이해하는

데 좋다. 반복되는 상황과 그에 대한 알토란 같은 한 마디 한 마디를 얻을 수 있다. 《초과수익 바이블》(프레더릭 반하버비크 지음)은 사이클에 대한 이해를 기반으로 주식 유형과 접근 방법, 자신만의 접근법을 가지기 위한 길잡이로서의 역할을 충분히 한다.

한편 《밸런스시트 불황으로 본 세계 경제》(리처드 쿠 지음)는 현재의 금융시장을 이해하는 데 필요하다. 국가별 중앙은행 밸런스시트 확장과 인플레이션 부담에 더불어 잇따르는 디플레이션 압력 등은 현시점에서 챙겨 보아야 할 중요한 지식이다. 마지막으로 《세계 경제지표의 비밀》(버나드 보몰 지음)은 처음부터 쭉 읽기보다는 때때로 들춰 보며 경제지표의 정의와 출처, 해석법, 발표 주체와 시기를 확인하는 것이 좋다.

[그림 2-61] 경기 사이클 판단에 유용한 책들

# 3장

최광혁

# 경제 분석: 경제지표 무조건 봐야 한다

# 한 달 주기로 경제지표 확인하기

경제지표 분석을 시작하기 전에 현재 시장에서 가장 화두가 되는 두 가지 이슈를 간단히 다뤄보고자 한다. 하나는 각 국가, 특히 미국을 중심으로 한 긴축 정책이고, 다른 하나는 달러 강세와 이로 인한 원/달러 환율 상승이다. 두 가지 이슈 모두 정기적인 경제지표 분석만으로 판단하기는 어렵지만, 이슈가 되는 순간 경기와 자산에 큰 파괴력을 가진다는 점에서 한 번은 짚고 넘어갈 필요가 있다.

이어서 다양한 경제지표 중에서 월간으로 경기 흐름을 판단하기 위해 확인하기를 추천하는 미국 지표들을 정리해서 제시하겠다.

## 미국의 통화정책 전환, 예상보다 길어질 수 있다

2008년 글로벌 금융위기 이후 선진국들을 중심으로 금융정책은 큰 변화를 보여왔다. 어느 정도의 변화냐고 물으면, 우리가 교과서에서 배우고 당연하다고 생각하는 이론을 무너트릴 정도로 큰 변화들이었다고 대답할 수 있다. 이러한 변화에는 현대통화이론(Modern Monetary Theory, MMT)의 적극적인 활용도 포함된다. MMT의 배경 이론과 개념은 공부가 필요하지만 핵심적인 부분은 통화량 조절이라는 정책이 경제에 적극적으로 영향을 미치는 방향으로 바뀌었다는 점이다.

MMT를 단순히 '돈을 많이 푸는 정책'으로 생각하는 경향이 있는데, 좀 더 정확하게는 '완전고용 달성을 위해서 통화량으로 경제를 조절하는 정책'으로 기억하는 것이 좋다. 즉 돈을 푸는 것만이 아니라 완전고용이 달성되면 반대로 돈을 조이는 정책도 빠르게 이루어질 수 있다는 점을 염두에 두어야 한다. 시장이 2020년 이후의 급격한 통화량 증가에 환호했다가, 2021년 말부터 이루어진 급격한 통화량 감소 혹은 긴축 정책 전환에 당황한 이유도 이러한 개념을 명확히 하지 않았기 때문이다.

2008년 이후의 변화를 파악하기에 가장 좋은 방법은 미국의 본원통화량을 확인하는 것이다([그림 3-1] 참조). 쉽게 말하면 미국은 경기 부양을 위해 엄청나게 많은 돈을 찍어냈다. 그리고 2015년과 2021년처럼 경기가 회복된 이후에는 통화량을 감소시키기 시작했다.

2009년과 2020년의 통화량 증가 정책 혹은 완화적 통화정책에서 재미있는 점은 늘어난 통화가 대부분 지급준비금이었다는 것이다. 이는 연준이 통화를 획기적으로 조절할 방법을 찾아냈다는 것을 의미한다. 그 결과 정책상으로 몇 가지 변화가 나타나는데 기억해야 할 변화는 IORB(지준부리율) 시스템 도입이다.

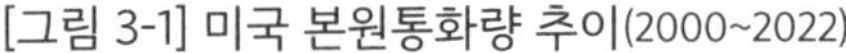

[그림 3-1] 미국 본원통화량 추이(2000~2022)

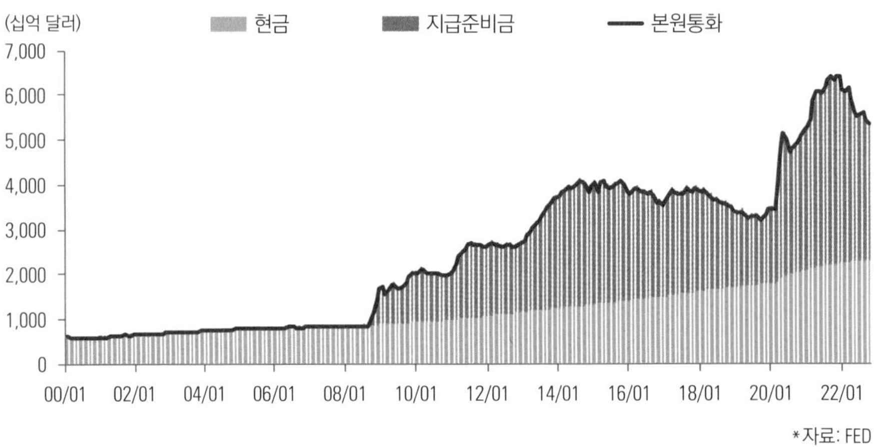


*자료: FED

연준은 2020년 3월 26일 지급준비금 조건을 0으로 축소했다. 교과서에서 배우는, 은행에 10,000원을 예금하면 10%의 지급준비율로 1,000원이 필요하다는 개념이 사라졌다고 생각하면 된다. 정책 변화의 일환으로 미국 지급준비금 이자인 IORR과 초과 지급준비금 이자인 IOER이 IORB로 통합되었다. 이제 미국은 기준금리의 상단으로 IORB를 사용하며 이를 통해 원하는 금리를 맞춰나가는 정책을 펼치게 된다.

복잡하게 들리겠지만 결론은 간단하다. 연준의 기준금리가 3.00~3.25%라고 하더라도 IORB를 3.15%에서 3.20%로 올린다면 연준의 의도는 기준금리를 0.05%p 인상하는 것이 된다. 연준은 IORB라는 도구를 통해서 금리를 보다 미세하게 조정할 수 있게 되었다.

연준이 긴축 정책으로 전환하고 양적 완화를 시행하고 물가를 잡으려는 강한 의지를 드러냈다는 것은 대부분 아는 사실이다. 하지만 이러한 변화가 근본적으로 어떤 이론을 바탕으로 하고 정책에서 어떠한 영향을 미치는지를 생각해볼 필요가 있다.

[그림 3-2] 미국 기준금리(EFFR)와 IORB 추이(2013~2022)

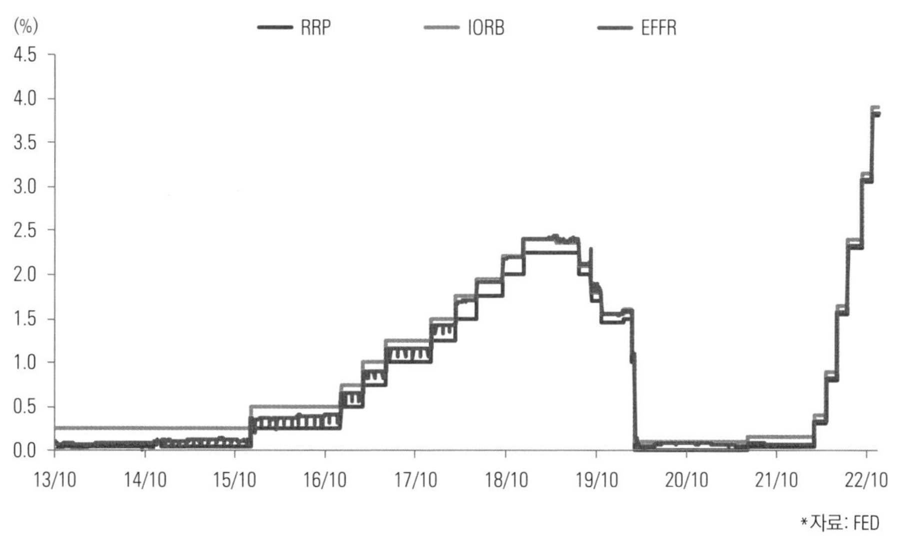


*자료: FED

[그림 3-3] 연준의 주요 정책 변화

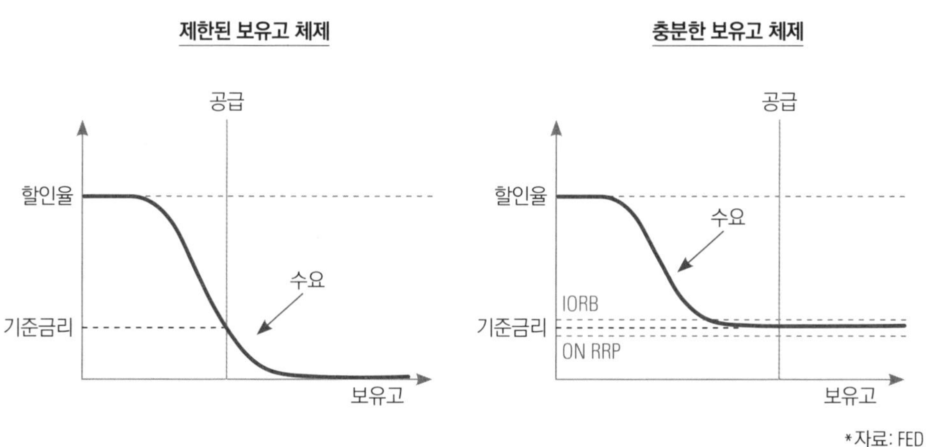


*자료: FED

시장에서 돌고 있는 돈의 총량은 '발행된 통화량 증가율'과 '이 통화량이 경제에서 사용되는 속도 상승률'의 합으로 구한다. 쉽게 말해 얼마나 많은 돈이 시장에 추가되고 그 돈이 시장에서 얼마나 빨리 사용되는지가 중요하다. 두 지표의 합을 구해보면 시장의 유동성은 과거 오일쇼크 시기인 1970년대 말에서 1980년대 초와 유사한 수준이다. 당시 미국의 통화정책을 대표하는 정책이 '볼커 룰'이었다는 점을 감안하면 왜 연준 위원들이 긴축에 대해 그토록 강한 발언을 이어가는지 알 수 있다. 폴 볼커는 1979년 8월 연준 의장으로 취임한 이후 10월 기준금리를 11.5%에서 15.5%로 4%p 상향했다. 1981년 6월에는 기준금리를 20%로 상향하면서 물가에 적극적으로 대응했다. 현 상황에 볼커의 기준금리 계산 방식을 적용하면 적정 금리는 8%를 넘어선다.

그렇다고 해서 시장에서 말하는 5%를 넘어서는 6%대 기준금리 인상을 긍정하는 것은 아니다. 중요한 것은 물가와 통화를 대하는 연준의 자세가 변화했다는 것이다. 쉽게 말하면 기준금리는 4.75%나 5.00% 수준에서 인상을 멈출 가능성이 높다. 하지만 중요한 것은 어디까지 높아지느냐가 아니라 높은 수준을 언제까지 유지하느냐가 될 것이다. 이제는 글로벌 금융위기 이후 경험했던 제로금리 시대가 다시 올 가능성이 현저히 낮아졌다. 중립적인 금리, 즉

[그림 3-4] MV=PY, 미국 통화 유통량 사상 최대치 근접(1960~2022)

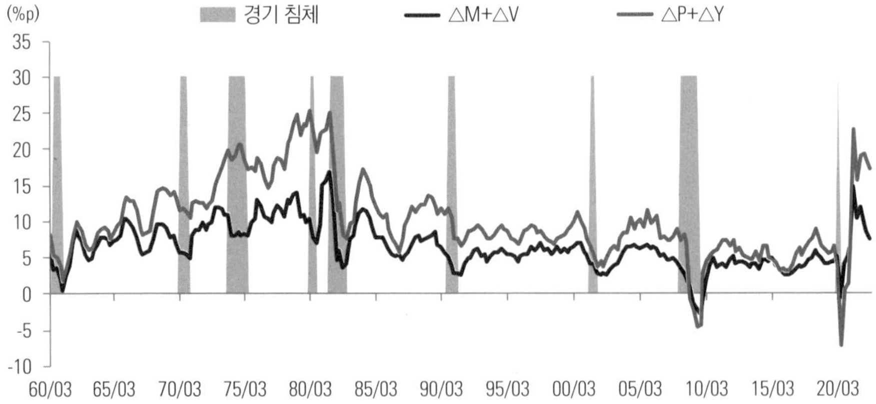

*자료: FRED

2% 수준의 기준금리가 일상적인 세계로의 복귀를 고려해야 한다. 최근 물가 상승과 연준의 정책 전환이 만들어낸 가장 중요한 변화다.

## 원/달러 환율의 위험 레벨은?

2022년 10월만 해도 원/달러 환율 상승이 이어짐에 따라 글로벌 금융위기나 심할 경우 외환위기가 다시 발생할 수 있다는 우려가 강했다. 시장에서는 원/달러 환율이 1,500원까지 상승할 수 있다는 등 환율의 고점이 더 높아질 가능성을 높게 보았다.

하지만 11월을 지나면서 원/달러 환율이 하락 전환해 언제 정상 수준으로 갈 것인지가 더 큰 관심사로 떠오르는 모습이다. 물론 원/달러 환율 수준이 여전히 높고, 높은 환율은 수입 가격이나 해외 채무 등에 의해 기업에 부정적인 영향을 미칠 수 있다. 긍정적인 요인은 아니지만 원/달러 환율 상승이 무조건 외환위기를 가져오는 것은 아니라는 점은 분명히 해야 한다.

원/달러 환율 상승의 원인은 두 가지로 구분할 수 있는데, 원화가 약한 것과 달러가 강한 것이다. 외환위기나 글로벌 금융위기 시기와 비교해보면 더 확실해진다. 당시에는 달러보다 원/달러 환율의 상승 폭이 두드러진 반면, 현재는 원/달러 환율보다 달러의 상승이 더 빠른 모습이다([그림 3-5] 참조).

실제로 달러인덱스와 원/달러 환율의 상관계수는 2010~2020년에는 0.5를 하회한 반면 2022년에는 0.97 수준이다([그림 3-6] 참조). 2022년 원/달러 환율 상승의 97%를 달러인덱스 상승이 설명하고 있다는 것이다. 이런 상황에서는 원/달러 환율 상승이 경제에 부정적인 영향을 미칠 수는 있지만, 환율 상승만으로 한국 경제의 위기를 예단하기는 어렵다.

[그림 3-5] 원/달러 환율 상승 시기와 달러인덱스 추이(1990~2022/11)

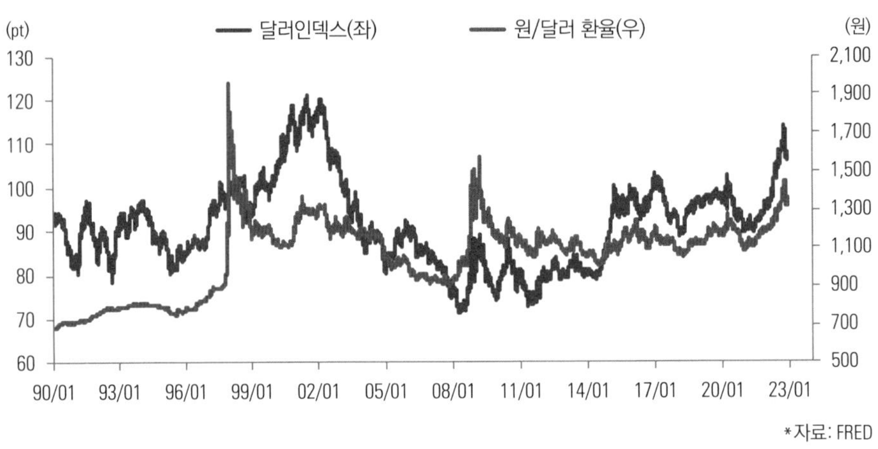


*자료: FRED

[그림 3-6] 2022년 5월 이후 원/달러 환율과 달러인덱스 추이(2022/05~2022/11)

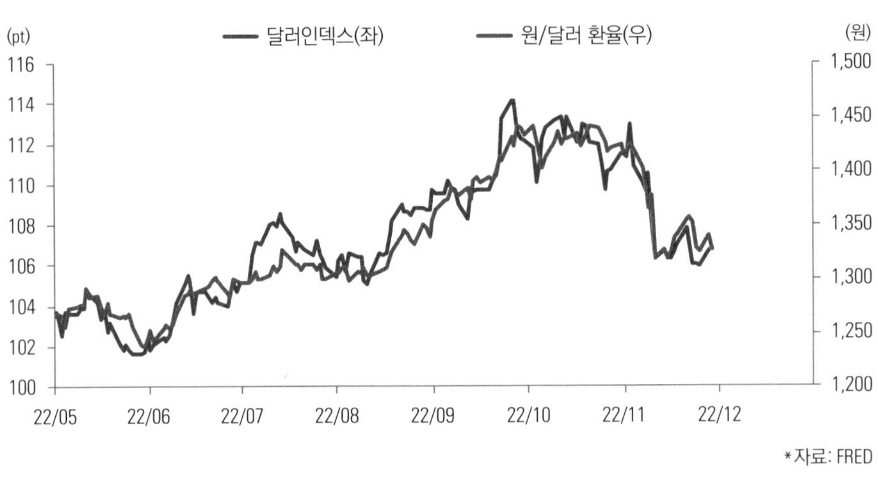


*자료: FRED

더욱이 원화의 실질실효환율은 2022년 10월 96.51pt 수준이다. 실질실효환율은 한국과 무역 비중이 높은 국가에 가중치를 두고 물가 수준을 감안해 원화의 강세와 약세를 비교하는 개념으로서 100pt가 기준이다. 즉 원화는 한국의 주요 교역 대상국과 비교했을 때 심각한 약세를 보이지는 않고 있다.

달러 강세 역시 단순히 기준금리 인상을 원인으로 생각하기에는 지나치게 속도가 빠르다. 달러인덱스를 구성하는 통화 중 77.3%가 유럽의 통화다. 즉 달러의 방향성은 유럽 경기 기대감을 강하게 반영하는 경향이 있는데, 우크라이나 사태 이후 유럽의 경기 상황은 최악이다. 유로화의 실질실효환율은 92.33pt로 주요 교역 대상국 대비 약세를 보이고 있다.

[그림 3-7] 원화의 실질실효환율(2010년 = 100)

*자료: BIS

[그림 3-8] 유로화의 실질실효환율(2010년 = 100)

*자료: BIS

[그림 3-9] 한국 무역수지와 원/달러 환율(2000~2022/08)

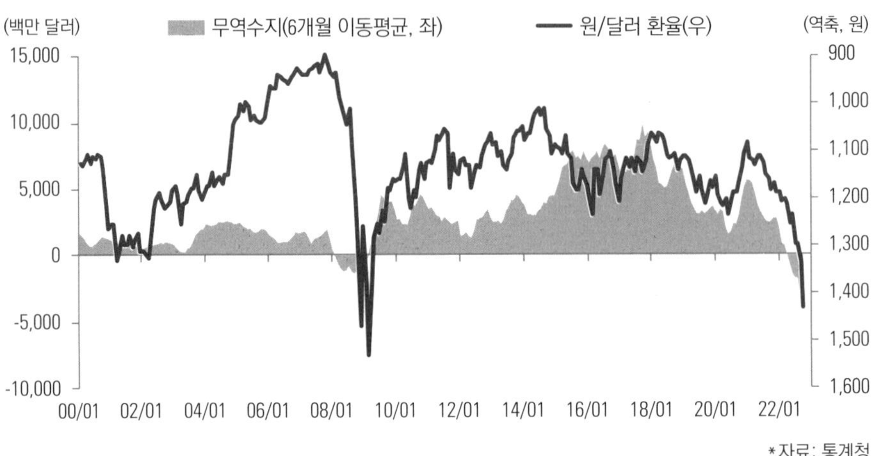

*자료: 통계청

물론 원/달러 환율 상승에서 우려 요인은 존재한다. 특히 2022년 9월 1일부터 9월 19일 사이 원화가 자체적으로 약세로 가는 현상이 나타났는데 이는 대부분 무역수지 적자 폭 확대에 기인한다. 특히 8월 무역수지는 통계가 작성된 이후 66년 만에 최저치를 기록했다. 무역수지가 발표된 9월 1일에서 9월 19일까지의 달러인덱스와 원/달러 환율 상관계수는 -0.04로, 달러 강세가 안정 혹은 소폭 하락했음에도 불구하고 원/달러 환율이 급격히 상승하는 흐름을 보였다. 8월 31일 달러인덱스 109.6pt에서 원/달러 환율은 1,358.8원에 머물렀는데 9월 19일에는 달러인덱스 109.8pt에서 원/달러 환율이 1,392원을 넘어섰다.

무역이 경제에서 차지하는 비중이 높은 한국 경제의 특성상 부정적인 상황인 것은 분명하지만 무역수지 적자의 상당 부분이 에너지 가격 상승에서 기인했다는 점에서 사태의 장기화를 전망하지는 않는다. 원/달러 환율 상승에 따른 수입 물가 상승을 걱정하는 시선도 있지만, 수출 물가와 수입 물가 변화를 감안하면 무역수지는 이미 바닥을 형성했을 가능성이 높다. 다만 한 가지 고려해야 할 것은 2023년에도 수출 증가율이 회복되기 쉽지 않고 무역수지

[그림 3-10] 교역조건과 수출입 물가 차(2019/01~2022/10)

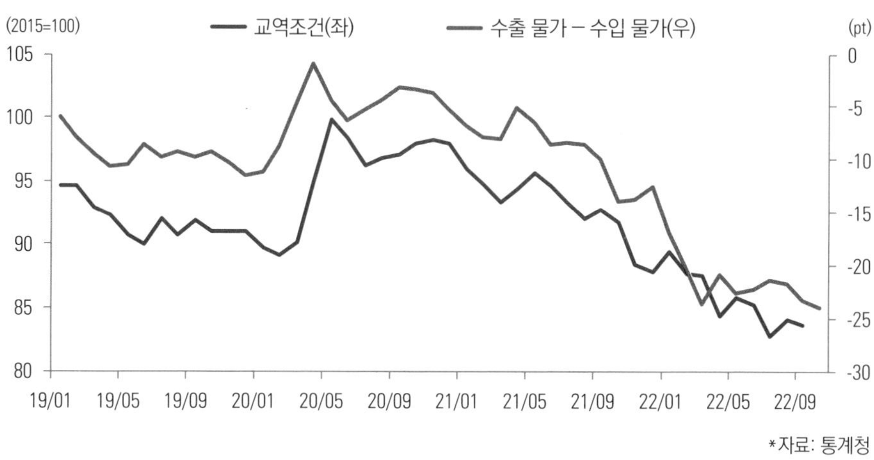


*자료: 통계청

흑자 전환도 수입 물가 하락에 의존하고 있다는 점이다. 즉 우리가 경험하던 2010~2019년의 1,100원보다는 높은 수준에서 원/달러 환율이 결정될 가능성이 높다.

한국 외환보유액은 2022년 9월 기준 3,936억 달러로서 2021년 7월 4,457억 달러를 고점으로 감소하고 있다([그림 3-11] 참조). 추세상 외환보유액이 감소한 이전 시기가 1996년과 2008년 이후로, 각각 외환위기와 글로벌 금융위기 기간이었다는 점이 시장의 우려를 키우고 있다. 하지만 당시와 현재의 차이점은 분명하다. 우리나라가 해외에 가지고 있는 달러의 양인 순대외금융자산이 2013년 이후 급격히 증가해 2016년 6월 이후에는 외환보유액을 넘어서는 모습을 보이기도 했다([그림 3-12] 참조).

1998년을 경험한 사람은 누구나 금 모으기 운동을 기억할 것이다. 외환위기의 근본 원인은 우리가 필요로 하는 금액보다 달러가 부족한 것이다. 금 모으기 운동은 금을 해외에 팔아 필요한 달러를 들여오자는 운동이었다. 2022년 9월 기준 한국 정부가 보유한 외환은 3,936억 달러지만 순대외금융자산은

3,796억 달러로 외환보유액과 유사한 수준이다. 진짜 위기가 다가오면 연기금 혹은 기업이 해외에 가지고 있는 자산을 매각해서 한국으로 달러를 들여올 수 있다. 따라서 단순히 외환보유액을 기준으로 외환위기 가능성을 판단하기에는 무리가 있다.

[그림 3-11] 한국 외환보유액 추이(1990~2022)

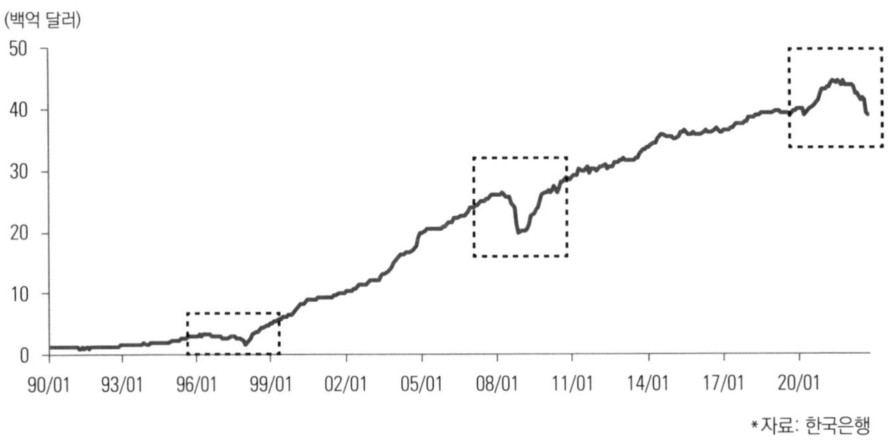


[그림 3-12] 한국 외환보유액과 순대외금융자산(1994~2022)

## 한 달 주기로 경제지표 확인하기

깊숙이 들어가면 우리가 살펴봐야 하는 경제지표는 무수히 많다. 하지만 많은 경제지표를 분석하는 것은 기술적인 사항일 뿐, 대략적인 경기의 흐름을 판단하는 데 필수는 아니다. 예를 들어 수출 증가에 대한 선행 지표로서 환율 상승률과 유가 상승률의 차이를 본다거나, 초과 유동성을 파악하기 위해서 통화 공급량 증가율에서 산업 생산 증가율을 뺀다거나 하는 여러 가지 분석 방식도 존재한다. 이 밖에 신용 증가율, 내구재 주문, BDI, 환율 변동과 장단기 금리 차 등 보려고 마음먹으면 확인해야 할 지표는 끝도 없다.

하지만 그러한 지표들을 다 확인했다고 해서 금융시장을 더 정확하게 예측할 수 있는 것은 아니다. 물론 다 알면 좋겠지만 시장을 '설명'하는 것과 시장을 '예측'하는 것은 분명히 다른 영역이다. 경제지표 중에서 월간으로 흐름을 판단하기 위해서 꼭 확인했으면 하는 미국 지표들을 정리하면 다음과 같다. GDP 등 중요하지만 분기 단위로 발표되는 경제지표는 언급하지 않았다.

### 1일: ISM제조업지수

매월의 시작은 ISM제조업지수와 함께한다. 산업 생산이 더 현실적인 지표라고 해도 시장은 ISM제조업지수에 더 민감하게 반응한다. 일반적으로 60pt를 넘어서면 경기 과열 양상, 금융정책 전환 가능성을 경계해야 하고, 55pt를 하회하는 시점에 기준금리 인상 사이클도 서서히 마무리 국면에 들어선다. 50pt를 중립 수준으로 보고, 45pt를 하회하면 침체 우려가 강해지고 있다고 판단한다.

한국에서는 경제지표에서 가장 중요하게 생각하는 요소 중 하나인 한국 수출입 증가율과 무역수지를 매월 1일에 발표한다. 한국은 소비보다 수출 경기에 더 집중하는 경향이 있으니 함께 확인할 필요가 있다.

### 첫 번째 금요일: 고용 현황 보고서

매월 1일에 ISM이 시작한 경제 분위기는 고용 현황 보고서에서 확대된다. 이 보고서에서는 비농업 고용자 수 변동과 실업률을 확인하게 된다. 비농업 고용자 수는 15만, 실업률은 4%를 중립(혹은 자연실업률) 수준으로 생각하면 대강 맞는다. 긴축 우려가 있을 때 실업률이 4%에 근접하면 기준금리 인상에 대한 우려가 높아지는 경우가 많다.

### 13일경과 두 번째 금요일: 소비자물가지수(CPI)와 생산자물가지수(PPI)

항상 중요한 지표는 아니지만 통화정책 변화 혹은 큰 폭의 변화 가능성이 존재하기 때문에 확인이 필요하다. 매월 13일경과 둘째 주 금요일에 각각 소비자물가지수와 생산자물가지수가 발표된다. 정상적인 경제 상황이라면 소비자물가지수와 생산자물가지수의 개별 수치보다는 두 지표의 차가 큰 폭으로 변화하는지 확인할 필요가 있다.

### 15일경: 산업 생산과 소매 판매

대부분의 경기 분석은 생산이 아닌 소비를 중심으로 이루어진다. 따라서 소매 판매 증가율은 산업 생산보다 시장에 영향력이 더 큰 지표다. 성장률이 급격히 높아지는 이머징 국가 몇몇을 제외하고 대부분은 소매 판매가 경기 판단에 가장 큰 영향을 미친다.

물가, 산업 생산, 소매 판매는 상관관계가 꽤 높은 지표다. 평소에는 산업 생산이나 광공업 생산의 변화가 시장에 미치는 영향이 크지 않은데, 변화에 대해 직관적으로 판단하기가 어렵기 때문이다. 시장이 ISM제조업지수를 좋아하는 것도 산업 생산보다 훨씬 직관적으로 해석할 수 있기 때문이다. 단순히 산업 생산 증가율을 보고 판단하기는 쉽지 않지만 확인하지 않고 넘어가는 것도 애매하니 일단은 확인하자. 다만 국가별로 산업 생산을 대하는 태도가 달라서, 발전기의 중국과 같은 이머징 국가는 산업 생산, 인프라 투자 등이 중요한 지표가 될 수 있다.

### 중간 점검: 장단기 금리 차, 달러인덱스와 원/달러 환율

산업 생산과 소매 판매 발표가 마무리되면 우리가 반드시 확인해야 하는 지표가 상당히 줄어든다. 따라서 매주 혹은 매일 확인할 것이 아니라면 15일 전후를 장단기 금리 차와 글로벌 환율 추이를 훑어보는 기회로 삼는 것도 좋다. 장단기 금리 차를 살펴보면 당연히 장기 금리와 단기 금리 움직임을 보게 되고, 달러인덱스와 한국을 비롯한 이머징 국가들의 환율들을 살펴보면 그 국가의 경기나 자금 이동에 대한 대략적인 전망을 얻을 수 있다.

### 16~20일(12번째 영업일): 신규 주택 착공

경제에서 주택 경기를 확인할 수 있는 다양한 지표가 존재하는데 그중에서 하나만 고르라면 신규 주택 착공을 고르겠다. 엄청나게 중요한 지표는 아니지만 건설업 경기, 나아가 제조업 경기에 대한 선행적인 판단을 내릴 수 있다는 점에서 확인이 필요하다. 특히 경기 호황기에서 부진으로 넘어가는 시점에 변곡점을 판단하는 지표로 활용이 용이하다.

### 21일: 한국 20일 수출입

한국 수출입은 1일에 발표되지만 그달의 수출입은 10일과 20일 기준으로 발표되기 때문에, 매월 21일에 발표되는 20일 수출 증가율을 확인하는 것도 좋다. 특히나 한국의 환율과 수출은 글로벌 경기의 선행적 지표로 작용하는 경우가 많기 때문에, 외국 자산에 투자하는 경우에도 충분히 유의미한 분석을 할 수 있다.

### 19~22일(17번째 영업일): 기존 주택 매매

기존 주택 매매는 20일 전후에 발표된다. 주택지표가 애매한 부분이 있지만 한국도 그렇듯이 주택 경기나 심리가 마냥 무시하고 지나갈 만한 지표는 아니다. 이론적으로는 자산 가격에서 큰 부분을 차지해 부의 효과에 영향을 준다. 근로소득 이외에 소비에 영향을 주는 지표로 확인이 필요하다. 특별히 기존 주택 매매를 확인하는 이유는 신규 주택보다 시장의 규모가 크고 가격 지표보다 선행성을 가지기 때문이다.

### 말일경: 개인 소득

월말은 전체 소득과 소비, 저축을 확인하고 넘어간다. 경제지표의 변동 순서가 반드시 '고용 → 소득 → 소비 → 생산'으로 이어지는 순환 과정을 따르지는 않지만 이 순환 과정에 존재하는 항목들을 확인하는 일은 중요하다. 자산 가격이 오른다, 렌트비가 상승한다, 근로소득이 오른다, 저축액이 높다 등 시장에서 언급되는 소득과 지출 관련 사항들을 수치로 확인할 필요가 있다. 한 달 간의 경제지표가 고용으로 시작해서 소득과 소비로 마무리되는 과정을 보면 역시 소비가 경제에서 제일 중요하다는 생각이 든다.

# 경제 분석에 필요한 기초 지식

## 경제지표를 표시하는 방법

경제지표를 이해하려면 각 보고서에서 나타나는 숫자가 무슨 의미인지 명확히 알 필요가 있다. 수치가 측정 방식이 단순한 합산인지, 아니면 전월 대비 변화율인지 구별하는 것이 경제 분석을 시작하는 기본이다.

### 지수와 전기차, 전기비

경제지표에서 금액, 지수, 건수는 동일한 방식으로 해석할 수 있다. 특정 지표를 변환하거나 합산해서 지수화한 것이 아니라면, 지수는 금액이나 건수의 변화를 보기 쉽게 바꾼 수치일 뿐이기 때문이다. 예를 들어 2020년 1월 소매

[그림 3-13] 경제지표 지수 추이

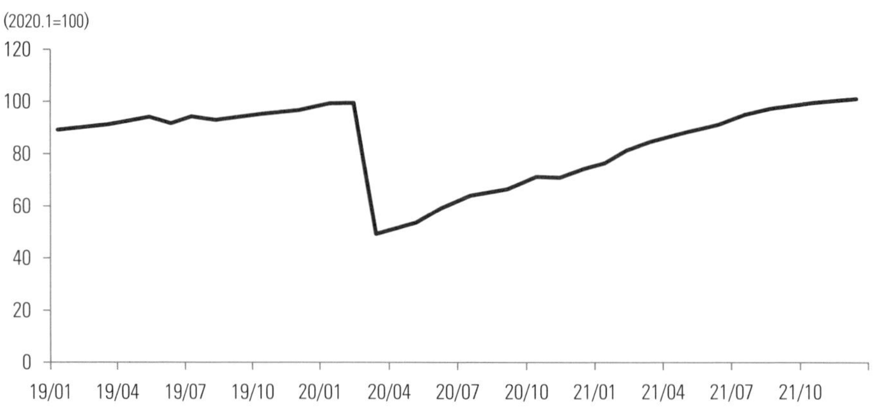


판매 금액이 1,585만 원이라고 할 때 이를 100으로 변환해서 지수화한다면 앞뒤의 지수는 2020년 1월의 100이라는 수치에 맞춰서 동일하게 변화한다. [그림 3-13]은 특정 지표가 아니라 임의의 지수 그림이다. 코로나19 사태로 인한 2020년 3월의 지표 급락을 표현한 것으로, 어떤 경기 침체 상황에 대입해도 앞으로 설명할 내용과 동일한 접근이 가능하다.

이제 이 그림의 변형을 생각해보자. 전기차라는 개념은 이번 기에서 전기를 뺀 수치로 이해하면 된다. 경제지표의 주기가 월간이라면 전월차, 분기라면 전분기차가 된다. [그림 3-13]에서 2019년 1월의 값이 90pt이고 2월의 값이 91pt이니 전월차는 1pt다.

전기비는 증가율을 계산한다. 1월이 90pt, 2월이 91pt라면 증가율은 1.11%다. 월간으로 계산하기 때문에 전월비 혹은 전월 대비 상승률로 표현되고 그래프의 축에는 MoM(Month on Month)으로 표시한다. 지표가 분기 단위라면 전분기 대비 증가율인 QoQ로 표시한다.

[그림 3-14] 전월차 계산

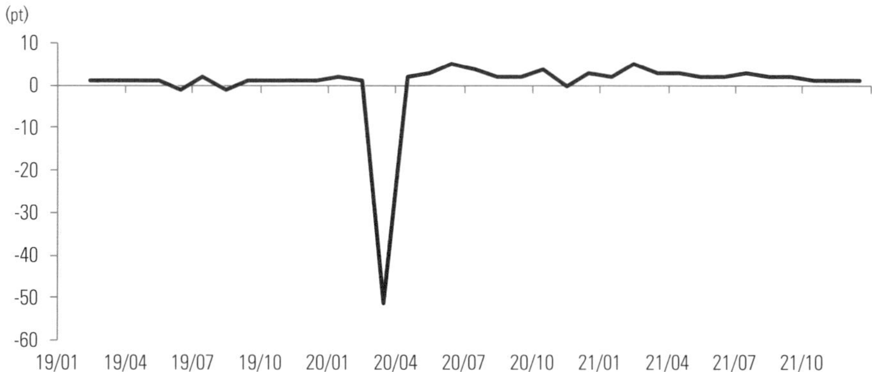


[그림 3-15] 전월비 계산

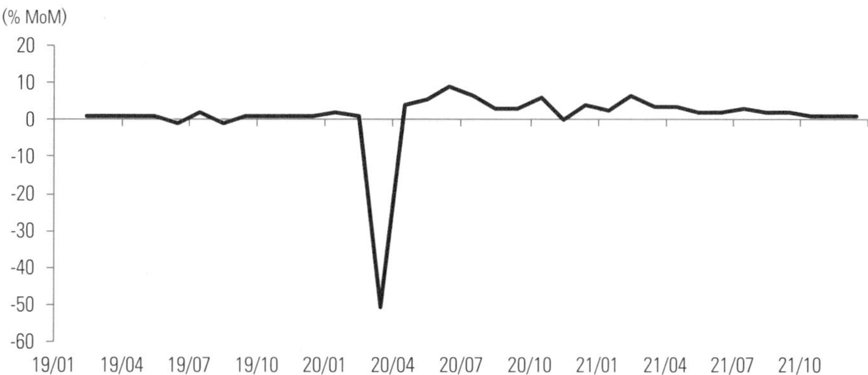


## 전년 동기 대비 상승률과 연율

전년 동기 대비 상승률과 연율도 앞에서 설명한 전월 대비 상승률과 동일하게 보면 된다. 전년 동기 대비 상승률은 2020년 1월을 같은 월, 즉 2019년 1월과 비교한다. 앞의 예시에서 2019년 1월이 90pt였고 2020년 1월이 100pt라면 전년 동기 대비 상승률은 11.1%가 된다. 만일 경제 성장률과 같이 분기 단위로 발표되는 지표라면 2019년 1분기와 2020년 1분기가 비교 대상이 된다. 전년 동기 대비 지표는 YoY(Year on Year)로 표시한다.

전년 동기 대비 상승률은 계절성에 따라 나타나는 변화를 제거할 수 있고, 보다 큰 추세 변화를 보여줌으로써 경기 사이클 변화를 판단하기 쉽다. 전월비는 계절성을 제외한 계절 변화 수치를 사용해야 하지만, 단기적인 경제지표 변화를 보다 명확하고 빠르게 판단할 수 있다. 미국과 같은 선진국은 경제지표의 변화가 빠르거나 큰 편이 아니기 때문에 전월비와 연율의 개념을 많이 사용하고, 이머징 국가는 전년 동기비를 많이 사용하는 경향이 있다.

계절성은 계절에 따라서 주기적으로 나타나는 변화다. 한국은 설과 추석이 포함되는 2월과 9월에 대표적으로 발생해서, 연휴 기간 동안 공장 가동일수와 수출량이 크게 변한다. 계절성의 또 다른 예는 연말연초에 선물이나 여행이 많아지면서 소비가 급격히 늘어나는 것이다. 이러한 효과를 제거해 계절성이 없다고 가정한 경제지표를 '계절 조정'이라고 한다.

전년 동기 대비 상승률을 사용할 때 또 하나 기억해야 할 개념은 '기저 효과(base effect)'다. [그림 3-16]에서 확인되듯이 2020년 3월은 경제지표가 급격

[그림 3-16] 전년 동기 대비 상승률 계산

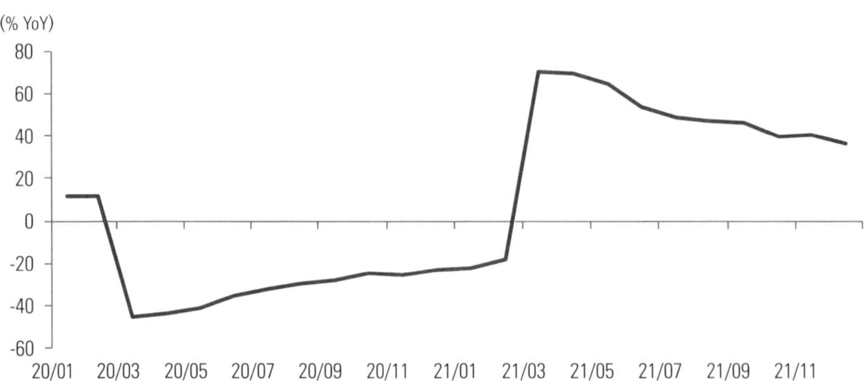

하게 하락해서 2019년 3월에 비해 -45.7%를 기록했다. 2021년 3월의 상승률은 이렇게 낮은 수치에 영향을 받는다. 즉 지수상으로는 2019년 3월이 92pt, 2020년 3월 50pt, 2021년 3월 85pt여서 2021년은 2019년 수준으로 회복되지 않았지만, 전년 동기 대비 상승률은 2020년 3월 -45.7%에서 2021년 3월 70%로 급격하게 높아졌다. 이는 2020년 3월 지수가 지나치게 낮아서 발생하는 기저 효과다.

기저 효과는 반대 방향으로도 작동한다. 2020년에 유가가 큰 폭으로 상승했기 때문에, 2021년 유가 수준이 굉장히 높지 않다면 전년 동기 대비 가격 변화율이 하락 추세를 보일 수밖에 없다. 경기의 변곡점 부근에서는 기저 효과가 양방향으로 번갈아 발생할 수 있으니 잘 구분해야 한다. 여력이 있다면 전월비와 전년 동월비, 지수 자체의 변화를 동시에 살펴서 좀 더 정확하게 판단하는 것이 좋다.

'연율'은 전월비나 전년 동월 대비 상승률과는 조금은 다른 개념이다. 전월비를 기준으로 이러한 상승 추세가 매월 지속된다면 1년 동안 얼마나 상승할지

[그림 3-17] 전년 동기 대비 상승률에서 발생하는 기저 효과

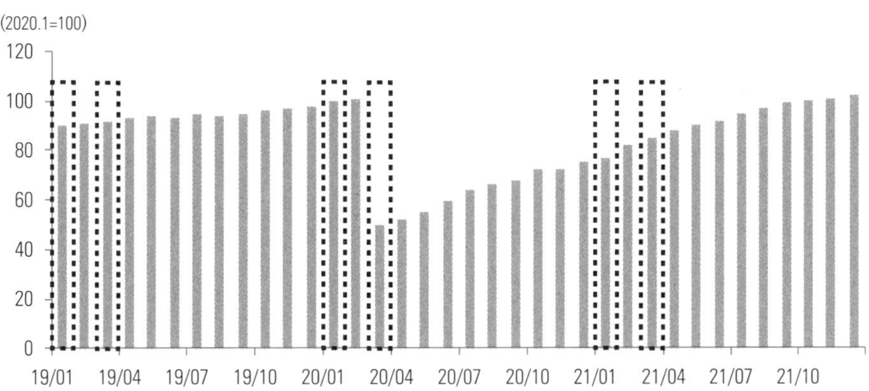

[그림 3-18] 연율 계산

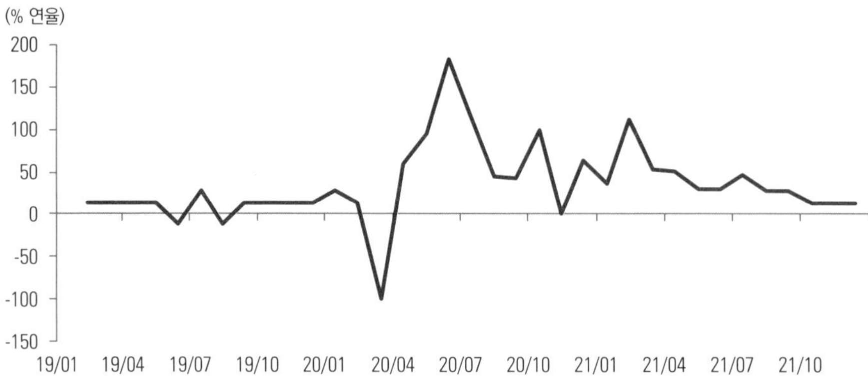


표시한 것으로, 연율 혹은 AR(Annual Rate)로 표기하는 경우가 많다. 일반적으로 분기를 단위로 하는 경제지표에서 많이 활용되며 미국과 일본의 경제 성장률이 연율 개념으로 발표된다. 연율로 풀어낸 경제지표는 전월비 그래프에서 보이는 낮은 변동성을 조금 더 큰 진폭으로 볼 수 있다는 장점이 있다.

예시로 제시한 월간 지표에서, 2019년 2월의 전월비인 1.11%가 12개월 동안 지속될 경우 연간 어느 정도 상승할지 계산해보자. 연율은 지수 변화인 (1 + 1.11/100)을 12제곱해서 계산한다(분기 비율을 연율로 환산할 때는 4제곱을 해주면 된다). 결괏값은 14.18%로, 전월비 값보다 변동성이 큰 그래프를 얻을 수 있다.

## 이동평균과 YTD

이동평균(moving average)은 평균을 시간의 흐름에 따라 이동시킨 값으로, 특정 개월의 수치들을 평균해 산출한다. 예를 들어 2022년 12월의 12개월 이동평균 값은 2022년 1월부터 2022년 12월까지 12개월을 평균한 값이고, 2022년 11월의 이동평균 값은 2021년 12월부터 2022년 11월까지의 평균값이

[그림 3-19] 이동평균 계산

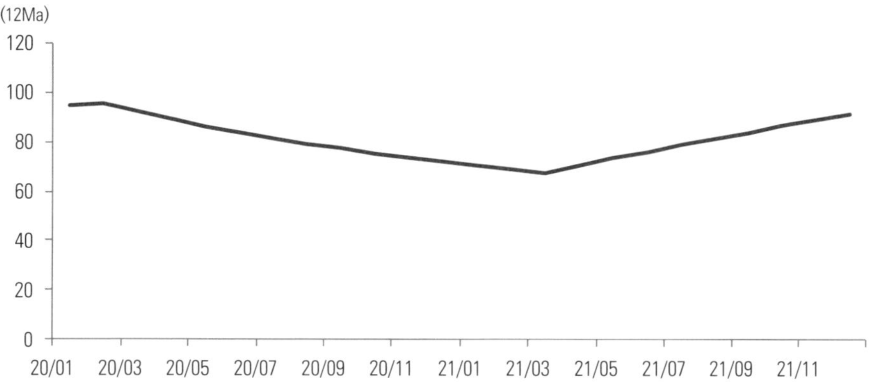


다. 이동평균에서는 월간 변동 폭이 줄어들어 지표의 장기 동향을 보다 쉽게 파악할 수 있다. 글로벌 경기선행지수 등 평탄화 작업을 거쳤다는 지수들은 이동평균을 사용한 경우가 많다. 다만 이동평균 값은 적용하는 개월 수에 따라 방향성이 달라질 수 있고, 경제 동향의 단기적인 변화를 파악하기 어려울 수 있다.

YTD(year to date)는 연초부터 현재까지의 누적 증감률을 의미하기도 하고 누적값 자체를 의미하기도 하니 문맥에 따라 해석할 필요가 있다. [그림 3-20]에서 보듯이 월초 이후 매월 지표를 더하면 대부분 1월에서 12월까지 지속적으로 증가하고 다음 해 1월에 원점으로 돌아가 다시 누적 합계를 구한다.

이러한 누적 합계를 전년 동기간과 비교해보자. 예를 들어 2019년 12월 누적 합계는 1,128이고, 2020년 12월 누적 합계는 835다. 두 수치 간의 변화율은 -26%이며, 이 수치가 2020년 12월의 YTD 값이다([그림 3-21] 참조). 자주 사용되는 개념은 아니지만 중국의 경제지표를 확인하다 보면 1월과 2월 수치가 나오지 않는 경우가 많고, 자체적으로 누적 합계를 제시하거나 YTD를 기준으로 삼는 경우가 있으니 알아두면 좋다.

[그림 3-20] 연초 이후 누적 지수

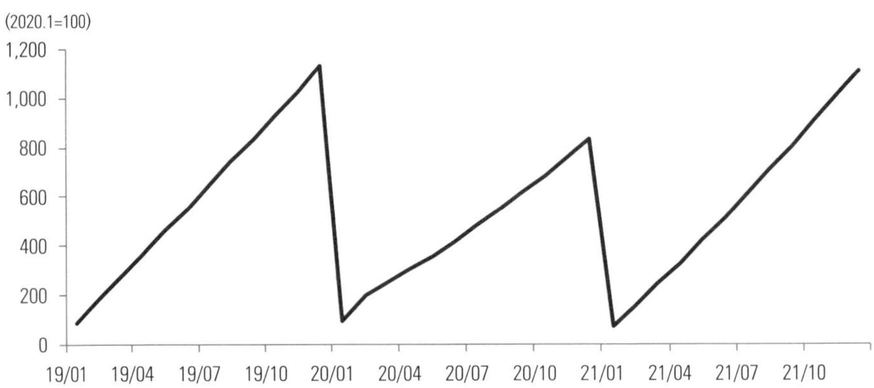


[그림 3-21] YTD 계산

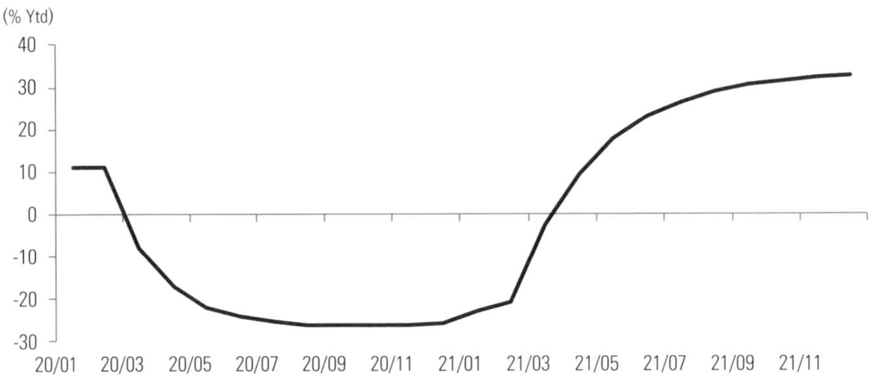


## 표시법이 달라지면 해석이 달라진다

경제 보고서를 직접 작성하지 않는다면 이러한 수치들을 계산하는 방법을 알 필요는 없다. 다만 경제지표를 해석하는 과정에서 지표 산정 방식에 따라 움직임이 확연히 달라지기 때문에 오류가 발생할 가능성이 존재한다. 예를 들어 전년 동기 대비로 보면 2021년 2월 이후 지수 상승 폭이 계속 둔화되고 있지만, YTD로 계산하면 지수가 상승 추세를 유지한다고 해석하고, 이동평균으로는 2021년 3월 이후 상승 추세가 지속된다고 판단할 수 있다.

애널리스트는 이러한 지표의 계산이 능숙한 사람들이다. 지표를 원활하게 해석하거나 다른 방향에서 바라보려는 의도도 있지만, 주장의 논리를 강화하기 위해서 계산 방식을 수정할 때도 있다. 물론 이런 방식들이 잘못됐다고는 할 수 없다. 보고서를 쓰는 당사자가 그러한 방식으로 바라보는 것이 옳다고 생각하고 전년비와 전년 동기비 중 어느 쪽이 적절하다고 판단한 것이기 때문이다. 하지만 보고서를 읽는 사람도 이러한 차이를 명확히 인지하고 자신의 생각을 정리해나갈 필요가 있다.

## 알아두면 유용한 개념들

독자들의 지식 수준이 모두 같을 수는 없으니 초급 투자자에게 추가로 도움이 될 만한 개념들을 설명하겠다. 이번 단락은 '뭐 이런 걸 다 설명해?'라는 생각이 들 수도 있다. 이미 아는 내용이라면 과감히 뛰어넘어도 좋다. 처음 들어보는 단어들이라면 검색 포털 등을 통해서 검색해보고 넘어가기를 권한다. 별것 아니지만 이해하지 않고 넘어간다면 계속 마음에 걸릴 용어들이기 때문이다.

### 컨센서스

우리는 많은 컨센서스 데이터를 접하면서 살고 있다. 기준금리 인상과 인하 확률, 소매 판매 상승률과 경제 성장률 전망치, 기업 이익 등 많은 지표에 대한 컨센서스 데이터가 제공된다. 우리는 이러한 보고서를 기반으로 시장을 판단하기 때문에, 막상 지표가 발표되면 시장이 큰 영향을 받지 않는다. 이미 반영되어 있기 때문이다.

지표 발표가 시장에 영향을 주는 상황은 컨센서스가 큰 폭으로 틀리는 경우다. 하락이나 상승 어느 쪽이든지 컨센서스 데이터가 크게 틀리면 시장이 움직인다. 재밌는 점은 이러한 방향이 한쪽으로 유지되지도 않는다는 것이다. 예를 들어 연준의 FOMC 회의록 발표 후 시장은 매우 짧은 시간에 이를 가격에 반영한다. 그러나 장이 마감된 후 시간 여유를 가지고 컨센서스를 분석하다 보면 많은 경우 자신들의 판단이 잘못되었다는 의구심을 가지게 된다. FOMC의 결과 발표 직후와 다음 날의 시장 반응이 반대로 나타나는 것은 이러한 현상을 반영한다.

컨센서스는 일반적으로 매크로 분석가들의 전망을 취합해서 발표된다. 발표 기관마다 차이는 있지만 취합된 수치 중 가장 높은 값과 가장 낮은 값을 버리고 평균값을 구해서 산출하는 것이 일반적이다. 이러한 컨센서스가 실제치와 크게 괴리된다는 것은 매크로 분석가들이 고려하지 못한 혹은 깨닫지 못한 변수가 시장에 존재한다는 의미다. 원인을 찾을 수 있다면 좋겠지만 찾아내지 못한다면 시장은 이러한 괴리 자체를 불확실성 요소로 가격에 반영한다.

### 서베이 지표

서베이 지표는 실제로 조사해서 얻은 결과를 지수화해서 나타낸 것이다. 전화나 우편, 인터넷을 통한 설문조사를 통해서 작성되며 소매 판매액이나 산업생산 등의 실물 경제지표와는 성격이 다르다.

대표적인 서베이 지표는 제조업 생산자물가지수, ISM지수, 소비자심리지수 등이고 대부분은 시장의 심리를 반영한다. 각각의 질문에 대해서 '좋다', '나쁘다', '중립' 등의 주관적인 대답을 기초로 작성되므로 질문 내용이나 응답자의 심리에 따라 실제 경기와는 다른 모습을 보일 가능성도 높다. 하지만 설문조사이기 때문에 실제 지표의 취합 이전에 조사가 가능해서 경기에 선행하는 지표로 활용되는 경우가 많다.

서베이 지표는 선제적으로 심리를 분석할 수 있다는 장점은 있지만 경제를 분석할 때 높은 비중을 둘 필요는 없다. 단기 전망에서는 유용할 수 있어도 중장기적인 경기 변화 분석에 사용하기에는 지나치게 주관적이고 변동성이 크기 때문이다.

### 증가율 차와 기여율, 기여도

증가율 차를 이용하면 비교하고자 하는 두 지표 간의 상대 강도를 확인할 수 있다. 보통 %p로 표시하는데, 우리가 자주 사용하는 장단기 금리 차, 물가연동 국채(TIPS) 금리와 국채 10년물 금리의 차이를 보여주는 기대인플레이션율(BEI), 선진국과 신흥국 간의 신용 스프레드 등이 증가율 차로 표시된다.

어떤 경우에는 두 지표를 더해 계산하기도 한다. 예를 들어 미저리 인덱스(misery index)는 가계가 느끼는 고통을 측정하는 지표로서 실업률과 인플레이션의 합으로 구해진다. 연준의 목표라고 할 수 있는 고용과 물가를 확인하는 이 지표는 두 % 지표를 더해서 새로운 개념을 만들어냈다.

GDP와 같은 경제지표는 소비, 투자, 수출 같은 다양한 지표의 합으로 이루어진다. 어떤 지표에 각 구성 항목이 미치는 영향을 측정하는 값이 기여율과 기여도다. GDP 구성 항목들의 성장 기여도를 합산하면 GDP 성장률이 되고, 각 구성 항목의 성장 기여율을 합산하면 100%가 된다.

### 알파벳으로 표시되는 용어들

경제 분석을 하다 보면 알파벳 단어만으로 이루어진 개념이나 수식을 자주 접한다. 기본적인 알파벳을 외우고 넘어가면 앞으로의 경제 분석에 도움이 될 수 있다. GDP와 경제를 설명하는 데 가장 기본이 되는 다음 공식을 살펴보자.

$$Y = C + I + G + (X - M)$$

이 공식에서 Y는 GDP, C는 민간 소비(Consumption), I는 투자(Investment), G는 정부지출(Government), X는 수출(eXport), M은 수입(iMport)을 의미한다.

이 외에 함수에 사용하는 대표적인 알파벳은 M(Money)으로 표현되는 통화량, P(Price)로 표현되는 가격, 가격의 상승률인 π, 물량을 의미하는 Q(Quantity), 이자율을 의미하는 i(Interest), 세금을 의미하는 t(Tax) 정도가 있다. 깊이 들어가면 무수히 많고 중복 사용되는 경우도 많지만 지금 언급한 단어들은 외우고 넘어가자.

### 곱셈과 나눗셈의 변화율

경제학이 아니라 매크로 분석이라면 수학이 필요하지 않지만 이 정도는 알고 있으면 도움이 되겠다는 욕심에서 추가해본다.

우리는 일반적으로 미분의 개념을 굉장히 어려워한다. 하지만 단순한 방식을 알면 여러모로 유용하게 사용할 수 있다. 지금 설명하는 부분도 그중 하나인데, 곱셈을 미분하면 변화율의 덧셈이 되고 나눗셈을 미분하면 변화율의 뺄셈이 된다는 개념이다.

예를 들어 'A × B = C × D'라는 수식이 있을 때, 이를 미분하면 'A의 변화율 + B의 변화율 = C의 변화율 + D의 변화율'이 된다. 'A/B = C/D'를 미분하면 'A의 변화율 – B의 변화율 = C의 변화율 – D의 변화율'이 된다. 이걸 어디다 써먹느냐고 할지도 모르지만 의외로 경제 분석에 사용되는 경우가 많다. 사실 모르는 게 문제지, 알면 못 써먹는다고 걱정할 상황은 잘 안 생긴다.

간단한 예를 하나 들어보면 일반적으로 통화와 경제의 관계를 'MV = PY'로 표현한다. 이 중 V(Velocity)는 통화 유통 속도여서 상수로 취급하니 결국 'M = PY'인데 이를 미분하면 '통화 증가율 = 인플레이션 + 경기 성장률'이 된다. 이 의미는 뒤에서 다시 설명하겠지만 분석하기에 더 적합한 공식으로 변화한 것은 분명하다.

### 명목과 실질

명목과 실질은 물가를 적용했느냐 아니냐의 차이다. 명목GDP와 실질GDP, 명목임금과 실질임금, 명목소득과 실질소득 등에서 물가를 고려하지 않는다면 명목지표이고, 물가를 고려한다면 실질지표다. 연간 임금이 3% 상승했다면 명목으로는 임금이 상승했다. 하지만 인플레이션이 5%라면 실질적으로는 임금이 2% 하락했다. 연준이 인플레이션에 신경 쓰고 물가 상승이 경제에 부정적인 이유 중 하나가 실질 개념에서 둔화가 발생할 수 있기 때문이다.

## 상황에 맞는 지표 선별하기

글로벌 경기 혹은 경제를 판단할 때 한 방향에만 집중하다 보면 오류가 발생할 확률이 높다. 생산과 소비, 정부 지출 등은 모두 연결되어 있기 때문이다. 생산을 해야 소비한다는 개념은 너무나 당연하다. 하지만 반대로 소비가 있어야 생산한다는 것도 당연하다. 생산이 늘어나면 사람을 고용해야 하고 고용이 늘어나면 소득이 늘어난다. 소득이 늘어나면 소비가 증가하고 소비가 증가한다면 생산을 늘린다. 생산 증가 과정에서 투자가 늘어난다. 국내가 아니라 외국의 소비가 늘어난다면 수출이 증가하고, 외국에서 사 오는 양이 많아진다면 수입이 증가한다. 모든 활동은 서로 연결되어 있고, 한 가지 측면의 모습을 보면 다른 측면의 움직임을 예상할 수 있다.

하지만 모든 요소를 살펴보고 흐름을 분석해 예측하는 일이 쉽지는 않다. 오히려 많은 요소를 관찰할수록 오류가 늘어나거나 명확한 결론에 도달하는 데 장애물이 될 수 있다. 지나치게 많은 정보는 정보가 없는 것과 같다.

### 경제 분석의 중심 잡기: 소비

경제 분석에서 가장 선행해야 할 과제는 '무엇을 중심으로 분석할 것인가'이다. 중심점을 잡으면 이를 기준으로 다른 지표들에 대한 해석을 내릴 수 있다. 더욱이 엇갈리는 지표가 여럿 발생했을 때 기준점 역할을 해줄 수 있다. 예를 들어 소비를 중심으로 분석하는 경우, 소비가 상승하고 생산이 하락하는 상황에서 '생산이 소비에 부정적인 영향을 지속적으로 주지 않는다'라고 판단했다면 경기를 긍정적으로 전망할 수 있다.

수차례 언급했지만 경제에서 가장 중요한 분야는 소비다. 주관적인 판단일지도 모르겠지만 결국 GDP는 생산의 총합 혹은 소비의 총합으로 이루어진다. 생산의 총합은 지표로 계산하기가 생각보다 어렵다. 생산 측면의 GDP를 구하려면 우선 부가가치의 개념을 명확히 하고, 원재료를 포함해 중간재 생산의 총계를 구해야 한다. 미국에서 발표하는 총산출(Gross Output)이 바로 생산 측면을 중심으로 한 지표다. GDP 갭(gap) 역시 소비보다는 생산에 중점을 두고 있다. 하지만 문제는 우리는 금융시장을 예측하기 위해서 경제 분석을 하는 것이고, 총산출 개념으로는 금융시장을 빠르게 예측하기가 불가능하다는 것이다.

소비는 최종재 소비만을 계산한다. 더욱이 중간재 등 원자재 가격 변화를 고려하지 않기 때문에 단순 민간 소비의 합산만으로도 지표를 예상할 수 있다. 월간으로 발표되는 고용과 소득, 소매 판매, 개인 소비 등의 지표를 중심으로 앞으로의 흐름을 예상하기도 용이하다.

금융시장 전망을 위한 경제 분석에서 중요한 것은 발표될 수치를 정확하게 예측하는 것보다 수치의 방향성을 전망하는 것이다. 정교한 방식으로 3% 성장을 예상한 것과 쉬운 방식으로 2.5% 성장을 예상한 것의 차이는 사실 그다지 크지 않다. 정확하지 않은 계산 탓에 5~10년 후에 예상이 어그러질 수도 있다. 하지만 그때는 그동안의 오차 수정과 지수 급등락, 경기위기 등으로 오차가 이미 무의미해진 상태다. 따라서 향후의 분석은 다소 주관적이기는 하지만 알기 쉬운 형태인 소비 혹은 지출을 중심으로 진행하겠다.

### 지출 측면의 GDP

유명한 GDP 공식을 다시 떠올려 보자. 소비 혹은 지출 측면에서 이 공식을 정리하면 다음과 같다.

GDP(Y) = C + G + I + (X − M)

= 최종 소비(민간 소비 + 정부지출) + 고정 투자 + 재고 변동 + (수출 − 수입)

최종 수요 = 내수(소비 + 고정 투자 + 재고 변동) + 수출 = GDP + 수입

수식에서 중요한 부분은 결국 민간 소비다. 시기나 국가마다 차이는 있겠지만 미국의 민간 소비는 약 70%를 차지하고, 다른 국가도 60%는 넘어간다. 기업 투자가 15%, 정부지출이 15% 수준으로 두 지표의 합산이 34% 정도이고, 순수출이 -5% 수준으로 모두의 합은 100%가 된다. 재고는 1% 내에서 결정된다. 한국은 순수출이 (+)인 대신 내수의 비중이 60% 수준이다.

따라서 경제지표 분석에서 가장 중요한 항목은 민간 소비 예측이고 고용,

소득, 소비 관련 지표가 가장 큰 힘을 가진다. 정부지출은 생각보다 강한 모멘텀을 가지기 힘들다. 경기의 변곡점이 아니라면 세금의 수준에 따라서 정부지출이 결정되고, 여기에 사이클이 있다고 하기는 어렵다. 다만 정당 혹은 국가 수장의 정책적 방향성에 따라서 투자의 방향이나 크기가 달라질 수 있다. 우리가 정치에 관심을 기울이는 이유도 여기에 있다.

투자 중에서 기업 투자를 판단하기는 쉽지 않다. 설비가동률이나 산업 생산, 출하·재고 지수를 사용해서 예상하지만 틀리는 경우가 더 많다. 오히려 5% 정도를 차지하는 건설 투자는 상대적으로 분석이 용이하다. 건축 착공과 신규 주택 허가, 주택 매매 지수 등이 있기 때문이다. 다만 이 분야에도 정책의 영향이 상당히 크다는 점은 고려할 필요가 있다.

한국처럼 수출 비중이 높은 국가는 글로벌 수요도 중요한 요소인데, 글로벌 수요의 큰 틀은 미국 경제에 의해서 결정된다. 거기에 중국 경제를 중심으로 한 이머징 경제의 성장, 유로존의 비중 등이 변수이겠지만 가장 중요하게 고려할 요소는 결국 미국 경제의 수요 증가가 될 것이다.

그렇다면 우리가 앞으로 살펴보게 될 경제지표도 대강은 정리된다. 소비를 보기 위해 고용, 소득, 소매 판매를 살펴본 후, 투자를 보기 위해 산업 생산과 설비가동률 등을 분석해보자. 여기에 더해 자산과 건설 투자 확인을 위한 주택시장 분석을 추가했다. 실질 개념이 중요하기 때문에 물가에 관한 분석도 필요하다. 마지막으로 수출입인데, 미국은 수출입을 중시하지 않으니 수출입 지표는 한국을 중심으로 분석하자. 각 지표를 선행하는 서베이 지표들까지 같이 살펴본다면 대략적인 경제 분석의 틀이 완성된다. 이어지는 '경제지표 활용하기'에서는 지금 언급한 지표들을 중심으로 실제 발표된 지표들을 어떻게 확인하고 분석하는지 설명하는 시간이 될 것이다.

### 생산 측면의 GDP

지출 측면의 GDP를 경제 분석의 기준으로 하지만, 장기적으로 경제를 분석할 때와 특정 시기, 특히 양적 완화 등의 정책적 변화가 발생했을 때를 감안해서 다른 접근 방식도 간략히 살펴보고자 한다. 여기서의 간략한 설명으로 경제 분석의 모든 것을 다룰 수는 없지만, 시장에서 나오는 이슈들을 소화하는 데 필요한 기본적인 개념을 잡을 수는 있을 것이다.

생산 측면에서 GDP를 분석하는 것이 경제 분석에서는 더 정확할 수 있다는 점은 앞에서 이미 언급했다. 하지만 적시성 면에서는 아직 생산 측면 GDP를 전망하는 지표나 방식을 사용하기 어렵다. 다만 생산 측면의 GDP를 이해하면 최근 자주 언급되는 고령화나 저출산에 의한 저성장 기조나 생산성 향상에 대한 이야기를 이해하는 데 도움이 된다.

$$
\begin{aligned}
\text{GDP(Y)} &= A \times f(K, L) \\
&= \text{기술력(생산성)} \times f(\text{자본 투입, 노동 투입})
\end{aligned}
$$

생산 측면의 GDP는 자본 투입과 노동 투입의 함수다. 즉 자본이나 노동의 투입이 많아지면 생산도 증가한다. 자본 투자를 통해서 늘어나는 생산에는 한계가 존재한다. 아무리 공장을 많이 건설한다고 해도 일할 사람이 없다면 유휴설비로 남는다. 결국 노동 투입 증가가 생산 한계를 늘릴 수 있는 중요한 요인인데, 저출산과 고령화는 노동인구 감소를 가져온다. 과거와 같이 인구가 증가하면서 노동인구가 늘어나 생산이 증가하는 패턴을 기대하기 어려워졌다. 이러한 현상이 고착되면서 각 국가는 생산 감소를 경험한다. 최근 자주 언급되는 저성장 기조는 이러한 변화에 기인한다.

노동 투입 외에도 생산을 늘릴 방법은 존재한다. 수식에서는 생산성이라고 표현되는데, 쉽게 기술력이라고 이해해도 무방하다. 일반적으로 기술력은 상수로 취급하며 특별히 다른 변수에 영향받지 않는 것으로 표시된다. 기술력이 한 번씩 레벨 업 할 때가 있는데, 이로 인해 생산에 변화가 생기는 구간을 우리는 산업혁명이라고 표현한다. 즉 1~3차 산업혁명에서 기술력이 향상됨에 따라 동일한 투입 대비 생산량이 증가했다. 예를 들면 공장에서 물품을 1개 생산하는 데 10명의 노동이 필요하다가 기술이 발전하면서 5명만으로 물품 1개를 생산하게 되었다. 기술력 향상이 노동 투입 감소를 대체한 것이다. 우리가 4차 산업혁명에 관심을 가지고 생산성 향상을 활발히 연구하는 이유도 저성장 국면에서 탈출하게 해주기 때문이다.

다만 최근 관심이 높아진 녹색 성장과 전기차, 메타버스 등은 생산성 향상의 요인으로 보기에 무리가 있다. 노동 투입을 줄여도 생산량을 유지시키는 기술이 아니라 사용 연료의 변화 혹은 접근 방식의 변화를 가져오는 기술이기 때문이다. 이러한 기술들은 새로운 기회 요인이 될 수는 있지만 경제의 총합을 변화시키는 요인은 아니다. 따라서 로봇을 활용한 무인공장 혹은 무인자동차의 보편적인 확산이 일어나지 않는다면 생산성 향상이나 4차 산업혁명이라는 단어를 사용하기에는 무리가 있다고 판단한다.

### 통화 측면의 GDP

통화 측면에서는 GDP 분석이 언급되지 않지만 서브프라임 금융위기와 코로나19 사태를 통해 양적 완화 정책이 진행되면서 이러한 접근을 사용할 수 있다.

$$\text{통화량(M)} \times \text{통화 유통 속도(V)} = \text{물가(P)} \times \text{GDP(Y)}$$

$$\text{GDP} = \frac{\text{통화량} \times \text{통화 유통 속도}}{\text{물가}}$$

앞서 언급했던 미분의 개념을 다시 한번 떠올려 보자. 곱셈으로 이루어진 함수식은 각 항목의 변화율의 덧셈으로 바뀔 수 있다고 언급했다. 따라서 MV = PY라는 함수식은 '통화량 증가율 + 통화 유통 속도 변화율 = 물가 상승률 + 경제 성장률'로 변환된다. 경제학에서는 일반적으로 통화 유통 속도를 상수로 취급하니 통화 유통 속도의 변화는 없다고 생각할 수 있다. 결국 통화와 GDP의 관계는 '경제 성장률 = 통화량 증가율 – 물가 상승률'로 표현된다.

2020년 3월 코로나19로 인한 경기 급락 이후의 시장 변화를 생각해보자. 경기 급락으로 시장의 우려가 커진 상황에서 각국 중앙은행은 통화량을 급격히 증가시켰다. 그리고 앞으로도 통화량을 강하게 증가시킬 것이라고 발언했다. 결국 시장은 통화량 증가율이 높아진다면 경제 성장률이 빠르게 상승할 것으로 받아들였고, 이를 반영해 금융시장의 변화가 나타났다.

반대로 2021년 하반기의 변화를 생각해보자. 물가는 시장의 예상을 넘어서 빠르게 상승하기 시작했고, 중앙은행은 양적 완화 종료를 발표하고 기준금리 인상 가능성을 내비쳤다. 통화량 증가율이 횡보 혹은 하락하기 시작하는 와중에 물가 상승률이 시장의 예상보다 빠르게 올라갔다. 결국 경제 성장률이 시장의 예상보다 부진할 것으로 판단되어, 시장의 가격이 이를 반영하여 움직였다. 이렇듯 통화량이 중요한 요소로 작용하는 상황에서는 통화 측면의 GDP를 분석 도구로 사용할 수 있다.

# 경제지표 활용하기

이코노미스트로 활동하다 보면 자주 받는 질문 중 하나가 매크로 상황을 추정할 수 있는 지표 몇 가지가 무엇이냐는 것이다. 사실 이러한 질문에 올바른 대답을 하기가 쉬운 일은 아니다. 개인적인 관점에서 중요하게 생각하는 몇몇 지표가 있을 수는 있지만, 그 지표들만 본다고 모든 경기 상황을 전망하기는 불가능하다. 예를 들어 코로나19 사태 때는 대부분의 소득과 소비 지표에 대표성을 부여하기 힘들었다. 소득의 중요 항목이 근로소득이 아닌 이전소득(정부에서 지급하는 보조금)이었고, 강제적인 외출 금지가 변화가 적은 서비스업에 큰 변동성을 주었기 때문이다. 상식적인 매크로의 흐름을 벗어나는 모습을 보여주었기 때문에 상식적으로 체크하는 경제지표도 다르게 해석할 필요가 있었다.

경제는 언제나 유사한 침체와 회복 과정을 겪는다. 기술적 분석이 여전히 중요한 분석의 한 방식으로 남아 있는 것과 동일한 이유인데, 사람의 심리는 대부분 유사한 변화나 방향성을 보이기 때문이다. 하지만 큰 변화 안에서 경제를 읽을 때는 개별 시점의 경제적 특성과 정책의 방향, 시장의 특정 이슈 등으로 인해 세부 내용이 달라질 수 있다. 회복 사이클이라고 해도 전체 지수가 아닌 특정 섹터에 투자했다가 손해를 보는 이유가 여기에 있다.

큰 변화를 읽는다는 관점에서 10년이 넘는 기간 동안 중요하게 체크하고 대부분의 경우 유용하게 사용하는 지표가 하나 있다. 경제 서프라이즈 인덱스다. 일반적으로 체크하는 서프라이즈 인덱스는 씨티그룹에서 발표하는 것과 블룸버그에서 발표하는 지표가 대표적인데 변곡점을 대략이나마 잡고자 한다면 어떤 지표를 참고하더라도 무방하다. 두 지표의 변곡점이 조금 다르긴 하지만 산정 지표나 방식의 차이 때문이지, 대세에 영향을 주지는 않는다.

서프라이즈 인덱스(특히 경제 서프라이즈 인덱스)를 중요한 지표로 체크하는 이

[그림 3-22] 미국 경제 서프라이즈 인덱스(2010~2022/11)

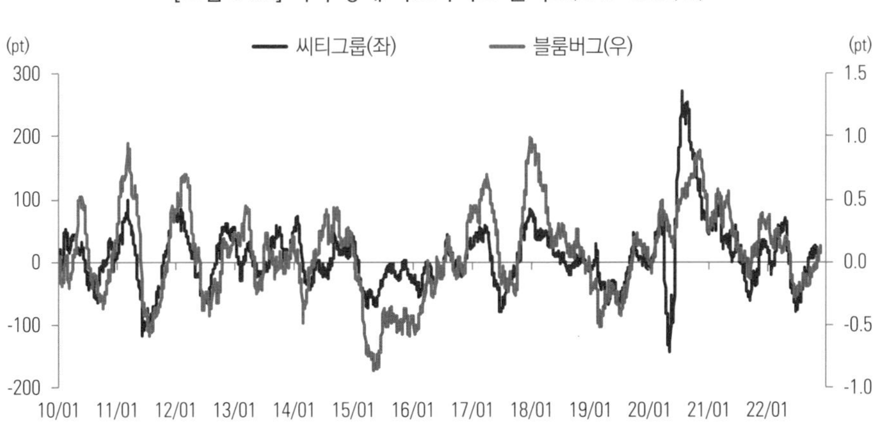


*자료: 씨티그룹, 블룸버그

유는 지표가 의미하는 바가 단순히 경제지표의 변화가 아니기 때문이다. 서프라이즈 인덱스의 기본 개념은 발표된 경제지표가 시장 컨센서스로 예상된 레벨 대비 높으냐 낮으냐를 측정하는 것이다. 기업 이익 발표가 서프라이즈냐 쇼크냐를 따지는 것과 유사한 개념으로 생각하면 이해하기 더 편하다.

예를 들어 소매 판매 증가율의 시장 컨센서스가 5% 상승인데 발표 결과가 3% 상승이라면, 성장했음에도 불구하고 서프라이즈 인덱스는 하락하는 것으로 계산된다. 반대로 컨센서스가 -5%인데 -3%로 발표된다면 서프라이즈 인덱스는 상승한다. 블룸버그에서는 서프라이즈 인덱스를 구성하는 경제지표 항목을 제공하는데, 이 글에서 중요하게 설명하는 경제지표 대부분을 포함하고 있다. 그러므로 서프라이즈 인덱스는 주요한 경제지표가 시장이 예상한 것과 대비해서 어떻게 발표되고 있는지를 판단하는 좋은 기준이 된다. 앞서 언급했듯이 금융시장의 가격은 매크로 컨센서스를 이미 반영하고 있다. 만일 컨센서스보다 경제지표가 지속적으로 낮게 나온다면 금융시장 가격에 포함된 매크로 항목이 고평가되었다고 판단할 수 있다. 물론 반대의 경우도 동일하다.

서프라이즈 인덱스가 매력적인 또 다른 이유는 주간 단위로 갱신된다는 점이다. 주간 단위로 발표되는 중요한 경제지표는 거의 없다. 많은 경제 주체의 상황을 취합해야 한다는 이유로 경제지표 대부분은 짧아도 월간 주기로 발표된다. 하지만 서프라이즈 인덱스는 발표되는 많은 경제지표의 컨센서스 대비 실제 값이기 때문에 주간 단위의 갱신이 가능하다. 시장을 좀 더 짧게 보는 투자자 입장에서는 매력적인 참고 지표가 될 수 있다.

물론 이미 발표된 경제지표를 중심으로 하고, 그 경제지표 자체가 전월의 월간 상황을 반영하는 것이기 때문에, 서프라이즈 인덱스는 선행성을 가지기 어렵다고 할 수 있다. 하지만 서프라이즈 인덱스 자체가 일정한 방향성을 유지하는 경우가 많아 단기적 미래의 전망에 참조하는 것이 불가능하지는 않다.

따라서 단 하나의 경제지표만을 봐야 한다면 언제나 경제 서프라이즈 인덱스를 추천한다.

## 고용: 모든 일의 시작

[표 3-1] ADP 전미 고용 보고서

| 구분 | 내용 |
|---|---|
| 내용 | 정부가 발표하는 고용 현황 보고서의 미리 보기 개념 |
| 인터넷 발표 | www.adpemploymentreport.com/report_analysis.aspx |
| 웹사이트 주소 | www.adpemploymentreport.com |
| 발표 시기 | 매월 첫 번째 수요일 오전 8시 15분 |
| 발표 빈도 | 월간 |
| 작성 기관 | 오토매틱 데이터 프로세싱(ADP), 매크로이코노믹 어드바이저스 |
| 특징 | 미국 비농업 부문 고용지표의 선행 지표. 정부고용이 포함되지 않아 경기 침체 등 정부 개입이 강해지는 구간에서 괴리 확대 |

[표 3-2] 고용 현황 보고서

| 구분 | 내용 |
|---|---|
| 내용 | 경제 관련 뉴스 중 가장 집중조명을 받는 지표. 새로운 고용 창출에 대한 내용을 포함. 경제적으로나 정책적으로 매우 중요한 역할 |
| 인터넷 발표 | http://stats.bls.gov/news.release/empsit.toc.htm |
| 웹사이트 주소 | http://stats.bls.gov |
| 발표 시기 | 매월 첫 번째 금요일 오전 8시 30분(이전 달 내용) |
| 발표 빈도 | 월간 |
| 작성 기관 | 미 노동부 산하 노동통계국 |
| 특징 | 공식 고용 보고서. ADP와의 차이가 확대될 경우 고용 현황 보고서의 발표를 우선시. 경기 침체에 의한 정부고용 확대 반영 및 통계에서 잡히지 않는 기타 원인 항목을 제공 |

고용지표는 월간 지표 중 가장 빨리 발표되며 일반적으로 그달의 경기 심리를 결정하는 요인으로 작용한다.

미국 노동부의 고용 현황 보고서는 매월 첫째 주 금요일 오전에 발표된다. ADP 전미 고용 보고서는 이보다 이틀 빠른 수요일에 발표된다. 우리가 고용 보고서에 관심을 가지는 이유는 고용지표 자체의 중요성이 굉장히 높기 때문이기도 하지만, 월간으로 가장 먼저 발표되는 실물 경기 지표이기 때문이다. ADP 고용자 수 변동에 관심을 가지는 이유는 고용 현황 보고서에서 발표하는 비농업 고용자 수 지표에 어느 정도 선행하기 때문이다. 하지만 단기 투자자가 아니라면 ADP 고용자 수 변동을 중요한 지표로 확인할 필요는 없다. 공신력 차원에서 민간 기업에서 발표하는 고용지표와 미국 노동부에서 발표하는 고용지표는 차이가 크다.

간혹 ADP 고용자 수 변동과 비농업 고용자 수 변동 사이에 차이가 발생하는 이유를 궁금해하는 경우가 있다. 비농업 고용자에는 정부고용이 포함되기 때문에, 경기 침체와 회복 구간에서 정부고용의 현격한 변화가 두 지표 사이에 차이를 만들어낼 가능성이 높아진다. 하지만 현실적으로는 비농업 고용자 수 변동을 예측하기 위해 ADP 고용자 수 변동을 보는 것이니, 두 지표에 차이가 발생한다면 정부의 고용 현황 보고서에만 집중하라고 조언한다.

고용지표는 월간 지표 중 가장 먼저 발표된다는 점을 제외하고도 경제지표 중 가장 중요하다. 고용은 소비자의 소득, 기업 확장, 생산의 증가 모두를 전망할 수 있게 해주는 만능 지표다. 더욱이 발표 전에는 시장에서 예측할 방법이 딱히 없다.

경제를 설명할 때 반복해서 설명하는 논리 중 하나는 돈을 쓰기 위해서는 그만큼의 돈을 벌어야 한다는 것이다. '돈을 번다'라는 개념은 자산 가격 상승을 의미할 수도 있고, 2020년 코로나19 사태와 같이 정부의 지원을 의미할 수도 있다. 하지만 궁극적으로 가계소득의 대부분을 차지하는 것은 근로소득이다. 결국 고용이 늘어난다는 것은 근로소득을 받는 사람이 늘어난다는 것을 의미한다. 추가로 고용지표는 시간당·주당 임금도 발표하기 때문에 고용된 근로자들이 어느 정도의 근로소득을 얻는지도 알 수 있다.

고용조사는 가구조사와 사업장조사라는 두 가지 방식으로 나누어진다. 가구조사는 가구를 대상으로, 사업장조사는 기업과 정부 관련 기관을 대상으로 전화나 우편 인터뷰를 통해 실시한다. 간혹 두 방식의 결과가 다르게 나타나는 경우가 있다. 즉 가구조사를 통해서 발표되는 실업률은 하락하는 반면, 사업장조사에서는 실업자가 증가하는 결과가 나타날 수 있다. 가구조사는 노동연령인구 전체에 대해 농업, 비농업, 자영업, 가사도우미 등의 광범위한 직업을 조사하지만, 사업장조사는 새로운 고용을 중심으로 비농업 부문 고용자만을 다루기 때문이다. 사업장조사는 정규직과 비정규직을 구분하지 않는다는 것도 차이를 만드는 원인이다.

대표적인 고용지표인 실업률은 가구조사로 산출하고, 비농업 고용자 수 변동은 사업장조사로 산출한다. 비농업 부문 고용이 감소하는 상황에서 실업률이 빠르게 하락하는 현상은 이러한 차이점에 기인한다는 것 정도는 알 필요가 있다.

### 지표 확인과 해석

ADP 고용자 수 변동은 ADP(Automatic Data Processing, Inc.)와 매크로이코노믹 어드바이저스(Macroeconomic Advisers, LLC.)가 합작해서 발표한다. ADP 전미 고용 보고서의 가장 큰 특징은 고용 현황 보고서와 같은 설문조사가 아니라 실제 급여 자료의 표본조사를 기본으로 산출된다는 점이다. 일각에서는 비농업 고용자 수 변동과의 차이에도 불구하고 실제의 임금대장 조사 데이터베이스를 기반으로 한다는 점에서 더 신뢰할 수 있다고 주장한다. 하지만 경제지표를 분석할 때 가장 중요한 것은 신뢰감과 대표성이다. 아직까지 정부의 공식 발표를 넘어서는 신뢰성을 획득한 지표는 소수에 불과하다. ADP 고용 보고서에서 중요하게 다룰 내용은 전월 대비 고용자 수 증감 내역이다. 추가로 기업 규모에 따른 고용 증감을 살펴본다면 우리가 확인할 내용의 대부분을 살펴봤다고 할 수 있다.

고용 현황 보고서는 미국 노동부 산하 노동통계국에서 발표하며 가구조사와 사업장조사로 지수를 산정한다. 가구조사는 가장 중요한 지표 중 하나인 실업률을 산정하는 데 사용하고, 사업장조사를 통해서 발표되는 내용 중 가장 중요하게 다뤄지는 것은 비농업 고용자 수 변동이다.

시장에서 가장 관심을 가지는 비농업 고용자 수 변동에서는 민간고용과 함께 정부고용도 확인할 수 있다. 이와 함께 산업별 고용자 수 변동을 제공하니 제조업과 서비스업, 건설업 항목과 하위 항목의 고용 변동 사항을 구체적으로 살펴볼 수 있다.

고용 현황 보고서에서 비농업 고용자 수 증감과 실업률이 중요한 요소이기는 하지만 이를 제외하고도 고용과 관련해 살펴봐야 할 내용이 꽤 많다. 예를 들어 고용인구, 실업인구, 비노동인구 등도 고용 현황을 판단하는 데 유용한 지표로 활용할 수 있다. 또 고용시간 및 임금 항목도 유용한 지표다. 일반적으로 평균 근로시간이 늘어난다는 것은 노동자가 생산을 위해서 사용하는 시간이 늘어난다는 것으로, 추가 고용의 선행 지표로서 활용할 수 있다. 임금은 근로소득이라는 측면에서 개인 소득을 결정하고 우리가 중요하게 생각하는 소비 여력을 측정할 수 있는 지표가 된다.

실업 종류로는 임시직 실업과 영구 실업을 구분한다. 'Job Leavers' 항목도 중요하게 보는데 이는 본인이 원한 이직·퇴직으로 해석되어 노동시장의 구조적 변화와 임금 변동 요인으로 판단하기 때문이다.

연준은 정책 결정의 수단으로서 고용률과 고용자 수보다는 실업률을 추적한다. 과거 재닛 옐런 의장이 JOLTs(미국 노동부에서 발표하는 채용 및 노동 회전율 보고서)를 본다고 언급했고 LMCI 등의 지표가 사용되기는 하지만 가장 크게 언급되는 지표는 실업률이다. 공식적으로 사용되는 실업률은 U-3 실업률로, 유로존 등 노조가 강한 지역에 비해서는 경기 사이클에 따른 변동이 큰 편이다. 즉 경기 침체 시 상승 폭이 크고, 경기 회복에 따른 하락 속도도 상당히 빠르다.

물론 경제를 전문적으로 보지 않는다면 이러한 지표를 모두 확인할 필요는 없다. 다만 비농업 고용자 수의 변동과 실업률은 확인해야 하고, 추가로 필요하면 임금 상승률에 큰 변동이 있는지 정도를 파악하면 된다.

### 실제 분석 사례

일반적으로 비농업 고용자 수 증감이 단기로는 실업률보다 더 큰 영향을 미친다. 실업률은 연준의 정책 변화를 가늠하는 데 중요한 요소로 작용하지만 금융시장은 비농업 고용자 수가 시장의 예상대로 나오는지에 더 민감하게 반응한다. 앞서 ADP 고용자 수 변동을 굳이 분석할 필요는 없다고 했지만 고용지표로서 ADP 고용자 수 변동과 비농업 고용자 수 변동을 살펴보자.

시장의 단기적인 반응은 고용자 수 변동이 시장의 예상치에 부합하는지 여부로 결정된다. 하지만 장기 시계열로 봤을 때 고용자 수 변동이 15~20만 명 수준을 유지할 경우 경기는 상승 곡선을 그린다고 판단한다. 이는 일반적으로 학교 졸업 이후 평균 15만 명의 새로운 노동연령인구가 노동시장에 진입한다고 추정하기 때문이다. 15만 명분의 일자리 창출이 유지된다는 것은 결국 꾸준한 경기 성장이 진행되고 있다는 것을 의미하기 때문에 일시적인 고용자 수

[그림 3-23] 미국 비농업 고용자 수 변동(2007~2019)

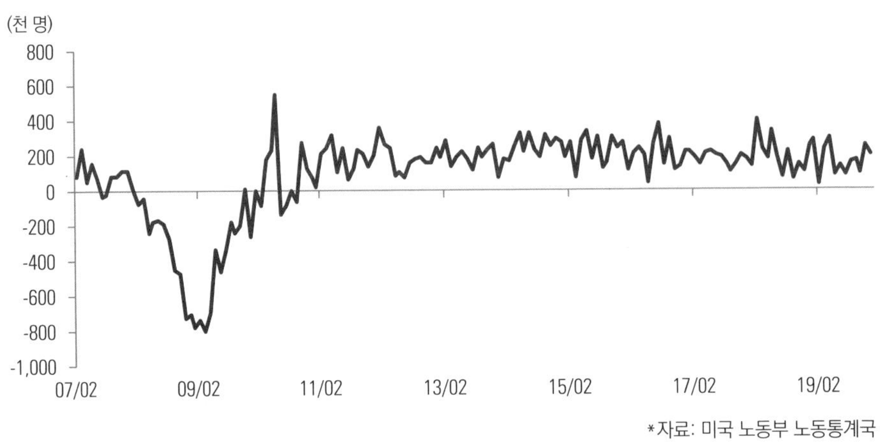


*자료: 미국 노동부 노동통계국

변동을 걱정할 필요는 없다.

다만 금융위기와 코로나19 사태와 같은 가까운 경기 침체 요인들에서 알 수 있듯이 경기 침체기에는 고용이 빠른 속도로 감소한다. 이러한 경우 고용은 특정 숫자를 기준으로 판단하기보다는 고용 감소세가 바닥을 찍고 전환하는 구간을 중요한 시점으로 판단한다. 여기에 더해서 발표된 지표가 시장의 전망치 컨센서스에 부합했는지 여부를 살펴볼 필요가 있다.

경기의 침체 구간 혹은 회복 구간에서도 추세적인 방향성을 분석한다. 2008년 금융위기와 2020년 코로나19 위기를 중심으로 살펴보면 추세적인 하락과 상승 패턴을 확인할 수 있다. ADP 고용자 수 변동은 2009년 2월 바닥에서 상승 추세로 전환했고, 고용 현황 보고서의 비농업 고용자 수는 2009년 3월이 바닥으로 확인된다. 이는 우리가 알고 있는 경기 회복 기대로 인한 주가 상승 시기와 일치한다.

2020년 코로나19 사태는 여러 면에서 역사적인 사건이다. 특히 2000년대 이후 경제를 분석할 때 2020년과 2021년을 포함하면 지표가 급격하게 하락하고

[그림 3-24] 미국 ADP 고용자 수와 비농업 고용자 수 변동(2008/01~2009/11)

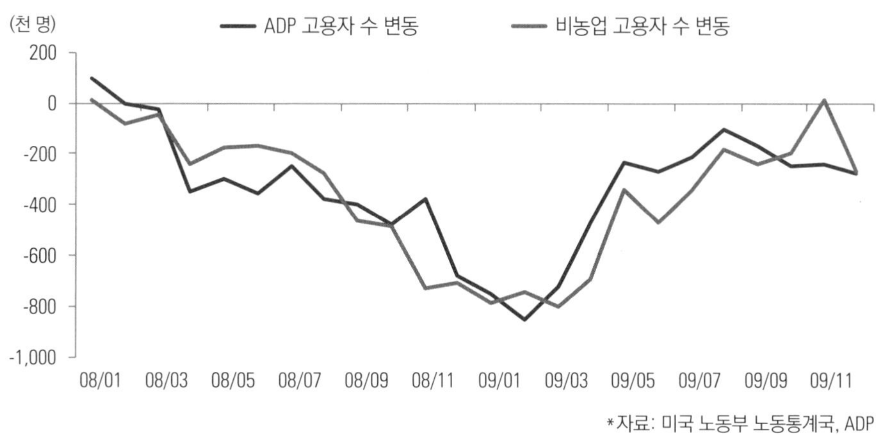


*자료: 미국 노동부 노동통계국, ADP

[그림 3-25] 미국 비농업 고용자 수 변동률(노동통계국, 2008~2022/10)

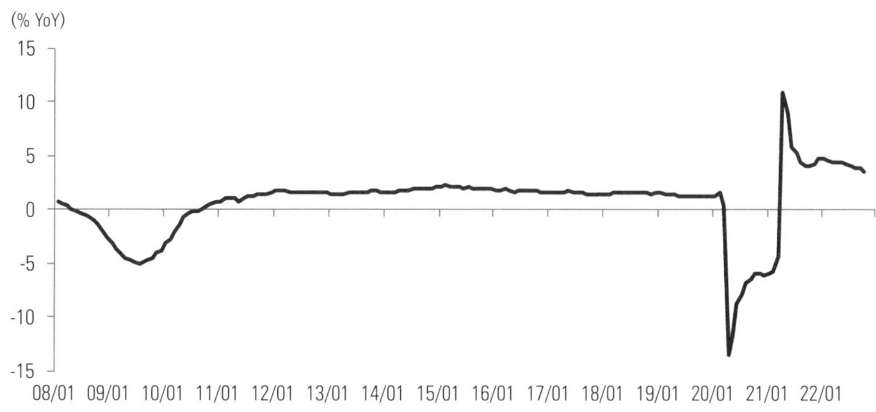


*자료: 미국 노동부 노동통계국

상승해 흐름을 명확히 분석하기가 어렵다. 고용 추세 변동을 분석할 때 전년 동기와 대비하는 것은 이러한 지수 급등락을 완화하려는 노력으로 생각하면 된다. 반대로 전년 동기 대비 변동률이 급격한 소매 판매와 산업 생산 등의 지표는 원지수를 동시에 분석함으로써 이러한 문제에서 일부 자유로울 수 있다.

[그림 3-26] 미국 실업률(2005~2022/10)

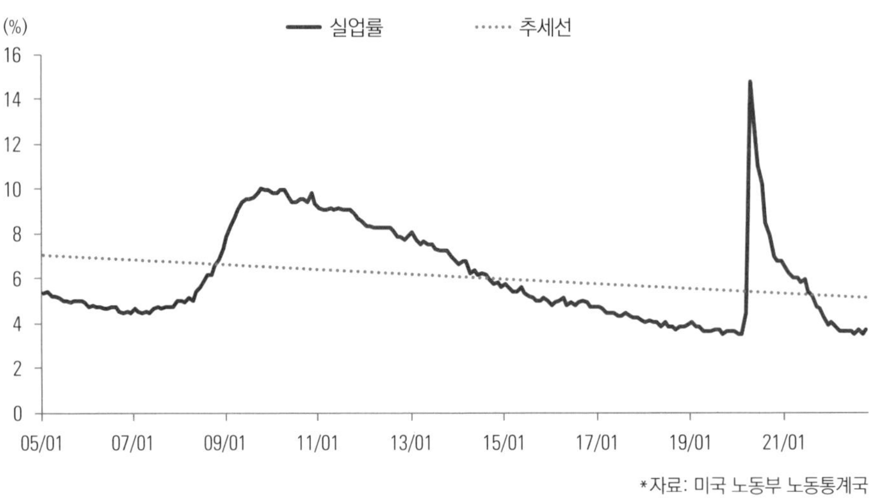


*자료: 미국 노동부 노동통계국

실업률은 대부분의 기간에서 추세적으로 하락했다([그림 3-26] 참조). 미국은 고용시장의 자유도가 높기 때문에, 위기가 발생하면 실업률이 빠르게 상승하고, 위기가 해소되면 실업률이 빠르게 하락한다. 2020년에는 특히 가구조사 항목에 포함되는 비정규직, 가사도우미, 자영업 등의 타격이 컸기 때문에 2008년 금융위기 당시의 실업률 상승세를 큰 폭으로 넘어섰다. 강제적인 실업 상태, 특히 기업이 고용하고 싶어도 할 수 없는 실업 상태였기 때문에, 봉쇄가 완화되면서 실업률 역시 빠르게 하락했다.

임금은 일반적으로 시간당 임금을 분석하며, 시간당 평균임금의 전년 동기 대비 상승률을 관찰한다. 시간당 평균임금의 추세를 관찰하면 급격한 변동성 구간에서도 하락과 회복의 정도를 판단하기 쉽다. 코로나19 이후 평균임금이 오히려 상승한 것은 전체 고용 중에서 비정규직과 저임금 노동자의 비중이 급격히 줄었기 때문이다. 코로나19와 같이 특수한 경우를 제외하면 임금은 경기 침체가 장기화되지 않는 이상 뚜렷한 변화를 보이지 않는다.

[그림 3-27] 미국 시간당 평균임금(2006~2022/10)

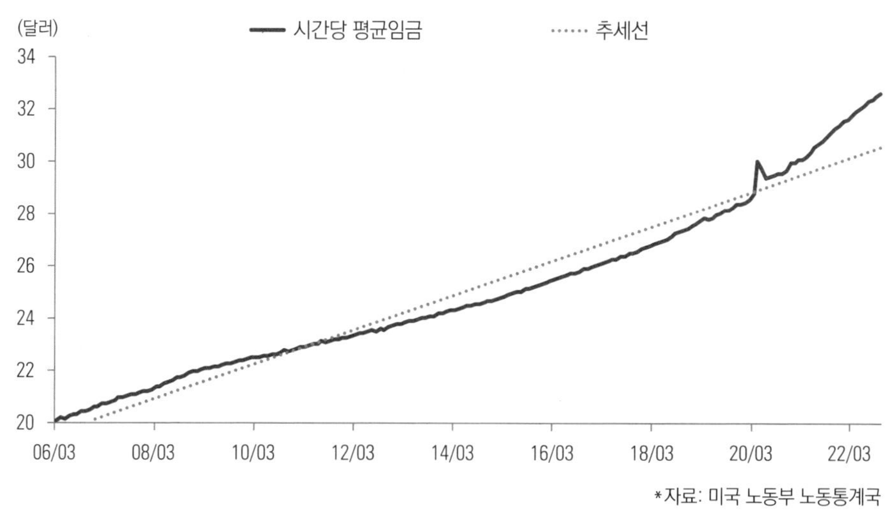


*자료: 미국 노동부 노동통계국

[그림 3-28] 미국 시간당 평균임금 증가율(2007~2022/10)

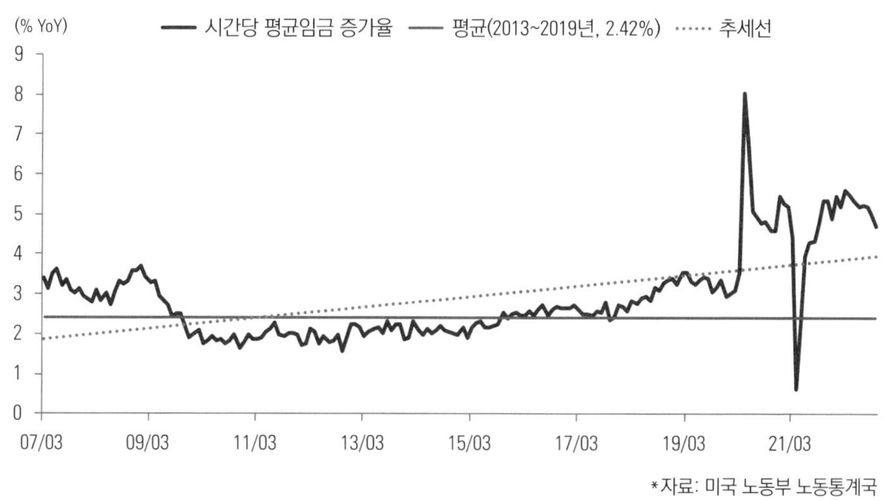


*자료: 미국 노동부 노동통계국

### 추가할 이야기

고용은 일반적인 상황에서는 경기의 방향성을 보여주지만, 위기 이후 회복 구간에서는 정책의 방향성과 속도를 예상할 수 있는 근거가 된다. 따라서 연준의 정책 변화(최근에는 양적 완화 정책 종료나 기준금리 인상)가 어느 시점에 나타날지를 판단하는 근거로서 작용한다. 재미있는 점은 연준은 실업률을 기준으로 정책의 변화를 이야기하고, 시장은 비농업 고용자 수 변동을 분석하며 연준의 정책을 예상하고 반응한다는 것이다.

앞서 언급했듯이 실업률과 비농업 고용자 수 변동은 조사 대상과 방법이 달라서 다른 방향으로 움직일 가능성이 크다. 더욱이 경기 회복 구간에는 고용감소 방어를 위한 정부고용이 급격히 감소할 수 있어 비농업 고용자 수가 긍정적으로 발표되기 어렵다는 점도 감안할 필요가 있다. 결국 실업률은 지속적으로 하락하는 가운데 비농업 고용자 수는 등락을 거듭하는데, 시장은 하락하는 실업률을 외면하고 비농업 고용자 수의 컨센서스 달성 여부에 주목하는 모습을 보인다.

비농업 고용자 수의 변동이 중요한 경기 판단 지표인 것은 맞다. 하지만 연준의 정책 목표는 실업률을 관리해 완전고용을 달성하는 데 있다. 더욱이 고용지표가 중요한 이유 중 하나는 시장에서 전망하기가 가장 어려운 지표라는 점이다. 그런데 시장은 위기에서 회복하는 순간마다 이런 행태를 반복한다. 그 원인이 지수를 더 높게 말하고 싶은 시장의 심리일지, 혹은 자신들의 예상을 믿는 자신감일지는 모르겠지만 대부분의 경우 실업률을 보고 연준의 정책을 판단하는 것이 옳다.

고용과 관련된 추가 변화 중 언급할 만한 것은 최근 JOLTs의 구인·구직 비율을 근거로 임금 상승을 주장하는 흐름이 강해지고 있다는 점이다. JOLTs는 미국 노동부에서 발표하는 채용 및 노동 회전율 보고서다. 타 지표보다 늦게 발표되지만 신규 구인 건수가 고용의 선행 지표로 활용되면서 고용 현황 보고서와 별개로 시장에 충격을 주는 경우가 발생하기 때문에 중요하다.

사실 과거에는 큰 관심을 받지 못했는데 재닛 옐런 연준 의장이 언급하면서

[그림 3-29] JOLTs 구인율·구직률 변화(2007~2022/09)

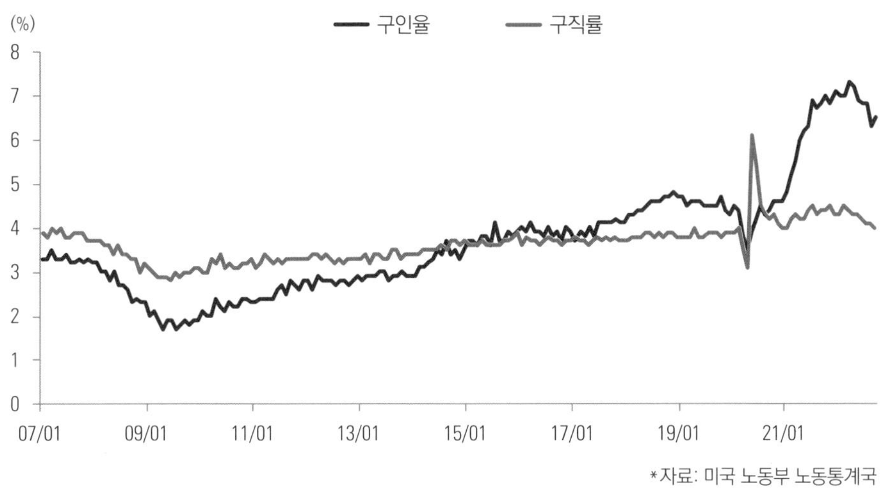


*자료: 미국 노동부 노동통계국

시장의 관심을 받기 시작했다. 2000년 JOLTs 발표 이전에는 구인광고지수, 기업해고 보고서, 대량해고 통계가 고용 분석의 참고 지표로서 활용되었으나 최근에는 JOLTs를 사용하는 경향이 있다.

JOLTs를 통한 임금 인상 주장으로 돌아와 설명하자면, 기업이 일할 사람을 구하는 구인율이 급등한 반면 일자리를 구하는 구직률은 급락했다는 점에 시장은 주목하고 있다. 수요·공급 이론상 노동에 대한 수요가 늘고 공급이 이를 따라가지 못한다면 노동의 가격이 올라간다는 주장이 듣기에는 그럴듯하다. 하지만 임금이 이미 높아진 상황에서 기업들이 어느 수준까지 고임금을 용인할 것인지에 대한 고민은 빠져 있다. 이는 마치 중소기업이 구인난을 호소하자 임금을 더 많이 주면 된다고 말하는 것과 유사하다.

## 결론

고용은 한 지표만을 판단해서 전망할 수 없다. 양적 고용만이 아니라 질적 변화도 향후 경제에 큰 영향을 미치고, 임금 인상, 구인·구직 비율, 비정규직 비율, 경제활동 참가율 등 신경 써야 할 지표가 상당히 많다. 하지만 '고용 → 소득 → 소비 → 투자 → 고용'으로 이루어지는 경제 선순환 과정의 출발점이자 종착점으로서 고용은 경제지표 중 가장 높은 관심을 받을 이유가 충분하다.

시간이 없고 매크로 분석에 큰 노력을 쏟기 어려운 투자자라도 적어도 실업률과 비농업 부문 고용자 수 변동이라는 2가지 항목은 체크하기를 바란다. 이 항목들을 통해 경기 성장 방향, 연준 정책 결정, 소비 확대 가능성 등을 체크할 수 있다. 매크로를 중요시하는 투자자라면 앞서 설명했던 여러 지표를 조금 더 면밀히 살펴보기를 권한다. 대부분의 경제지표가 그렇지만 고용 항목도 겉만 보기보다는 세부 항목을 살펴보면 깨달을 수 있는 것이 더 많다.

## 소득과 지출: 경제 분석은 지출을 전망하는 과정

경제를 분석할 때 실제로 사람들의 소득이 얼마나 되는지를 확인하는 것은 중요하다. 소득에서 근로소득이 차지하는 비중이 높은 것은 사실이지만 자산소득의 영향을 무시할 수는 없다. 더욱이 경기 침체 상황에서 정부가 적극적인 재정정책을 펼친다면 정부로부터 받는 이전소득도 무시할 수 없다.

더욱이 토마 피케티의 《21세기 자본》이 출간된 2014년 이후 미국을 중심으로 한 각국 정부는 점차 부의 불평등과 정부의 복지정책 확대에 긍정적인 입장을 견지해왔다. 시장에서 양적 완화와 적극적인 재정정책의 근거로 활용된 현대통화이론 역시 이러한 흐름을 뒷받침한다. 피케티의 《21세기 자본》에 통계학적 오류가 있다는 것은 사실 그리 중요하지 않다. 서브프라임 사태 이후 정부의 정책 기조가 변화했고 이로 인해 가계에 제공되는 이전소득이 점차 늘

[표 3-3] 개인 소득과 지출

| 구분 | 내용 |
|---|---|
| 내용 | 미국인의 소득, 지출, 저축 관련 자료 |
| 인터넷 발표 | https://www.bea.gov/news/2022/personal-income-and-outlays-february-2022 |
| 웹사이트 주소 | www.bea.gov |
| 발표 시기 | 매월 마지막 금요일 오전 8시 30분(이전 달 내용) |
| 발표 빈도 | 월간 |
| 작성 기관 | 미 상무부 경제분석국 |
| 특징 | 개인 소득 구성 및 지출, 저축률 등의 지표 발표. 침체 시 정부의 지원금 규모도 확인 가능 |

[표 3-4] 소매 판매

| 구분 | 내용 |
|---|---|
| 내용 | 소비자지출과 관련된 보고서로서 매달 가장 먼저 발표 |
| 인터넷 발표 | https://www.census.gov/retail/index.html |
| 웹사이트 주소 | www.census.gov |
| 발표 시기 | 매월 15일 전후 오전 8시 30분(이전 달 내용) |
| 발표 빈도 | 월간 |
| 작성 기관 | 미 상무부 산하 센서스국 |
| 특징 | 소비는 미국 GDP의 70%를 차지. 소매 판매는 전체 개인 지출의 3분의 1 수준(서비스 산업 지출은 제외). 인터넷 구매 포함 |

어나는 추세를 보인다는 점이 분석에서 중요한 요소다. 이전소득을 판단하는 것이 소득 분석에서 점차 중요한 영역을 차지하고, 코로나19 사태로 인한 정부 지원 확대가 이러한 방향성에 힘을 더해준다.

### 지표 확인과 해석

소득과 지출 자료는 미국 상무부 경제분석국에서 월 단위로 발표한다. 발표 내용을 보면 여러 내용이 혼재되어 있는데 우리가 주로 확인해야 할 내용은 세 가지 큰 카테고리로 나누어진다. 소득과 지출, 그리고 저축이다.

소득 항목에서는 가장 중요한 근로소득과 함께 자산소득, 이전소득을 확인하면 된다. 오바마 정부 시절에는 메디케어와 메디케이드 등의 확대에 따른 이전소득이 경제 분석에 유용하게 쓰였다면, 코로나19 사태 이후에는 실업수당, 정부 재난지원금 등이 늘어나서 실업수당과 기타 이전소득을 확인하는 것이 중요하다.

소득 자료에는 가계 저축도 같이 발표되는데 일반적으로 경제에서 저축액이 늘어나면 기업의 투자가 늘어나는 것으로 판단한다. 은행 예금이 늘어나서 기업 투자를 위한 자금 조달이 확대되는 것을 의미하는데, 현대 사회에서 이렇게 해석해도 될지는 불투명하다. 주식시장이나 회사채 등 금융시장이 발달한 상황에서 은행 대출을 통한 자본 투자는 자금 조달이 어려운 소기업이 주로 활용한다. 그리고 소기업의 자금 조달은 일반적인 수준의 저축으로도 대부분 커버된다. 따라서 저축이 늘어난다고 해서 기업이 대출을 추가할 유인은 없다.

물가 상승이 급격히 나타나는 구간에서는 돈의 실질 가치가 감소한다. 특히 최근과 같이 물가가 급격히 상승하는 구간에서는 물가 상승을 반영한 실질 소득과 실질 가처분소득이 중요한 지표가 될 수 있다.

소매 판매는 상무부 센서스국에서 발표한다. 소매 판매는 소비자 지출이 얼마나 되는지 알아보는 대표적인 지표로 백화점, 대형마트, 슈퍼마켓, 전문 소매점 등 물품 판매처의 내구재와 비내구재 판매 금액을 합산해서 작성된다. 다만 서비스와 보험이 포함되지 않기 때문에 소비자 지출과는 금액이 크게 다르다. 더욱이 코로나19 사태와 같이 서비스 소비가 극단적으로 감소하는 상황에서는 소매 판매액을 소비자 지출의 추정 지표로 사용할 수 없다는 점도 명심할 필요가 있다.

내구재와 비내구재를 어떻게 구분하느냐는 질문을 가끔 받는다. 편한 구분 방식은 내구성을 중심으로 생각하는 것이다. 장기간 사용한다면 내구재, 내구성이 없다면 비내구재로 분류된다. 따라서 주택과 자동차, 전자제품 등은 내구재이고 식료품, 비누, 담배, 의류 등은 비내구재다. 비누나 의류는 오래 쓰는 물품이 아니냐는 의구심이 있을 수 있지만 대강의 느낌이지, 세부적으로 명확하게 구분하기는 어렵기 때문에 굳이 고민할 필요는 없다.

추가로 알아야 할 점은 소매 판매에서 자동차가 차지하는 비중이 매우 높고 월별로 판매 대수 변동이 심해서, 일반적으로 자동차를 제외한 소매 판매액도 분석에 많이 사용된다는 것이다. 그리고 소매 판매 중 'Nonstore Retailers' 항목은 온라인 판매를 의미하는데 이 항목의 비중이 빠르게 확대된다는 점도 주목할 필요가 있다. 특히 코로나19와 같이 외부 활동이 강제로 제한되는 상황이라면 소매 판매에서 온라인 판매의 비중이 더 빨리 증가할 수 있다는 점을 염두에 두자.

### 실제 분석 사례

개인 소득을 두 가지 방향에서 살펴보면 어떻게 사용했느냐와 어떻게 벌었느냐로 구분할 수 있다. 사용처 측면에서 개인 소득은 지출과 세금, 저축으로 나누고, 수익원 측면에서는 급여와 렌털수익, 자산수익, 이전수익으로 나눌 수 있다. 개인 소득 분석에는 개인 소득이 얼마나 변하는가도 있지만 소득을 구성하는 항목이 어떻게 달라졌는가도 포함된다.

예를 들어 소득원 측면에서 2008년 금융위기에는 전반적인 소득이 서서히 줄어드는 모습을 보였는데, 자산수익이 빠르게 줄어든 반면 회복이 느렸고 급여 하락은 생각보다 심하지 않았다. 반면 2020년에는 개인 소득의 하락 자체가 나타나지 않으면서 동시에 이전수익이 급격히 증가하는 흐름을 보였다. 자

[그림 3-30] 개인 소득에 대한 사용처(2000~2022/09)

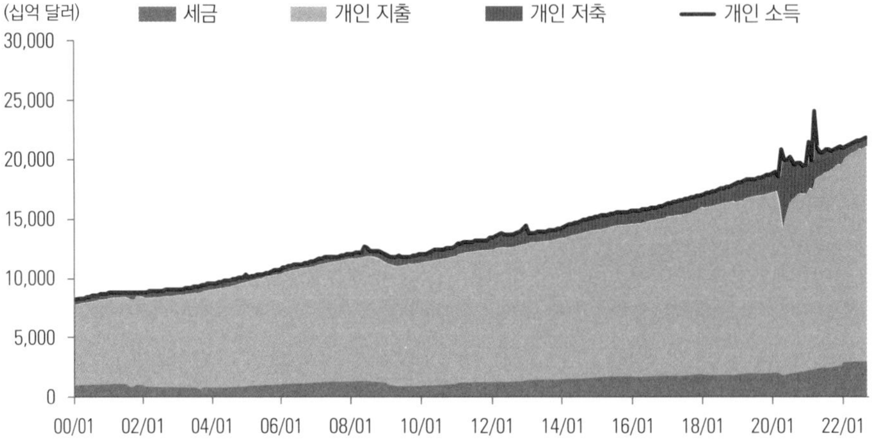

(십억 달러) 세금 / 개인 지출 / 개인 저축 / 개인 소득

30,000 / 25,000 / 20,000 / 15,000 / 10,000 / 5,000 / 0

00/01 02/01 04/01 06/01 08/01 10/01 12/01 14/01 16/01 18/01 20/01 22/01

*자료: 미국 상무부 경제분석국

[그림 3-31] 개인 소득에 대한 소득원(2000~2022/09)

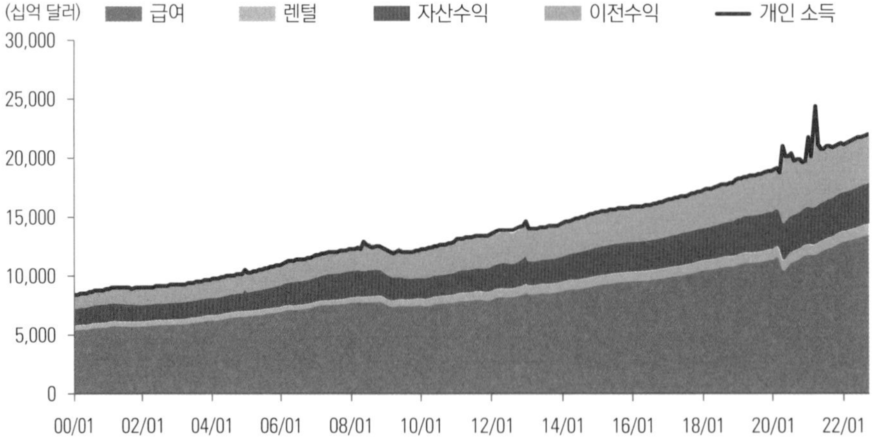

(십억 달러) 급여 / 렌털 / 자산수익 / 이전수익 / 개인 소득

30,000 / 25,000 / 20,000 / 15,000 / 10,000 / 5,000 / 0

00/01 02/01 04/01 06/01 08/01 10/01 12/01 14/01 16/01 18/01 20/01 22/01

*자료: 미국 상무부 경제분석국

산수익은 약간 감소했지만 굉장히 빠른 속도로 회복하는 것이 확인된다.

지출 측면에서 2008년에는 개인 저축이 감소했고 세금도 하락했다. 하지만 2020년에는 개인 저축의 비중이 굉장히 크게 늘어나면서 세금이 오히려 상승했다. 각 항목의 변곡점에서의 변화는 당시 상황의 경제 모습과 정부 정책을 간접적으로 판단할 수 있는 수단이 되기 때문에 자세히 관찰할 필요가 있다.

분석에서 가장 피해야 할 일은 대강의 흐름만 보고 결론을 내리는 것이다. '소득이 늘어났다', 혹은 '저축이 늘어났다'는 항목만을 보고 향후 수요나 투자가 확대될 것이라고 판단하면 차라리 분석을 안 하는 것보다 더 나쁜 결과를 가져올 수 있다.

실제 발표된 경제지표를 가지고 좀 더 구체적으로 접근해보자. 시기는 글로벌 금융위기에서 정책이 정상화되는 구간인 2015년에서 재미있는 변화가 많이 나타난 2020년 코로나19 사태 시기를 기준으로 한다.

앞서 언급했듯이 세금은 정책적인 변화가 없다면 크게 변하지 않는다. 더욱이 세금 징수의 큰 변화는 우리가 충분히 인지할 수 있기 때문에, 결국 가계에서 벌어들이는 소득의 총합은 가처분소득으로 보아도 무방하다. 경제가 갑작스럽게 달라지지 않는다면 가처분소득의 일정 비율을 저축하고 나머지는 지출한다. 좀 더 쉽게 말하면, 여러분이 돈을 벌었을 때 정부에 세금을 내고 저축을 하고 나면 나머지는 사용하는 돈이 된다. 따라서 가처분소득과 개인 지출은 일정한 갭을 유지하면서 동일한 상승세를 보인다. 물론 경기 침체 등으로 돈 벌기가 어려워지거나 갑작스러운 저축 운동이 벌어지면 모르겠지만 대부분은 그렇다. 2015년에서 2019년까지의 가처분소득과 개인 지출의 그래프가 일반적인 경제 상황에서의 모습이다([그림 3-32] 참조).

따라서 가처분소득에서 개인 지출을 빼면 두 변수 사이의 갭이 일정 수준으로 유지된다. 2019년 이후 조금씩 차이가 벌어지지만 이렇게 점진적인 상승

[그림 3-32] 가처분소득과 개인 지출(2015~2019)

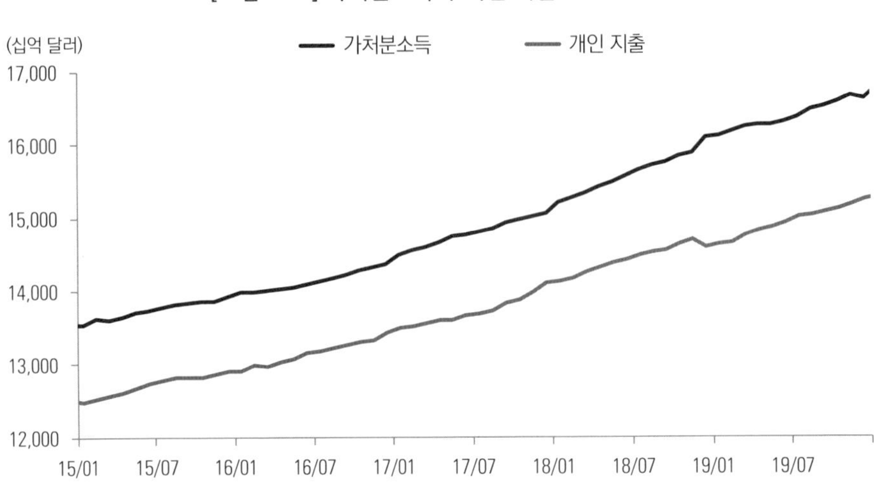


*자료: 미국 상무부 경제분석국

은 금융위기 이후 저축에 좀 더 힘을 주거나 주택 가격 하락이 회복되지 않아 지출로 나가는 금액이 감소하거나 하는 이유로 납득이 가능하다.

문제는 2020년 이후에 나타난 가처분소득과 개인 지출의 급격한 차이다. 가처분소득이 급격히 증가했다가 감소하는 흐름을 보여주는데 특정 월에 가처분소득이 크게 증가했거나 소비 지출이 극단적으로 감소했음을 암시한다.

2020년 초반에는 코로나19로 인해서 소득이 줄어들었음은 모두가 인지하고 있다. 그렇다면 이 엄청난 상승세를 뒷받침하는 건 무엇일까? 이전소득의 기타 항목과 실업급여의 변화에서 가처분소득 증가의 실마리를 찾을 수 있다. 이전소득의 기타 항목이 가처분소득 증가 시기와 동일한 흐름을 보이고, 증가한 실업급여가 상당 기간 높게 유지되는 모습을 보였다. 결국 2020년에서 2021년 소득이 늘어났는데 원인은 정부의 지원과 실업급여의 확대라는 해석이 가능하다.

경기 침체기에는 이러한 변화가 당연하지 않으냐는 의구심이 들 수도 있다.

[그림 3-33] 가처분소득 – 지출(2000~2022/09)

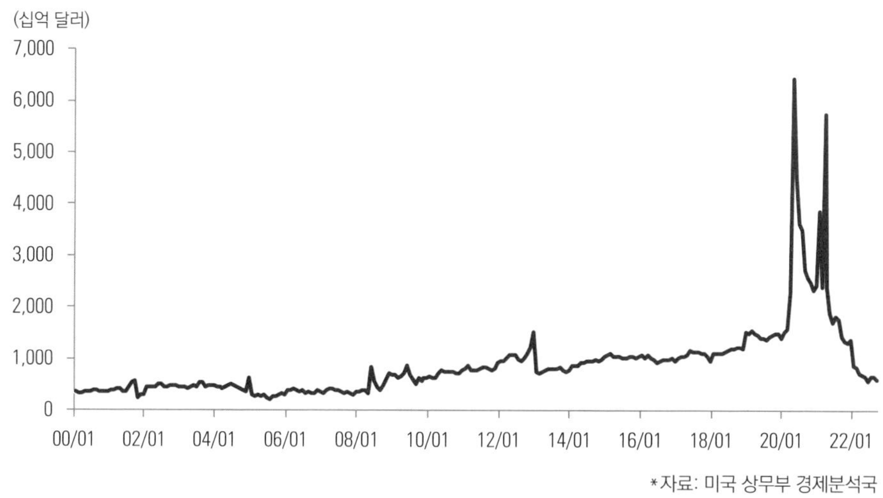


*자료: 미국 상무부 경제분석국

[그림 3-34] 실업급여와 기타 이전소득(2019~2022/09)

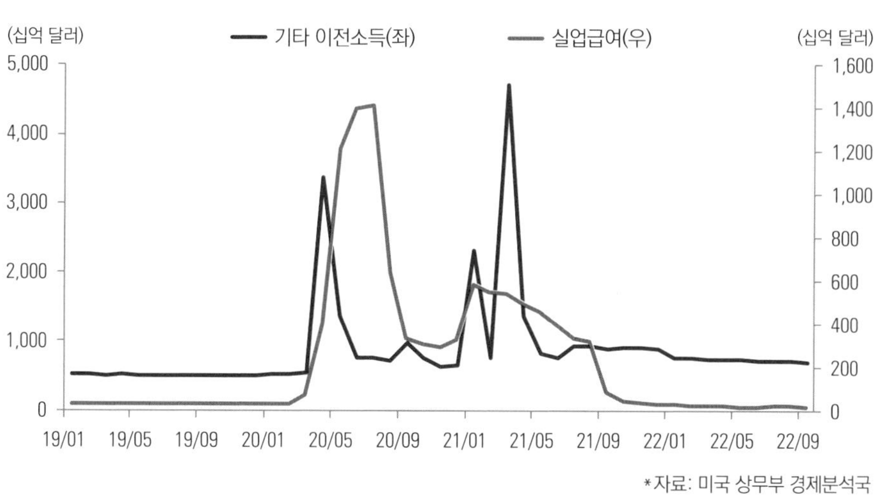


*자료: 미국 상무부 경제분석국

물론 글로벌 금융위기, 코로나19 사태 등 경기 침체기에 정부의 역할이 커진다는 가정은 옳다. 하지만 정부 지원의 금액을 확인해보면 두 기간의 본질이 완전히 다름을 알 수 있다. 글로벌 금융위기에는 실업급여와 이전소득을 합쳐서

1조 달러를 쓴 것이 가장 큰 지출이고 이러한 지원도 짧은 기간에 이어졌다. 하지만 코로나19 사태의 최초 시점에 정부가 집행한 이전소득 지출은 3.5조 달러에 육박하고 이와 유사한 패턴으로 두 번의 지출이 더 있었다. 실업급여 역시 1조 달러를 넘어서는 금액을 집행한 이후 높은 수준의 지출이 2021년 중반까지 이어졌다. 두 기간의 차이 혹은 다른 경기 침체와 2020년의 차이는 정부 지원의 규모에 있다.

지원액 변화와 코로나19 사태의 외부 활동 제한이라는 특수성은 소매 판매와 개인 소비 지출의 패턴에도 영향을 미쳤다. 일반적으로 소매 판매는 개인 소비 지출을 가늠하는 지표로서 대표성을 가진다. 하지만 2021년 이후 소매 판매와 개인 소비 지출의 움직임을 보면 적어도 2021년에는 소매 판매가 가지는 대표성에 의구심을 가지게 된다. 개인 지출이 많이 회복된 것은 사실이지만 소매 판매액 증가는 침체 이후 회복이라는 패턴에서 크게 벗어나 증가하는 흐름을 보였다. 단순히 경기 회복, 코로나19 사태 이후의 보복적 소비 등으로

[그림 3-35] 개인 지출과 소매 판매(2000~2022/09)

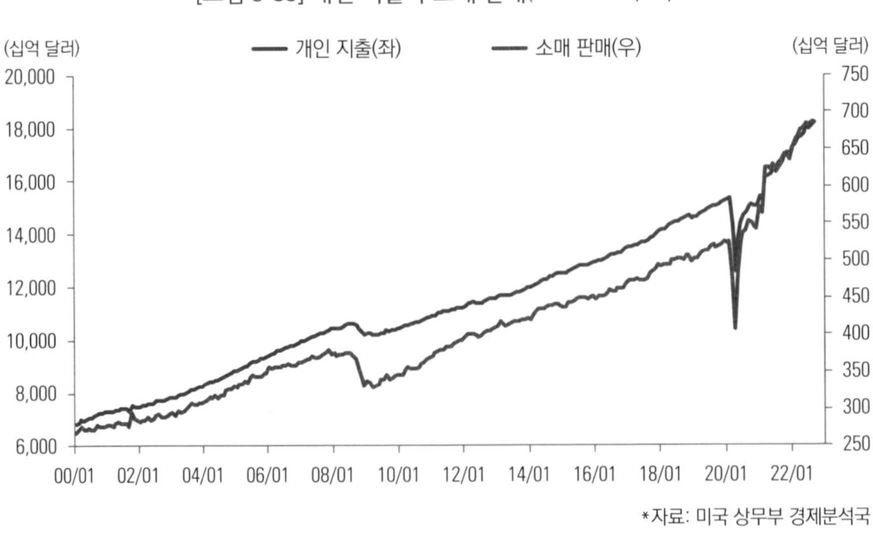


*자료: 미국 상무부 경제분석국

표현하기에는 이해하기 힘든 변화다.

소매 판매액의 급작스러운 증가는 두 가지 요인에 의해서 발생했다고 판단한다. 하나는 앞서 언급했듯이 이전소득 증가가 경기 침체 시 발생하는 개인소득 감소분을 상회했다는 점이다. 특히 실업급여와 이전소득이 전체 소득에서 차지하는 비중이 높은 하위 계층의 경우, 정상 경제와 비교해 소득이 더 높았을 것이다. 여기에 더해 외부 활동 제약으로 서비스업에 사용될 소비가 내구재 소비로 전이됨으로써 소매 판매 추세 상승에 일조했다는 판단이다. 쉽게 말하면 정부에서 평소보다 돈을 너무 많이 줬고, 받은 돈을 밖에서 못 쓰니 집에서 물건 사는 데 썼기 때문에 소매 판매 수치가 비정상적으로 상승했다는 것이다.

다시 언급하지만 개인 지출은 모든 가계의 지출을 포함하는 개념이고, 소매 판매는 서비스 소비와 보험 등을 제외한 개념이다. 따라서 평상시 서비스 소비 변화가 작을 때는 소매 판매가 전체 소비를 판단하는 데 대표성을 가지지만, 코로나19와 같은 특수한 경우에는 그 대표성을 상실하게 된다.

## 추가할 이야기

[표 3-5] 컨퍼런스보드 소비자신뢰지수

| 구분 | 내용 |
|---|---|
| 내용 | 소비자가 고용, 경제, 소비에 대해 어떻게 느끼고 있는지를 측정 |
| 인터넷 발표 | https://www.conference-board.org/data/consumerdata.cfm |
| 웹사이트 주소 | www.conference-board.org |
| 발표 시기 | 매월 마지막 화요일 오전 10시 |
| 발표 빈도 | 월간 |
| 작성 기관 | 컨퍼런스보드(비영리 민간 경제조사기관) |
| 특징 | 변동성이 높고, 실제 가계 지출과의 상관관계가 명확하게 드러나지는 않음. 노동시장의 상황에 대한 가계의 반응을 중점적으로 체크 |

[표 3-6] 미시간대 소비자심리지수

| 구분 | 내용 |
| --- | --- |
| 내용 | 경제 상황, 개인 재정, 소비 지출 등에 대한 소비자의 심리와 태도를 실시간에 가깝게 평가 |
| 인터넷 발표 | http://www.sca.isr.umich.edu/ |
| 웹사이트 주소 | http://www.sca.isr.umich.edu/ |
| 발표 시기 | 매월 마지막 금요일 오전 9시 45분(매월 두 번째 금요일 1차 예비 지수 발표) |
| 발표 빈도 | 월간 |
| 작성 기관 | 톰슨로이터, 미시간대학교 |
| 특징 | 가계 수입·재정 상태에 관한 소비자들의 반응을 측정하는 데 집중. 컨퍼런스보드 경기선행지표 구성 항목(소비자 기대치) |

소비를 분석할 때 자주 쓰이는 개념 중 하나가 소비자심리지수다. 대표적인 심리지수는 두 가지인데 하나는 컨퍼런스보드에서 발표하는 소비자신뢰지수이고, 다른 하나는 미시간대에서 발표하는 소비자심리지수다. 두 지표 모두 소비의 선행성을 판단한다는 점에서 시장에서 관심을 가지고 경기선행지수의 구성 항목에도 포함되어 있다. 하지만 경제 분석에서 소비자심리지수를 지나치게 중요한 지표로 판단할 필요는 없다.

소비자심리지수를 중요한 지표로 판단하지 않는 이유는 다음과 같다. 첫째, 소비자심리지수가 소매 판매보다 한 달 먼저 발표되지만, 경제지표 분석은 단기 접근보다는 중기적인 투자 판단을 위한 경우가 많다. 따라서 단순 1개월 선행성을 중요한 지표로 판단하기는 어렵다. 둘째, 소비자심리지수와 소매 판매의 괴리가 강하게 나타나는 구간이 발생하고 그 구간을 정확히 예측하기 어렵다. 투자 판단을 심리지수에 맞추면 소매 판매와의 괴리가 확대되는 구간에서 수익이 크게 하락할 가능성이 있다. 마지막으로 소비자심리지수는 소비자들에게 다음 달에 소비를 얼마나 할 것이냐고 질문하는 설문이 아니다. 컨

[그림 3-36] 소비자심리지수와 소매 판매 증가율(2001~2022/10)

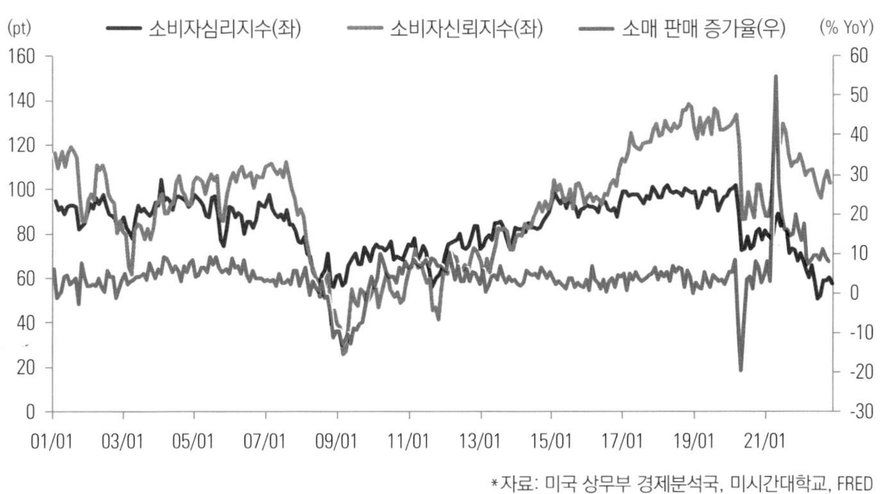


*자료: 미국 상무부 경제분석국, 미시간대학교, FRED

[그림 3-37] 소비자심리지수와 소매 판매 증가율(2020~2022/10)

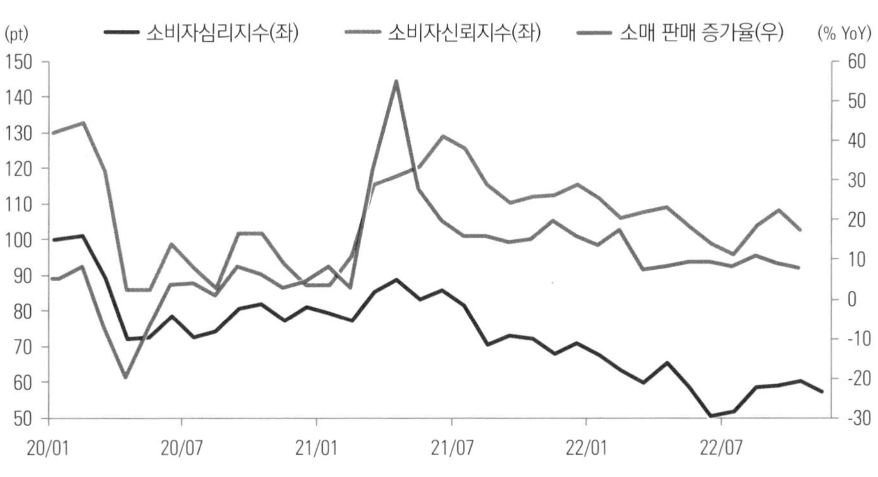


*자료: 미국 상무부 경제분석국, 미시간대학교, FRED

퍼런스보드는 노동시장 상황에 집중하고, 미시간대는 가계 수입과 재정의 변화에 집중한다. 노동시장이나 가계 수입이 변화하면 소비가 변화할 수 있지만, 정확히는 고용이나 가계소득에 대한 예상을 통해 간접적으로 소비를 전망하는 형태다.

## 결론

GDP에서 가장 비중이 높은 소비를 분석할 때 소득은 반드시 살펴봐야 할 지표다. 하지만 투자자 대부분은 고용을 확인하고 소매 판매 증가율에 관심을 가질 뿐, 돈을 얼마나 벌었느냐를 그다지 중요시하지 않는다. 쉽게 생각해보자. 우리는 돈을 벌어서 그 돈을 사용한다. 돈을 벌 구석이 없어도 소비를 해야 한다면 대출을 받고, 대출이 싫으면 소비를 줄인다. 당기의 소매 판매가 아무리 증가했다고 해도 그것이 앞으로의 소비 확대를 담보하지는 않는다는 것을 명확히 이해해야 한다. 미래 소비의 확대를 담보하는 것은 소득의 증가다. 따라서 소득지표는 소비 전망을 위해 반드시 확인해야 한다.

### 일반적 경기 침체와 코로나19(전염병) 사태에서의 소비 차이

2020년 코로나19 사태는 경제에서 재미있는 현상을 많이 만들어냈다. 소비에서는 서비스 소비를 강제적으로 제한하는 모습이 나타나면서, 다른 경기 침체와 달리 서비스 소비가 급격히 감소하는 그림이 나왔다. 보통 서비스 소비는 경기 침체 상황에서도 빠지지 않는다. 소득이 줄어든다고 해서 치과 치료를 받거나 머리를 깎는 등의 활동을 급격히 줄이지는 않기 때문이다. 대부분의 경기 침체기에 타격을 받는 것은 자동차, 전자제품, 기타 취미용품 등을 포함하는 내구재 소비다. 그렇기 때문에 경기 사이클 대부분은 건설과 기업 재고 등 내구재 소비에 근원을 두고 있다.

서비스 소비 감소라는 특이성과 함께 내구재 소비가 그토록 빨리 회복된 이유를 이해할 필요가 있다. 간단하다. 정부에서 지급한 지원금의 규모가 코로나19로 인한 소득 감소를 초과했기 때문이다. 집에서 나가지는 못하는 상황에서 돈은 충분히 있다고 생각하면 된다. 온라인 쇼핑의 비중이 증가하면서 내구재와 비내구재 소비가 급격히 증가했다. 생산이 제한된 상태에서 내구재 소비 증가는 재고 부족으로 연결되었다. 결국 실제로 경기가 확장되지 않았음에도 2021년 초반 '제조업 르네상스'라는 기대감을 부여하는 결과를 가져왔다.

[그림 3-38] 글로벌 금융위기와 코로나19 위기 이후 소비 지출 변화 비교

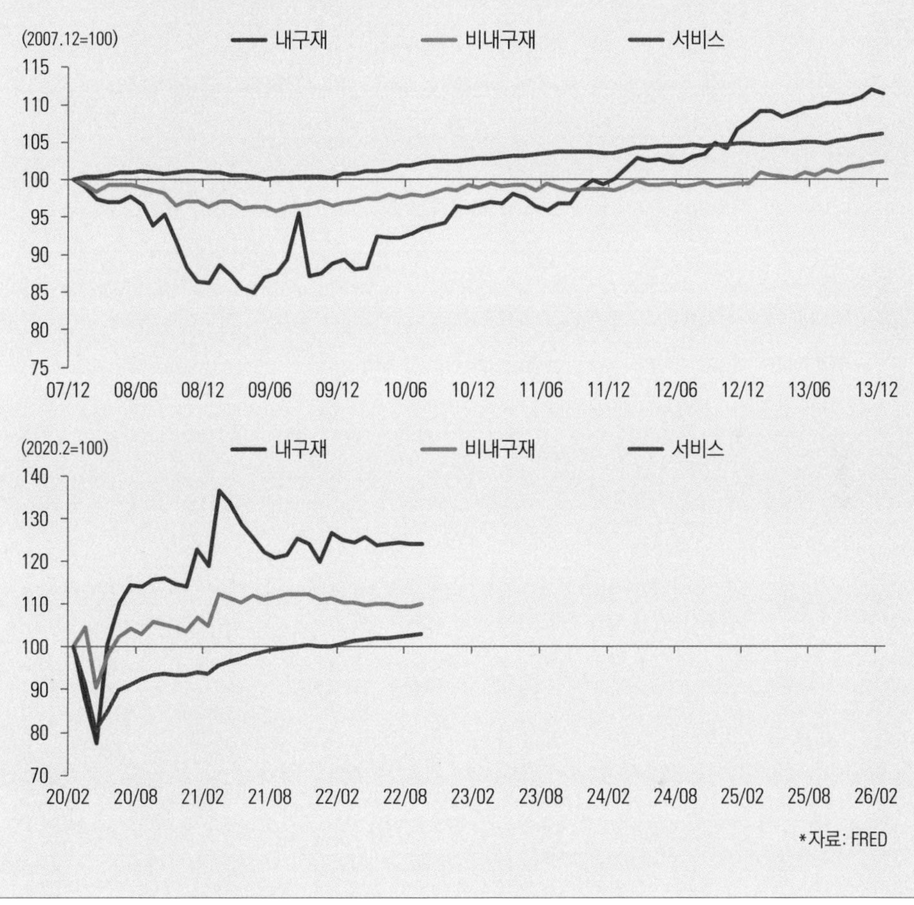

## 산업 생산과 재고, 설비가동률: 단기 사이클 메이커

[표 3-7] 산업 생산과 설비가동률

| 구분 | 내용 |
|---|---|
| 내용 | 미국 산업 생산량과 생산 여력을 기록 |
| 인터넷 발표 | www.federalreserve.gov/releases/g17/current |
| 웹사이트 주소 | www.federalreserve.gov |
| 발표 시기 | 매월 15일 전후 오후 9시 15분(이전 달 내용) |
| 발표 빈도 | 월간 |
| 작성 기관 | 연방준비제도 |
| 특징 | 제조업 고용과 시간당 평균임금, 개인 소득의 변화를 예측하는 데 유용하게 사용. 농업, 건설, 운송, 커뮤니케이션, 무역, 금융, 서비스 산업은 계산에서 제외. 서비스 산업보다 제조업이 수요와 이자율에 민감하게 반응하므로 경기 판단에 중요 |

[표 3-8] 기업 재고

| 구분 | 내용 |
|---|---|
| 내용 | 미국 기업의 총매출과 총재고 측정 |
| 인터넷 발표 | https://www.census.gov/mtis/index.html |
| 웹사이트 주소 | https://www.census.gov |
| 발표 시기 | 매월 15일 전후 오전 10시(전전 달 내용) |
| 발표 빈도 | 월간 |
| 작성 기관 | 미국 상무부 센서스국 |
| 특징 | 미국 기업의 생산량 증감과 투자에 영향. 매출액 대비 재고 비율 계산으로 재고 증감 상황을 보다 정확하게 판단 가능 |

산업 생산은 미국에서 생산되거나 채굴되는 것들 대부분의 생산을 다룬다. 외국이나 자국 내 소비 혹은 재고 축적 여부와 상관없이 미국 내에서 생산되는 모든 제품을 합산한다. 산업생산지수는 경기의 등락을 민감하게 반영하는

동시에 제조업 고용, 평균임금의 변화를 전망하는 데 유용하게 사용된다.

산업 생산의 재미있는 점은 생산되는 물량을 측정하는 양적 개념이라는 점이다. 따라서 산업생산지수는 인플레이션의 영향을 받지 않는다. 시장에서 발표되는 대부분의 경제지표와는 달리, 산업생산지수가 증가했다는 것은 생산량이 절대적으로 늘어났음을 의미한다. 예를 들어 수출 증가율은 수출량 증가와 수출 가격 증가를 분리해서 글로벌 경기 회복 혹은 물동량 증가가 나타나는지 확인할 필요가 있지만 산업 생산은 그렇게 구분할 필요가 없다.

우리가 잘 알고 있는 경기 사이클은 산업 생산과 연결된 재고나 제조업 경기와 연동되어 있다. 서비스업 생산은 특별한 경우를 제외하고는 변동성이 크지 않기 때문에 경제의 변곡점은 산업 생산으로 인해 발생한다.

설비가동률은 미국 내에서 산업 분야가 설비를 최대한 가동했을 때와 비교해 현재 얼마나 가동되고 있는지를 표시한다. 예를 들어 어떤 기업이 가방을 1,000개 생산할 수 있는 설비를 가지고 있는데 700개 생산했다면 설비가동률은 70%다. 만일 시장에서 원하는 가방의 수량이 1,100개가 된다면 이 기업이 설비가동률을 100%로 높이더라도 물량을 맞출 수 없다. 수요가 공급보다 커지면 가방이 부족해지고 가격이 상승한다. 경제학에서 이야기하는 병목현상의 가장 간단한 예시다. 병목현상이 발생하면 기업은 가방 100개를 더 생산할 수 있는 새로운 설비를 추가한다. 병목현상이 발생하면 제조업 투자가 늘어난다는 논리의 배경이다.

문제는 수요 역시 항상 변화할 수 있다는 점이다. 병목현상이 발생하고 이를 해결하기 위해서 설비에 투자하고 나면, 가방 수요가 800개로 감소해도 기업은 이미 해버린 투자를 되돌릴 수 없다. 결국 1,100개 공급에 800개 수요로 과잉 공급 문제가 발생한다. 여기서는 기업이 하나뿐이라고 설명했지만, 만일 2개 기업이 있어 600개씩 생산하다가 두 기업 모두 생산량을 700개로 늘렸다면? 현실 세계와 같이 무수히 많은 기업이 수요 증가에 대응해 설비를 늘린다면? 이러한 우려 때문에 병목현상으로 인한 투자 증가는 생각보다 드물게 발생한다. 기업은 수요 확대가 장기적이라고 확신해야 설비 투자에 나설 수 있다.

기업 재고는 시장에서 많이 신경 쓰지 않는 동시에 생각보다 많은 것을 알려주는 지표다. 기업 재고 보고서에서는 매출과 재고, 그리고 두 가지 항목을 동시에 분석한 재고율을 중요한 지표로 판단한다. 기업 재고 중에서 가장 중요하게 확인해야 할 지표는 소매업체 재고다. 다른 재고지수는 미리 확인할 방법이 있지만 소매업 재고는 기업 재고 보고서를 통해서 최초로 발표되기 때문이다. 과잉 재고는 경기 침체의 시작점이 될 수 있고, 재고 부족은 경기 회복의 신호가 될 수 있다. 과잉 재고가 발생하면 도매업체는 공장 주문을 연기하고, 이는 공장 폐쇄 혹은 인력 감축으로 이어진다. 반대의 경우 재고 축적을 위한 신규 주문이 공장 가동과 기업 구인의 동력으로 작용하기도 한다.

또 다른 개념인 재고율(I/S, 재고/매출)은 최근의 월간 판매를 기준으로 전체 재고 판매에 소요되는 개월 수를 측정한 것이다. 평균적으로 기업은 재고율 1.5, 즉 1개월 반 분량의 재고를 비축한다. 산업별로 선호하는 재고율이 존재하지만 이는 각각의 평균을 통해서 확인하면 되고, 경기를 분석할 때는 1.5 정도만 기억하면 된다.

### 지표 확인과 해석

산업생산지수는 연방준비제도의 통계 보고서로 발표된다. 산업 생산과 설비가동률이 요약표로 제공되기도 하지만 구체적으로 산업 생산은 주요시장그룹(Major Market Group)과 산업그룹(Industry Group)의 두 가지 표로 나뉘어 보고된다. 주요시장그룹은 소비재, 기업 설비, 중간재, 원자재 등의 수요를 반영하고, 산업그룹은 공급 측면에서 산업군의 생산량을 측정한다. 특히 산업그룹에서는 하이테크놀로지 산업과 비중이 높은 자동차를 제외한 산업 생산 부분을 제공하니 참고할 만하다.

설비가동률은 산업군별로 나누어서 발표되며, 산업별로 부담이 되는 설비가동률의 수준이 다르다. 더욱이 기간을 어떻게 나누느냐에 따라서 평균 수준이 달라지기 때문에, 이를 적절히 구분해서 가격 변화와 설비 투자 가능성을 전망할 필요가 있다.

산업 생산의 예비 보고서는 조사 대상 월이 끝나고 2주 후에 수집된 자료를 바탕으로 발표되는데 3개월 후에 발표되는 최종 보고서와 크게 다르지 않다. 자료가 30% 정도 누락된 예비 보고서가 최종 보고서와 거의 동일하다는 것은, 추정치로 사용되는 공장 노동시간과 기업 전력 소비량을 선행 지표로 사용할 개연성을 높여준다.

재고는 코로나19와 같이 극단적인 경우가 아니라면 하락하면서 경기 침체가 발생하고, 상승하면서 경기 회복이 나타난다. 좀 더 쉽게 판단하려면 재고율만 확인하는 것도 방법이다. 아까 언급한 바와 같이 일반적으로 1.5의 재고율을 선호하지만 금융위기 이후 1.3~1.4 수준에 위치한다면 낮은 재고율이라고 판단하기는 어렵다. 2022년 7월 재고율은 1.3으로 여전히 낮은 수준이다([그림 3-39] 참조). 이 수준에서 재고 증가가 느려질 가능성은 존재하지만 그렇다고 지나친 재고로 인한 경기 조정을 예상하기도 쉽지 않다. 다만 현재 긴축 정책이 강하게 시행되면서 수요 위축 우려감이 높아진 상황이라는 점을 감안하면 2011년 바닥인 1.2 수준까지의 재고 조정 가능성을 염두에 둘 필요가 있다.

### 실제 사례 분석

미국 산업 생산은 데이터가 제공되는 1919년 이후 꾸준히 증가해왔다. 미국

[그림 3-39] 미국 재고율 추이(1992~2022/09)

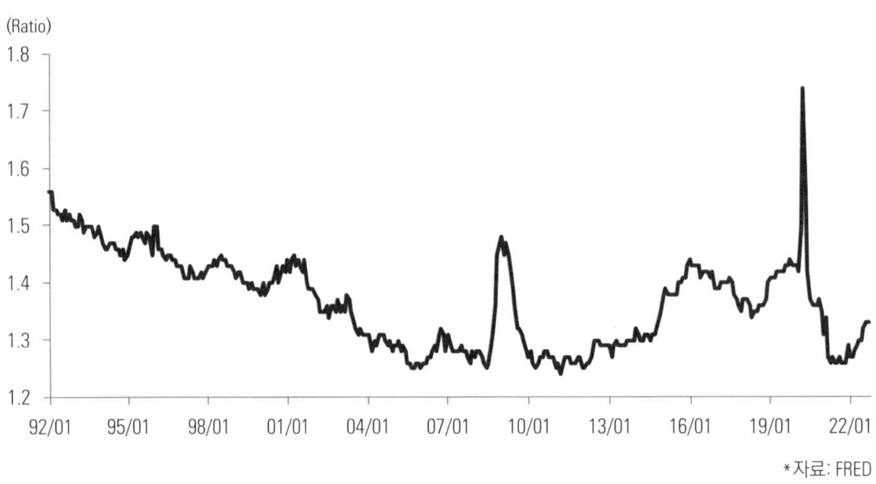


내에서 생산되는 제품의 양이 계속 증가했다는 의미다. 다만 2000년대 초반 IT 버블 붕괴와 2008년 글로벌 금융위기, 2020년 코로나19 사태가 지속되면서 산업 생산의 상단이 제한되는 모습이다. 이는 미국 경제의 생산성 둔화도 원인으로 작용했지만 다국적 기업 혹은 글로벌 밸류 체인 확대 등이 영향을 미친 것으로 판단한다.

미국의 소비는 확대되고 경제는 성장했지만, 미국 안에서 생산되는 절대량은 2006년 이후 거의 늘어나지 않았다. 물론 소비와 기술로 경제 성장을 만들어낼 수 있지만 생산이 없다면 고용이 지속되기는 어렵다. 모든 사람이 첨단 산업과 서비스업에서 종사할 수 없다면 늘어나는 경제에 맞춰서 일정 수준의 생산이 이루어져야 한다. 오바마 대통령 이후 나타난 리쇼어링 정책과 미·중 갈등은 이러한 접근 방식에서 비롯된 것으로 이해할 수 있다.

기업 재고는 재고의 과잉과 부족에 따라서 기업 투자와 생산의 선행 지표로 활용될 수 있다. 하지만 추세선에서 알 수 있듯이 변동성이 크지 않기 때문에

[그림 3-40] 미국 산업생산지수(1919~2022/10)

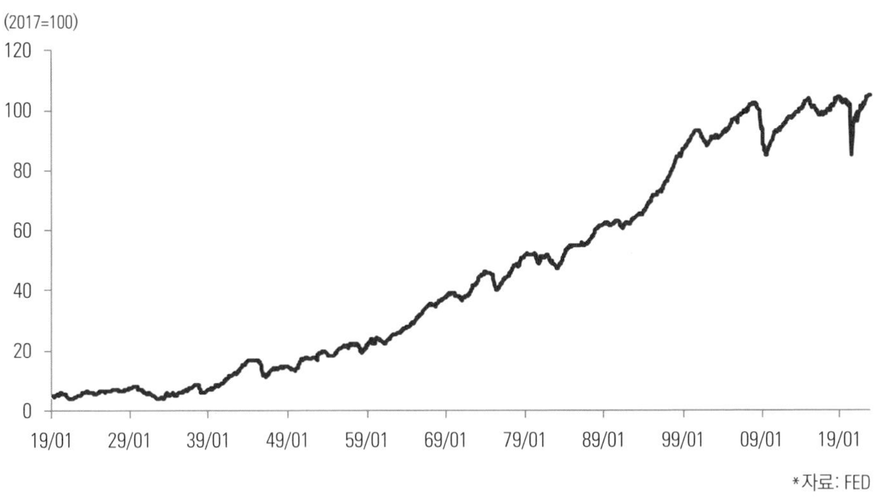


*자료: FED

[그림 3-41] 미국 기업 재고와 장기 추세선(1992~2022/09)

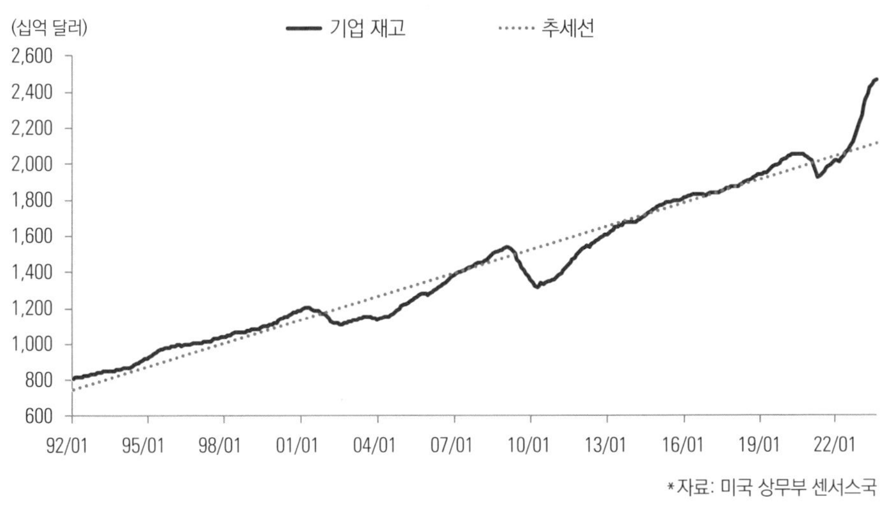


*자료: 미국 상무부 센서스국

시장에서 자주 사용하는 지표는 아니다. 더욱이 추세선을 상회하거나 하회하더라도 반드시 생산의 감소나 증가로 이어지지는 않는다. 다만 재고가 추세상 바닥을 찍고 상승하는 구간에서는 경기 회복이, 고점에서 추세선 밑으로 하락하는 구간에서는 경기 침체가 진행될 것이라는 중기적인 믿음은 가져볼 수 있다.

2020년 이후 기업 재고는 추세선을 하회했다가 굉장히 빠른 속도로 상승 추세로 전환했다. 기업 재고를 통해서 우리가 판단할 수 있는 것은 1992년 이후의 추세상 재고 부족이 나타난 기간이 극히 짧았다는 것이다. 뒤에서 더 자세히 언급하겠지만 2021년 시장에서 언급되던 재고 부족과 이로 인한 생산 증가와 제조업 투자 확장 사이클을 뒷받침하기는 어렵다.

일반적으로 재고는 기업 재고(제조업 재고)가 상승하면서 도매 재고로 넘어가고 이것이 다시 소매 재고로 넘어간다. 기업이 생산해서 도매업체에 넘기고 도매업체에서 소매업체로 분배하는 과정에서 나타나는 당연한 결과다. 시장에서 재고 부족으로 많이 언급하는 지표는 소매업 재고다. 2022년 9월 소매업 재고 수준은 과거 추세선 수준까지 돌아와서, 재고 부족이나 과잉을 이야기하기 어려운 상황이다. 다만 자동차를 제외한 소매업 재고가 상당히 많이 쌓

[그림 3-42] 미국 소매업 재고 추이(2000~2022/09)

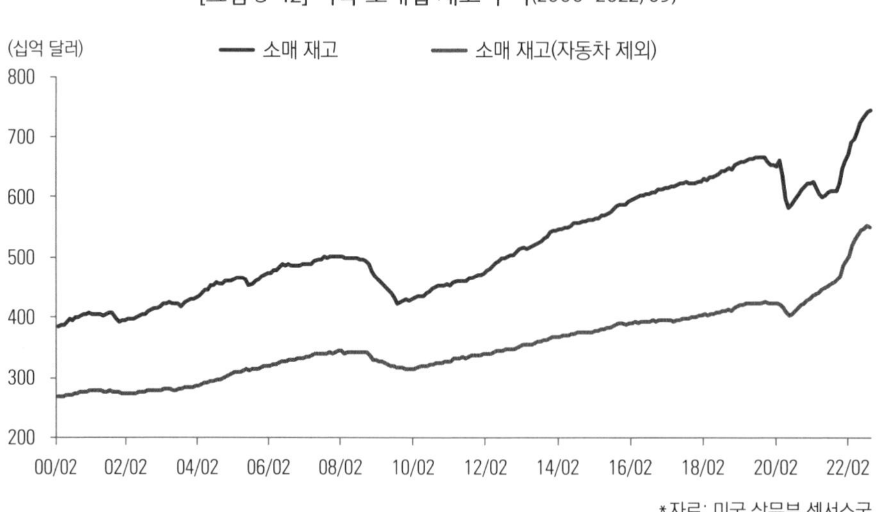


*자료: 미국 상무부 센서스국

여 있어 신규 주문 둔화와 재고 소진 과정이 일정 기간 나타날 가능성이 높다.

재미있는 것은 2021년 초반의 전망 자료 대부분이 글로벌 제조업 르네상스나 제조업 확장 사이클을 주장하면서 근거로 제시한 것이 2020~2021년의 낮은 소매업 재고였다는 점이다. 지금은 높은 소매업 재고를 근거로 글로벌 제조업의 조정을 주장하고 있다. 이러한 현상은 경제를 분석할 때 한 가지 사항만을 기준으로 평가함으로써 벌어질 수 있는 오류다. 시장에서는 재고의 부진을 확인하고 투자와 생산을 늘릴 것이라고 판단했다. 경제지표의 결과도 중요하지만 결과가 만들어진 원인도 향후 변화를 예측하는 데 굉장히 중요한 요소다. 이번 소매업 재고 판단의 오류 원인을 생각해보자.

이 시기에 유행한 용어 중 하나는 병목현상으로 인한 가격 상승이다. 2021년에 발생한 병목현상의 원인을 찾아보면 항만 선적, 해상 운임 증가, 도로 운송 감소 등 운송과 관련된 이슈가 많다. 결국 2021년의 소매업 재고 부족 상황을 만들어낸 원인의 큰 부분은 정부 지원금 증가에 기인한 소비 확대와 운송 시

[그림 3-43] 단계별 재고 추이(2001~2022/09)

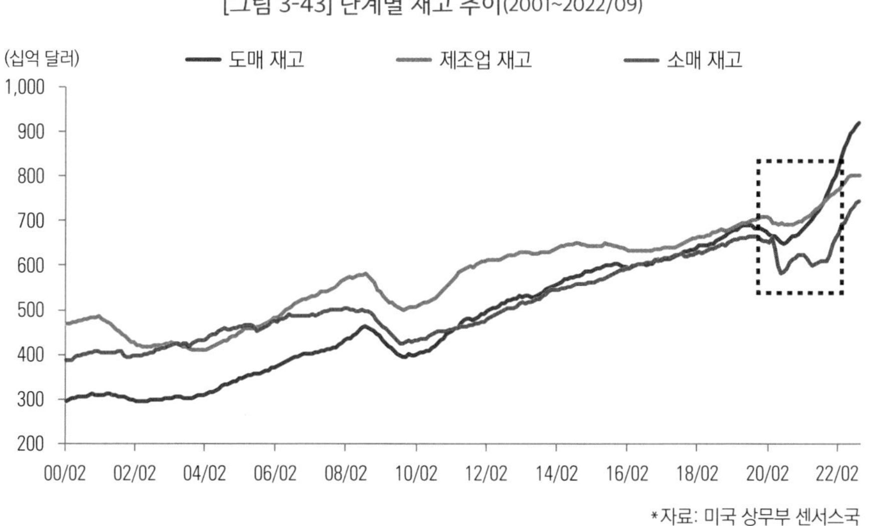


*자료: 미국 상무부 센서스국

스템 문제로 인한 상품 배송 차질이다. 실제로 2020~2021년 소매업 재고 부족이 나타나는 구간에서 제조업과 도매업 재고는 빠른 속도로 상승하는 모습을 보였다. 여기서 던져야 할 질문은 '기업이 이번 사태를 보면서 생산을 늘리기 위한 투자를 할 것인가?'이다. 생산에 문제가 없는데 생산을 늘리는 투자를 할 가능성은 적다.

제조업 재고를 산업 생산의 선행 지표로 활용하기는 쉽지 않다. 산업 생산 증가율과 제조업 재고 증가율을 보면 대부분 산업 생산이 선행하는 양상을 보인다. 생산이 늘어나서 재고가 증가하니 당연한 얘기다. 그리고 일정 수준의 산업 생산 증가가 이어지면 제조업 재고가 급격하게 증가한다. 이때를 경기 회복 이후 수요 확대에 대응한 재고 증가가 과잉 재고로 전환되는 시점으로 판단하고 있다.

제조업 재고 증가율이 산업 생산 증가율을 추월하는 순간(최근은 2021년 8월)에 시장에서 제조업 심리가 가장 좋을 수 있다. 제조업 기업에 긍정적인 심리

[그림 3-44] 제조업 재고와 산업 생산 증가율(1993~2022/09)

*자료: FED, 미국 상무부 센서스국

를 조금 더 지속할 수 있지만 주의해야 할 것은, 재고 상승세가 더 이상 이어지지 못하는 모습이 나타나면(2022년 5월) 제조업에 대한 기대감을 줄여야 한다는 것이다. 도매업체나 소매업체에서 기업으로 들어가는 주문량이 감소하기 시작하는 시점일 가능성이 높기 때문이다.

설비가동률은 1948년 이후 평균값이 지속적으로 하락하고 있다. 과거에는 설비를 90% 이상 가동한 적도 있지만, 전쟁이나 빠른 제조업 확장이 없는 시기에 이러한 모습을 기대하기는 어렵다. 2000년 이후 평균값인 75% 수준이 현대 사회의 기준점이 될 수 있다. 설비가동률이 과잉 수준으로 올라서려면 적어도 80% 수준에는 도달해야 할 것이다. 80%까지 상승하면(2022년 4월) 기업 생산이 과열기에 진입해서 추가 투자가 필요하다고 판단할 수 있다. 2021년과 같이 설비가동률 76% 수준에서 병목현상이 발생했다면 이는 기업의 생산 설비 문제가 아닐 가능성이 높다.

[그림 3-45] 미국 전체 기업 설비가동률(1948~2022/10)

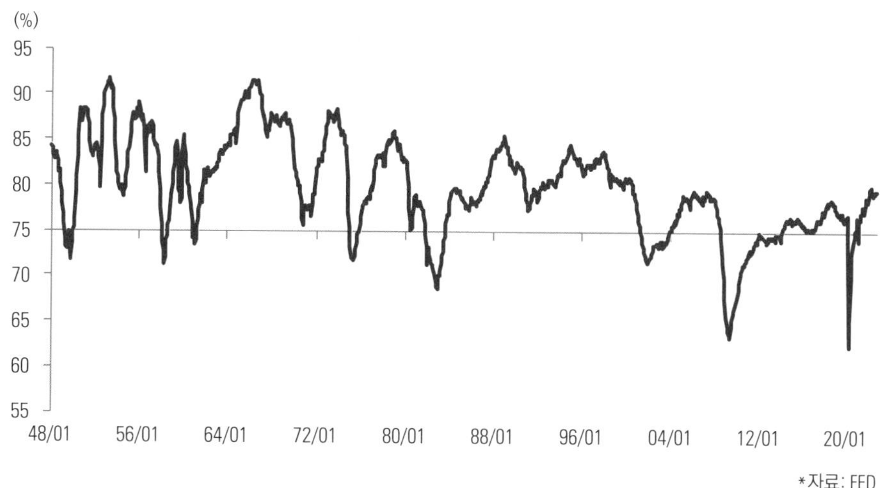


*자료: FED

### 추가할 이야기

산업 생산과 재고의 관계에서 재미있는 것은 상관관계는 분명하지만 선후 관계는 애매하다는 점이다. 직관적으로 생각하면 재고가 많이 쌓이면 생산을 줄이고, 재고가 적어지면 생산을 늘리는 것이 맞다. 하지만 [그림 3-46]에서 확인되듯이 산업 생산은 대부분 기업 재고에 선행하는 변곡점을 보인다. 즉 생산이 늘어나면 재고가 늘어나고, 생산이 감소하면 재고가 감소한다.

결국 경제 분석에서 어느 지표에 기준을 맞춰야 하는지가 중요한 문제가 되

[그림 3-46] 기업 재고, 산업 생산, 설비가동률의 종합적인 평가(1993~2022/10)

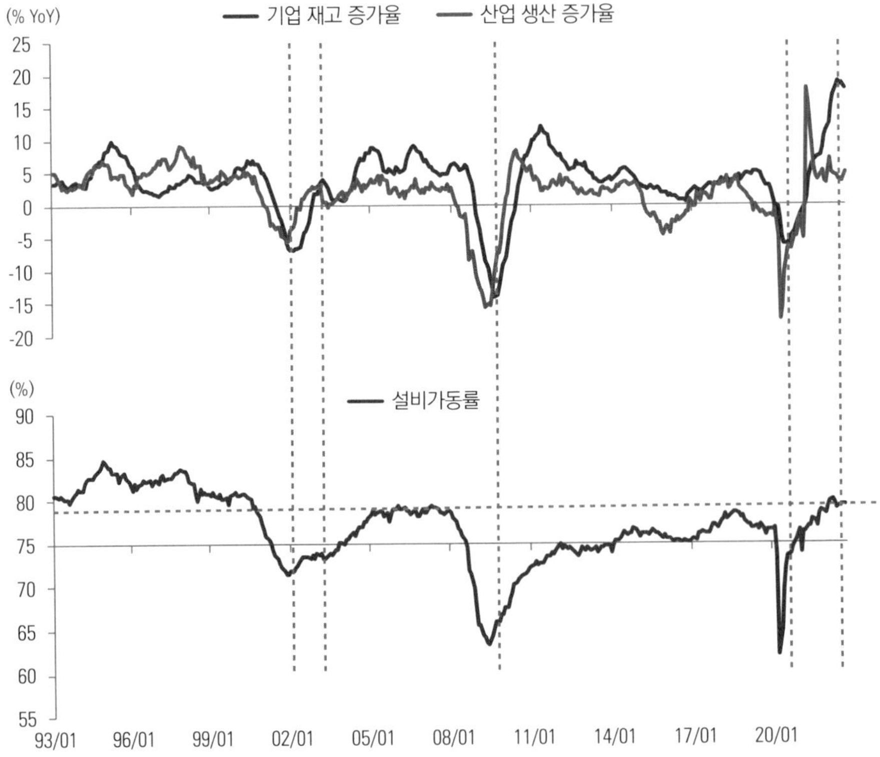

*자료: FED, 미국 상무부 센서스국

는데, 산업 생산에 맞추는 것을 추천한다. 산업 생산이 바닥을 확인하면 설비 가동률이 증가하고 기업 재고도 시차는 존재하지만 곧 바닥을 형성하기 때문이다. 따라서 산업 관련 지표를 고민할 때, 재고가 적어서 산업 생산이 반등해야 한다는 개념보다는, 산업 생산이 반등하고 나서 시차를 두고 재고가 늘어나기 시작한다는 접근이 낫다. 말장난 같지만 조그만 접근 방식 차이가 생각보다 큰 분석 격차를 가져올 수 있다.

2020년과 2021년을 생각해보자. 산업 생산이 급락한 후 재고도 급격히 감소했다. 이후 산업 생산이 굉장히 빠른 속도로 증가했지만 시장에서는 재고가 적기 때문에 산업 생산 혹은 제조업 확장 사이클이 올 것으로 해석했다. 여기서 모순이 발견된다. 산업 생산이 이미 반등해서 빠르게 상승했기 때문에 재고가 빠르게 상승한 것이다. 그렇다면 재고가 적기 때문에 다시 산업 생산이 상승해야 한다는 것은 순환 참조의 오류일 수 있다. 더욱이 산업 생산을 기준으로 했을 때 산업 생산 증가율은 이미 고점을 찍고 빠르게 하락하기 시작했다. 재고는 시차를 두고 상승 폭을 줄여나가는 구간으로 들어설 가능성이 높다. 재고가 이미 충분히 상승했다는 접근이 가능하다. 설비가동률이 지속적으로 상승하지 못하는 이유도 여기에서 찾을 수 있다.

단순하게 생각하자. 생산이 감소하면 재고도 감소하고 가동률도 하락한다.

## 결론

산업 생산, 재고, 설비가동률 모두 경기 사이클을 예상하는 데 유용한 지표다. 하지만 솔직히 말해서 이 지표들이 금융시장에 큰 영향을 미치는지 물어보면 그렇지는 않다. 중국과 같이 급격히 성장하는 이머징 국가를 제외하고 산업 생산의 발표는 경기의 침체나 회복 같은 변곡점에서 좀 더 주목받는 경향이 있다. 그 이유가 명확하지 않지만 소비와 달리 산업지표의 직관력이 약하고, 투자자들이 쉽사리 경험하기 어려운 분야이면서, GDP와 같은 긴 주기의 지표를 확인하는 데 이용되기 때문으로 판단한다. 따라서 산업지표가 급격하게 바뀌거나 시장에서 발표되는 보고서들이 동일한 방향성을 제시하면 투자자들이 쉽사리 신뢰하게 만드는 효과가 있다.

하지만 산업지표도 경제지표의 한 갈래이고 경제지표들 사이에 명확한 연관성을 가지고 있다. 단순히 재고율이나 출하/매출 비율 같은 지표가 움직인다고 해서 무조건 해석대로 되는 것은 아니라는 사실을 명확히 인지할 필요가 있다. 중요한 지표이고 수요 예상이나 기업 이익과 밀접히 연관되어 있지만, 산업 생산이 독립적으로 다른 경제지표에 영향을 미치는 경우는 드물다고 생각할 필요가 있다. 의외로 산업 관련 지표들은 경제의 인과관계에서 결과에 위치해 있다. 확인할 필요는 있지만 선행성을 주장하기는 쉽지 않다.

### 수요와 재고, 생산의 사이클 생성 과정

전체 경제에서 차지하는 비중을 따지면 제조업은 20%에 불과하다. 경제에서 높은 비중을 차지하는 것은 당연히 소비 중에서도 서비스업 소비다. 하지만 우리가 많이 분석하는 경제지표가 제조업에 집중되어 있는 것은(소매 판매도 내구재와 비내구재 소비로 제조업 연관성이 높음) 서비스업이 가지는 낮은 변동성에 기인한다.

의료 서비스나 교통, 미용 등 일상적인 지출은 변동성이 극히 낮다. 따라서 경기 사이클을 만들어내는 활동 대부분은 제조업에서 기인할 확률이 높다. 사이클의 순환은 제조업에서 반복되는 과정이다. 소비 확대로 인한 재고 증가 필요성이 산업 생산 증가로 나타나고 기업 설비가동률을 증가시킨다. 이후 소비가 둔화되면서 생산 증가로 늘려놓은 재고는 과잉 재고가 되고 생산과 설비가동률이 하락한다. 이러한 사이클에서 우리는 두 가지를 기억하면 된다. 첫째, 사이클의 시작과 변화는 소비가 이끈다. 둘째, 지나치게 상승하면 결국은 하락한다.

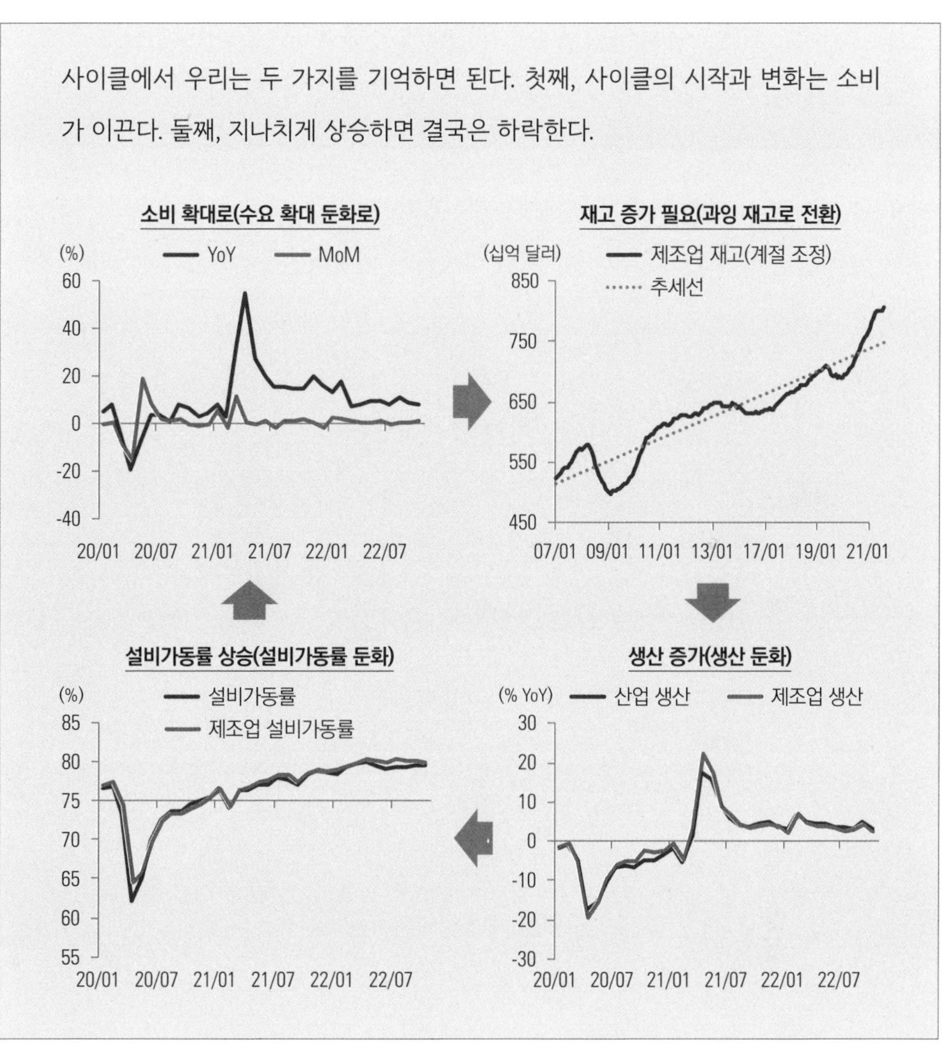


## ISM 제조업·비제조업지수: 귀차니스트를 위한 경제 요약서

ISM 제조업지수와 비제조업지수는 산업 생산의 선행 지표로서 산업지표 해석과 같이 다룰 수도 있다. 다만 시장에서 ISM제조업지수를 워낙 중요하게 받아들이고 비제조업지수를 제조업의 영역에서 판단하기는 어렵기 때문에 별도로 설명하고자 한다.

실물 경제지표로 가장 먼저 발표되는 지표가 고용이라면, 전체 지표 중에서 가장 먼저 발표되는 지표는 ISM제조업지수다. 발표 시점을 생각해보면 이 지표의 중요도는 굉장히 높다. 시장 참가자들이 ISM제조업지수를 중요하게 생각하는 이유는 명확하다. 산업 생산이나 기업 이익 등에 높은 선행성을 보여

[표 3-9] ISM제조업지수

| 구분 | 내용 |
|---|---|
| 내용 | 제조업에 초점을 둔 경제 월간 보고서 |
| 인터넷 발표 | https://www.ismworld.org/supply-management-news-and-reports/reports/ism-report-on-business/ |
| 웹사이트 주소 | www.ismworld.org |
| 발표 시기 | 매월 첫 번째 영업일 오전 10시(이전 달 내용) |
| 발표 빈도 | 월간 |
| 작성 기관 | 공급관리자협회(Institute for Supply Management, ISM) |
| 특징 | '생산, 신규 주문, 배송 속도, 재고, 고용'의 단순 평균으로 산출 |

[표 3-10] ISM비제조업지수(서비스업지수)

| 구분 | 내용 |
|---|---|
| 내용 | 서비스 부문에 대한 첫 번째 보고서 |
| 인터넷 발표 | https://www.ismworld.org/supply-management-news-and-reports/reports/ism-report-on-business/ |
| 웹사이트 주소 | www.ismworld.org |
| 발표 시기 | ISM제조업지수 발표 이틀 후 오전 10시(이전 달 내용) |
| 발표 빈도 | 월간 |
| 작성 기관 | 공급관리자협회(Institute for Supply Management, ISM) |
| 특징 | '기업 활동, 신규 주문, 배송 속도, 고용'의 단순 평균으로 산출 |

주기 때문이다. 제조업 경기에서는 가장 최전선에서 판단을 내리는 각 기업 구매 관리자들의 심리를 종합적으로 판단할 수 있다는 점에서 실제 시장 수요 및 제품 생산, 재고 수준을 가장 빠르게 판단하는 근거가 된다.

### 지표 확인과 해석

ISM제조업보고서와 비제조업(혹은 서비스업)보고서는 공급관리자협회(ISM)에서 발표한다. 1931년에 처음 발표된 후 지속적으로 발간되고 있다.

ISM제조업지수의 계산은 비교적 간단하다. 만일 어떤 항목이 증가했다는 사람이 50%이고 중립이라는 사람이 10%라면 발표되는 지수는 50+(10/2)로 55pt가 된다. 수치가 50pt를 초과하면 제조업 부문이 성장했다고, 50pt 미만이면 위축되었다고 판단한다. 50pt라면 제조업 경기의 변화는 없다.

과거에는 종합지수를 산정할 때 일정 비율을 적용했지만 현재는 '생산, 신규주문, 배송 속도, 재고, 고용'이라는 다섯 가지 항목의 단순 평균으로 산출한다. 간혹 가격이 상승해서 ISM제조업지수가 상승했다는 식의 해석을 볼 수 있는데, 엄밀히 말하자면 가격 상승이 ISM제조업지수 상승에 직접적으로 영향을 미치는 것은 불가능하다.

### 실제 분석 사례

ISM제조업지수는 전월과 비교하여 제조업에서 어느 정도의 개선 혹은 확장이 있었는지를 측정한다. 따라서 성장하고 있으니 계속 성장한다는 해석은 불가능하다. 전월과 비교했을 때 예상보다 제조업 확장이 크다면 경기 성장이 생각보다 크게 나타나고 있다고 추론할 뿐이다. 따라서 숫자의 크기도 전체적인 성장의 크기를 의미하지는 않는다. 예를 들어 100에서 50으로 하락한 이후 3, 5, 10, 20 성장했다면 현재의 수치는 88에 불과하지만 4개월 연속 큰 폭

[그림 3-47] ISM제조업지수 장기 추세(1948~2022/10)

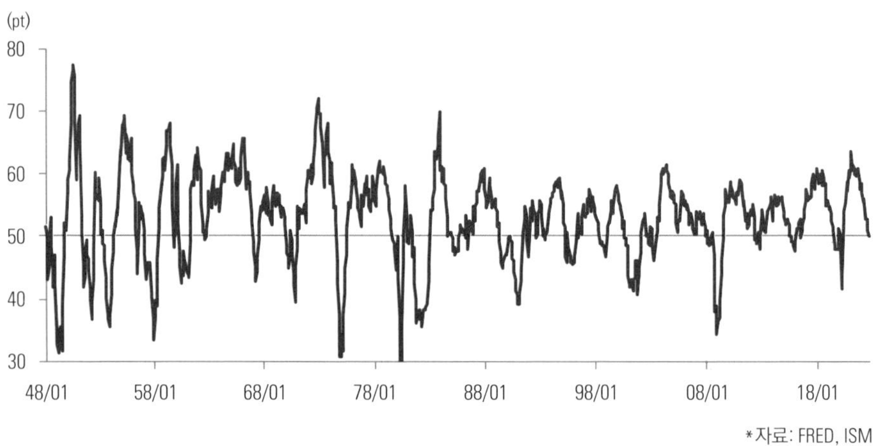


*자료: FRED, ISM

의 성장으로 표시된다. ISM제조업지수가 산업 생산에 선행하고 기업 이익과의 상관성이 높지만 단순히 높은 레벨이 빠른 성장을 의미하는 것이 아님을 인지할 필요가 있다.

ISM제조업지수의 장기 추세를 보면 현재와 유사한 수준의 상승과 하락 패턴은 생각보다 많은 구간에서 발생했다. 절대치가 2000년 이후 고점보다 높았던 것은 사실이지만 상승 구간에서 다른 시기보다 엄청난 상승을 기대하기는 어렵고, 하락 속도가 빠르다는 우려도 다른 구간에서의 하락 속도와 비교해 침체의 증거가 될 정도는 아니다.

ISM제조업지수의 상승과 하락이라는 변화가 지속되면서 단기 사이클을 만들어낸다. 지수의 상승과 하락은 제조업의 확장과 수축을 의미하기 때문에 제조업을 반영하는 주가지수와 경기 대부분에서 동일한 현상이 작게나마 발생한다. 2018년 이후의 제조업지수 변화를 보면 경기가 한 사이클을 돌았다고 단순하게 해석할 수 있다. 코로나19 사태로 인한 하락이든지, 정부의 유동성 공급에 의한 상승이든지 간에 짧은 경제 사이클이 한 차례 형성된 것으로 보인다.

[그림 3-48] ISM제조업지수 단기 추세(2018~2022/10)

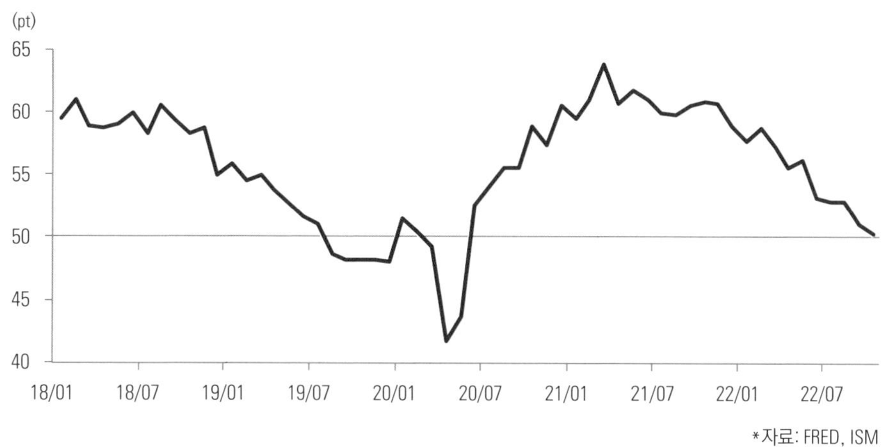


*자료: FRED, ISM

여기서부터는 제조업 확장을 기대하기보다는 사이클 이후의 조정이 얼마나 부드럽게 이어질지 고민해야 한다. 사람들은 항상 경기 정점에서 새로운 세상을 말하고 저점에서는 공포를 말한다. 모든 투자자가 알고 있고 이를 경계하는 책만 해도 셀 수 없이 많다. 하지만 실제로 정점에서 후퇴를 말하거나 저점에서 상승을 말하면 시장에서는 잘 받아들이지 못하는 경향이 있다. 경제 분석은 이러한 변곡점을 선제적으로 대비하는 과정이다.

ISM제조업지수를 보는 가장 큰 이유 중 하나는 경기에 대한 선행성에 있다. 재미있는 것은 산업 생산과 ISM제조업지수가 높은 상관성을 보이지만 지수의 선행성이 보이지는 않는다는 것이다. [그림 3-49]를 살펴보면 직관적으로 알 수 있는데, 제조업지수는 산업 생산과 오히려 동행한다는 해석이 가능하다. 산업 생산이 분기별로 발표되는 경기에 선행하고 고용 등에 영향을 미치는 것은 맞지만 제조업지수가 산업 생산과 차별화되는 경제 분석의 포인트를 주느냐는 의문이다.

다만 ISM제조업지수는 산업 생산보다 변곡점이 확실하고 직관적으로 '구매

관리자들이 설문에 대답했다'는 해석이 마음에 더 와닿는 부분은 있다. 월초에 발표되기 때문에 15일 정도 빠르게 확인할 수 있다는 장점도 있다. ISM제조업지수의 효용성을 폄하하려는 의도는 없다. 시장이 좋아하는 지표는 좋아한다는 사실만으로도 금융시장의 가격에 영향을 미치기 때문에 충분히 중요하다. 다만 경제 분석을 하는 입장에서 지나치게 맹신할 필요는 없다.

앞에서 ISM제조업지수는 발표되는 모든 항목의 합이 아니라고 설명한 바 있다. ISM제조업지수는 생산, 신규 주문, 배송 속도, 재고, 고용의 단순 평균으로 구한다. 이 중 가장 관심 있게 다뤄지는 지표는 신규 주문이다. 신규 주문이 늘어나면 생산이 늘어나고 배송 속도가 감소하고 재고는 증가한다. 모든 인과관계가 정확할 수는 없지만 신규 주문이 늘어나면 생산이 늘어난다는 점은 명확하다.

대부분 직관적으로 이해가 가능하지만 배송 속도(supplier deliveries, 공급자 운송 시간)는 조금 더 설명이 필요하다. 이 지표는 구매 관리자가 자재 주문 시 경험하는 운송 시간의 변화를 나타낸다. 구매 관리자에게 자재가 늦게 도착하

[그림 3-49] ISM제조업지수와 산업 생산 증가율(2000~2022/10)

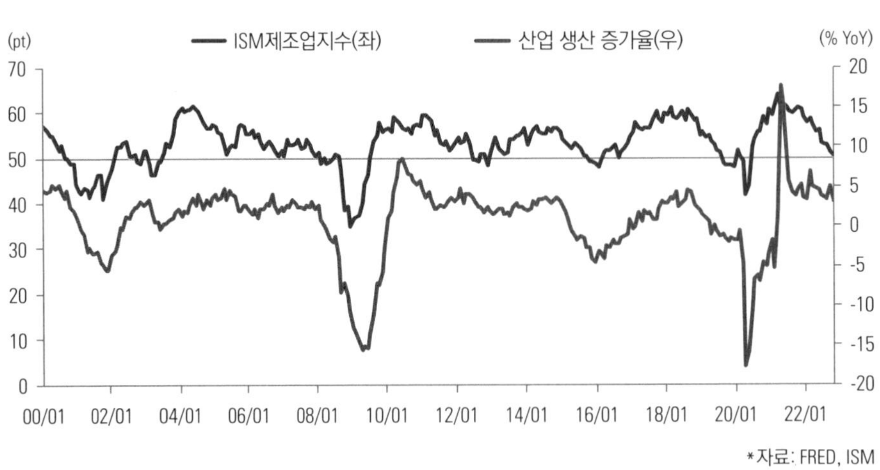


*자료: FRED, ISM

면 운송지수는 상승한다. 즉 운송 시간이 길어질수록 지수는 50pt를 상회한다. 일반적인 상황에서 수요가 증가해서 제품 선적이나 운송에 어려움이 생기면 운송 시간이 길어진다는 개념이다. 수요 증가는 신규 주문이나 생산 증가로 연결되기 때문에 제조업지수에 긍정적인 요소다. 더욱이 운송 시간이 길어질수록 공급자의 파워가 커지면서 미래에 물가가 상승할 수 있다. 수요 급증만이 요인은 아니지만 우리는 2021년 배송 속도 상승과 이로 인한 가격 상승을 경험한 바 있다.

ISM제조업지수에 포함되지 않는 항목 중 고객 재고는 감소할수록 생산 기업 입장에서 긍정적으로 해석한다. 고객 재고가 감소하면 신규 주문을 통해 재고를 채우려는 욕구가 발생하기 때문이다. 비용과 신규 수출, 수입 지표는 대부분 인플레이션과 연관되어 있다. 비용은 직관적으로 해석이 가능하다. 제조업체들이 자재에 지불하는 비용이 상승할수록 기업의 비용 상승과 인플레이션 상승 가능성이 확대된다. 일반적으로 ISM제조업지수가 65pt를 상회하면 우려 구간으로 보는데 연준의 정책 변화와도 밀접히 연관되어 있다.

[그림 3-50] ISM제조업지수 구성 항목 추이(2018~2022/10)

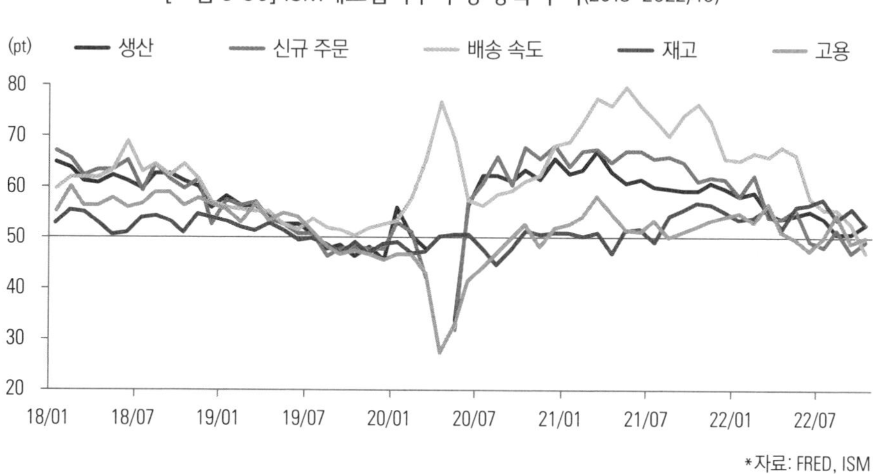


*자료: FRED, ISM

신규 수출 주문이 늘어나면 국내 제조업의 확장이 나타날 수 있다. 다만 수출 증가는 제조업체 입장에서 수요 증가이므로 인플레이션 압력이 좀 더 강해지는 효과가 발생한다. 동일한 국내 생산 제품의 외국 수요가 많아지는 상황이기 때문에, 국내 수요만 높던 시기와 비교해 제조업체의 가격 결정력이 높아진다.

[그림 3-51] ISM제조업지수 기타 세부 항목 추이(2018~2022/10)

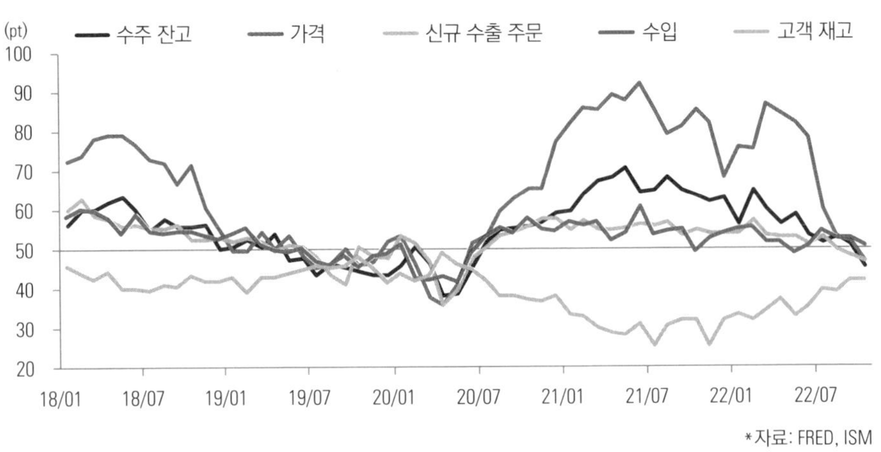


*자료: FRED, ISM

[그림 3-52] ISM비제조업지수 장기 추세(1997~2022/10)

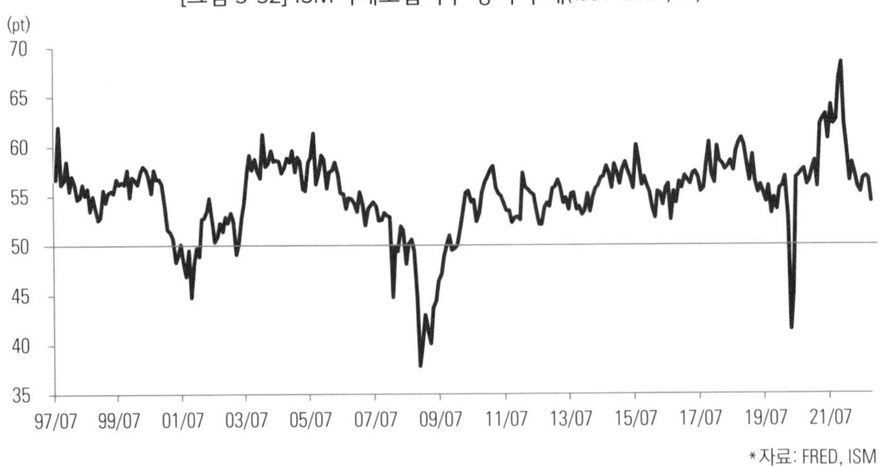


*자료: FRED, ISM

ISM비제조업지수(서비스업지수)는 1997년 이후 업데이트되고 있으며 2021년 역사적인 고점을 경신했다. 역사적 고점을 넘어섰음에도 불구하고 ISM제조업지수 상승에 비해 주목받지 못했다. 전통적으로 제조업지수가 경기 사이클을 결정해왔기 때문에 서비스업에 대한 관심이 적고, 경기 변동 상황에서도 서비스업은 크게 변하지 않을 거라는 인식도 있기 때문이다. 다만 2020년과 같이 강제로 서비스업이 제한받는 상황이나, 중국과 같이 내수 진작과 서비스업 상승이 극적으로 늘어나는 국가에 대해서는 ISM비제조업지수를 꾸준히 관찰할 필요가 있다.

이 지수는 '기업 활동, 신규 주문, 배송 속도, 고용'이라는 네 가지 항목의 단순 평균으로 산출된다. 기업 활동은 서비스 부문 기업 활동이 얼마나 확장됐는지 혹은 수축됐는지를 평가한다. 비용은 제조업에서는 원재료와 기초 자재를 측정하지만 비제조업에서는 최종재와 기타 서비스의 구매를 기준으로 한다. 수출은 금융, 컨설팅, 엔터테인먼트, 서비스 등을 외국에 판매하는 것으로, 제조업과 같이 제품의 직접적인 수출을 의미하지는 않는다.

[그림 3-53] ISM서비스업지수 구성 항목 추이(2020~2022/10)

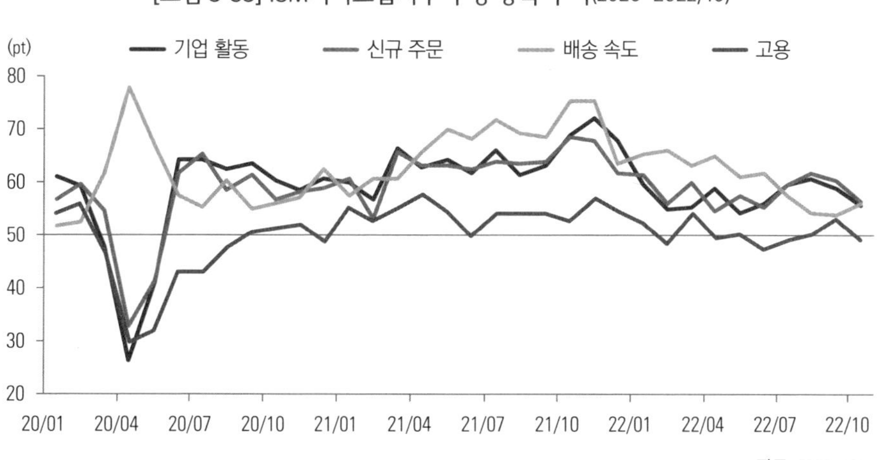


*자료: FRED, ISM

[그림 3-54] ISM서비스업지수 기타 세부 항목 추이(2020~2022/10)

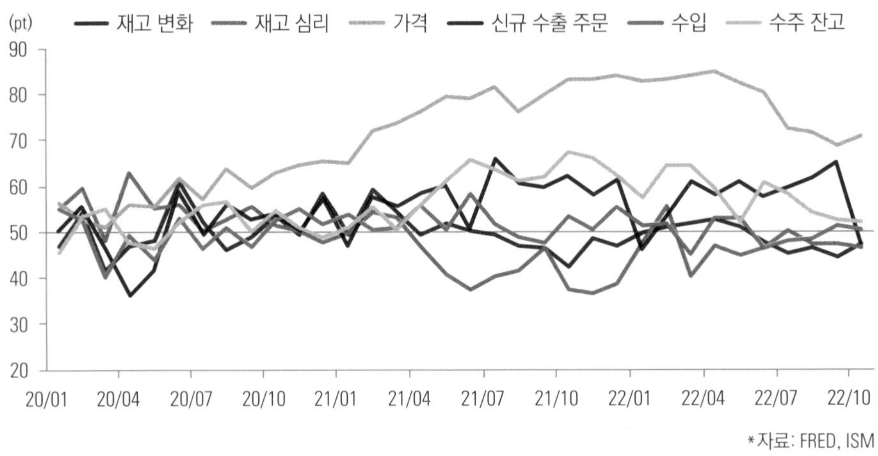


*자료: FRED, ISM

비용(혹은 가격) 항목이 상승하면 인플레이션이 생각보다 강하게 나타날 수 있다. 제조업체의 초기 생산 비용뿐 아니라 최종재 가격과 서비스 제공 가격 역시 상승 추세를 그리기 때문이다. 서비스 부문이 소비자물가지수에서 차지하는 비중(약 60%)이 제조업보다 높다는 점도 가격 변화에 주목하는 이유다.

### 추가할 이야기

ISM제조업지수에 주목하는 이유는 산업 생산에 선행성을 가지기 때문이다. 그리고 산업 생산에 대한 선행성이 중요한 이유는 산업 생산이 소매 판매를 예상하는 근거가 되기 때문이다.

[그림 3-55]에서 확인되는 바와 같이 산업 생산 증가율은 소매 판매 증가율과 동일한 경로를 보이며 이는 산업 생산의 증가가 고용 및 소득, 소비와 연관성이 높기 때문이다. 하지만 경제지표를 해석할 때 증가율이 동일하다고 해서 동일한 수준으로 상승하는 것은 아니라는 점에 주의해야 한다. 산업 생산과 소매 판매액을 지수화해서 살펴보면 재미있는 차이점을 찾을 수 있다. 산업

[그림 3-55] 산업 생산과 소매 판매 증가율 추이(2018~2022/10)

*자료: FRED

[그림 3-56] 산업 생산과 소매 판매액 지수 추이(2000~2022/10)

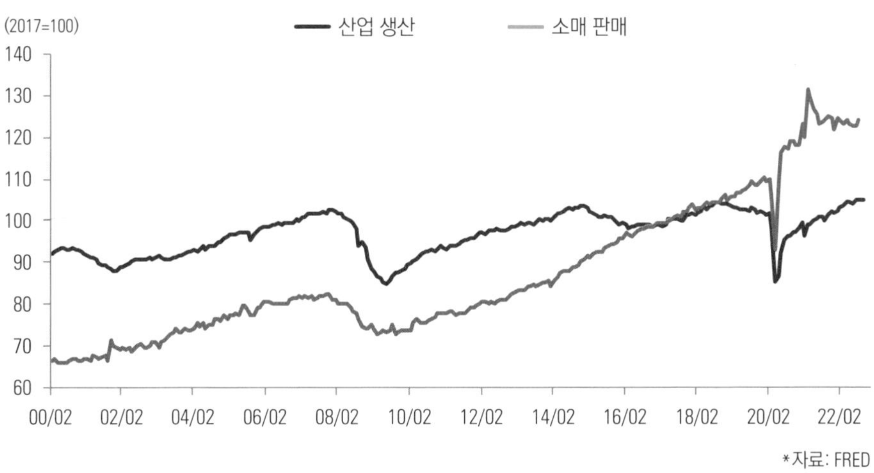


*자료: FRED

생산과 소매 판매는 2014년까지 동일하게 움직였지만, 2014년 이후 산업 생산은 상승 추세를 보이지 못하는 반면 소매 판매는 지속적으로 고점을 높여오고 있다.

앞서 설명했듯이 산업 생산은 국내의 절대적인 생산량을 측정하는 개념이다. 한마디로 소비는 2009년 금융위기에서 벗어난 이후 지속적으로 상승세를 이어왔지만 미국 내의 생산량은 2007년 12월 수준을 벗어나지 못했다. 그렇다면 소비를 어디서 충족하는가? 미국이 애초에 예상했던 것보다 많은 수입이 이루어지고 있고 이로 인해 무역적자가 지속적으로 가중됐다. 오바마 대통령이 리쇼어링 정책을 시작한 이후 현재까지 지속하는 이유이고, 미·중 관계 개선이 쉽사리 나타나기 어렵다고 판단하는 이유다.

## 결론

ISM제조업지수는 선행성 때문에 굉장히 중요한 지표로 인식된다. 경제지표 분석에서 중요한 것은 그 지표가 경제에서 어느 정도의 비중을 차지하느냐가 아니라 경기 변동 혹은 사이클을 예측하는 데 얼마나 기여하느냐이기 때문이다. 서비스업의 비중이 압도적으로 높음에도 불구하고 우리가 여전히 ISM제조업지수에 더 크게 주목하는 이유다.

과거 통계 데이터를 기준으로 할 때, ISM제조업지수가 50pt이면 경제 성장률이 평균 수준을 유지하는 것으로 판단된다. 과거에는 평균 2.5% 전후로 성장했지만 현재는 약 2% 수준으로 본다. 추가로 ISM지수가 1pt 상승할 때마다 경제 성장률은 전년 동기 대비 약 0.3%p 추가 성장하는 것으로 판단한다. 50pt를 하회하는 그림에서 무조건적인 경기 침체를 예상하지는 않는다. 제조업의 성장성이 낮아도 다른 여러 요인으로 소비가 확대될 수 있기 때문에, 일반적으로 43pt를 기준으로 해서 이를 하회하면 제조업과 경기 모두 침체 구간에 들어섰을 가능성이 높다. 반대로 ISM제조업지수가 60pt를 넘어서서 6개월 이상 상승한다면 시장에 유의미할 정도의 경기 과열과 인플레이션이 나타났다고 판단한다. 따라서 금융과 재정 정책의 변화를 예상하는 대략적인 기준점은 45pt와 60pt다.

마지막으로 ISM제조업지수를 활용할 때 주의할 점은, 구매 담당자들의 빠른 반응으로 높은 선행성을 보이는 만큼 심리 위축 구간의 수치 변화가 실물 경제보다 극적일 수 있다는 사실이다. 물론 경기 반등 구간의 상승 추세도 실물 경기의 회복보다 빠를 수 있다. 예를 들어 2016년에서 2018년까지 시장은 악재 해소라는 이유로 ISM제조업지수가 지속적으로 상승해 전고점을 넘어섰다. 하지만 실제 산업 생산 증가율은 2017년에 (+)로 전환했고, 2018년까지의 고점도 2011~2014년의 고점 영역에 겨우 도달하는 모습이었다. 우리가 2018년 초반 경기의 글로벌 경기의 확장을 기대했던 근거에 ISM제조업지수의 빠른 상승 추세도 있었음을 부인할 수 없다. 하지만 실제로 경기는 기대감에 못 미치는 결과를 보여줬다. 구매자가 느끼는 심리와 실제 경기의 방향이 다를 수 있다는 점을 고려해야 한다.

## 소비자물가지수와 생산자물가지수: 오르면 비용 문제, 내리면 경기 문제

[표 3-11] 소비자물가지수(CPI)

| 구분 | 내용 |
|---|---|
| 내용 | 소매 제품과 서비스 가격의 인플레이션을 측정 |
| 인터넷 발표 | www.bls.gov/cpi |
| 웹사이트 주소 | www.bls.gov |
| 발표 시기 | 매월 13일 전후 오전 8시 30분(이전 달 내용) |
| 발표 빈도 | 월간 |
| 작성 기관 | 미 노동부 노동통계국 |
| 특징 | 수요 확대를 확인할 수도 있지만, 연준의 정책 변화와 비용 상승 요인에 따른 경기 압박 요인으로도 작용 |

[표 3-12] 생산자물가지수(PPI)

| 구분 | 내용 |
|---|---|
| 내용 | 기업이 지불하는 가격의 변화를 측정 |
| 인터넷 발표 | www.bls.gov/ppi |
| 웹사이트 주소 | www.bls.gov |
| 발표 시기 | 매월 두 번째 금요일 오전 8시 30분(이전 달 내용) |
| 발표 빈도 | 월간 |
| 작성 기관 | 미 노동부 노동통계국 |
| 특징 | 생산자물가지수 상승률이 소비자물가지수 상승률을 지나치게 상회하면 기업의 비용 상승 우려도 확대. 경제에서 스태그플레이션을 우려하게 만드는 비용 상승 인플레이션의 전형적인 모습 출현 가능 |

소비자물가지수는 한마디로 소비자들이 소비하는 것들의 가격을 이야기한다. 우리가 사는 자동차, 냉장고 같은 제품은 물론이고 이발을 하고 병원을 가는 비용도 모두 포함된다. 현실적으로 세상의 모든 소비의 가격을 측정할 수는 없기 때문에 소비자물가를 대표하는 바스켓(장바구니)을 설정하고 여기에 들어 있는 품목의 가중치별로 가격을 측정한다. 초등학교 시절 자장면 가격이 안 오르는 것은 자장면이 소비자물가 바스켓에 포함되어 있어서 정부에서 못 올리게 하기 때문이라고 들은 적이 있다. 진실이 무엇이든 간에 이런 특성으로 특정 물품 혹은 부문의 가격 상승이 인플레이션에 상대적으로 크게 기여한다.

본론으로 들어가서, 소비자물가지수를 보는 이유는 무엇인가? 물건의 가격이 모두의 삶에 큰 영향을 미치기 때문이다. 물건값이 상승하면 내가 가지고 있는 돈으로 동일한 물건을 살 수 없게 된다. 최종재 가격이라면 소비자에게만 영향을 미칠지 모르지만, 유가와 같은 원자재 가격 상승이 동시에 나타난다면 기업의 생산 비용에도 문제를 일으킨다. 석유를 이용한 기계의 가동을 줄여야 할지, 전기 요금이 얼마나 인상될지, 최종재 가격에 높아진 비용을 얼마나 전가해야 할지 등 많은 문제가 발생한다.

그렇기 때문에 경제에서는 명목과 실질을 명확하게 구분한다. 명목은 일반적으로 조사했을 때 나오는 수치이고, 실질은 물가 상승률을 감안했을 때 어느 정도의 수치 변화가 있는지를 나타내는 개념이다. 앞서 설명했던 임금 인상률과 같이 임금이 3% 상승한 것은 일단 긍정적이지만, 물가가 4% 상승했다면 오히려 근로자들의 구매력은 줄었다고 생각할 수 있다.

인플레이션을 다른 말로 하면 돈의 가치가 떨어진 것이다. 돈의 가치가 떨어지면 물건의 가치가 올라간다. 금융 상품의 가격은 하락하고 이자는 상승한다. 우리는 보유한 주식이나 주택의 가격이 3% 하락하면 굉장히 민감하게 반응한다. 하지만 의외로 인플레이션이 2%대에서 6%로 상승한 것에 대해서는 단순히 정부의 정책 변화만을 우려하는 경향이 있다. 그러나 금융시장의 시스템은 결국 어떤 식으로든 주가와 주택 가격을 하락시킨다.

생산자물가지수는 제조업체와 도매업자들이 생산 단계에서 지불하는 비용의 변화를 측정한 지표다. 평범한 경제와 물가 상황에서 생산자물가지수에 관심을 가지는 이유는 생산자물가지수 상승률이 다음 달 소비자물가지수 상승률과 유사하기 때문이다. 이때는 생산자물가지수 상승이라는 기업의 비용 상승을 대부분 소비자물가로 전가할 수 있다. 따라서 생산자물가지수에 큰 관심을 가질 필요가 없고, 생산자물가지수도 일반적으로 발표되는 최종재를 기준으로 판단하면 된다.

하지만 소비자물가지수와 생산자물가지수의 차이가 심해지는 순간, 다시 말해 생산자물가지수 증가율에서 소비자물가지수 증가율을 차감한 값이 일정 수준 이상으로 급등하면 가격 전가가 불가능해진다. 이런 경우에는 생산자물가지수 중 최종재 가격보다는 중간재 가격에 주목할 필요가 있다. 관심을 크게 받지 못하던 생산자물가지수가 본격적으로 금융시장 분석의 중심으로 대두된다.

물론 소비자물가지수 상승은 생산자물가지수 상승에 일정 기간(1~2분기) 후행하고, 그렇기 때문에 생산자물가지수가 상승하고 소비자물가지수가 상승하기 전, 기업의 비용 상승이 최고에 달하면서 주가가 하락한 시점을 저가 매수의 기회로 삼는 전략도 있다. 하지만 이러한 전략의 유효성은 생산자물가지수 상승의 정도에 따라 다르고 물가 상승의 성격에 따라서 다르다. 예를 들어 원자재, 특히 정유업체의 마진 스프레드 등은 이런 식으로 접근 가능하지만 병목현상에 의한 재료 조달 지연, 소득 증가가 없는 상황의 비용 상승 등은 만회하기 어려울 수 있다. 일시적 비용 상승을 예상하고 저가 매수에 나서기 전에, 생산기업의 가격 결정력에 대해서 지나친 기대를 하는 게 아닌지 고민해볼 필요가 있다.

### 지표 확인과 해석

소비자물가지수와 생산자물가지수 모두 미국 노동부 노동통계국에서 발표한다. 소비자물가지수는 2주 차에 발표되지만 10~13일 정도로 날짜가 조금씩 달라진다. 생산자물가지수는 매달 둘째 주 금요일에 발표되며, 시기상으로 소비자물가지수와 비슷하다.

소비자물가지수가 정부의 사회보장 수혜자와 식량 배급 대상자 결정과 기업 급여 인상 자료로 이용되기 때문인지, 조사를 노동통계국에서 맡아서 한다. 그래서 생각보다 친절하고 신뢰성 있는 자료를 얻을 수 있다. 사실 인플레이션이 특별한 이슈가 되지 않는 시기라면 노동통계국에서 발표되는 첫 페이지를 참고하는 것만으로도 충분하다. 그것도 귀찮다면 투자 사이트나 뉴스에서 발표하는 예상치와 실제 수치 발표 정도만 챙겨 보고 넘어가도 무방하다.

물가의 적당한 상승은 경제의 완만한 성장과 마찬가지로 너무나 당연한 개념이기 때문이다. 문제는 경제 성장을 넘어서는 수준으로 물가 상승 추세가 나타날 때 발생한다.

물가 발표에서 CPI-U라고 언급하는 것은 도시 소비자(Urban Consumer)의 인플레이션을 측정했다는 뜻이다. 우리가 일반적으로 말하는 소비자물가지수다. 이와 별개로 발표되는 CPI-W는 노동자(Worker)의 소비자물가지수로서 임금 상승률과 사회보장기금 연간 생계비 조정 등에 사용된다.

의외로 소비자물가지수가 급격히 상승하기 전에는 경제지표 발표일에 확인할 만한 것이 별로 없다. 그리고 일정한 인플레이션 상황에서는 소비자물가지수가 경제에 미치는 영향도 크지 않다. 중요한 것은 소비자물가지수의 상승 추세가 확인되기 전까지 시장에서 경기 변곡점이나 물가 급등 조짐을 알아낼 가능성이 굉장히 낮다는 것이다. 소비자물가지수와 생산자물가지수는 무언가의 선행 지표라기보다는, 오르거나 내려가고 난 뒤에 향후를 고민하는 지표다.

기업 이익을 측정해 주가를 예상한다는 측면에서는 오히려 생산자물가지수가 중요하다. 소비자물가지수를 한 달 정도 선행해서 예상할 수 있다는 점에서 선행성은 생산자물가지수가 더 높다. 일단 생산자물가지수에서 살펴볼 만한 사항들을 알아보자.

가장 먼저 체크해야 할 지표는 Final Demand(최종 수요재) 항목이다. 최종 수요재 생산 가격 변화를 통해서 향후 소비자물가지수를 예상할 수 있다. 하지만 생산자물가지수와 소비자물가지수의 격차가 커지는 경우와 기업의 비용 문제가 대두되는 경우에는 Intermediate Demand(중간 수요재)를 살펴보면 된다.

중간 수요재는 자본 투자를 제외하고 생산에 필요한 중간재로서 기업에 판매되는 상품, 서비스와 건설 제품의 가격 변화를 추적한다. 크게 상품 유형과 생산 단계로 나누는데 일반적으로 사용하는 자료는 상품 유형별 중간 수요재로서 '미가공 상품, 가공품, 무역 서비스, 중간 수요 운송 및 창고 서비스, 무역·운송 및 창고 보관을 제외한 중간 수요 서비스, 중간 수요 건설'의 6가지가 포함된다.

중간 수요재의 미가공품 지수는 가공을 거치지 않고 생산의 투입물로 기업에 판매되는 상품의 가격 변화를 측정한다. 이렇게 분류되는 상품을 대략 생각해보면 정제소에 판매되는 원유, 자동차 제조업체에 판매되는 자동차 부품과 트럭 회사에 판매되는 휘발유, 기업이 생산에 투입하는 재화의 소매 및 도매 서비스에 대해 받는 마진의 변화, 출장을 위한 가격 변화와 중간 수요에 판매된 화물의 운송 및 창고 보관 비용이 있다. 기업이 구매하는 법률 및 회계 서비스, 기업이 구매하는 유지, 보수의 변동 등도 중간 수요에 포함된다.

중간 수요재 가격을 생산 단계로 구분하면 4가지가 나온다. 4단계는 최종 수요로 소비되는 생산에 대한 공급이고, 3단계는 4단계 생산을 위해, 2단계는 3단계 생산을 위해, 1단계는 2단계 생산을 위해 투입되는 것을 가리킨다. 예를 들어 4단계에는 경트럭과 다용도 차량 제조, 3단계에는 자동차 부품, 2단계에는 석유 정제, 발전, 송배전, 가스 분배, 1단계에는 석유 및 가스 추출이 포함된다.

기업의 비용을 분석한다는 목적을 위해서는 중간 수요재의 총지수 항목으로 접근하는 것이 편하다. 굳이 하위 개념들을 설명한 이유는 간혹 지표를 확인하는 과정에서 궁금한 점이 생기거나 리포트에서 하위 개념에 접근할 때 이해를 돕기 위해서지, 여러분이 모두 알아야 한다는 의미는 아니다.

### 실제 분석 사례

소비자물가지수는 다양한 방식으로 분석한다. 가장 잘 알려진 개념은 소비자물가지수 상승률과 근원소비자물가지수 상승률이다. 근원물가지수는 식품과 에너지 비용을 제외한 물가지수다. 식품과 에너지 비용은 소비자물가지수의 약 25%를 차지하는데, 기후 변화나 OPEC의 수요-공급에 따라 급변할 수 있기 때문에 월 단위의 높은 변동성을 제거하기 위해서 이 비용들을 제외한다. [그림 3-57]과 [그림 3-59]에서 확인할 수 있듯이 근원소비자물가지수의

[그림 3-57] 소비자물가지수 상승률(2001~2022/10)

*자료: 미국 노동부 노동통계국

[그림 3-58] 에너지와 식품 가격 상승률(2001~2022/10)

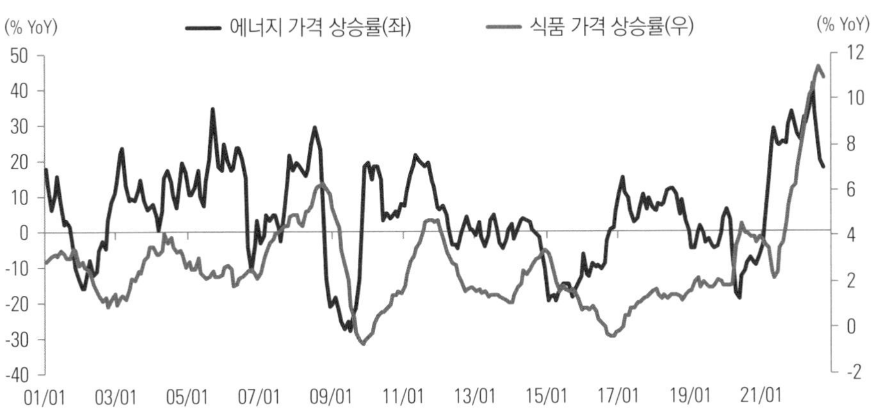


*자료: FRED

[그림 3-59] 근원소비자물가지수 상승률(2001~2022/08)

*자료: 미국 노동부 노동통계국

변동성이 소비자물가지수의 변동성보다 작다.

소비와 경기를 분석할 때는 소비자물가지수를 살펴보는 것이 낫다. 에너지와 식품 가격이 가계의 소비에 큰 영향을 주고, 굳이 지표의 변동성을 줄여서 안정적으로 만드는 것이 실제 경제 분석에 큰 도움이 되지 않기 때문이다. 그리고 장기 시계열로 비교할 때는 소비자물가지수와 근원소비자물가지수의 격차를 크게 느끼기 어렵다. 에너지를 제외한다지만 대부분의 원자재 가격은 대부분의 제품 생산에 직간접적으로 영향을 미치기 때문이다.

연준의 정책에 영향을 미치는 물가를 확인하려면 개인 소비 지출(PCE)을 분석하는 것이 맞다. 연준에서는 기준금리를 결정할 때 공식적으로 PCE를 사용한다. FOMC에서 발표한 경제 성장 및 물가 전망치를 본 기억이 있을 것이다. 전망치에서 발표되는 물가 지표가 PCE와 근원PCE다. PCE는 미국 상무부 산하의 경제분석국에서 발표하며 미국의 실제 개인 소비 지출을 기준으로 산출한다. 소비자물가지수와 PCE는 기본적으로 동일한 추세를 보이지만 소비자물가지수가 PCE보다 살짝 높은 수준으로 형성된다. 소비자물가지수는 직접 구

[그림 3-60] PCE와 소비자물가지수의 구성 항목 비율(2022/04 기준)

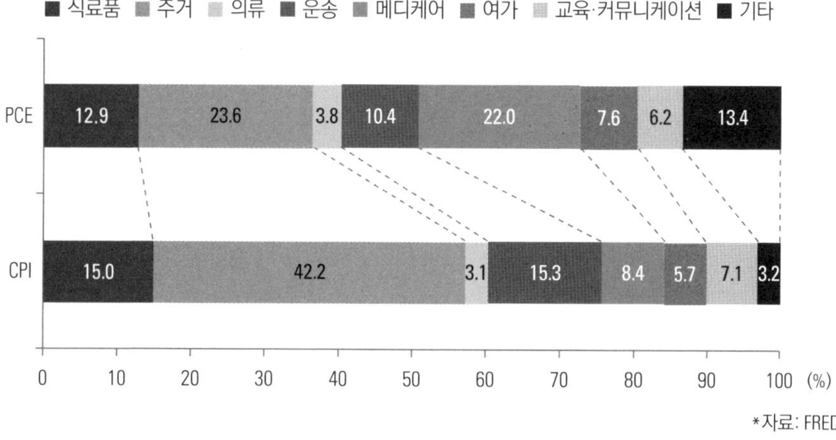


*자료: FRED

매한 상품만을 대상으로 하지만, PCE 물가는 직간접적으로 구매한 모든 제품을 대상으로 하기 때문이다. PCE가 조사 대상이 좀 더 넓은 편이라고 생각하는 것이 편하다.

[그림 3-60]에서 소비자물가지수와 PCE 구성 비중을 보면 주거와 메디케어, 기타 부문에서 차이가 크게 발생한다. PCE는 기업에서 지불하는 메디케어 비용을 포함하기 때문에 메디케어의 비중이 높아질 수밖에 없다. 헬스케어가 14%가량 추가되고 기타 항목이 높아지면서 나머지 비중은 자연히 조금씩 작아진다.

소비자물가지수 구성 품목은 2년마다 변경되지만 PCE는 분기별로 조정된다. 여기에 더해 PCE는 대체재의 존재를 인정한다. 즉 소고기가 너무 비싸지면 소비자물가지수는 소고기의 가격 상승을 그대로 반영하지만, PCE는 사람들이 돼지고기를 더 많이 사 먹을 것이라는 가정하에 비중을 조절한다.

PCE를 살펴본 김에 Trimmed Mean PCE(절사 평균 PCE)도 살펴보자. 이는 물가지수 구성 항목 중 가격 상승률이 가장 높은 일부 품목과 가장 낮은 일부 품목(가격 상승률 상하 16% 품목)을 제외하고 계산하는 물가 지표다. 일회성 요인과 변동성 확대 요인을 제거하는 것으로서 댈러스 연준에서 발표한다. 제롬 파월 연준 의장을 비롯한 일부 의원은 이 지표가 물가의 실질적인 흐름을 판단하는 데 더 도움이 된다고 언급한 바 있다. 2015년에는 PCE가 급락하면서 디플레이션 우려가 나왔지만 연준은 기준금리 인상을 단행했다. Trimmed Mean PCE 측면에서는 일상적인 수준과 크게 다르지 않다고 판단했기 때문이다.

연준에서는 평균물가목표제(Average Inflation Targeting, AIT) 개념을 지속적으로 논의해왔다. 인플레이션을 판단하는 데는 현재 레벨이 아니라 평균 흐름이 중요하다, 즉 당장의 수치가 2%를 넘기는 것이 아니라 평균 수치가 2%를 넘기는 것이 중요하다는 개념이다. 일반적으로는 디플레이션이나 인플레이션에 대해 연준이 정책 전환 속도를 느리게 가져가는 것의 변명이 될 수 있다. [그림 3-62]의 3년 이동평균이 연준에서 공식 발표한 시점은 아니다. 다만 평균물가

[그림 3-61] PCE와 Trimmed Mean PCE 상승률(2011~2022/09)

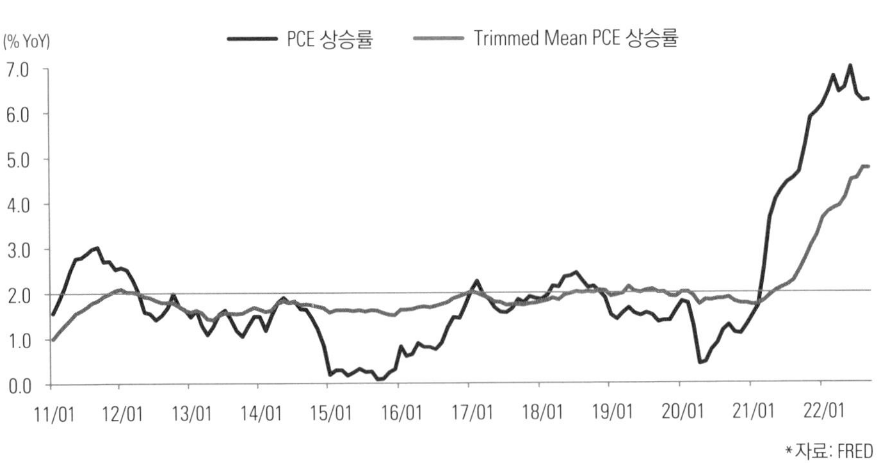


*자료: FRED

목표제로 접근했을 때 3년 정도가 인플레이션을 판단하는 데 도움이 될 것이라고 생각한다.

Sticky CPI(비탄력적 CPI)는 Trimmed Mean PCE와 비슷한 관점으로 만들어진 지수다. Trimmed Mean PCE가 가격 상승률을 기준으로 한다면 Sticky CPI는 가격 조정 주기(4.3개월)를 기준으로 계산한다. 즉 가격 조정 주기가 긴(안정성이 높은) 항목들만 모아서 만들어 전체적인 변동성을 축소한 다음 살펴보는 지표로 애틀랜타 연준에서 발표한다. 솔직히 어떤 지표가 더 중요한지는 불투명하다. 다만 고민이 될 때는 지표를 종합적으로 분석해서 판단하면 도움이 될 것이다.

앞에서 언급했듯이 생산자물가지수와 소비자물가지수의 차이를 확인하는 작업도 중요하다. 2021년에 생산자물가지수가 급등하자 기업 비용 증가에 대한 우려가 조금씩 커졌다. 이로 인해 2021년 하반기부터 기업의 영업이익률 하락 우려가 강해졌고, 매출액이 증가하는 기업이라도 영업이익률 우려가 계속

[그림 3-62] 소비자물가지수와 Sticky CPI(2000~2022/10)

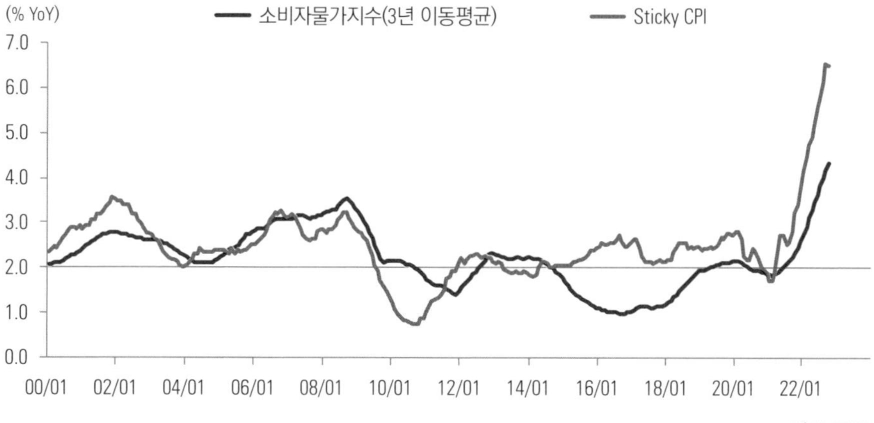

*자료: FRED

[그림 3-63] 미국 소비자물가지수 – 생산자물가지수(2010~2022/10)

*자료: FRED

[그림 3-64] 중간재와 최종재의 생산자물가지수 추이(2011~2022/10)

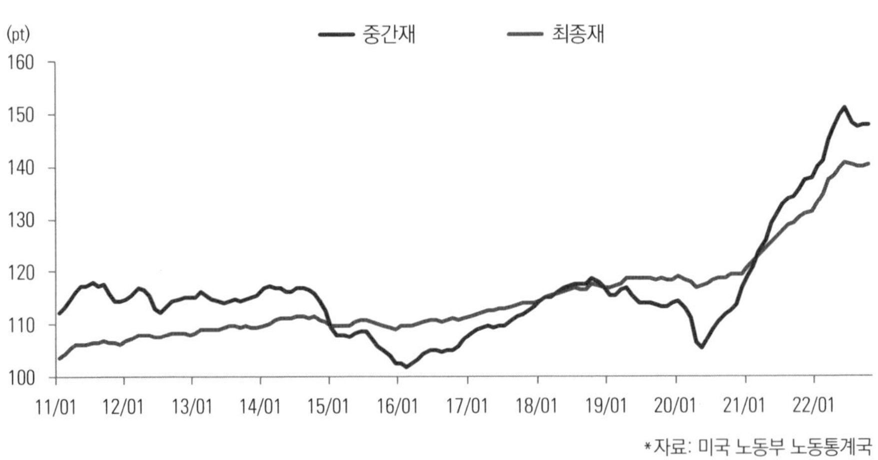


*자료: 미국 노동부 노동통계국

되었다. 물가와 관련해 긍정적인 변화로 판단할 수 있는 부분은 급등했던 소비자물가지수와 생산자물가지수의 격차가 2022년 5월 이후 급격히 축소되었다는 점이다. 물론 시장에 영업이익률 상승 기대감이 반영되기까지는 시간이 필요하겠지만 기업 영업이익률은 조금씩 회복될 가능성이 높다.

앞서 언급했듯이 기업 영업이익률 우려가 발생한 구간에서는 중간재 물가 변화에 주목할 필요가 있다. 중간재 물가에는 기업이 생산하는 데 필요한 중간재와 원자재의 가격이 보다 정확히 포함되어 있기 때문이다. 원자재 가격 상승이 우려 요인으로 부각된 2021년 이후 중간재와 최종재 가격 추이를 보면 중간재 가격이 최종재 가격을 상회하는 흐름을 이어오고 있다. 2011~2014년에 나타났던 중간재 생산자물가지수 상승과 비슷한데, 유가와 같은 원자재 가격의 상승이 시장에 영향을 미칠 때 이러한 현상이 자주 관찰된다.

## 추가할 이야기

직접적인 인플레이션 지표는 아니지만 정부 정책 혹은 금리 예측에 중요하다고 판단되는 기대인플레이션율(Break Even Inflation Rate, BEI)을 살펴보자. 일반적으로 미국 국채 10년물 금리에서 물가 연동 국채(TIPS) 10년물 금리를 빼서 계산한다. 물가 연동 국채는 물가 상승이나 하락을 국채 가격에 연동한 것으로, 인플레이션에 대한 기대가 높아지면 국채 금리가 물가 연동 국채 금리

[그림 3-65] 미국 기대인플레이션율 추이(2010~2022/11)

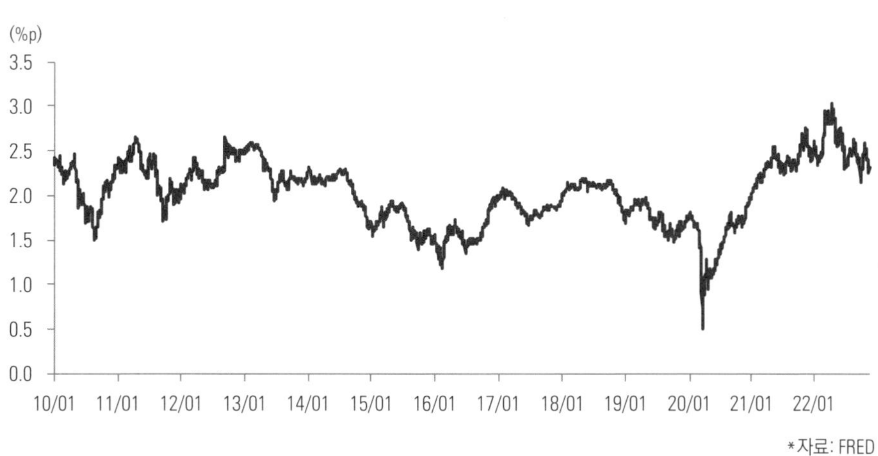


*자료: FRED

보다 더 많이 상승한다. 차이가 커지면 물가 상승에 대한 시장의 기대 심리가 높다는 의미가 된다.

### 결론

소비자물가지수가 중요한 지표인 것은 맞지만 정상적인 경제 구간에서는 자산 가격에 큰 영향을 주지 않는다. 일정 수준 이상으로 상승하거나 하락하는 상황, 정부의 정책 변화가 나타날 것으로 예상되는 시기, 혹은 생산자물가지수와의 격차가 커지는 구간 등에서 이슈로 부각되는 경향이 있다. 따라서 소비자물가지수와 생산자물가지수에 큰 관심을 보이지 않는 투자자도 많다.

하지만 물가 상승이 강하게 나타나거나 생산자물가지수와 소비자물가지수의 격차가 커지고 있다는 것을 확인하려면 결국 매월 발표되는 물가지수를 확인해야 한다. 물가 상승 추세가 예상보다 크면 PCE나 Sticky CPI 등을 추가로 확인해서 일시적이거나 특정 섹터에 의한 현상인지 확인하고, 그 결과 물가 상승이 추세적이라면 기대인플레이션율 등의 지표를 통해서 시장에 인플레이션 기대 심리가 반영되는 중인지를 파악할 필요가 있다. 이를 통해서 소비자물가지수의 주목할 만한 변화가 어떤 성격을 가지고 있는지 판단하는 과정이 중요하다.

'물가 상승은 나쁘다'라는 표현은 잘못됐다. 이해할 수 있는 경제 성장과 수요 확대에 따른 물가 상승은 시장에 긍정적인 효과를 줄 수 있다. 적당한 수준의 물가 상승은 모든 일이 잘 돌아가고 있다는 것을 의미한다. 가장 경계할 물가 상승은 비용 상승이 유발하는 물가 상승이다. 원자재 가격이나 중간재 가격이 상승해 물가가 상승하는 것인데, 이는 수요와 공급 중 한 부분이 제대로 작동하지 않고 있음을 의미하는 동시에 제조업 생산 비용이 상승함을 의미하기 때문이다. 따라서 조금 귀찮더라도 생산자물가지수 수치는 매달 확인하는 수고를 들일 필요가 있다. 주식이 아니라 외환과 채권 등에 투자하는 투자자라면 물가가 가지는 중요성은 훨씬 커진다. 이런 경우 앞서 언급한 물가 관련 경제지표들은 기본적으로 체크하고 넘어가야 한다. 물가가 미치는 영향이 금리와 환율에 더욱 직접적이기 때문이다.

## 주택: 핵심은 아니지만 모든 핵심 지표에 영향

주택 관련 지표는 상당히 미묘하다. 중요한 것 같은 느낌은 드는데 막상 어떤 경제지표와 밀접히 연결되어 있는지 불분명하고, 발표되는 지표들을 확인하면 그래서 어쩌라는 건가 싶기도 하다. 한국 경제지표 분석에서도 주택 가격이나 매매량 발표를 사용하는 경우는 거의 없다. 주택지표는 정말로 중요도가 낮을까?

결론부터 말하면 중요한 지표다. 하지만 경제를 예상하기 위해서 보는 지표가 다양하기 때문에 필수적으로 확인할 필요성을 못 느낄 뿐이다. 미국 경제지표를 기준으로 본다면 꾸준히 주택지표를 확인하기를 권고한다. 경제 분석은 여러 가지 지표를 가지고 향후 경제의 진행 방향이나 변곡점을 예측하는데 목적을 두고 있고, 그러한 측면에서 주택지표도 충분히 중요하기 때문이다.

주택지표 중에서 하나만 본다면 신규 주택 착공 건수를 확인할 필요가 있다. 경제 사이클을 만들어내는 것은 대부분의 경우 제조업이고, 주택 착공은 제조업 경기에 크게 영향을 미치기 때문이다. 집을 실제로 지어야 재료를 사고 고용을 하고 건설비가 지급된다.

주택 착공은 새로운 집을 짓는 것이다. 새로운 집을 지으려면 새로 지은 집이 팔려야 한다. 따라서 신규 주택 매매는 신규 주택 착공의 향후 추세를 예상

[표 3-13] 건축 허가와 신규 주택 착공 건수

| 구분 | 내용 |
|---|---|
| 내용 | 건설 중인 신규 주택 수와 향후 건설 허가 건수 기록 |
| 인터넷 발표 | https://www.census.gov/construction/nrc/index.html |
| 웹사이트 주소 | www.census.gov |
| 발표 시기 | 건축 허가는 매월 17째 영업일 오전 8시, 신규 착공은 매월 12째 영업일 오전 8시 30분(이전 달 내용) |
| 발표 빈도 | 월간 |
| 작성 기관 | 미 상무부 센서스국 |
| 특징 | 허가는 착공에 1~3개월 선행. 주택 착공은 신규 건설 공사가 들어가기 때문에 경기의 선행 지표 |

[표 3-14] 신규 주택 매매

| 구분 | 내용 |
|---|---|
| 내용 | 신규 주택의 단독 판매 |
| 인터넷 발표 | https://www.census.gov/construction/nrs/index.html |
| 웹사이트 주소 | www.census.gov |
| 발표 시기 | 매월 17째 영업일 오전 10시(이전 달 내용) |
| 발표 빈도 | 월간 |
| 작성 기관 | 미 상무부 센서스국 |
| 특징 | 주택 매매를 위한 계약서가 처음으로 작성되는 시점의 수치들을 이용해 지수를 작성. 소비자 지출 패턴 변화를 가장 민감하게 반영 |

하기 위해서 필요하다. 주택 착공을 하기 위해서는 허가를 받아야 하므로, 건축 허가는 주택 착공에 선행할 수밖에 없다. 따라서 건축 허가도 살펴보는데, 건축 허가와 신규 주택 매매가 같은 날 발표되니 특별히 찾아본다기보다는 확인하는 김에 같이 한다는 느낌으로 보면 된다.

기존 주택 매매는 주택시장의 심리가 현재 어떤 방향으로 흐르고 있는지를

[표 3-15] 기존 주택 매매

| 구분 | 내용 |
|---|---|
| 내용 | 기존 단독주택의 월간 판매를 측정 |
| 인터넷 발표 | https://www.nar.realtor/research-and-statistics/housing-statistics |
| 웹사이트 주소 | https://www.nar.realtor |
| 발표 시기 | 매월 20일경 오전 10시(이전 달 내용) |
| 발표 빈도 | 월간 |
| 작성 기관 | 전미부동산협회 |
| 특징 | 기존 주택 판매는 주택 매매시장의 80%를 차지. 착공과의 연관성이 낮기 때문에 실질 경제에 미치는 영향은 미미. 하지만 경제활동의 간접적 판단은 가능. 주택 판매 증가 추세는 고용과 미래 소득 증가, 자산 가격 상승에 대한 가계의 심리를 반영. 잠정 주택 매매 혹은 미결 주택 매매는 주택 매매 계약을 했지만 대금 지급 등의 거래가 완전히 끝나지 않은 건수 |

[표 3-16] NAHB 주택시장지수

| 구분 | 내용 |
|---|---|
| 내용 | 건축업자들의 미래 동향 예측과 신규 단독주택 시장 현황 평가 |
| 인터넷 발표 | https://www.nahb.org/news-and-economics/housing-economics/indices/housing-market-index |
| 웹사이트 주소 | https://www.nahb.org |
| 발표 시기 | 매월 15일 전후 오전 10시 |
| 발표 빈도 | 월간 |
| 작성 기관 | 주택건설협회, 웰스파고 |
| 특징 | 케이스-실러 주택가격지수는 주택 가격을 제시한다는 점에서 유용하지만 2~3개월 후행하는 지표여서 금융시장에 사용하기 어려우므로, 이를 대신해 NAHB 주택시장지수를 사용 |

확인하는 데 사용된다. 우리나라도 마찬가지지만 새로운 주택보다는 이미 지어진 주택이 매매되는 비중이 압도적으로 크다. 따라서 기존 주택들의 매매량을 살펴본다면 주택시장 참여자들의 심리를 판단할 수 있다.

주택 매매량뿐 아니라 주택 가격 변화도 중요하다. 가장 잘 알려진 주택 가격 지표는 케이스-실러 주택가격지수다. 이 지수는 많이 사용된다는 장점이 있지만 발표 시기가 지나치게 늦다는 단점이 있다. 경제 분석을 전문으로 하는 사람에게는 유용한 지표일 수 있지만, 투자를 목적으로 주택지표를 확인하는 사람에게 다른 경제지표에 후행해서 발표된다는 것은 큰 약점이다.

그래서 주택 가격 변화를 판단할 때는 주택건설협회에서 발표하는 NAHB 주택시장지수를 활용한다. 엄밀히 말하면 주택 가격 지수는 아니고, 주택건설협회 회원들을 대상으로 신규 주택 판매 현황이나 미래 전망을 조사하는 시장 심리 자료다. 우리가 소비자심리지수를 선행 지표로 보는 것과 같이 주택시장지수는 케이스-실러 주택가격지수의 전년 동기 대비 성장률과 유사한 패턴을 보인다.

### 지표 확인과 해석

주택지표 중 가장 중요하다고 언급했던 신규 주택 착공과 허가 건수는 미국 상무부 센서스국에서 발표한다. 단독주택이 전체 주택 건설에서 가장 큰 비중을 차지해서 신규 주택 착공의 70% 이상이다. 5채 이상의 주택은 일반적으로 아파트 건물을 의미한다.

기존 주택 매매도 매매 건수를 확인하면 되어서 큰 어려움은 없다. 발표 지표에 포함된 미결 주택 매매(혹은 잠정 주택 매매)는 계약은 했지만 금액을 모두 지불하지 않은 거래를 의미한다. 신규 주택과 기존 주택이 모두 포함되는데, 계약금을 낸 상태에서 잔금을 치르지 않는 거래라고 생각하면 된다. 평상시에는 중요한 지표가 아니고, 미결 주택 매매가 이상할 정도로 증가하면 잔금을 치르는 데 무엇인가 문제가 발생하고 있다고 판단한다.

주택구매력지수(Housing Affordability Index)는 주택을 구매하는 데 필요한 비용을 측정한다. '전형적인 가정'이 '전형적인 주택' 구매를 위해 주택담보대출을 얻을 수 있는지를 설명하는 개념으로서, '중앙 소득 가정'이 '중앙값 주택'을 구매할 수 있는지를 의미한다.

신규 주택 매매도 종합 수치를 확인하는 것이 가장 중요하다. 추가로 월말 신규 주택 재고(For Sale at End of Period)는 판매를 목적으로 시장에 나온 신규 주택의 공급량을 의미한다. 간단한 의미로는 신규 주택의 재고 증감으로 생각해도 된다. 월간 공급(Monthly Supply)은 신규 주택 재고율을 포함하고 있다. 신규 주택 재고율은 신규 주택의 현재 공급 물량이 모두 판매될 때까지 몇 달이 걸리는지 측정한다. 일반적으로 재고율이 4 이하이면 건설 업종의 투자가 지속된다고 판단하고, 6 이상이면 침체를 예상한다.

앞서 설명한 NAHB 주택시장지수와 달리 케이스-실러 주택가격지수는 직접적으로 주택 가격의 변화를 측정한다. 미국 대도시 20개의 주택 가격 변화를 전망하므로, 시골 등의 주택 가격이 모두 포함된 지수보다 주택시장의 변화를 판단하기 용이한 특징이 있다.

주택 가격 관련해서 마지막으로 덧붙이고 싶은 사항은 미국의 주택 가격 발표 대부분이 평균값이 아니라 중간값을 사용한다는 것이다. 예를 들어 1만 원짜리 집과 10만 원짜리 집, 100만 원짜리 집이 1채씩 팔리면 평균값은 37만 원 정도이고 중간값은 10만 원이다. 이 3채에 더해서 100만 원짜리 집이 3채 팔린다면 평균값은 68.5만 원, 중간값은 100만 원이 된다. 한편 앞의 3채에 더해 1만 원짜리 집이 3채 팔린다면 평균값은 19만 원, 중간값은 1만 원이 된다. 비싼 집이 많이 팔리면 미국의 주택 가격 지표는 평균값보다 더 많이 상승하고, 싼 집이 많이 팔리면 평균값보다 더 많이 하락한다.

### 실제 분석 사례

주택 가격 관련해서는 특별히 해석할 여지가 많지 않다. 건축 허가와 주택 착공 건수가 상승하면 '건설 경기가 괜찮구나' 정도의 해석이 가능하다. 다만 주택 착공 건수 증가가 52주 최고치라거나 상승세가 지속되고 있다거나 하는 표현은 주의할 필요가 있다. 장기 시계열로 판단하면 아직 2000년대 초반의 호황기에 현저히 못 미친다. 현재까지의 상승을 회복으로, 혹은 중단기의 견조한 상승 흐름으로 판단할 수는 있겠지만, 다시없을 건설업의 호황 혹은 제조업 확장 사이클의 부활로 보기는 무리가 있다. 반대로 현재의 하락을 위기 발생으로 판단하기에도 과거 추세선에서 크게 벗어날 것이라는 확신은 없다.

기존 주택 매매와 신규 주택 매매를 분류해서 설명했지만 사실 두 지표는 굉장히 유사한 패턴으로 움직인다. 당연한 것이 주택시장 심리가 좋지 않다면 신규 주택과 기존 주택 모두 부진한 흐름을 보일 것이다. 따라서 두 지표 중 하나만 확인해도 주택시장 분석은 동일한 결과가 나올 가능성이 높다. 1~2개월

[그림 3-66] 미국 건축 허가와 주택 착공 건수 장기 시계열(2005~2022/10)

(만 건)
건축 허가
주택 착공 건수
250
200
150
100
50
0
05/01
07/01
09/01
11/01
13/01
15/01
17/01
19/01
21/01

*자료: 미국 상무부 센서스국

정도의 선행성을 구분할 수는 있겠지만 주택시장이 금융시장이나 제조업에 바로 영향을 미치는 것이 아니라는 점에서 그 선행성이 가지는 의미는 크지 않다. 매매량이 압도적으로 많은 기존 주택 매매에 좀더 신경 쓰고, 신규 주택 매매는 신규 주택 착공을 확인하는 것으로 충분하다.

[그림 3-67] 기존 주택과 신규 주택 매매(2005~2022/10)

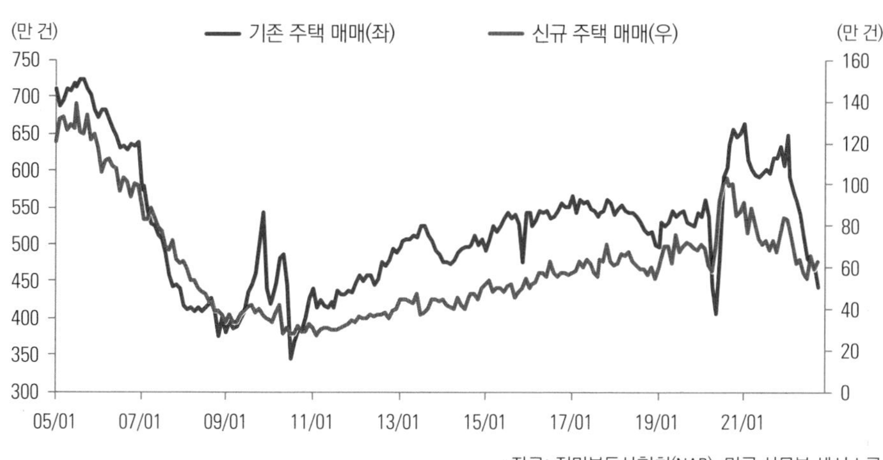


*자료: 전미부동산협회(NAR), 미국 상무부 센서스국

[그림 3-68] 기존 주택과 미결 주택 매매(2005~2022/10)

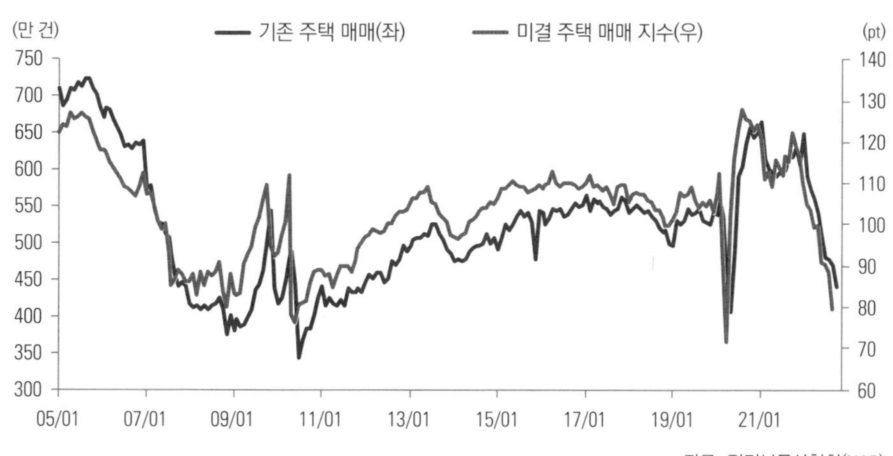


*자료: 전미부동산협회(NAR)

미결 주택 매매는 [그림 3-68]에서 확인되는 것과 같이 기존 주택 매매와 동일한 흐름을 보인다. 물론 서브프라임과 같은 주택시장의 파열음을 알아차릴 가능성은 있지만 일반적인 경제 상황에서 두 지표가 큰 차이를 보일 가능성은 매우 낮다. 결론적으로 신규 주택 매매, 미결 주택 매매, 기존 주택 매매의 세 가지 주택 판매 지표 중에서 여건이 허락된다면 모두 확인해도 되겠지만, 미결 주택 매매를 확인하는 것만으로도 충분히 시장의 변화를 판단할 수 있다.

주택가격지수 또한 다양하고 조사 방식에 따라서 차이가 있지만 큰 흐름은 비슷하다. 지표들이 유사하다면 NAHB 주택시장지수를 확인하는 것이 가장 편하다. 케이스-실러 주택가격지수는 지나치게 늦고, FHFA 주택가격지수는 아직 시장의 관심이 상대적으로 적기 때문이다. 앞서 경제지표를 해석하면서 강조했던 것 한 가지는 지표의 중요성은 시장의 관심과 신뢰에서 결정된다는 것이다. 시장이 관심을 보이고 가장 먼저 발표되는 지표를 분석하는 것이 당연하다.

[그림 3-69] 미국 주택가격지수(2005~2022/10)

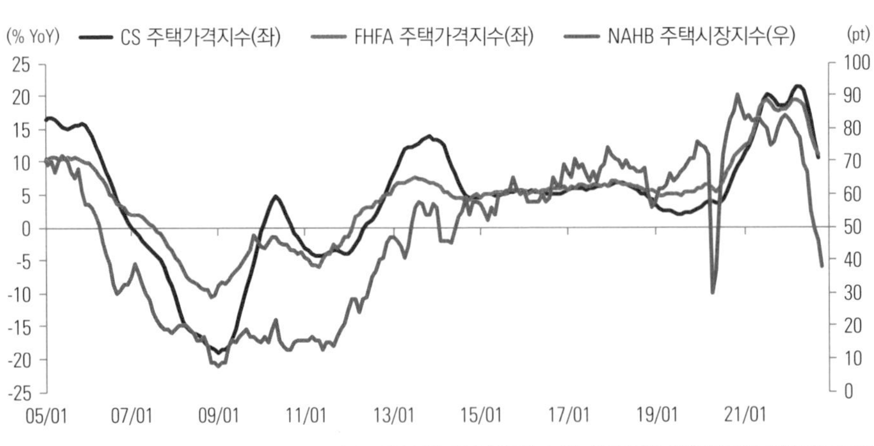


*자료: 미국 주택건설업협회(NAHB), 미국 연방주택기업감독청(FHFA), FRED

### 추가할 이야기

주택시장지수를 확인하면서 추가로 확인할 만한 지표는 모기지 연체율이다. 2008년의 경험에서도 알 수 있듯이 서서히 올라가는 모기지 연체율은 분명히 주택시장에 이상이 있음을 알려주는 조기 경보로서 기능했다. 경기 호황의 꿈에 취한 시장이 그 지표를 무시했을 뿐, 모기지 연체율이 제 기능을 못한 것은 아니었다. 시장의 이상 신호를 감지하기 위해서 모기지 연체율의 변화를 꾸준히 관찰하는 것도 나쁘지 않은 선택이다.

주택 착공 건수를 보는 이유는 제조업과의 상관성이 높고 사이클을 판단하기 위해서라고 설명했다. 하지만 주택 착공 건수와 산업 생산을 살펴보면 과연 '주택 착공 건수가 산업 생산을 설명할 수 있는가?'라는 의문이 든다([그림 3-71] 참조). 분명히 말할 수 있는 것은, 제조업을 직접적으로 설명하지는 못하지만 보조 지표로서의 역할은 충분하다는 것이다. 단순히 주택 착공 건수를 보고 제조업 경기를 예상한다는 것은 말이 안 된다. 다만 제조업 경기의 호황 혹

[그림 3-70] 미국 모기지 연체율(2005~2022/08)

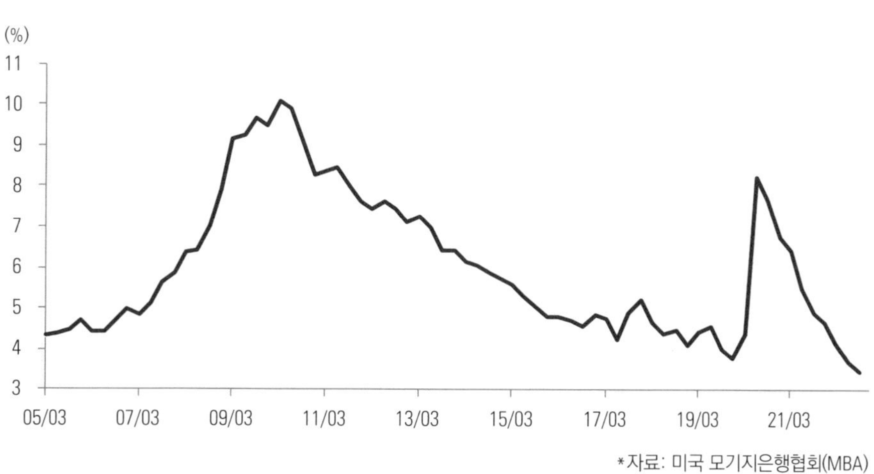


*자료: 미국 모기지은행협회(MBA)

[그림 3-71] 주택 착공 건수와 산업 생산(2005~2022/08)

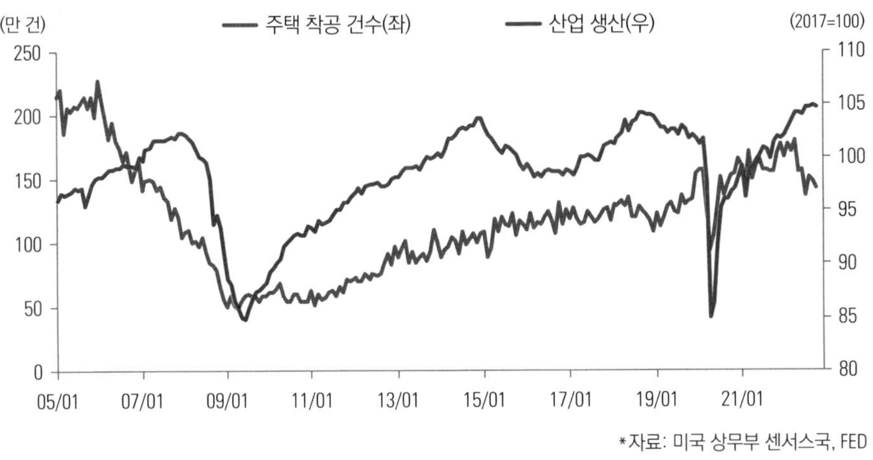


*자료: 미국 상무부 센서스국, FED

은 불황이 예상될 때(주로 불황이 잘 맞는다고 판단한다) 주택지표도 꺾였다면 불황의 가능성이 좀 더 높다는 정도로 판단할 필요가 있다.

## 결론

정확한 표현일지는 모르겠지만 주택지표는 약간 계륵 같은 느낌이다. 먹자니 먹을 게 없고 버리자니 아까운 것처럼, 분석하자니 주택 경기가 아닌 경제 전체의 전망을 하기에 꼭 필요한가 싶고, 그렇다고 무시하기는 찜찜하다. 주거용 투자가 GDP에서 차지하는 비중이 5% 정도이니 낮은 편도 아니다. 미국을 기준으로 순수출 비중이 -5% 정도라는 점에서 비중 면으로 순수출과 유사하고, 내수가 중요한 미국 경제 측면에서는 더 중요할 수 있고, 제조업 경기에 대해서 영감을 얻을 수도 있을 것 같다.

경제 분석을 업으로 한다면 당연히 확인해야겠지만, 독자 중에서도 투자에 이제 막 관심이 생겨서 공부해보려는 이들에게 모든 지표를 확인해야 한다고 말하기에는 고민이 된다.

그러나 계륵, 닭갈비를 아깝지 않게 맛있게 먹는 방법이 있다. 맛있는 닭갈비 전문점에 가서 뼈 없는 닭갈비를 사 먹는 것이다. 볶음밥도 같이 먹으면 더 맛있다. 장난스럽게 들리겠지만 말하고자 하는 바는, 굳이 스스로 조리하지 말고 이런 것을 전문으로 하는 경제 분석가의 자료를 찾아보라는 것이다.

증권사 대부분은 경제지표가 발표되는 시점에 혹은 주간 단위로 업데이트될 때 유용한 변화를 자료로 발표한다. 직접 사이트를 찾아가서 주택지표를 확인하고 해석하기는 애매하지만 발표된 지표를 지속적으로 확인할 가치는 충분하다. 그리고 이러한 과정을 위해서 투자해야 할 시간은 10분 정도에 불과하다.

순서는 다음과 같다. 건설 지표 중 신규 주택 착공이 나온다면 우선적으로 확인한다. 기존 주택 매매나 신규 주택 매매나 특별한 사유가 없다면 크게 다르지 않으니 눈에 띄게 상승하거나 하락하는가를 확인한다. 그리고 주택 가격이 얼마나 변화하고 있는지를 본다. 간혹 주택시장이 특이한 변화를 보인다면 모기지 금리 변화, 모기지 연체율, 시장의 리파이낸싱 금액과 은행 대출을 확인하면 되는데 이런 문제가 발생하면 보고서 중 하나는 언급할 것이다. 그럴 때 이런 자료들이 무엇을 의미하고 왜 썼는지 정도를 고민할 수 있으면 충분하다.

# 경제 분석을 마치며

경제 상황은 시시각각 변화하고, 동일한 경제지표를 바라보는 시각도 상황에 따라 변할 수 있다. 어떤 상황에서는 3%의 물가 상승률이 지나치게 높지만 어떤 상황에서는 바람직한 변화다. 이 글에서는 주요 경제지표를 어떤 식으로 찾고 어떻게 분석해야 하는가에 집중했다.

종합적인 설명을 포기하고 주요 경제지표 설명에만 집중한 이유는 시기와 상황마다 변화하는 일회성 해석을 제시하기보다는 앞으로 경제 분석을 하는 데 참고할 수 있는 매크로 지표들의 설명에 집중하기 위해서다. 지표가 발표되는 시기와 지표의 세부 내용 모두를 외울 필요는 없다. 경제지표 발표 URL도 변할 수 있고, 발표 시기와 개정 주기 등의 변화는 항상 발생한다. 하지만 각 지표가 말하는 것이 무엇인지, 그리고 이를 어떻게 해석해야 할지에 대한 고민은 필요하다. 적어도 '경제지표 분석이 투자하는 데 도움이 되는구나'라는 생각과 '경제지표에도 신경 써볼까'라는 마음이 들었다면 내 의도가 훌륭하게 충족되었다고 생각한다.

금융 상품은 분명히 매력적이고 재미있는 투자 자산이다. 더욱이 시장 심리 분석이나 내재가치 분석을 통해 리스크 관리와 합리적인 선택이 가능하다. 하지만 단순히 재미로만 접근한다면 도박과 다를 것이 없다. 근로소득을 아끼고 저축하는 것만으로는 불가능한 금액을 벌기 위해서 투자한다면, 적어도 그에 상응하는 노력을 하는 것이 당연하다. 단순히 누군가가 말해주는 종목을 사는 것은 인터넷 복권 생성 번호를 믿는 것과 동일한 행동이라는 점을 명심하자. 금융 투자를 위해서 열심히 공부한다면 결국 매크로 분석에 발을 담그게 될 것이다. 여러분이 매크로 분석의 중요성을 깨닫는 순간에 이 책이 조금이나마 도움이 되기를 바란다.

# 4장

최진영

# 원자재: 원자재를 알아야 물가를 이긴다

# 원자재란 무엇인가

2021년 상반기, 뉴스와 신문에서 원자재 슈퍼사이클이라는 단어를 자주 접했을 것이다. 여기서 말하는 원자재는 차량용 연료를 만드는 데 쓰이는 원유, 전력망에 사용되는 구리, 전기차 배터리 소재로 사용되는 니켈, 가축 사료로 사용되는 대두박 등 우리 일상에서 사용하는 모든 재화의 원료를 지칭한다. 눈에 보이는 자산 외에 전력과 탄소배출권도 더 큰 범위의 원자재로 분류되기도 한다. 원자재의 기본적인 특징을 살펴본 후, 이 기본 개념을 바탕으로 개별 원자재를 구체적으로 알아보겠다.

## 현물 자산

원자재는 주식과 달리 직접적으로 사용되는 현물 자산으로서 경기와 동행

[표 4-1] 원자재의 분류

| 구분 | 주요 상품 |
|---|---|
| 지수 | S&P GSCI, RICI, CRB |
| 에너지 | 원유, 브렌트유, 천연가스, 석탄, 휘발유, 난방유 |
| 귀금속 | 금, 은, 백금, 팔라듐 |
| 철금속 | 철광석, 열연, 철근 |
| 산업금속 | 구리, 알루미늄, 아연, 연(납), 니켈, 주석, 우라늄, 코발트, 리튬, 티타늄, 희토류 등 |
| 곡물 | 옥수수, 대두, 소맥 |
| 소프트 | 커피(원두), 코코아, 원당, 원면, 오렌지주스 |
| 축산물 | 돈육, 생우, 축우 |

(또는 다소 후행)하는 성격을 가진다. 탐사, 생산(채굴, 시추, 경작), 가공(정제, 정련, 제련), 운반, 저장 등의 과정을 거치기에 단기간 내 공급 확대는 불가능하다. 따라서 부동산처럼 수급 사이클이 존재하며 정부 정책과 파업 등 대내외 영향에 쉽게 노출된다.

## 인플레이션 헤지 자산

화폐는 인플레이션 압력이 강화되는 구간에서 가치가 절하되는 반면, 현물자산은 가치가 상승한다. [표 4-2]에서 인플레이션이 2% 이상이었던 구간의 자산별 수익률을 확인해보자. 1972~1974년 오일쇼크 당시 대형주는 36% 하락한 반면 원자재와 금은 각각 128%와 196% 상승했다. 중국이 2001년 WTO에 가입한 후 맞은 2002~2005년 제조업 부흥기에는 원자재가 신흥시장보다도 높은 183%의 성과를 냈다. 물론 일부 구간에서는 상대적으로 부진했지만, 평균적으로 보면 인플레이션 헤지에 가장 우수한 자산이 원자재다.

[표 4-2] 주요 인플레이션 상승 기간의 자산별 성과(%)

| 구분 | 72/06 ~74/12 | 76/12 ~80/03 | 83/07 ~84/03 | 86/12 ~90/10 | 98/03 ~00/03 | 02/01 ~05/09 | 06/10 ~08/07 | 09/07 ~11/09 | 15/04 ~18/07 | 20/05 ~22/07 |
|---|---|---|---|---|---|---|---|---|---|---|
| 소비자물가지수 스프레드(YoY) | 9.6 | 9.9 | 2.3 | 5.2 | 2.4 | 3.6 | 4.3 | 6.0 | 3.1 | 8.4 |
| 대형주 | -36.0 | -5.0 | -2.1 | 25.5 | 36.0 | 8.7 | -8.0 | 14.6 | 35.0 | 35.7 |
| 대형주(성장) | N/A | N/A | N/A | N/A | 60.4 | -1.1 | -2.4 | 20.0 | 46.9 | 36.3 |
| 대형주(가치) | N/A | N/A | N/A | N/A | 11.9 | 18.9 | -13.6 | 9.1 | 21.8 | 32.5 |
| 중소형주 | N/A | N/A | -13.6 | -11.2 | 11.9 | 38.2 | -6.8 | 15.7 | 36.9 | 35.2 |
| 선진국 | N/A | N/A | N/A | N/A | 34.1 | 25.9 | -4.0 | 5.7 | 21.1 | 27.9 |
| 신흥국 | N/A | N/A | N/A | N/A | 14.5 | 101.8 | 27.9 | 4.3 | 3.8 | 6.8 |
| 원유(WTI) | 213.5 | 173.4 | -2.8 | 123.5 | 99.0 | 233.4 | 126.6 | 33.6 | 30.4 | 398.6 |
| 금 | 196.1 | 267.7 | -7.9 | -2.4 | -7.3 | 66.1 | 50.7 | 70.2 | 3.4 | 2.1 |
| 원자재 | 127.8 | 36.8 | 3.5 | 56.6 | 24.1 | 182.8 | 77.1 | 29.2 | 4.3 | 125.6 |
| 미 국채 (AGGREGATE) | N/A | -2.8 | 6.2 | 33.3 | 8.5 | 21.0 | 8.7 | 16.2 | 3.9 | -7.8 |

* 자료: 블룸버그, 세인트루이스 연준

## 계절성

원자재는 주식, 채권 등과 다르게 계절성을 가지고 있다. 대표적인 예가 천연가스다. 미국의 난방용 수요를 측정하기 위해 쓰이는 난방도일은 매년 10월부터 이듬해 3월까지 크게 상승하고, 천연가스 재고는 이와 반대로 움직인다. 천연가스 가격은 과거 5년과 10년의 같은 기간 평균치를 보면 9~11월과 1~2월에 크게 상승하는 등 계절성이 뚜렷하다.

그 외에 미국의 최대 휘발유 소비 기간인 드라이빙 시즌(6~8월), 중국의 금속 재고 축적(restocking) 시즌(춘절 이후) 등 다양한 계절성이 있으며, 공급 측면에서도 주요 산지별 우기와 같은 계절성이 존재한다.

[그림 4-1] 천연가스 재고와 난방도일의 계절성

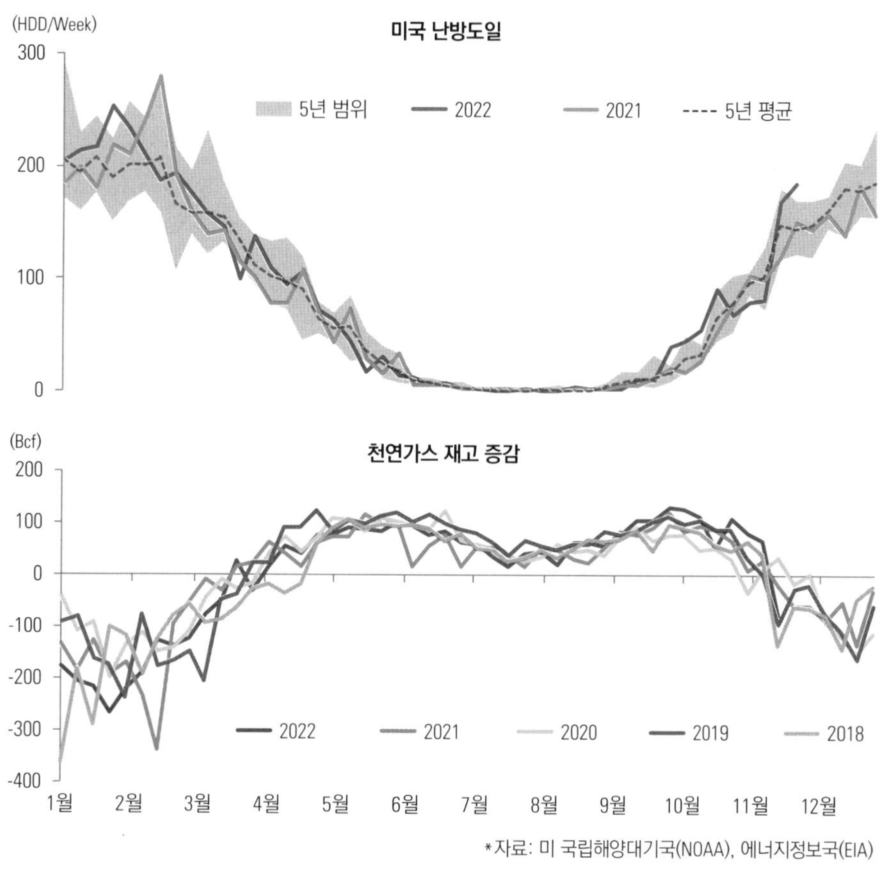


*자료: 미 국립해양대기국(NOAA), 에너지정보국(EIA)

## 선물과 선도거래 개념

원자재의 또 다른 특징은 선물과 선도거래 개념이 있다는 점이다. 현물의 특성상 기상 이슈로 인한 인도 지연, 생산 지역 주민 간 마찰, 노조 파업, 선박 전복 등 다양한 리스크를 안고 있다. 생산업자들은 이 리스크를 상쇄하기 위해 선물, 선도거래 등을 활용한다. 현물 수급(가격) 상황을 기준으로 콘탱고(contango, 근월물 가격이 원월물 가격보다 낮음)와 백워데이션(backwardation, 근월물 가격이 원월물 가격보다 높음)이라는 선도 곡선이 형성되며 매월 만기가 존재한다.

## 달러화 표시 자산

원자재는 달러화 표시 자산이다. 미국 경기가 여타 지역보다 상대적으로 강해지면 달러화가 강세를 띤다. 달러화 강세가 되면 원자재를 사용하는 소비자(가공기업)들은 이전보다 더 많은 비용을 지출하게 된다. 원가 부담을 줄이고자 대체재 또는 스크랩을 사용하는 기업들도 있지만, 가격 전가가 어려우면 수요 위축으로 연결된다.

이 때문에 달러화와 원자재는 역의 상관관계를 그린다. 2000년 1월부터 지금까지의 원자재별 달러화와의 상관계수를 보면 정확히 반대 방향인 것을 알 수 있다. 물론 타이트한 공급, 실질금리 하락에 따른 헤지 수요 등 개별 이슈로

[표 4-3] 원자재별 달러화와의 상관계수(2000~2022)

| | 달러 | S&P GSCI | 원유(WTI) | 천연가스 | 금 | 은 | 백금 | 팔라듐 | 구리 | 알루미늄 | 아연 | 연 | 니켈 | 주석 | 대두 | 옥수수 | 소맥 |
|---|---|---|---|---|---|---|---|---|---|---|---|---|---|---|---|---|---|
| 달러 | | -0.7 | -0.7 | -0.3 | -0.3 | -0.5 | -0.8 | 0.2 | -0.6 | -0.5 | -0.3 | -0.6 | -0.6 | -0.4 | -0.5 | -0.5 | -0.5 |
| S&P GSCI | | | 1.0 | 0.2 | 0.7 | 0.8 | 0.9 | 0.2 | 0.9 | 0.7 | 0.6 | 0.8 | 0.6 | 0.8 | 0.8 | 0.8 | 0.8 |
| 원유(WTI) | | | | 0.3 | 0.5 | 0.7 | 0.8 | 0.1 | 0.8 | 0.7 | 0.5 | 0.7 | 0.6 | 0.7 | 0.8 | 0.8 | 0.8 |
| 천연가스 | | | | | -0.4 | -0.3 | 0.2 | -0.3 | 0.0 | 0.4 | 0.0 | -0.1 | 0.4 | -0.2 | -0.1 | -0.1 | 0.1 |
| 금 | | | | | | 0.9 | 0.5 | 0.7 | 0.8 | 0.4 | 0.6 | 0.8 | 0.3 | 0.9 | 0.8 | 0.8 | 0.7 |
| 은 | | | | | | | 0.7 | 0.4 | 0.8 | 0.5 | 0.5 | 0.8 | 0.4 | 0.8 | 0.8 | 0.9 | 0.7 |
| 백금 | | | | | | | | 0.0 | 0.8 | 0.6 | 0.4 | 0.7 | 0.6 | 0.6 | 0.7 | 0.7 | 0.7 |
| 팔라듐 | | | | | | | | | 0.5 | 0.3 | 0.5 | 0.4 | 0.1 | 0.6 | 0.4 | 0.4 | 0.4 |
| 구리 | | | | | | | | | | 0.8 | 0.8 | 0.9 | 0.7 | 0.9 | 0.8 | 0.8 | 0.8 |
| 알루미늄 | | | | | | | | | | | 0.8 | 0.6 | 0.8 | 0.6 | 0.5 | 0.5 | 0.6 |
| 아연 | | | | | | | | | | | | 0.7 | 0.7 | 0.7 | 0.5 | 0.5 | 0.5 |
| 연 | | | | | | | | | | | | | 0.6 | 0.8 | 0.7 | 0.7 | 0.7 |
| 니켈 | | | | | | | | | | | | | | 0.4 | 0.4 | 0.4 | 0.6 |
| 주석 | | | | | | | | | | | | | | | 0.9 | 0.8 | 0.8 |
| 대두 | | | | | | | | | | | | | | | | 0.9 | 0.9 |
| 옥수수 | | | | | | | | | | | | | | | | | 0.9 |
| 소맥 | | | | | | | | | | | | | | | | | |

달러화와 동행하는 경우도 간혹 있지만, 이를 제외하면 달러화 강세 시 어김없이 원자재 가격이 낮아진다.

### 모든 것이 연결된 원자재

모든 원자재는 서로 연결되어 있다. 그렇기에 원자재를 분석할 때는 단순히 한 가지 원자재의 수요-공급만 바라봐서는 안 된다. 이를테면 돈육을 분석할 때는 돈육의 수요-공급뿐 아니라 대체 자산인 육우의 수요-공급과 비육돈에게 투여할 사료의 원료까지 살펴봐야 한다.

기본적인 메커니즘을 살펴보자. 원자재는 원유(석유)가 메인이며, 이를 벤치마크 삼는 것이 석탄과 천연가스다. 석탄(연료탄)과 천연가스는 전력의 원료이며, 전력은 산업금속의 기초 자산이 된다. 또한 석탄과 천연가스는 질소계 비료의 원료이며, 질소계 비료는 곡물의 성장에 필요하다. 곡물 중 대두와 옥수수는 사료로, 사료는 다시 축산물로 연결된다. 즉 원자재 중 하나라도 수요-공급이 어긋난다면 이를 원료로 삼는 모든 원자재가 후행적으로 반응할 수 있다.

모든 원자재가 연결되어 있는 것을 보여주는 대표적 사례는 친환경 정책이다. 2009년 코펜하겐 기후변화협약은 친환경을 목표로 함으로써 태양광과 풍력 발전향 금속 수요를 자극했다. 문제는 온실가스를 규제하는 과정에서 화석연료인 석탄 공급이 억제됐으며, 이것이 전력 가격 상승과 산업금속 생산 차질을 동반했다는 것이다. 석탄은 다시 질소계 비료의 공급 차질을 야기했고, 계절성(라니냐)과 맞물리면서 애그플레이션을 촉발한 바 있다. 이 같은 결과는 탄소중립 정책의 근간인 2021년 COP26 UN기후변화협약을 통해서도 확인할 수 있으며, 모든 원자재가 연결되어 있다는 근거가 된다.

# 원유: 유가를 좌우하는 요인은?

원유는 정제하기 전의 석유를 지칭한다. 일반적으로 미국 텍사스주 서부와 뉴멕시코주 동남부를 중심으로 생산되는 서부 텍사스산 원유(WTI), 북해에서 생산되는 브렌트유, 중동에서 생산되는 두바이유를 3대 원유로 부른다. 이들 지역에서 생산된 원유는 유조선 또는 송유관을 통해 정유 시설로 옮겨진다. 정유 시설에서는 원유를 분별증류하면서 끓는점에 따라 나프타, 휘발유, 제트유, 경유, 난방유, 타르 등을 분리한다. 그런 다음 다시 변환과 처리, 혼합 과정을 통해 불순물을 제거하고 석유 제품 회수율을 제고한다.

모든 원유에서 동일 비중의 석유 제품이 생산되는 것은 아니다. 위 3대 원유는 어디까지나 벤치마크 원유일 뿐, 지역마다 다양한 유종이 존재하며, 유종별 품질 차이가 석유 제품의 생산 비중과 가치를 결정한다. 이러한 차이는 원

[그림 4-2] 석유 제품 생산 공정

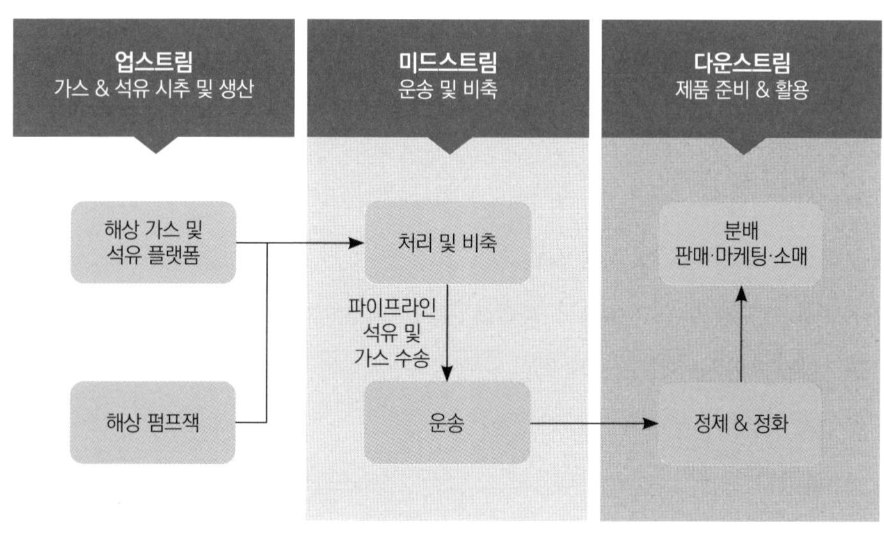


[그림 4-3] 원유 정제 기술

[그림 4-4] 원유 유종별 석유 제품 회수율

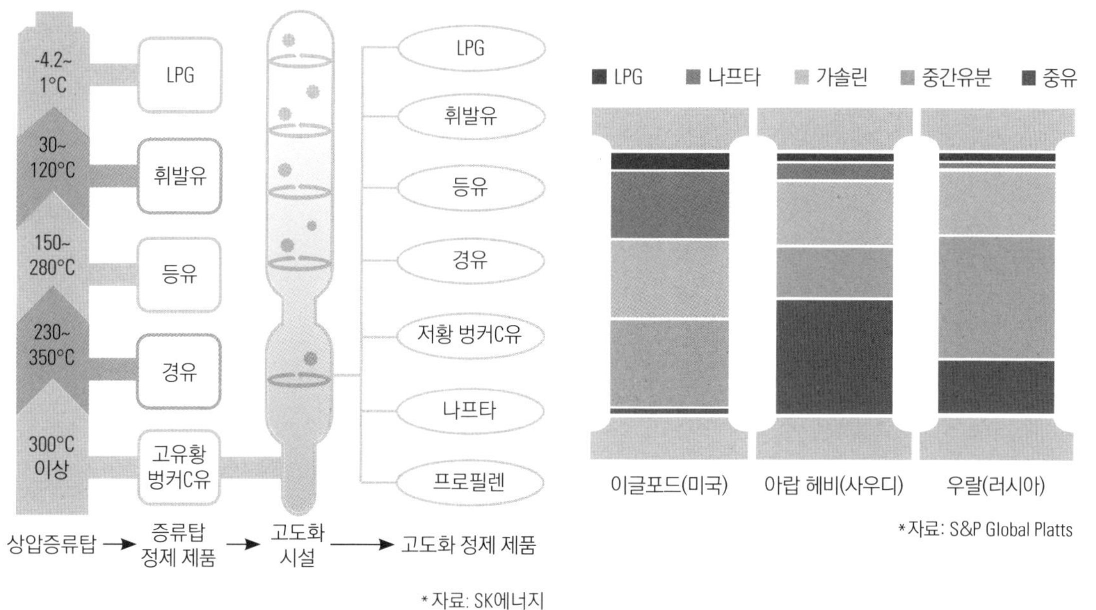


* 자료: SK에너지

*자료: S&P Global Platts

유의 황 함량으로 확인할 수 있다. 원유는 황 함량이 0.5%보다 낮으면 스위트 크루드(sweet crude), 높으면 사워 크루드(sour crude)라고 한다. 정제 과정에서 불순물인 황 함량에 따라 처리 비용이 결정되기에, 황 함량이 낮은 원유일수록 가치가 높다.

원유의 품질을 구분하는 또 다른 방법은 밀도(비중)다. 미국석유협회(API)에서 고안한 API지수를 기준으로 API 30도 이하는 중(重)질유, 30~40도는 중(中)질유, 40도 이상은 경(輕)질유로 분류된다. 황 함량이 낮은 동시에 경질유에 속하는 원유는 나프타와 휘발유 등 부가가치가 높은 석유 제품이 더 많이 생산되기에 중질유보다 가치가 높다.

물론 위와 같은 기준이 적용되지 않는 경우도 있다. 3대 원유 벤치마크의 품질을 보면 ‘WTI > 브렌트유 > 두바이유’순이지만, 실제 가격을 보면 오히려 WTI가 더 낮게 형성되어 있다. 이는 셰일 혁명으로 급증한 미국 산유량, 미국

[그림 4-5] 원유 유종별 황 함량과 API

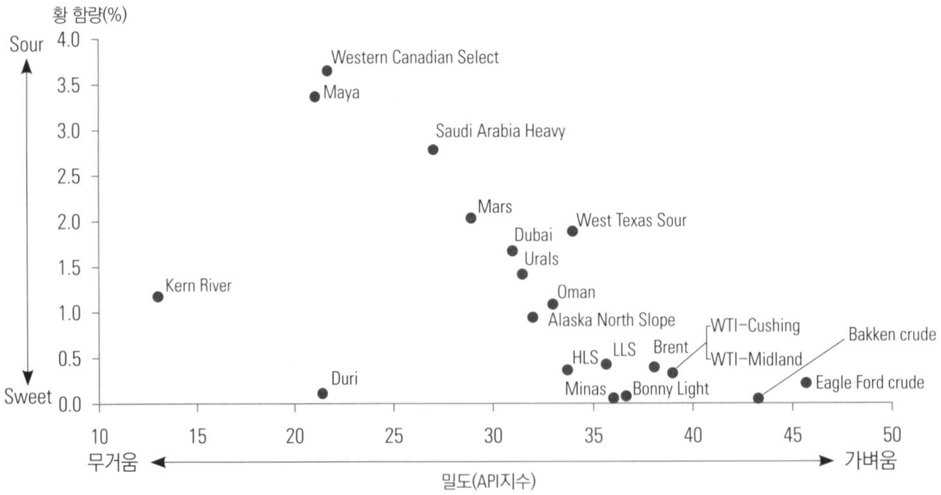

*자료: 댈러스 연준

에너지 인프라(송유 능력 또는 접안 시설) 부족에 따른 제한적인 공급(수출) 밀어내기, OPEC+의 감산 공조에 따른 대내외 수급 괴리 때문이다. 이처럼 석유시장은 이론도 중요하지만 수급까지 확인해야 하는 분야다.

## 사우디아라비아 중심의 석유시장

국가 기준으로 글로벌 최대 석유 생산국은 미국이다. 2020년 공급 비중은 18.6%로, 2016년 미국 셰일기업들이 다각 수평 시추(multilateral drilling) 방식을 도입한 이래 4.5%p 높아졌다. 반면 사우디아라비아를 맹주로 하는 OPEC은 32.7%로 가장 큰 비중을 차지하지만 2016년에 비해 7.6%p 감소했다. 그러나 이는 2017년 시작된 OPEC+의 감산 공조 때문일 뿐, 손익분기점을 놓고 보더라도 석유시장은 여전히 사우디아라비아를 위시한 OPEC에 좌우된다([그림 4-6] 참조). 이들의 영향력은 2차례 유가 전쟁에서 확인할 수 있다.

### 사례 1: 2014년 사우디의 유가 전쟁

2014년 1월 미국 텍사스, 노스다코타, 오클라호마, 알래스카 등 주요 원유 생산 지역을 중심으로 원유 수출 금지를 철회하는 입법 활동이 전개되었다. 오바마 행정부는 셰일기업들의 발전을 위해 6월부터 초경질유 콘덴세이트 수출을 선별적으로 허용했다.

이 정책이 사우디의 경쟁 심리를 자극했다. 10월 배럴당 80달러대를 유지하던 WTI 가격은 미국의 본격적인 수출 금지령 해제와 이란 핵 합의 가능성까지 커지자 11월 들어 70달러대로 하락했다. 당시 시장에서는 11월 OPEC 정기총회에서 사우디의 감산을 기대했지만, 사우디의 알리 알나이미 에너지장관

[그림 4-6] 원유 생산 지역별 손익분기점

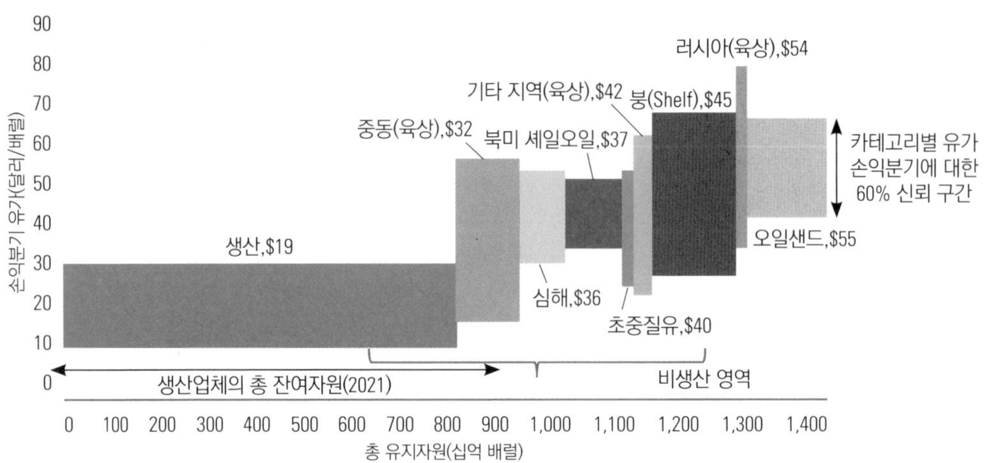


*자료: Rystad Energy

은 시장이 자생적으로 안정을 되찾을 것이라는 말만 남기고 감산 불가를 선언했다.

사우디 아람코는 2014년 8월에 원유 공식 판매 가격(official selling price, OSP)을 인하했고, 12월 하루 950만 배럴(bpd)이었던 산유량을 2015년 1,000만 bpd 대까지 확대하는 등 유가 전쟁에 돌입했다. WTI는 공급 과잉 우려에 30달러대까지 추락했고, 2015~2016년 북미 석유 개발 기업 114곳이 파산보호를 신청했다.

### 사례 2: 2020년 사우디의 유가 전쟁

2020년 1월 중국 국가위생건강위원회는 코로나19를 사스(SARS)에 준하는 법정 전염병 을(乙)로 지정했다. 연초 50~60달러대였던 WTI 가격은 한국, 일본, 이탈리아에서 코로나19 2차 확산이 확인되자 40달러대로 주저앉았다. 시장에서는 3월 OPEC+ 회의에서 추가 감산과 감산 기한 연장 조치를 기대했으나, 사우디와 러시아 간 이견이 생각보다 컸다. 사우디의 압둘아지즈 빈 살만 에너지장관과 OPEC 측은 150만 bpd를 추가 감산하고 감산 기한을 3월 말에서 12월 말로 연장하는 것을 제의했지만 러시아가 거부해 합의가 불발되었다.

사우디는 '오늘의 결정을 후회하게 될 것(Today will be a regretful day)'이라고 경고하고 다음 날 산유량을 4월부터 최대 1,200만 bpd까지 확대할 것이라 발표했다. 사우디 아람코는 OSP를 지난 20년 내 최대 폭으로 인하하는 등 2014년에 이어 제2의 유가 전쟁에 돌입했다. 3월 WTI 평균 가격은 수요 충격과 공급과잉 우려까지 더해져 30달러로 추락했다. 2020년 한 해 동안 북미 석유 개발기업 46곳이 파산보호를 신청했다.

표면상으로는 사우디와 러시아 간의 유가 전쟁이었지만 결과론적으로는 미국 트럼프 행정부의 에너지 전략(송유관 + 항구 접안 시설 확장 사업)과 셰일기업에 대한 견제였다고 봐도 무방했다.

## MENA 지정학적 리스크

글로벌 최대 산유국인 사우디와 이란, 이라크, 아랍에미리트(UAE) 등 주요 산유국 모두 중동과 북아프리카에 속하는 MENA(Middle East + North Africa) 지역에 위치해 있다. 이 지역은 산유량 기준으로 33%, 매장량 기준으로 50% 이상을 차지한다.

이처럼 높은 편중도가 늘 위험을 야기한다. 이 지역은 지리적 중요성과 경제적 이점 때문에 리비아 내전, 시리아 내전, 이라크-쿠르드 내전, 걸프전, 이라크전, 이란-이라크전 등 수많은 전쟁을 치렀다. 이슬람교와 유대교, 기독교가 발원했지만 수니-시아파 갈등과 예멘 내전, ISIS 등 종교적 문제를 안고 있으며, 이스라엘-팔레스타인 갈등, 터키-시리아 쿠르드족 충돌 등 인종 간 갈등도 존재한다. 식량(소맥)의 높은 대외 의존도가 아랍의 봄의 단초가 될 정도로 취약한 구조적 문제까지 안고 있다. 이처럼 편중된 공급과 높은 지정학적 리스크가 강력한 가격 변동성의 원인이니 이 지역의 관련 동향을 항상 체크해야 한다.

### 사례 1: 종파 갈등이 만드는 유가 변동성

유가의 최대 변수는 사우디 중심의 수니파와 이란 중심의 시아파 간의 종파 갈등이다. 양쪽은 무함마드의 후계자에 대한 시각에서 갈라졌다. 지금의 수니파는 합의제로 선출된 1~3대 칼리프를 인정하는 반면, 시아파는 무함마드의 부계 혈통인 알리만을 칼리프로 인정한다. 이맘에 대해서는 수니파는 집단 예배 지도자이자 칼리프와 동일하다고 보는 반면, 시아파는 절대적 권위의 최고 지도자로 간주한다. 정치 측면에서도 수니파는 정교 분리, 시아파는 정교 일치를 주장한다.

석유시장은 위와 같은 차이를 기반으로 한 사우디-이란의 패권 다툼과 그에 따른 군사적 충돌에 주목한다. 양쪽이 충돌해 석유시장에 미친 영향을 보여준 대표적 사건이 예멘 후티 반군의 공격이다. 시아파 무장단체로 2004년 6월에 활동을 시작한 후티 반군은 이란의 지원을 받고 있다. 2019년 9월 후티 반군은 사우디의 내전 개입에 대한 보복으로 아람코 소유의 쿠라이스 유전과 아브카이크 탈황 시설을 공격했다. 당시 피격으로 570만 bpd 규모의 생산 차질(글로벌 공급량의 5%)이 발생했고, 사상 최대 규모의 공급 차질 사건으로 기록되었다.

1개월 후 이란 국영유조선공사(NITC)는 자사의 유조선이 미사일 공격을 받았다고 발표했다. 시장은 해당 유조선이 사우디 제다항에서 97km 떨어진 곳

[그림 4-7] 대규모 석유 공급 차질 사건

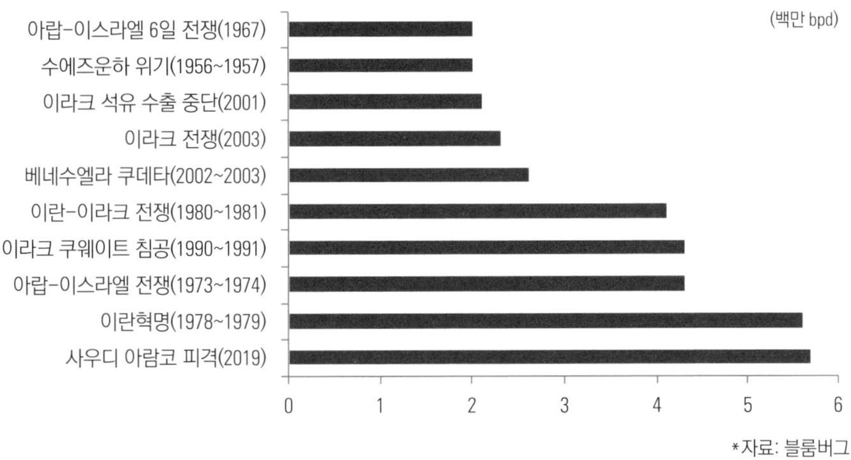


*자료: 블룸버그

에 있었다는 점을 고려해 사우디의 보복 가능성이 있다고 해석했다.

2021년 3월 아람코 소유의 석유 저장 시설에 대한 후티 반군의 공격은 지금까지도 계속되고 있다. 1,400년 넘게 이어지고 있는 종파 갈등은 언제든 유가의 단기 변동성을 확대할 리스크 요인이다.

### 사례 2: 호르무즈 해협 봉쇄라는 지정학적 리스크

이란의 호르무즈 해협 봉쇄 가능성은 지정학적 리스크의 단골 메뉴다. 2018년 6월 말 미국은 이란의 석유 수출을 '0'으로 만들기 위해 일부 국가들을 상대로 수입 중단을 요청했다. 그러자 7월 초 이란의 로하니 대통령과 카셈 솔레이마니 혁명수비대 관계자가 호르무즈 해협을 봉쇄하겠다고 위협하면서 유가가 가파르게 급등했다.

호르무즈 해협은 이란과 UAE, 오만을 사이에 두고 있다. 폭은 최대 55km, 평균 수심은 56m지만 15만 톤급 이상 유조선이 항해할 수 있는 구간(수심 25~30m)은 폭 3km 정도에 그치며, 이마저도 이란 해역을 통해서만 운송이 가

[그림 4-8] 해상 교통로 호르무즈 해협 위치

*자료: EIA

능하다.* 호르무즈 해협을 통과하는 원유 수송량은 1,800만 bpd(2020년 기준)로 글로벌 수송량의 3분의 1을 차지하며, 이 중 85%가 한국, 일본, 중국, 인도 등 아시아 지역으로 수출된다. LNG 역시 글로벌 수송량의 4분의 1이 이곳을 통과한다.

만일 이란이 기뢰 부설, 일상적 군사 훈련 확대, 해상 검역 강화 등을 통해 직간접적 봉쇄를 현실화한다면 글로벌 에너지시장의 충격이 불가피하다. 호르무즈 해협을 통과하는 인근 산유국 가운데 우회 가능 인프라를 갖춘 국가는 사우디와 UAE가 유일하다. 이들 우회 가능 파이프라인의 유휴 용량은 약 380만 bpd 수준에 불과해서 이라크, 카타르, 쿠웨이트 등 국가들의 공급 차질이 불 보듯 뻔하다.

그러나 이란 정부의 호르무즈 해협 봉쇄 언급이 유가를 자극하는 이슈

* 박재현, 《페르시아 이야기》, 지식과감성, 229~231쪽

[표 4-4] 호르무즈 해협 석유 운송량

(단위: 백만 bpd)

| | 2014 | 2015 | 2016 | 2017 | 2018 |
|---|---|---|---|---|---|
| 호르무즈 해협 석유 운송량 | 17.2 | 18.4 | 20.6 | 20.3 | 20.7 |
| 원유·콘덴세이트 | 14.4 | 15.2 | 17.3 | 17.2 | 17.3 |
| 석유 제품 | 2.8 | 3.2 | 3.3 | 3.1 | 3.3 |
| 글로벌 해상 운송량 | 56.4 | 58.9 | 61.2 | 62.5 | - |
| 글로벌 석유 소비량 | 93.9 | 95.9 | 96.9 | 98.5 | 99.9 |

*자료: EIA

[표 4-5] 호르무즈 해협 우회 가능 수송관

(단위: 백만 bpd)

| | 소재지 | 수송 능력 | 운영 중 | 유휴 용량 | 비고 |
|---|---|---|---|---|---|
| 페트로라인(동부 - 서부 수송관) | 사우디 | 5.0 | 2.1 | 2.9 | |
| 아부다비 원유 수송관 | UAE | 1.5 | 0.6 | 0.9 | |
| 아브카이크 - 얀부 가스관 | 사우디 | 0.3 | 0.3 | 0.0 | |
| IPSA | 사우디 | | | | 천연가스로 전환 |
| 계 | | 6.8 | 3.0 | 3.8 | |

*자료: EIA

는 맞지만 현실화에 대한 고민 역시 필요하다. 다음 5가지 이유가 근거다. 첫째, 과거에도 호르무즈 해협 봉쇄를 수차례 언급했으나 이란-이라크 전쟁(1980~1988년) 중 상선 500여 척이 공격받은 것 외에는 실제 시도된 사례가 없다. 둘째, 이란은 'UN 해상협약'에 가입하지 않았고 2012년 호르무즈 봉쇄법까지 발의한 바 있지만, 1958년 제정된 '무해통항권(Right of innocent passage)'에는 가입되어 있다. 무해통항권은 평화와 안전에 문제가 없는 한 항행의 자유를 제한할 수 없다는 법안이다.

셋째, 해당 해협의 에너지 수송 85%가 아시아향이어서 아시아 국가들과의 관계 악화는 외교적 부담이 될 수 있다. 넷째, 이란은 무역 85~90%를 해상으로 수행한다. 미국의 제재가 진행되는 가운데 교역이 위축되면 이란 정부 지지율 하락으로 연결될 수 있다. 다섯째, 해당 해협이 에너지 안보의 핵심이기 때문에 미국 해군의 영향에서 자유로울 수 없다. 미 해군 5함대 사령부는 페르시아만 바레인에 위치해 있으며 이란 해군 전력보다 3~4배 우위에 있다. 2012년 7월 이란이 호르무즈 해협을 봉쇄하겠다고 밝히자 미 해군과 공군은 항모전단과 소해함, F-22와 F-15C를 증편한 바 있다.

호르무즈 해협 봉쇄가 변수이자 유가의 단기 변동성을 확대할 이슈는 맞지만 위 과거 사례와 국제법, 대외 관계, 국내 정치, 군사적 힘의 우위 등을 종합적으로 고려하면 봉쇄 가능성은 제한적이라 볼 수 있으며, 유가의 추세적 상승을 불러올 근거가 되기 어렵다는 점 역시 감안해야 한다.

### 사례 3: 리비아의 내전 후유증

MENA 지역에는 내전 리스크를 지닌 국가들이 있다. 그중 하나는 OPEC의 7대 산유국에 속하는 리비아(원유 생산 능력: 130만 bpd)다. 2011년 카다피 정권 붕괴 후 과도정부가 만들어졌으나 2014년 유엔이 인정한 리비아통합정부(GNA)와 동부 군벌인 리비아국민군(LNA)으로 양분되었다. 2019년 4월 LNA가 수도 트리폴리를 공격하면서 내전이 한층 격화되었고, 2020년 1~2월에는 양측의 무력 충돌로 리비아 최대 유전인 엘 샤하라와 동부 항구 일대가 석유 수출 불가항력을 선언했다. 2019년 100만 bpd대를 유지하던 원유 수출량은 2020년 2월 9.4만 bpd로 추락했고, 코로나19가 중국에서 한국과 일본, 이탈리아로 2차 확산되기 전까지 유가의 변동 요인으로 작용했다.

오늘날 리비아 정국은 2019~2020년에 비하면 진정된 상태다. 2020년 9월 주변국들이 중재해 군사 안보와 석유 판매 수익 배분 문제를 원만하게 합의하면서 유전과 석유 수출 항구의 불가항력이 해제되었다. 10월 스위스 제네바에서 휴전협정에 서명했고, 11월에는 18개월 내 정식 대선과 총선을 목표로 임시 통합정부가 출범했다. 그러나 2021년 12월 예정되었던 대선이 무기한 연기되고 서부와 동부의 대립이 계속되는 등 정치적 위험은 여전히 존재한다.

이 외에 2021년 12월 리비아 석유시설감시국(PFG)과 연계된 무장단체가 엘샤하라와 하마다 유전, 자위야 석유터미널로 향하는 파이프라인을 폐쇄하는 등 비정치적 리스크도 존재한다. 이처럼 중앙정부의 통제력 부재가 길어지면 지정학적 리스크는 언제든 재발할 수 있다.

## 미국 셰일기업의 자구책

글로벌 최대 산유국인 미국은 비전통 원유인 셰일오일을 중심으로 생산한다. 산유량의 74%가 셰일오일이고 이 중 60%가 퍼미안(Permian) 지역에서 생산된다. 셰일오일은 수직으로 시추관을 뚫어 시추하는 전통 원유와 달리 수압 파쇄와 같은 추가 공정이 필요하다.

일반적으로 셰일오일은 지하 2,000~4,500m의 깊은 곳에 매장되어 있다. 초음파를 통해 셰일암층의 높이를 측정한 다음 물과 화학약품 등을 혼합해 높은 압력으로 셰일암층을 파쇄함으로써 셰일오일을 얻는다. 이 추가 공정 때문에 전통 원유보다 생산비가 높아질 수밖에 없다. 2014~2015년 사우디의 유가 전쟁에서 수많은 미국 셰일기업이 도산한 것도 바로 이 때문이다.

그럼에도 불구하고 지금까지도 셰일기업들이 사우디의 경계 대상 1호인 것은 다음과 같은 자구적 노력 때문이다. 첫째, 생산비 절감이다. 셰일기업들에는 물이 케이싱과 수압 파쇄에 없어서는 안 될 필수재다. 이들은 수압 파쇄 작업 후 유정에 있는 물을 회수하고 재활용해 비용을 절감했다. 둘째, 기술 개발을 통해 채산성을 높였다. 일반적으로 셰일오일을 시추할 때는 수평 시추 방식을 사용한다. 그러나 2016년 심층 내 한 작업대에서 여러 갈래를 나눠 생산하는 다각 수평 시추 방식을 도입해 채산성을 높였다.*

셋째, 파쇄 지연을 통한 적시 대응 능력까지 갖췄다. 저유가 상황에서 의미 없이 투입되는 비용을 줄이기 위해, 원유 채취 작업만 남겨둔 미완결 유정(DUC)을 마련했다. 미완결 유정 상태에서는 파쇄 공정을 거쳐 원유 생산까지 평균 1~1.5개월이 소요된다. 유가가 다시 높아질 때를 대비해 적시성과 효율성을 높인 것이다.

미국 셰일기업들은 비록 사우디 아람코와 러시아만큼 낮은 손익분기점을 갖추지는 못했지만, 지속적인 혁신과 위협적인 채산성은 공급 측면에서 계속 경계해야 할 대상이다.

## 때로는 난방이 교통을 이긴다

석유 수요에서 가장 큰 비중을 차지하는 것은 교통·운수다. 코로나19 기간 동안 유가는 운송 관련 수요가 지켜주었다 해도 과언이 아니다. 그러나 때로는 꼬리가 몸통을 흔드는 경우도 있다. 바로 난방용 수요다. 글로벌 석유 수요 중 난방용 수요의 비중은 3.0~6.5%에 불과하다. 미국의 난방용 에너지원을 살펴보면 난방유 사용 비중은 5%이며, 유럽은 이보다 조금 높은 15% 수준이다. 그러나 낮은 수요도 기상 이변이라는 변수를 만나면 폭발적인 효과를 발

* 피터 자이한, 《셰일 혁명과 미국 없는 세계》, 김앤김북스, 51~52, 61~66쪽

[그림 4-9] 석유의 수요처별 비중

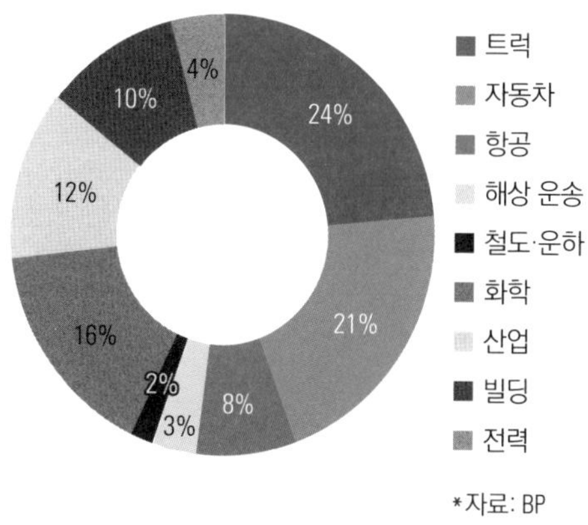

*자료: BP

[그림 4-10] 난방용 에너지원

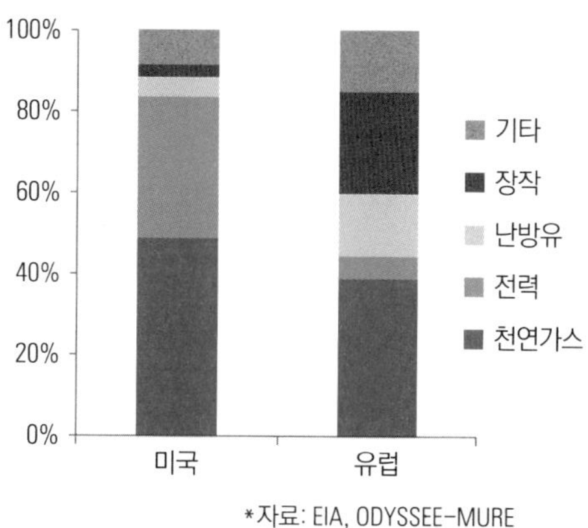

*자료: EIA, ODYSSEE-MURE

휘한다.

2017년 12월부터 2018년 1월까지 미국 북동부 지역에 라니냐발 북극 한파가 발생했다. 뉴욕의 최고 기온은 -12℃로, 1917년 12월 -16.7℃ 이후 100년 만에 닥친 추위였다. 독일과 프랑스는 -20℃까지 내려가 혹한으로 인한 인명 피해까지 발생했다. 이 같은 한파는 난방 수요 기대감을 자극해 유가마저 밀어 올린 바 있다.

2021년 9월에는 유럽에 대한 러시아(가즈프롬)의 제한적인 천연가스 공급으로 천연가스 가격이 급등했다. 당시 TTF(네덜란드)와 NBP(영국)는 배럴당 200달러대로 브렌트유보다 3배가량 높은 가격을 형성했다. 겨울을 앞두고 주요 난방용 에너지원인 천연가스의 가격이 급등하자 자연스럽게 석유 대체 수요 기대감을 자극했고, 3.0~6.5%에 불과한 난방용 수요가 원유 가격을 뒤흔들었다.

## 계절성이 유가를 좌우한다

### 수급 따라 결정되는 OSP, 사우디의 계절성이 중요

2021년 12월 5일 블룸버그 통신은 사우디 아람코가 2022년 1월 아시아향 경질유 OSP를 인상했다고 보도했다. OSP는 산유국들의 원유 판매 가격에 붙이는(혹은 할인하는) 프리미엄이다. 예를 들어 아람코의 두바이·오만 유가가 배럴당 73달러이고 OSP가 3.3달러라면 정유사 고객들에게 판매되는 공식 가격은 76.3달러가 된다.

OSP는 유가 전쟁 같은 예외적인 상황을 제외하면 석유시장의 수급 상황에 따라 결정된다. 수급이 타이트하면 익월 OSP가 인상되는데 이는 캐시 두바이 – M2 두바이 스왑 스프레드에서 확인할 수 있다. 현물 가격 기준 스프레드가 플러스(+)이면 타이트한 수급과 OSP 인상 가능성을 의미한다.

중요한 사실은 사우디 아람코의 OSP 결정이 외부보다 사우디 내부의 수급을 우선적으로 고려하며 이 때문에 계절성을 갖는다는 것이다. 사우디 내륙의 기후는 극도로 건조하고 연안 지역은 습도가 높다. 이로 인해 5~9월 하계 기간에는 사우디의 발전(냉방)용 원유 수요(전력원의 42%)가 급증한다. 자국 수요가 우선시되는 해당 기간에는 OSP 인상을 통해 수출량을 통제한다. 변수는 존재하지만 이 같은 뚜렷한 계절성은 원유와 에너지기업, 정유기업 투자에도 참고해야 할 사항이다.

### 미국의 봄과 여름, 가을 수급 계절성

미국은 글로벌 최대 산유국이지만 최대 석유 소비국이기도 하다. 수요 비중은 20%로, 2위인 중국보다 4%p 크고 유럽 전체 소비보다 6.1%p 크다. 이처럼 미국의 방대한 석유 수요 때문에 유가는 개별 국가의 계절성 이슈에 쉽게 노

[그림 4-11] 사우디 기온과 발전용 원유 소비

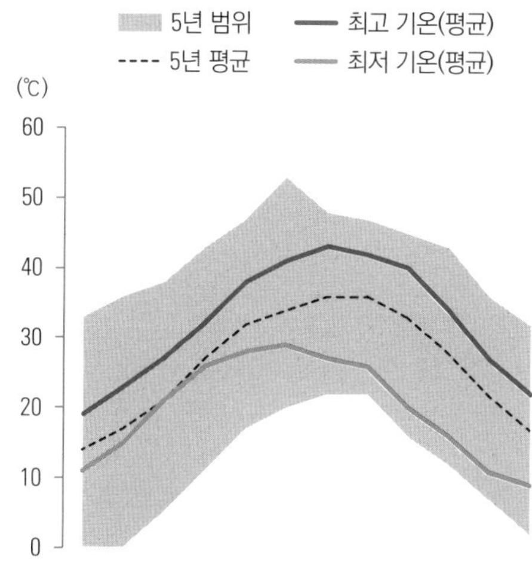


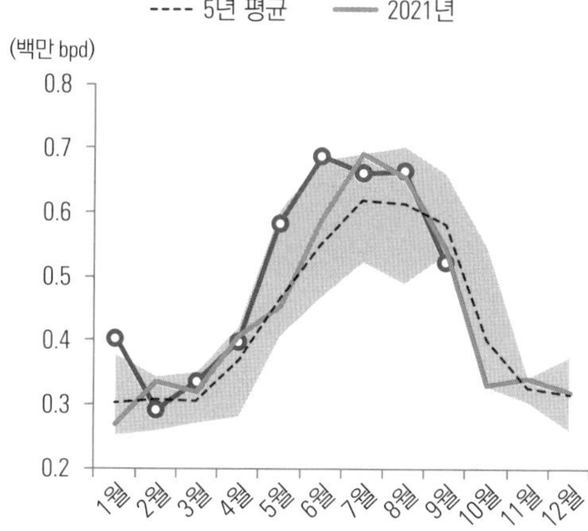


*자료: JODI, Wikipedia, 이베스트투자증권 리서치센터

[그림 4-12] 사우디 아람코 OSP와 원유 수출

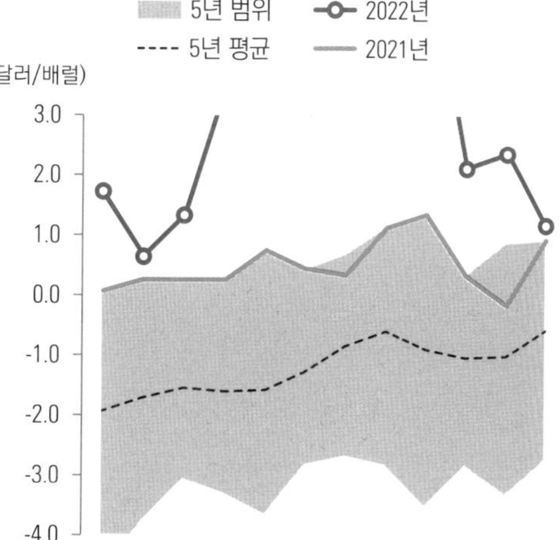


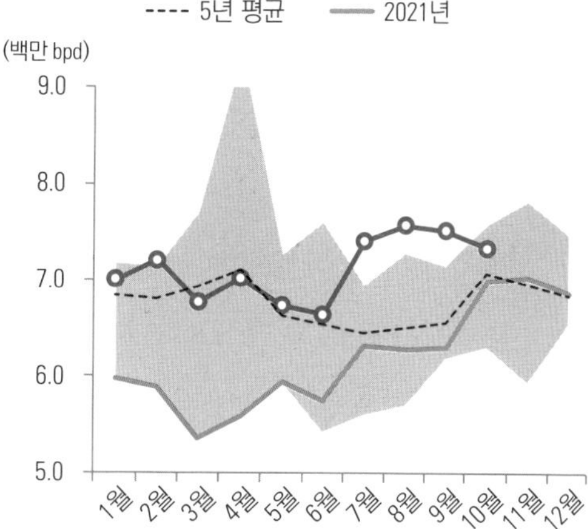


주: OSP는 이례적 시기인 2020년(코로나19 쇼크), 2015년(석유 전쟁) 제외

*자료: OPEC, JODI, 블룸버그, 이베스트투자증권 리서치센터

[그림 4-13] 미국 정유 시설 가동률 추이

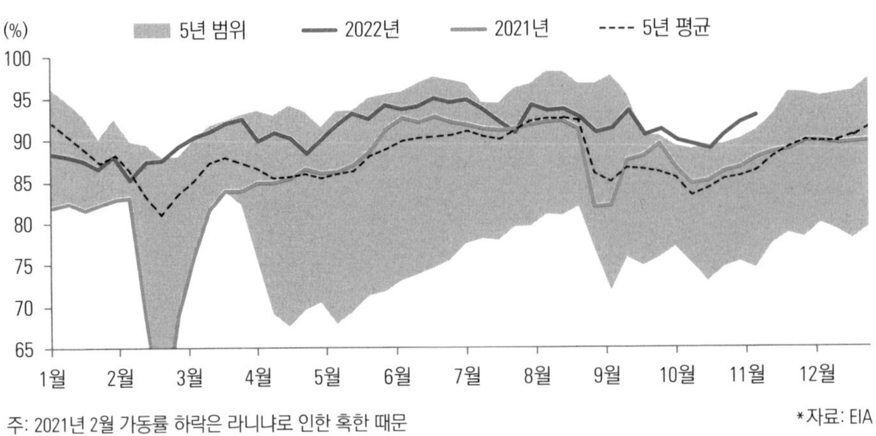


주: 2021년 2월 가동률 하락은 라니냐로 인한 혹한 때문

*자료: EIA

출되기도 한다. 유가 관련한 미국 계절성 이슈는 크게 3가지다.

첫째, 유지·보수 시즌은 미국 정유 시설들이 유지·보수를 실시하는 3~4월을 가리킨다. 평균 90%를 상회하는 가동률이 이 시기에는 85%로 낮아지며, 코로나19가 발생한 2020년을 제외하면 동일하게 나타난다. 일반적으로 유가는 유지·보수 기간을 앞두고 수요 감소를 반영하며 둔화되는 경향을 보인다.

둘째, 드라이빙 시즌은 6~8월로서 미국의 석유 소비가 가장 많은 시기다. 미국인의 연평균 자동차 주행거리는 21,700km로 일본의 3배이며, 미국인 남성을 기준으로 하면 3.8배에 달한다. 드라이빙 시즌 동안 많은 미국인이 자가용을 타고 여름휴가에 나서는데, 원유 재고는 이 시점부터 감소세가 가속화되고 휘발유 재고 역시 비슷한 추세로 감소한다.

마지막으로 허리케인 시즌은 한 해 중 유가 변동성이 가장 큰 시기다. 허리케인은 6~11월에 생성되지만 카트리나(2005), 어마(2017), 아이다(2021) 등과 같은 카테고리 4 이상(평균 풍속 210km/h 이상) 허리케인은 8~9월에 집중 발생한다. 북대서양에서 발생한 허리케인은 원유·가스전과 석유 수출 항구, 정유 시

[그림 4-14] 국가별 연평균 자동차 주행거리

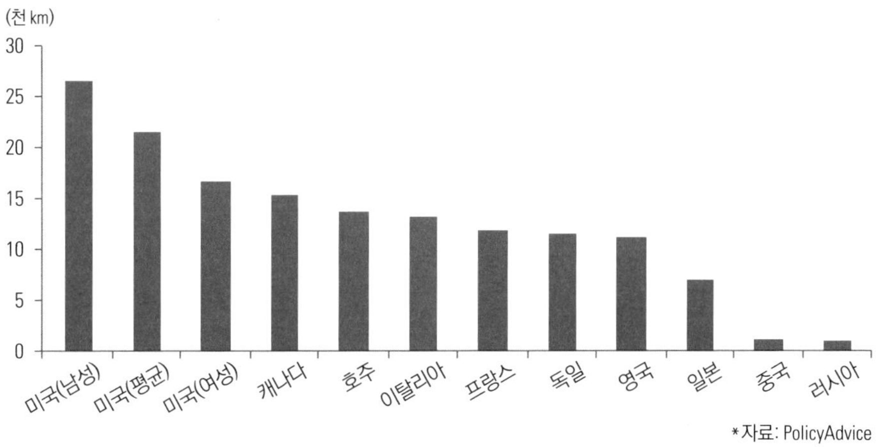


*자료: PolicyAdvice

설이 집중된 미국 걸프만을 관통한다. 초기에 유가는 원유 공급 차질 이슈를 선반영하다가, 허리케인이 진정된 후에는 수요 이슈(정유 시설의 조업 회복 속도)를 후행적으로 반영한다.

2014~2015년 사우디-미국 셰일기업 유가 전쟁, 2018년 미·중 무역 갈등, 2020년 코로나19 쇼크처럼 예외적인 경우가 존재하지만, 평상시에는 미국의 계절성을 기본 바탕으로 두고 시장을 바라볼 필요가 있다.

# 금: 안전하지 않을 수도 있다

## 금 공급과 광산 생산 비용 구조

금속은 철광석과 비철금속, 귀금속, 희토류 등을 포함하며 연간 32억 5,000만 톤 생산된다. 이 중 금 생산량은 3,300톤으로 귀한 면모를 자랑한다([표 4-7] 참조). 글로벌 최대 생산국은 중국(11%)이지만, 상위 10대 금광기업을 보면 미국 뉴몬트(Newmont), 캐나다 배릭(Barrick), 러시아 폴리우스(Polyus) 등의 비중국계 기업이 1~3위를 차지하며, 이들의 공급 비중만 23.2%에 달한다.

이들 금광기업들의 실적과 공급 축소 여부 등은 2013년 세계금협회(World Gold Council, WGC)에서 도입한 총생산원가(All-in Sustaining Cost, AISC) 기준으로 판단할 수 있다. 기본적으로 현장 외 비용, 광산 운영, 선광 처리 등 비용을 포

[표 4-6] 글로벌 상위 10대 금광기업(2021년)

| 순위 | 기업명 | 티커명 | 본사 | 소재지 | 금 생산량 (백만 온스) | 생산 비중 (%) |
|---|---|---|---|---|---|---|
| 1 | 뉴몬트 | NEM | 덴버 | 미국 | 5.88 | 5.0 |
| 2 | 배릭 | GOLD | 토론토 | 캐나다 | 4.84 | 4.1 |
| 3 | 폴리우스 | PLZL | 모스크바 | 러시아 | 2.87 | 2.4 |
| 4 | 앵글로 골드 아샨티 | ANG | 요하네스버그 | 남아공 | 2.81 | 2.4 |
| 5 | 킨로스 | KGC | 토론토 | 캐나다 | 2.38 | 2.0 |
| 6 | 골드필즈 | GFI | 요하네스버그 | 남아공 | 2.13 | 1.8 |
| 7 | 뉴크레스트 | NCM | 멜버른 | 호주 | 2.06 | 1.7 |
| 8 | 애그니코 이글 마인스 | AEM | 토론토 | 캐나다 | 1.73 | 1.5 |
| 9 | 폴리메탈 | POLY | 상트페테르부르크 | 러시아 | 1.40 | 1.2 |
| 10 | 하모니 | HAR | 요하네스버그 | 남아공 | 1.38 | 1.2 |

*자료: Mining Intelligence, GFMS

[그림 4-15] 광산기업 생산 비용 구조

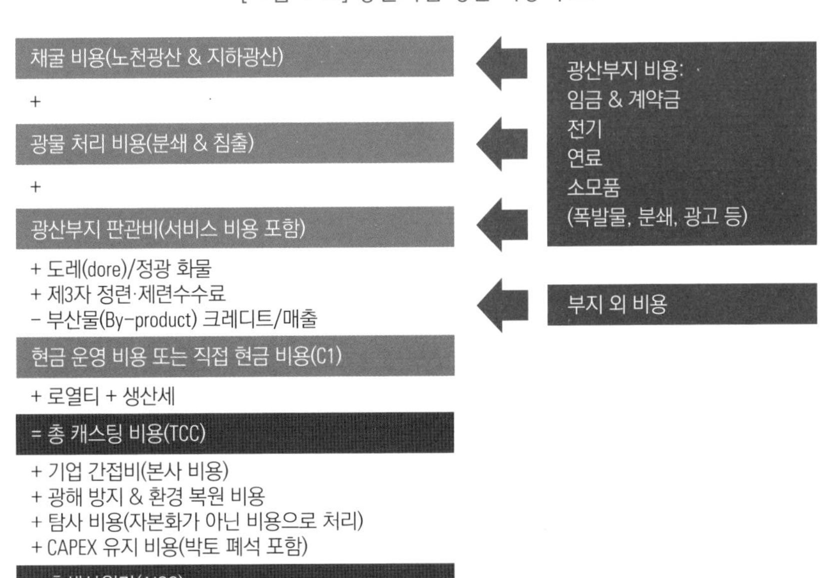


*자료: WGC, 이베스트투자증권 리서치센터

[표 4-7] 글로벌 금 공급·수요 추이(2007~2022)

(단위: 톤)

| | 2007 | 2008 | 2009 | 2010 | 2011 | 2012 | 2013 | 2014 |
|---|---|---|---|---|---|---|---|---|
| 광산 | 2,538 | 2,467 | 2,651 | 2,771 | 2,868 | 2,882 | 3,076 | 3,180 |
| 스크랩 | 1,029 | 1,388 | 1,765 | 1,743 | 1,698 | 1,700 | 1,303 | 1,159 |
| 생산자 순-헤징 | -432 | -357 | -234 | -106 | 18 | -40 | -39 | 108 |
| 전체 공급 | 3,135 | 3,497 | 4,182 | 4,407 | 4,584 | 4,543 | 4,340 | 4,446 |
| | | | | | | | | |
| 장신구 | 2,474 | 2,355 | 1,880 | 2,096 | 2,109 | 2,075 | 2,737 | 2,569 |
| 소매 투자 | 447 | 939 | 866 | 1,263 | 1,617 | 1,407 | 1,871 | 1,165 |
| 골드바 | 238 | 667 | 562 | 946 | 1,248 | 1,057 | 1,445 | 887 |
| 금화 | 210 | 272 | 304 | 317 | 369 | 350 | 426 | 279 |
| 산업용 | 492 | 479 | 426 | 480 | 470 | 432 | 428 | 411 |
| 전자 | 345 | 334 | 295 | 346 | 342 | 310 | 307 | 297 |
| 치과의학 | 58 | 56 | 53 | 48 | 43 | 39 | 36 | 34 |
| 기타 | 89 | 89 | 79 | 86 | 85 | 84 | 85 | 80 |
| 순-헤징 수요 | -484 | -235 | -34 | 77 | 457 | 544 | 409 | 466 |
| 전체 수요 | 2,929 | 3,538 | 3,138 | 3,915 | 4,653 | 4,458 | 5,445 | 4,611 |
| | | | | | | | | |
| ETF 재고(증가분) | 254 | 321 | 644 | 418 | 194 | 284 | -876 | -151 |
| 거래소 재고(증가분) | -10 | 34 | 40 | 54 | -6 | -10 | -98 | 1 |
| 수급 순-밸런스 | -39 | -396 | 361 | 21 | -256 | -190 | -132 | -14 |

(단위: 톤)

| | 2015 | 2016 | 2017 | 2018 | 2019 | 2020 | 2021 | 2022(E) |
|---|---|---|---|---|---|---|---|---|
| 광산 | 3,222 | 3,252 | 3,259 | 3,328 | 3,423 | 3,313 | 3,428 | 3,470 |
| 스크랩 | 1,180 | 1,303 | 1,207 | 1,187 | 1,242 | 1,289 | 1,160 | 1,079 |
| 생산자 순-헤징 | 21 | 32 | -41 | 8 | -14 | 36 | 12 | 2 |
| 전체 공급 | 4,422 | 4,587 | 4,425 | 4,523 | 4,651 | 4,638 | 4,600 | 4,551 |
| | | | | | | | | |
| 장신구 | 2,474 | 1,962 | 2,222 | 2,142 | 1,945 | 1,288 | 1,739 | 2,018 |
| 소매 투자 | 1,181 | 1,060 | 1,041 | 1,107 | 974 | 912 | 1,315 | 1,522 |
| 골드바 | 884 | 794 | 780 | 808 | 690 | 589 | 990 | 1,168 |
| 금화 | 297 | 266 | 261 | 299 | 285 | 323 | 325 | 354 |
| 산업용 | 376 | 366 | 379 | 392 | 379 | 340 | 361 | 406 |
| 전자 | 267 | 264 | 276 | 288 | 279 | 258 | 276 | 312 |
| 치과의학 | 32 | 30 | 29 | 28 | 27 | 22 | 22 | 23 |
| 기타 | 76 | 71 | 74 | 75 | 73 | 60 | 63 | 71 |
| 순-헤징 수요 | 443 | 276 | 366 | 589 | 585 | 281 | 415 | 345 |
| 전체 수요 | 4,474 | 3,664 | 4,008 | 4,229 | 3,882 | 2,821 | 3,830 | 4,291 |
| | | | | | | | | |
| ETF 재고(증가분) | -117 | 545 | 187 | 88 | 405 | 987 | -240 | -150 |
| 거래소 재고(증가분) | -48 | 86 | 0 | -21 | 7 | 916 | - | - |
| 수급 순-밸런스 | 113 | 292 | 230 | 227 | 357 | -86 | 1,010 | 411 |

*자료: GFMS

함한 것을 현금 운영 비용 또는 직접 현금 비용(cash cost, C1)이라고 한다. C1에 다 정부에 지급하는 로열티와 생산세까지 포함하면 총 캐스팅 비용(Total Casts Costs, TCC)이 되고, 여기에 탐사 비용, 유지 비용, 본사 비용 등을 더하면 AISC가 산출된다. 바로 이 AISC와 금 가격 간의 스프레드가 금광기업들의 실적과 공급 방향에 중요한 척도가 된다.

## 금의 최대 수요처, 중국과 인도

금에 투자하는 방법은 KRX 금시장, KRX 금 신탁상품, 금 가격을 추종하는 ETF 등 다양하다. 무이자 자산인 금의 단점을 보완하기 위해 배당수익도 노릴 수 있는 주식형(금광기업) ETP[상장지수펀드(ETF)와 상장지수증권(ETN)을 통합해서 가리키는 용어]까지 존재한다.

그러나 금의 최대 소비처는 다름 아닌 실물 시장이다. 금 실물 수요는 가격의 하방 리스크가 확대될 때 하단을 지켜주는 최후의 보루다. 과거 5년 같은 기간 평균을 기준으로 장신구향 소비는 47.7%, 골드바와 금화향 소비는 23.4%를 차지했다.

이처럼 실물 시장을 지켜주는 주요 소비국은 바로 중국과 인도다. 국가별 금 장신구 소비 비중에서 중국과 인도가 60%를 차지하며, 골드바와 금화는 40%를 차지한다. 최대 소비국 중국은 일반적으로 춘절(1~2월)을 앞두고 금 매입에 나선다. 인도는 결혼이 집중된 디왈리 축제(11월)와 홀리 축제(3월) 기간을 전후로 결혼 예물인 금 소비가 확대된다. 금 가격은 이와 같은 이벤트를 앞두고 반등 또는 하방 경직성이 강화되는 계절성도 보인다.

[표 4-8] 금 투자 방법

| 투자 방법 | | | KRX 금시장 | KRX 금 신탁상품 | 금 ETF | 골드뱅킹 | 금은방 등 |
|---|---|---|---|---|---|---|---|
| 주요 기업 | | | 증권사 10개 사 (한투, 키움, 삼성 등) | 시중은행 2개 사 (국민, 기업) | 자산운용사 (삼성, 미래 등) | 시중은행 3개 사 (신한, 국민, 우리) | 사설 유통업체 (삼성금거래소, 한국금거래소 등) |
| 상품 개요 | | 특징 | 국가 공인 유일한 금 현물 시장 | KRX 금시장 투자 상품 | 주식시장에서 거래되는 ETF 상품 | 국내 금 투자 상품 | 사설 금 유통업체가 판매 |
| 상품 개요 | | 거래 대상 | 99.99% 골드바 (LBMA, 조폐공사 인증) | 99.99% 골드바 (KRX 금시장) | 금선물지수 (S&P Gold Index 등) | 99.99% 골드바 (국내 브랜드 금) | 순도 다양한 골드바 (유통업체 보유) |
| 상품 개요 | | 거래 단위 | 1g 단위 (5만 원 내외) | 예적금 상당량을 1g 단위로 매입 | 1좌 (1만 원 내외) | 예금액 상당량을 0.01g 단위로 매입 | 다양한 형태(반지, 열쇠, 동물 등)와 중량 (1돈, 10g, 1냥, 100g, 500g, 1kg 등) |
| 상품 개요 | | 매매 가격 | KRX 금시장 가격 | KRX 금시장 가격 | 주식시장 가격 | 은행 고시 가격 | 업체 판매 가격 |
| 상품 개요 | | 거래 방법 | 주식처럼 HTS, 스마트폰 이용 | 은행에서 예적금처럼 저축 | 주식처럼 HTS, 스마트폰 이용 | 은행에서 예적금처럼 저축 | 일반 금은방에서 실물 직접 구입 |
| 차익 거래 | 매입 | 거래 수수료 | 0.3% (증권사 수수료 포함) | 1.3% = 신탁 1% + 거래 0.3% | 0.68~1.005% = 운용 0.5~1.0% + 거래 0.005% | 1.0% | -(인출형) |
| 차익 거래 | 매도 | 거래 수수료 | 0.3% (증권사 수수료 포함) | 0.3% | 0.03% | 1.0% | |
| 차익 거래 | 매도 | 매매 차익 | - | - | 배당소득세 (15.4%) | 배당소득세 (15.4%) | |
| 실물 인출 거래 | | 매입 수수료 | 0.3% (증권사 수수료 포함) | -(비인출형) | -(비인출형) | 4~5% | 각 업체 상이 |
| 실물 인출 거래 | | 부가세 | 10% | | | 10% | 10% |

*자료: 한국거래소, 이베스트투자증권 리서치센터

[그림 4-16] 중국 귀금속 소비와 인도 금 수입 주기

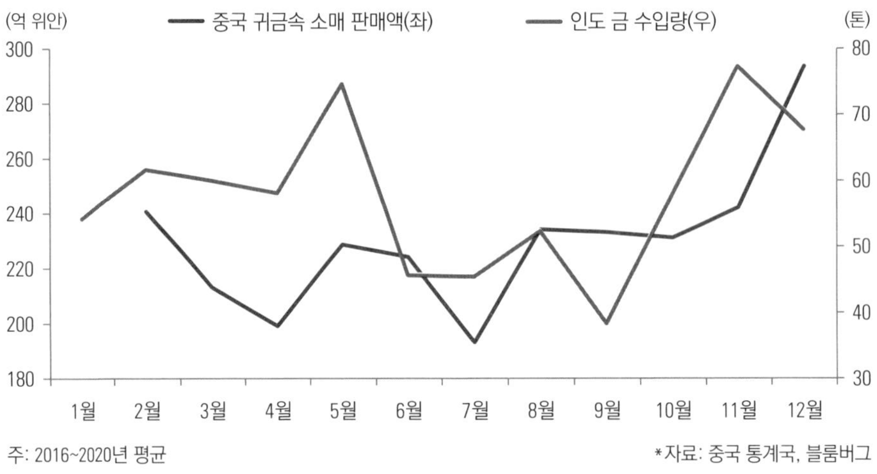


주: 2016~2020년 평균

*자료: 중국 통계국, 블룸버그

## 매력적인 인플레이션 헤지 자산

화폐 가치는 인플레이션 압력이 강화되는 구간에서 절하되며, 자산을 지키기 위해서는 헤지가 필요하다. 금은 가장 매력적인 인플레이션 헤지 자산이 될 수 있다. 금의 인플레이션 헤지 수요 강도를 살펴보기 위해서는 실질금리(명목금리 – 기대인플레이션율)의 구성을 확인해야 한다.

명목금리란 은행 예금과 채권 등 금융 자산에 붙는 액면 금리로서 시장 수급에 따라 결정된다. 경기가 양호할 때는 중앙은행의 정책금리 인상 가능성을 선반영하며 상승하는 경향을 보인다. 일반적으로 미국 국채 10년물 금리를 참고하고, 미 연방준비은행 정책위원들의 발언과 이들이 주목하는 고용·물가 지표에 민감하게 반응한다.

다른 하나인 기대인플레이션율은 말 그대로 물가 압력을 의미하며 일반적으로 10년 기대인플레이션율(BEI)을 활용하는데 세인트루이스 연준 공식 사이트에서 쉽게 확인할 수 있다. 유가(전년 동기 대비 상승률)가 물가를 견인하기에, 전년도 유가와 EIA 유가 전망치(또는 자체 전망치)를 통해 기대인플레이션율의 방향성을 개략적으로 유추할 수 있다.

이론적으로 기대인플레이션율이 명목금리를 상회할 경우, 실질금리는 (-)로 전환되고 시중은행의 예금 자금들은 수익률이 은행 이자율보다 높은 자산 또는 전통적 헤지 자산인 금으로 이동하게 된다. 이 때문에 금 가격과 실질금리는 역의 상관관계를 갖게 되며, 이를 인플레이션 헤지 수요라 볼 수 있다.

### 사례: 저금리와 경기 회복이 맞물리는 구간이 중요하다

금의 인플레이션 헤지 수요는 저금리와 경기 회복이 맞물리는 구간에서 폭발적으로 확대된다. 2020년 3월, 미 연준은 코로나19 확산세가 본격화되자 제로(0)금리를 선언했다. 명목금리는 이미 경기 충격을 선반영했고 12월 말까지도 1%선을 넘어서지 못했다. 그러나 물가를 견인하는 유가는 OPEC+를 비롯한 주요국들의 감산 공조가 재개되고 4월 미국 정유 시설 가동률이 반등하자 회복 흐름을 보이기 시작했다. 그 결과 8월 실질금리는 인플레이션 기대감을 반영하면서 -1.0%까지 하락했고, 역의 상관관계인 금 가격은 사상 최고치를 경신할 수 있었다([그림 4-17] 참조). 이처럼 명목금리의 제한적 상승과 기대인플레이션율의 회복이 맞물리는 구간에서는 금이 가장 매력적인 인플레이션 헤지 자산이 된다.

### 주의: 인플레이션 헤지 수요, 경쟁자인 암호화폐가 방해할 수 있다

금은 분명 인플레이션 헤지 자산이지만 2020년 4분기 실질금리와의 상관성은 낮았다. 비트코인을 중심으로 한 암호화폐 때문이다. 암호화폐는 중앙은행으로부터 독립하겠다는 취지로 탄생했지만 기축통화인 달러화를 대체하기

[그림 4-17] 기대인플레이션율과 명목금리, 실질금리와 금 현물 가격 추이(2020년)

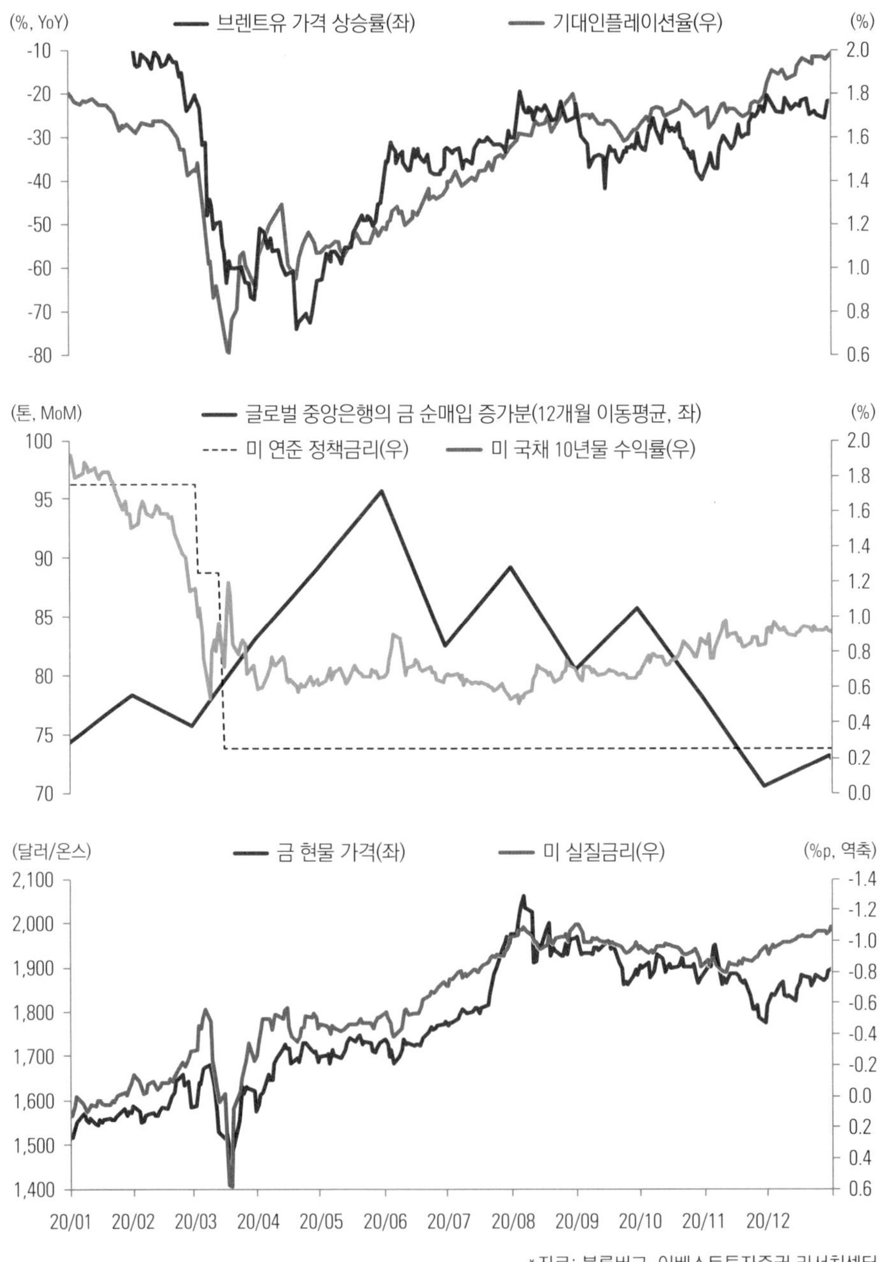


*자료: 블룸버그, 이베스트투자증권 리서치센터

[그림 4-18] 금 현물 가격과 실질금리, 금 ETF와 암호화폐 관련 자산의 자금 흐름 추이(2017~2022)

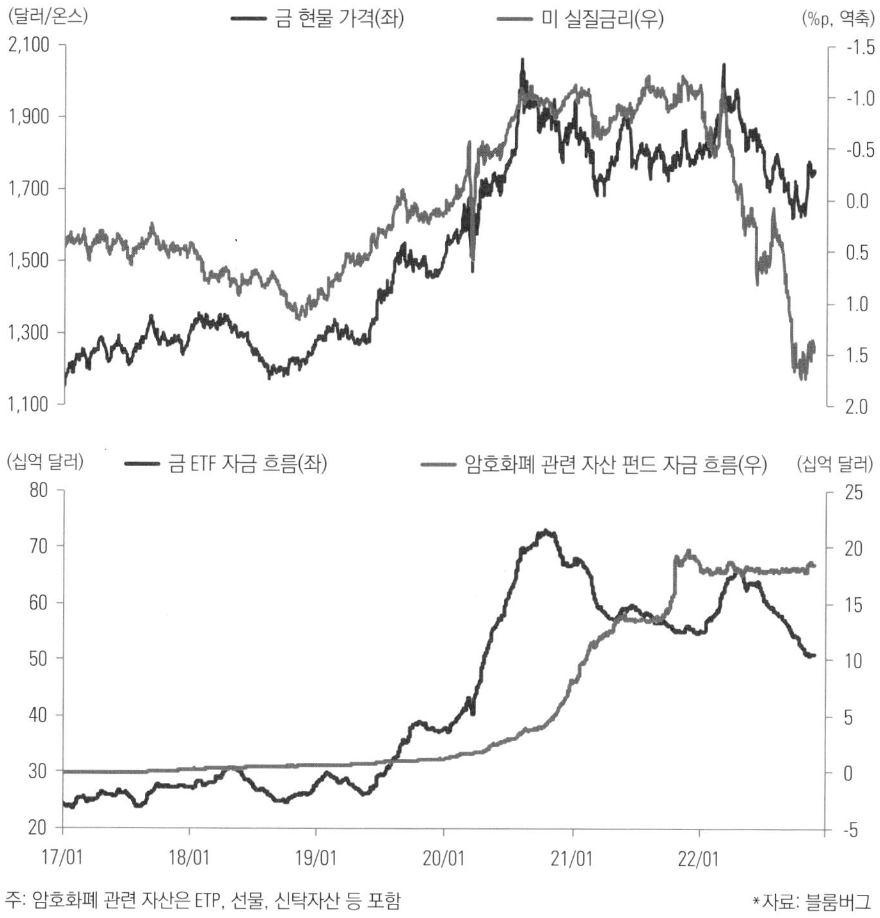


보다는 오히려 전통 화폐인 금의 인플레이션 헤지 수요를 탈취하는 성격이 짙어졌다.

이는 자산별 자금 흐름에서도 근거를 확인할 수 있다. 2021년 YTD 기준으로 금 ETF는 120억 달러가 유출되었고, 자금 유입 고점이던 2020년 10월과 비교하면 176억 달러가 유출되었다. 반면에 같은 기간 암호화폐 관련 자산들은 각각 111억 달러와 149억 달러가 유입되었다. 2021년부터 금 현물 가격과 실질금리 간의 괴리는 이와 같은 인플레이션 헤지 수요의 이탈 현상 때문이라고 볼 수 있다.

물론 금의 인플레이션 헤지 수요가 완전히 사라진 것은 아니다. 금 현물 가격과 실질금리 간 상관계수는 이전만큼은 아니지만 추세상 일정 부분 영향을 받고 있다. 다만 비트코인 등 암호화폐라는 경쟁자가 존재하는 한, 과거와 같은 폭발적인 인플레이션 헤지 수요를 기대하기는 어렵다. 오히려 본래의 취지대로 안전자산에 더 가까워졌다는 점을 유념해야 한다.

## 때로는 안전자산이 아닐 수 있다

원자재 중에서 금은 대표적인 안전자산이다. 글로벌 경기가 후퇴하는 상황에서 경기 동행 자산이자 산업금속인 구리와 비교하면 상대적으로 양호한 성과를 내왔다. 그러나 때로는 금이 안전하지 않을 수 있다. 바로 달러화가 강해지는 구간이다. 여타 원자재와 마찬가지로 금은 달러화 표시 자산이어서 달러화와 역의 상관관계를 가진다. 미국 경기가 다른 지역보다 상대적으로 강해지는 구간에서는 달러화가 강해지고 이는 금 가격의 하방 리스크로 작용하게 된다.

극단적인 예로 2008년 금융위기와 2020년 코로나19 위기가 있다. 두 시기 모두 리스크가 발생한 초기에는 주식을 비롯한 여타 자산시장의 마진콜 영향으로 현금(달러화) 수요가 확대되었다. 자금시장의 스트레스를 보여주는 지표인 리보(Libor, 런던은행 무담보 달러 조달 시 적용 금리) – OIS(금융기관 간 일정 기간 동안 1일물 변동 금리와 교환하기로 한 약정 고정금리) 스프레드는 달러화 유동성 부족

[그림 4-19] OECD 경기확산지수와 구리/금 상대 성과 추이(1995~2022)

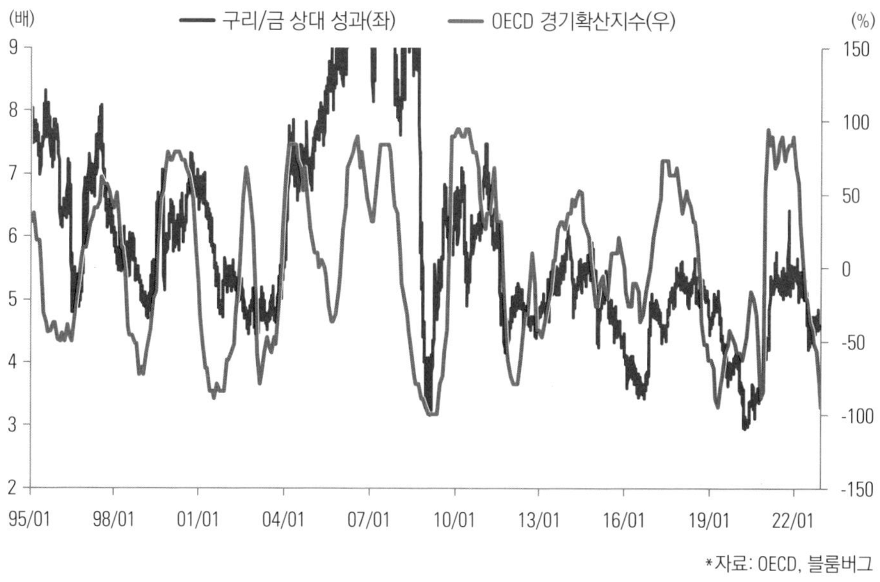

*자료: OECD, 블룸버그

으로 인해 확대됐다. 당연히 달러인덱스가 빠르게 치솟았고, 달러화와 역의 상관관계인 금 가격은 각각 -27%와 -12%로 급락했다. 이렇게 급락했던 금 가격은 2008년 11월 미 연준의 1차 양적 완화, 2020년 3월 제로금리와 7,000억 달러 규모의 양적 완화 실행 이후 리보 – OIS 스프레드가 축소되기 시작하자 진정되었다.

금은 분명 안전자산이다. 희소성 덕에 고대부터 통화로서의 역할을 했고, 금본위제 폐지 이후에도 전통적인 통화로서의 기능을 담당했다. 단, 달러화가 약해진 경우에만 말이다.

[그림 4-20] 2008년 금융위기 전후 금 가격과 현금 수요 추이(2006~2012)

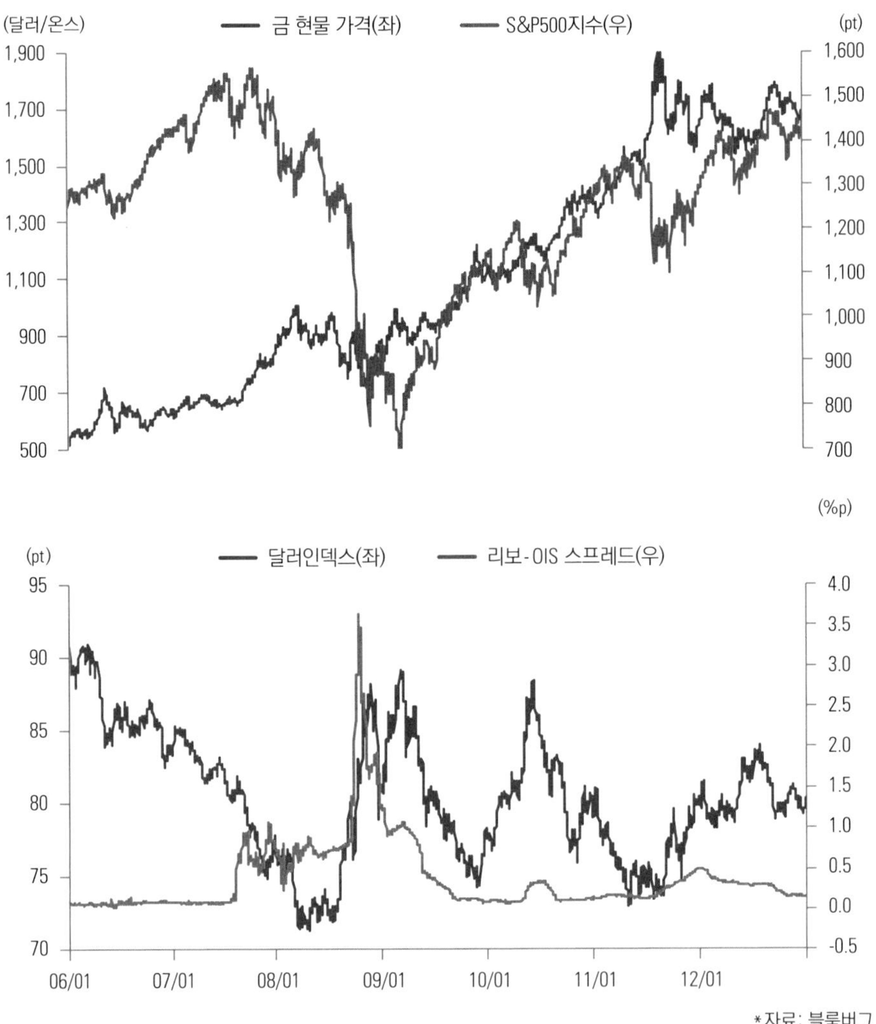


*자료: 블룸버그

[그림 4-21] 2020년 코로나19 위기 전후 금 가격과 현금 수요 추이(2019~2020)

*자료: 블룸버그

# 구리: 산업의 쌀, 미래의 에너지원

반도체와 더불어 산업의 쌀이라 불리는 구리는 열 전도성과 전기 전도성이 높고 여타 금속과 잘 결합해 합금성이 우수하다. 이 같은 특징 때문에 수요 대부분이 전력 인프라와 건설, 기계·설비, 운송(자동차)에 집중되어 있으며, 최근에는 태양광과 풍력 발전, 전기차가 폭발적으로 성장하면서 오늘날 석유와 같은 미래 에너지원으로 주목받고 있다. 대개 선진국보다 중국(수요 비중: 53.3%)을 비롯한 신흥국(수요 비중: 74.3%)에서 사용되는데, 산업화·도시화 과정에서 기초 시설인 전력망과 부동산 개발이 요구되기 때문이다. 이 때문에 구리 수요는 신흥국 경기에 더 민감하게 반응한다.

구리의 생산 공정을 살펴보면 크게 채굴, 제련(smelting), 정련(refining) 단계를 거친다. 글로벌 공급의 40%가 칠레와 페루 광산에서 채굴되며, 여기서 채굴된

[그림 4-22] 지역별 주요 구리 수요처

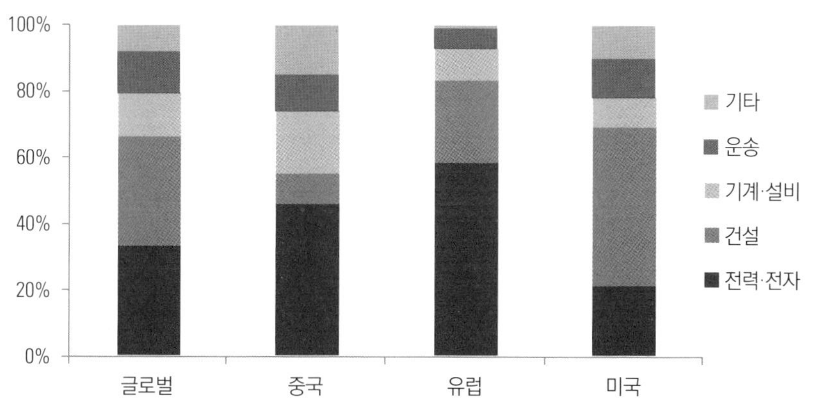


*자료: ICSG

[그림 4-23] 국가별 구리 수요/GDP

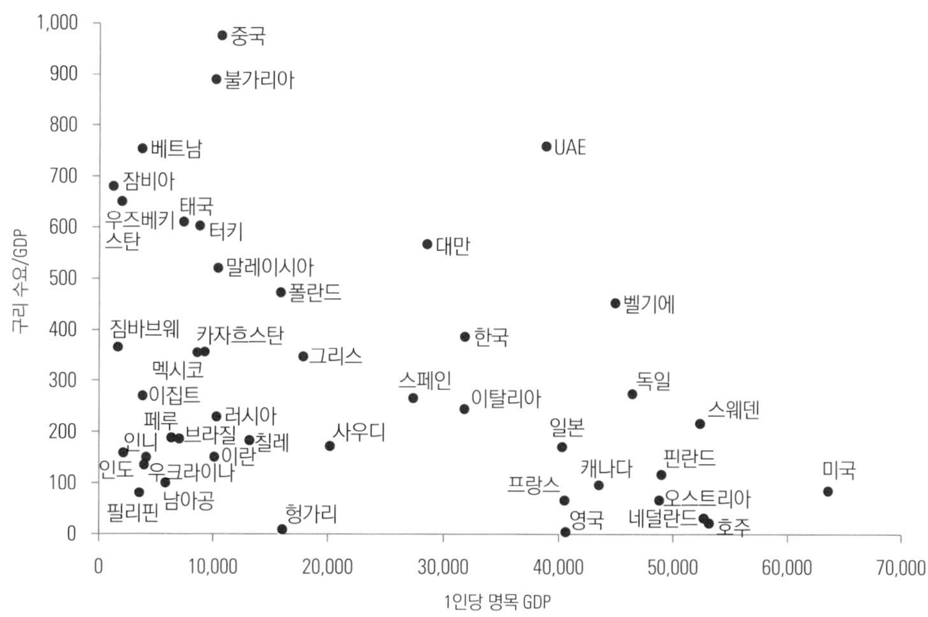


*자료: Bloomberg Intelligence, IMF

구리 광석(구리 순도 0.2~2.0%)은 순도 24~25%의 구리정광으로 가공된다.

이렇게 가공된 구리정광은 다시 제련소로 옮겨지는데 정광의 40%가 대형 제련소를 갖춘 중국으로 보내진다. 정광은 용해 과정을 거쳐 철(Fe), 유황(S) 등 불순물을 분리해 구리 순도 99%의 조동(blister copper)으로 제작되며, 잔류 유황과 불순물을 제거해 구리 순도 99.9%의 양극(copper anode) 형태로 주조된다. 만들어진 양극은 다시 전해액에 장입하고 직류 전류를 통해 음극에 전착함으로써 99.99%의 고순도 구리로 생산된다. 이를 다른 말로 전기동이라고 한다.

이보다 간소한 생산 방식으로 SX-EW(용제 추출-전해 채취)가 있지만 환경 오염 문제로 선진국보다는 개발도상국에서 활용된다.

물론 다 같은 구리가 아니다. 구리는 품질에 따라서도 분류되는데, 최상급

[그림 4-24] 구리 생산 공정

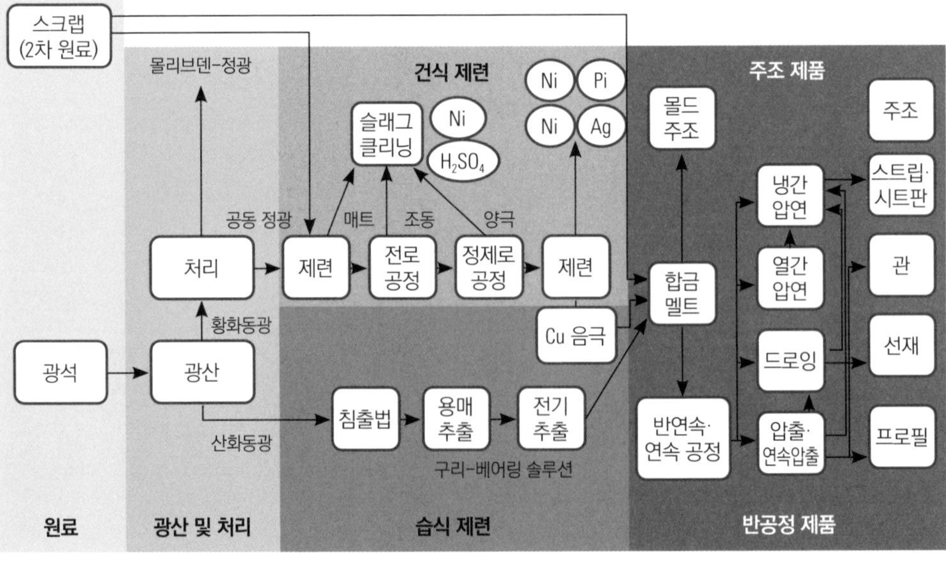


*자료: Copper Development Association

으로는 런던금속거래소(London Metal Exchange, LME) 등록 기준인 A등급(Grade A)이 있고, 등록은 안 되었지만 품질은 A등급과 동등한 이퀴벌런트(Equivalent), 칠레 국영 구리기업 코델코(Codelco) 기준의 Standard Copper Cathode가 있다. 이 외에 스크랩 계열에는 밀베리와 베리를 중심으로 하는 A동(꽈배기동)이 있고, 캔디와 티버찌 등의 상동, 파동이 있다.

## 구리 공급 리스크

### 사례 1: 정치권 증세 리스크

구리정광 공급은 칠레와 페루에 집중되어 있다. 높은 편중도 때문에 구리 가격은 해당 국가의 정책에 크게 좌우되는 경향을 보이고 변동성도 클 수밖에 없다.

우선 칠레에서는 광산기업에 대한 증세 리스크가 단골 이슈다. 2021년 5월

[그림 4-25] 국가별 구리정광 공급 비중

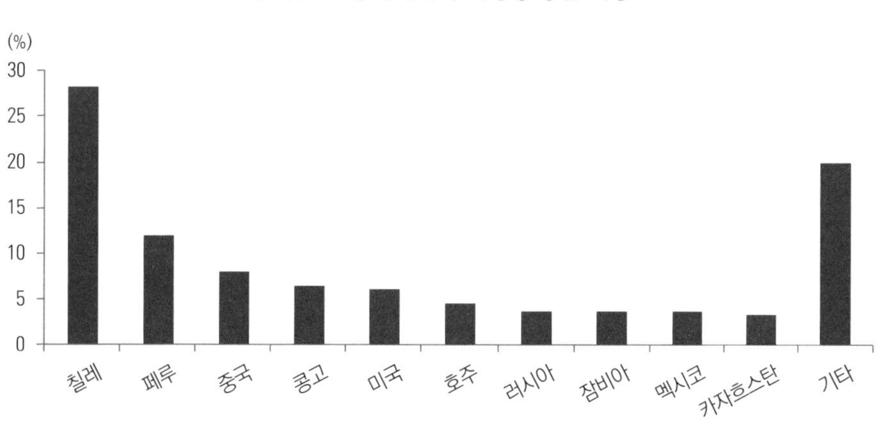


*자료: Bloomberg Intelligence

칠레 하원은 진보 야당이 주도해 광물 판매 누진세법을 가결했다. 이 법안은 연간 구리 1.2만 톤(리튬 5만 톤) 생산 시 판매세율(3%)을 고정하고 시장 가격에 따라 15~75%의 누진세율을 추가로 부과한다는 내용이다. 이렇게 걷은 세금은 광산 지대 환경 개선 외에 코로나19 극복 사업에도 지원하겠다는 것이 골자다. 8월 31일 칠레 상원 광산업위원회가 법안을 가결했고, 11월 30일 법안 수정을 위한 표결도 야당 주도로 가결되었다. 광산기업들은 법안이 가결되면 주요 구리정광 생산국 중 칠레의 세율이 가장 높아진다고 지적했고, 이는 광산기업들의 투자 위축과 민간 고용 부진으로 연결될 거라고 경고했다. 2022년 10월 업계의 요구에 따라 수정안이 도출됐지만 편중된 공급의 위험성을 확인할 수 있는 대목이다.

이어서 페루를 보자. 2021년 6월 페드로 카스티요가 대통령으로 당선되면서 구리시장 내 불확실성이 한층 고조된 바 있다. 선거 유세 기간에 '광산업 국유화를 골자로 하는 개헌 추진'과 '외국계 광산기업들의 수익 중 70% 이상을 페루 내 재투자'라는 급진적인 공약을 내걸었기 때문이다. 2021년 10월 말 대통령은 복지사업 일환으로 의회에 세법 개혁안 승인을 요구했는데 이는 대부분 광산기업에 대한 증세(로열티, 법인세, 특별세 등)를 목적으로 하고 있다. 물론 총선에서 보수연대가 의회를 장악하고 좌파연대가 붕괴하면서 광산기업에 대한 증세 우려는 해소됐다. 다만 칠레와 마찬가지로 정치 리스크에 취약하다는 점을 상기해야 한다.

### 사례 2: 광산 노조 파업

구리 가격 측면에서 칠레와 페루의 증세 리스크 다음으로 위협적인 것은 광산 노조 파업 리스크다. 2017년 2월 글로벌 최대 구리 광산인 에스콘디다(Escondida)를 시작으로 케로베르데, 쿠아호네·토케팔라 등 칠레와 페루의 주

[그림 4-26] 구리 광산기업의 협상 여력을 살펴볼 수 있는 구리 가격과 AISC 추이(2007~2022)

*자료: 블룸버그

요 구리 광산에서 노조의 집단파업이 발생했다.

일반적으로 남미 광산 노조의 임금 계약은 3년마다 갱신되는데 2017년 2월에 이들 광산 노조의 근로계약 만료가 집중되었다. 당시 광산 AISC가 구리 가격을 상회하는 상황이어서 사측의 협상 여력이 낮을 수밖에 없었다. 임금 협상이 지지부진하자 노조 파업이 장기화되었고, 에스콘디다의 파업 기간이 44일로 역대 최장을 기록할 정도였다. 위 3대 광산의 노조 파업만으로 글로벌 공급의 13.2%가 차질을 빚었고, 구리 가격은 10월 말까지 이어진 불확실성으로 인해 연초 대비 24% 상승했다.

## 구리 가격 상승의 한계

전기차와 태양광, 풍력 발전 같은 친환경 인프라는 구리의 미래다. 전기차 1대당 구리 수요는 50kg 이상으로 내연기관 차 대비 2~5배가량 높다. 해상 풍력 인프라에는 MW당 8~9톤가량이 소요된다. 이는 기존 전통 인프라향 구리 수요를 한층 더 높일 뿐만 아니라 수요 구조의 변화를 야기할 수 있다.

다만 수요의 방향이 양호하더라도 한계 역시 존재한다. 바로 대체 수요다. 모든 원자재는 대체재가 존재한다. 난방 시즌에 천연가스 가격이 급등하면 난방유로 수요가 옮겨 간다. 휘발유 가격이 높으면 옥수수(바이오연료), 사탕수수(에탄올)와 같은 대체재가 각광받는다. 마찬가지로 구리 역시 용도별로 다르지만 알루미늄, 아연, 스테인리스강(STS), PVC 등 대체재가 있다.

친환경 인프라와 전기차는 고순도 구리가 요구된다는 점에서 위 대체재와 무관할 수 있다. 다만 이들 산업이 구리 가격을 자극한다면 고순도 구리가 불

[표 4-9] 구리 수요처별 대체재 구분

| 구분 | 등급 | 대체재 | 사용처 |
| --- | --- | --- | --- |
| 전기전도 | 알루미늄 < 1.5배 | 알루미늄 | 동선, 전자 및 관련 설비 |
| 열전도 | 알루미늄 < 2.0배 | 알루미늄 | 열교환기, 라디에이터, 냉동 장치, 해수 담수화 및 관련 설비 |
| 화학적 안정성 | - | 아연/STS/PVC | 수도 배관, 밸브, 수조, 인테리어 |

*자료: BGRIMM Technology

[표 4-10] 구리와 알루미늄 비교

| 성능 | 구리 | 알루미늄 |
| --- | --- | --- |
| 20℃ 팽창계수(x$10^{-6}$/℃) | 23 | 16.6 |
| 20℃ 열전도(BTU/ft/hr/$fft^2$/°F) | 126 | 222 |
| 20℃ 전도성(%IAS) | 61 | 101 |
| 인장강도(lb/$in^2$) | 12,000 | 32,000 |

*자료: BGRIMM Technology

[그림 4-27] 구리 가격 구간별 대체 수요 가능성(2005~2022)

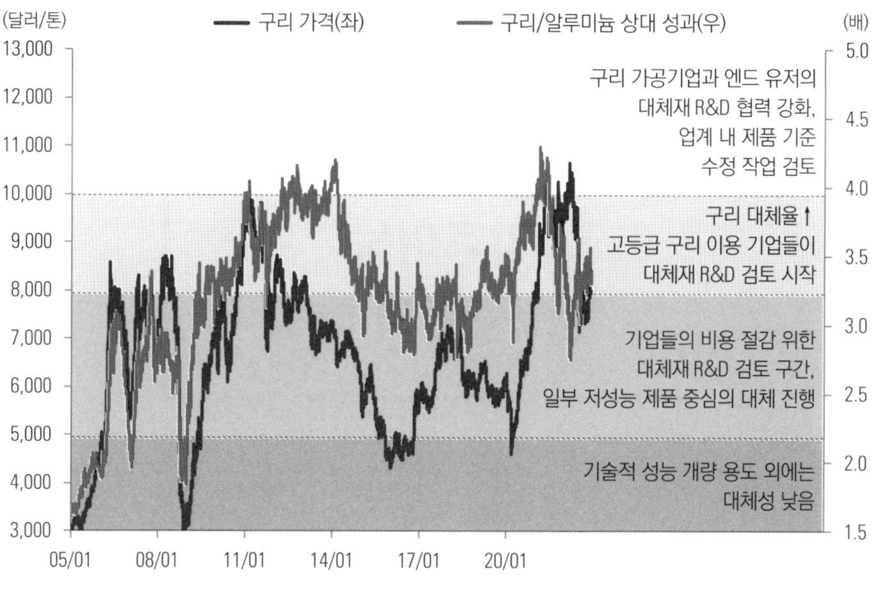


*자료: 블룸버그

필요한 다른 소비자들의 수요는 대체재로 이탈할 수 있다. 2009~2011년 제1차 친환경 인프라 붐이 발생했을 당시 구리 가격은 상승세를 보이다가 여타 수요처의 이탈을 극복하지 못했다. 2021년에 제2차 친환경 인프라와 전기차 붐이 발생했지만 마찬가지로 대체재 수요가 가격 상승의 걸림돌로 작용했다.

물론 대체재를 활용하기까지는 설비 전환을 위한 소요 기간과 송배전망의 대체재 활용 제한성 등 한계가 존재한다. 그러나 건설 현장 등 일부 수요처에서는 당장 대체재 활용이 가능하다. 이는 구리 가격의 한계를 다시 한번 확인시켜주고 있다.

# 알루미늄: 탄소중립의 타깃

알루미늄은 지구상에서 산소와 규소 다음으로 많은 원소로 보크사이트 광석에 함유되어 있다. 과거에는 보크사이트에서 추출하는 비용과 기술적 문제 때문에 귀금속보다 귀한 대접을 받았으나, 18세기경 생산비가 적게 드는 전기분해 제련법이 도입되면서 실생활에 광범위하게 사용되었다.

생산 과정을 살펴보자. 알루미늄 1톤을 생산할 때는 우선 베이어 처리(Bayer Process)를 통해 보크사이트를 산화알루미늄으로 분리한 다음, 이렇게 분리된 알루미나에 13,500kWh 이상의 전력을 가해 전기분해한다.

이렇게 생산된 알루미늄은 본연의 특징에 맞춰 소비된다. 공기에 노출되면 산화 피막층을 형성하기 때문에 내식성이 있고, 여타 금속보다 가벼운 것이 특징이다. 또한 구리만큼은 아니지만 전기 전도성이 높아 전선으로도 용이하

[그림 4-28] 알루미늄 생산 공정

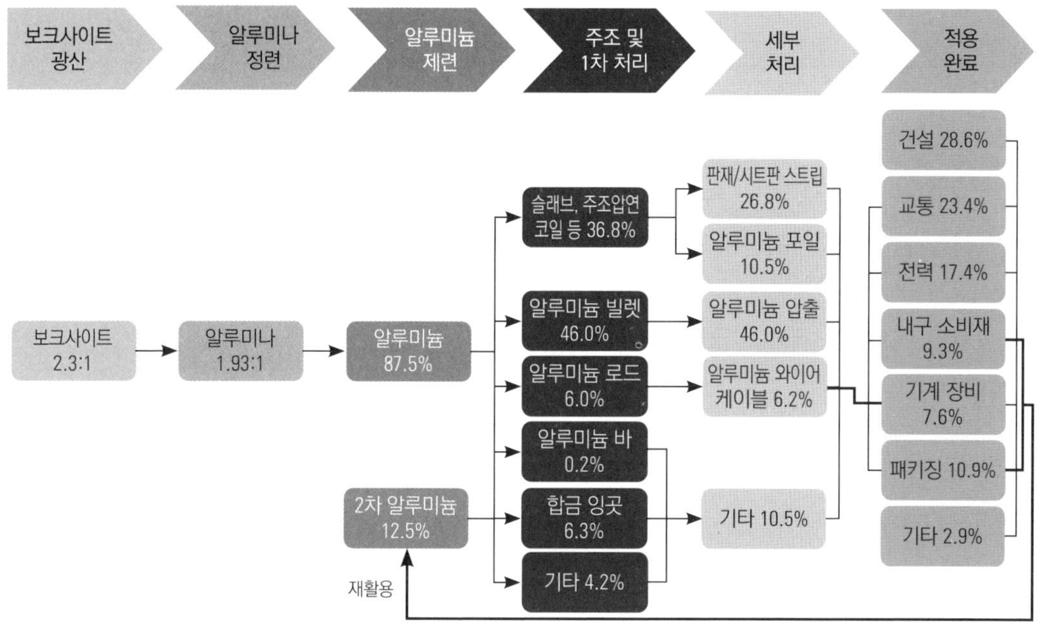


*자료: SMM

다. 이 같은 특징들 때문에 건설 현장과 전력 인프라, 운송(자동차)향 수요가 집중되어 있다.

구리와 마찬가지로 수요 구조의 변화 역시 주목받고 있다. 알루미늄 수요에서 전력 인프라향 수요는 12%지만, 2025년경 태양광과 풍력 발전 등 친환경 인프라가 폭발적으로 성장해 16%까지 확대될 것으로 전망된다. 운송 부문 역시 긍정적이다. 전기차는 장거리 주행의 문제를 보완하기 위해 차량 무게를 줄이는 것이 핵심이다. 이 때문에 하이브리드차(HEV), 플러그인 하이브리드차(PHEV), 전기차(BEV)의 알루미늄 소비량은 일반 내연기관 차 대비 각각 1.1배, 1.5배, 1.4배 더 많다. 그만큼 알루미늄은 잠재력이 무한하다.

## 알루미늄 공급 리스크

### 사례 1: 편중된 전력원

앞서 살펴본 것처럼 알루미늄 1톤을 생산할 때 13,500kWh의 전력이 소요된다. 이는 아연의 4.2배, 구리의 12.3배에 달한다. 알루미늄 생산 기업의 비용 구조를 살펴보면 전력 비용이 30%로서 원재료인 알루미나 다음으로 큰 비중을 차지하며, 이 때문에 전력원의 가격 변동성에 취약하다. 알루미늄 생산의 주요 전력원 가운데 석탄(연료탄)화력발전 비중이 60%로 가장 크고, 알루미늄 최대 생산국인 중국은 88%가 석탄화력발전에 의존하고 있다. 이처럼 전력원 의존도가 편중되어 있어서 알루미늄 가격 변동성이 극심하다.

전력원이 편중된 대표 사례는 중국이다. 2021년 8월 중국 국가발전개혁위원회(NDRC, 이하 발개위)는 '2021년 상반기 각 지역 에너지 억제 목표치 이행 현황'을 통해 전 분기 대비 에너지 절감 목표와 에너지 총량제를 미달한 지역을 공개했다. 사실상 시진핑 중국 주석의 탄소중립 가이드라인(2021년 GDP 대비 에너지 소비 3% 억제) 지침을 이행하지 않는 지방정부에 대한 경고였다. 고지서를 받아 든 지방정부들은 양고(兩高) 산업에 한해 일괄 생산 제한(限产)과 전력 사용 제한(限电) 조치를 명령했다. 양고 산업이란 2021년 2월 발개위에서 규정한 '高탄소 배출 + 高에너지 소비 산업군'으로, 주요 대상은 석탄화력발전, 석탄·석유화학, 화학공업, 철강, 비철금속, 건자재 등이다. 문제는 여기에 연료탄 생산을 제한하는 조치까지 포함되어 있었다는 점이다.

연료탄 수급이 가뜩이나 부족했는데 지방정부의 주먹구구식 공급 억제 조치 때문에 한층 더 부족해졌다. 일각에서는 외교적 갈등으로 인한 호주산 연료탄 수입 중단 조치가 수급 차질을 불러왔다고 주장했지만, 중국의 연료탄 공급에서 수입산 의존도는 3.6%에 불과했다. 즉 중앙정부의 과도한 압박과 지

[그림 4-29] 알루미늄 생산 기업의 비용 구조

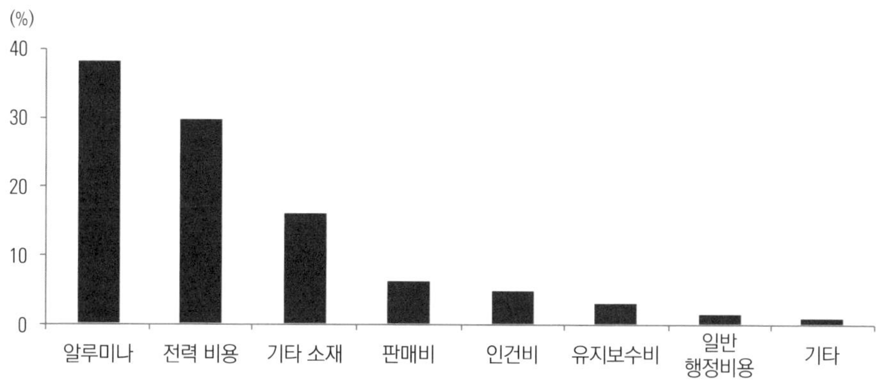


*자료: Rusal

[표 4-11] 지역별 알루미늄 생산 기업 전력원

(단위: 테라와트시)

| | 석탄발전 | 수력발전 | 가스발전 | 원자력발전 | 기타 |
|---|---|---|---|---|---|
| 중국 | 427 | 37 | | 6 | 15 |
| 유럽 | 6 | 93 | 2 | 7 | 8 |
| 걸프국가 | | | 84 | | |
| 북미 | 7 | 45 | 1 | 1 | 1 |
| 기타 아시아 | 39 | | | | |
| 오세아니아 | 19 | 8 | | | 0.8 |
| 아프리카 | 11 | 12 | | | |
| 남미 | | 13 | 3 | | |

방정부의 주먹구구식 조치가 빚어낸 해프닝이었다. 당시 중국 연료탄 가격은 사상 최고치를 경신했고, 전력원 가격 상승으로 알루미늄 가격 역시 덩달아 급등했다.

2021년 9월 말, 발개위는 자신들의 실책을 인정하고 일부 연료탄 생산 시설의 증설 허용과 함께 국영 석탄 생산 기업들의 저가 공급 조치까지 동원했다.

중국의 연료탄 내수 가격은 그제야 진정되기 시작했고, 알루미늄 가격 역시 2008년 이후 최고치를 경신 후 후퇴했다. 편중된 전력원 의존도에 대한 취약성을 확인할 수 있는 대목이다.

### 사례 2: 편중된 공급

공급이 편중되면 가격 변동성이 유발된다. 그러한 점에서 글로벌 최대 알루미늄 생산국인 중국의 정책이 중요하다. 2020년 9월 시진핑 중국 주석은 UN 총회에서 2060년까지 탄소중립을 달성하겠다는 계획을 발표했다. 같은 해 12월, 공산당 중앙경제공작회의에서는 다음 해 주요 정책 과제에 탄소중립을 처음으로 포함시켰다. 알루미늄 1톤 생산 시 석탄화력발전을 이용하면 아연의 2.4배에 달하는 탄소가 배출된다. 중국 정부의 탄소중립 참여는 중국계 알루미늄 생산 기업들에는 새로운 공급 사이드 개혁이나 다름없다.

[표 4-12] 지역별 보크사이트, 알루미나, 알루미늄 생산 비중

| 순번 | 보크사이트 | 알루미나 | 알루미늄 |
|---|---|---|---|
| 1 | 호주(30%) | 중국(53%) | 중국(57%) |
| 2 | 기니(22%) | 오세아니아(16%) | 걸프만(9%) |
| 3 | 중국(16%) | 아프리카·중국 외 아시아(9%) | 중·동유럽(6%) |
| 4 | 브라질(9%) | 남미(9%) | 중국 외 아시아(6%) |
| 5 | 인도네시아(6%) | 서유럽(4%) | 북미(6%) |
| 6 | 인도(6%) | 중·동유럽(3%) | 서유럽(5%) |
| 7 | 자메이카(2%) | 북미(2%) | 오세아니아(3%) |
| 8 | 러시아(2%) | 기타(3%) | 아프리카(2%) |
| 9 | 카자흐스탄(2%) | - | 남미(2%) |
| 10 | 기타(5%) | - | 기타(3%) |

*자료: IAI, USGS

[그림 4-30] 금속별 탄소 배출량과 전력 소비량

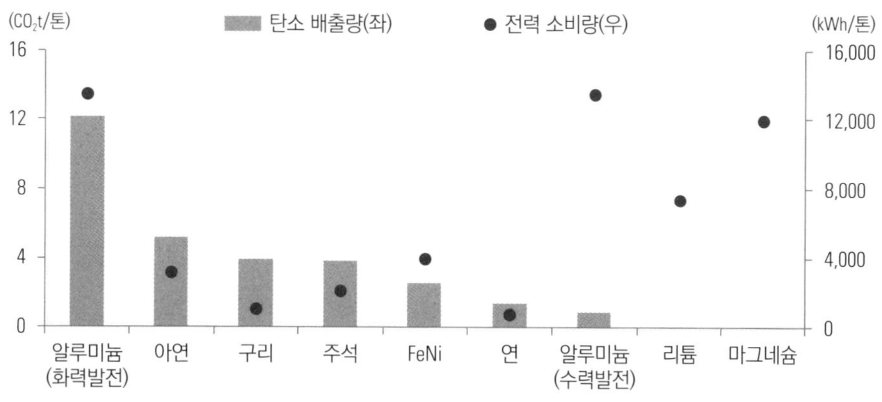


*자료: 중국 발개위, SMM, 언론 보도 종합

2021년 4월, 중국 공업정보화부(공신부)는 탄소중립 일환으로 알루미늄 신규 생산 설비 증설 제한 조치를 재추진키로 했다. 이로 인해 2021년 신규 설비의 가동이 당초 계획보다 179만 톤가량 불발되었다. 8월 말에는 '전해알루미늄 산업에 대한 단계적 전기세 적용 방안'이 발표되었다. 골자는 정부의 표준 전력 소비량을 초과할 경우 20kWh당 0.01위안씩 누진 적용한다는 것이다. 일반적으로 알루미늄 1톤 생산 시 전력이 13,500kWh 이상 소요된다. 중국 정부는 이 방안에서 표준 전력 소비량 기준을 2023년에는 13,450kWh, 2025년에는 13,300kWh로 낮추겠다고 적시했다. 사실상 누진세를 반강제적으로 적용하겠다는 것이며, 장기적으로 알루미늄 생산 능력을 통제하겠다는 의미다.

이미 미국이라는 선례가 존재한다. 미국 정부는 1997년 12월에 교토기후협약을 채택했다. 1차 공약 기간이 2008~2012년임에도 2000년에 알루미늄 생산 능력을 선제적으로 감축하기 시작했고, 같은 기간 미국계 알루미늄 기업 알코아(Alcoa) 역시 감산에 들어간 바 있다. 2020년 알루미늄 가격은 시진핑 중국 주석의 공약과 위와 같은 선례를 근거로 가파른 상승세를 이어갈 수 있었다. 이처럼 편중된 공급이 언제든 가격의 변동성을 야기할 수 있다.

### 사례 3: Non-China 지역 기업 리스크

알루미늄은 글로벌 최대 생산국인 중국의 영향에만 노출되는 것이 아니다. Non-China 지역의 급변 사태 역시 알루미늄 가격 변동성을 확대한 바 있다. 하나는 러시아계 생산 기업 루살(Rusal), 다른 하나는 노르웨이계 생산 기업 노르스크 하이드로(Norsk Hydro)발 리스크다.

첫 번째는 미국의 루살 제재다. 루살은 알루미늄 제련 시설을 9곳 갖추고 있으며, 알루미나와 알루미늄 생산 능력이 각각 390만 톤과 1,050만 톤에 이르는 글로벌 3대 알루미늄 생산 기업이다. 2018년 4월 스티븐 므누신 미국 재무장관은 크림반도 사태와 시리아 정권에 대한 무기 지원 혐의로 올레크 데리파스카 EN+(루살의 지주회사) 전 회장 등 38개 대상을 제재 명단에 포함했다. LME 등록 창고에 보관 중이던 루살산 알루미늄 역시 제재 대상으로 분류되었으며, 글렌코어(Glencore) 등 일부 기업은 루살과의 거래를 잠정 중단했다. 알루미늄 가격은 단 2주 만에 +28% 급등했으나 4월 말 미 재무부가 제재 시점을 연기하면서 이틀 만에 -10% 급락하는 등 높은 변동성을 보였다.

두 번째는 알루노르치(Alunorte)의 50% 감산이다. 2018년 알루미늄의 가격 변동성이 커진 것은 루살에 이어 발생한 알루노르치 알루미나 제련 시설의 공급 차질 때문이다. 알루노르치는 글로벌 8대 알루미늄 생산 기업 노르스크 하이드로 산하의 제련 시설로, 글로벌 생산 비중 4.8%(630만 톤)를 차지한다. 2018년 2월 브라질 북부의 파라(Para) 주법원은 폐기물 무단 투기 혐의로 알루노르치에 50% 감산을 명령했고, 5월 초 연방법원은 주법원의 명령을 이행하라고 판결했다. 루살에 대한 미 재무부의 제재 유예 조치로 급락했던 알루미늄 가격은 다시 반등을 시도했으며, 추가 유예 조치가 나온 6월 이전까지 톤당 2,200~2,300달러대를 유지했다.

## 정책의 반작용에 주목하라

수요 측면에서는 친환경 인프라와 전기차가 수요를 확대시키고 있고, 공급 측면에서는 알루미늄 최대 생산국인 중국의 탄소중립 정책이 공급 증가를 억제할 것이라는 우려가 존재한다. 최종 소비자에게 더 많은 비용이 전가될 수밖에 없는 환경이다.

그러나 원자재시장에서 영원한 것은 없다. 미국의 제2차 셰일혁명처럼 위기 상황에서는 늘 혁신이 뒤따른다. 바로 스크랩을 통한 공급 구조 변화다.

주요 금속의 재활용을 통한 공급 비중은 연(납)을 제외하면 평균 27%다. 이는 반대로 해석하면 성장성이 풍부하다는 의미다. 알루미늄을 재활용하면 생산 비용을 35배 절감하고 에너지는 26배 절약할 수 있다. 구리는 생산 비용은

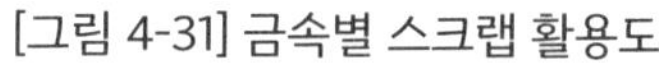
[그림 4-31] 금속별 스크랩 활용도

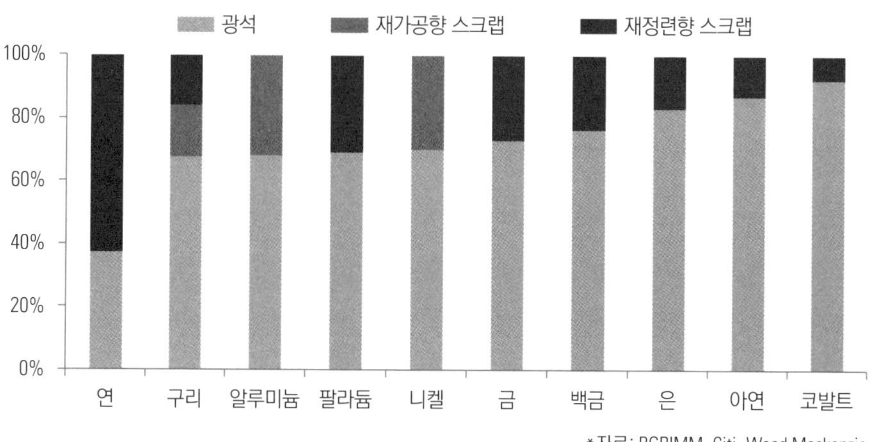

*자료: BGRIMM, Citi, Wood Mackenzie

[그림 4-32] 1차 금속 대비 2차 금속의 이점

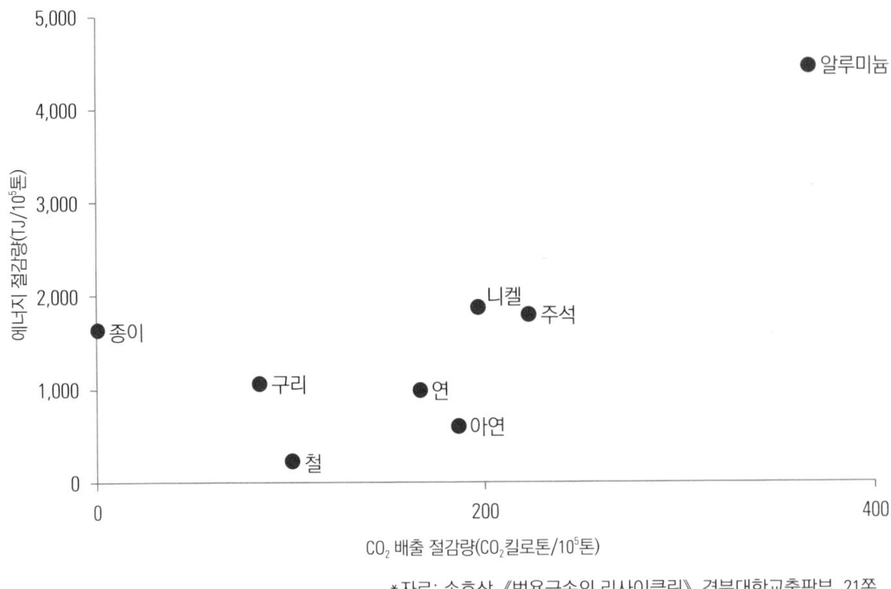


*자료: 손호상, 《범용금속의 리사이클링》, 경북대학교출판부, 21쪽

4배 절감, 에너지는 3.7배 절약할 수 있다. 탄소중립 체제에서 저탄소 배출과 저비용이라는 두 마리 토끼를 동시에 잡을 수 있는 부분이다.

이미 2021년 11월 중국 발개위는 자원 재활용 기업들에 대한 보조금 지원 확대를 검토 중이라고 전했다. 또한 재생자원 9종의 재활용 규모를 2025년 4.5억 톤, 2030년에는 5.1억 톤까지 확대할 것이라 발표했는데, 이 중 비철금속의 재활용 비중을 2025년 37.9%까지 확대할 것이라 전했다. 사실상 미래의 공급 부족과 비용 부담 문제를 해소하기 위한 대비책으로 볼 수 있다. 물론 아직 현재 진행형이라는 점에서 단정할 수는 없지만 정책에는 그에 상응하는 정책이, 위기 상황에는 늘 혁신이 뒤따른다는 점을 상기해야 한다.

# 니켈: 전기차 수요와 동행하는 미래 금속

니켈은 철광석을 제외한 금속 중 8번째로 많이 생산되지만, 생산 규모가 가장 큰 알루미늄에 비하면 4.3%에 불과할 정도의 마이너 금속이다. 니켈은 크게 2가지로 분류되는데 하나는 라테라이트 계열의 사프로라이트와 갈철석, 다른 하나는 황화광이다. 현재 생산되는 니켈 광석 중에는 사프로라이트가 41%로 가장 높은 비중을 차지하며 다음으로 황화광과 갈철석 순서다.

정광은 여타 금속들과 마찬가지로 제련소로 옮겨진다. 사프로라이트는 건식 제련법을 통해, 니켈 함량은 낮지만 전해니켈을 대체할 니켈선철(NPI)과 페로니켈(FeNi)로 생산된다. 갈철석은 습식 제련법을 통해 고품질의 전해니켈로 생산되며, 황화광은 Ni Matte를 거쳐 전해니켈과 황산니켈로 생산된다. 한편 2021년 3월 중국계 기업 칭샨(Tsingshan)은 NPI를 Ni Matte로 전환하는 데 성

[그림 4-33] 니켈 생산 공정

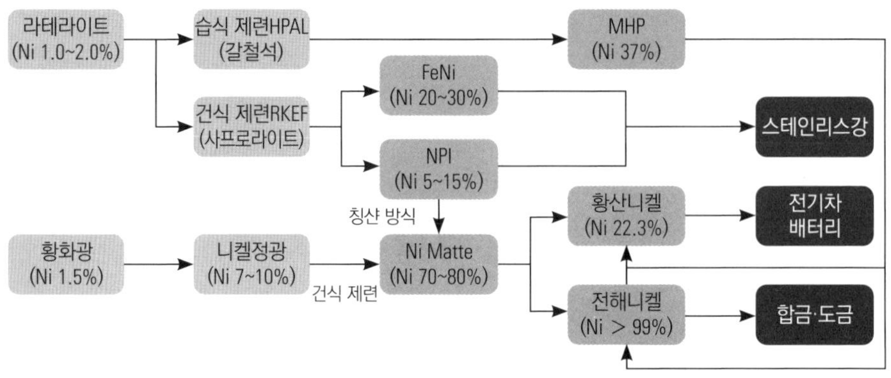


[표 4-13] 니켈정광과 정련 니켈의 출처

| | | 1 | 2 | 3 | 4 |
|---|---|---|---|---|---|
| 니켈정광 생산 비중 | 현재 | 사프로라이트 (41%) | 고품위황화광 (29%) | 갈철석 (20%) | 저품위황화광 (10%) |
| | 신규·확장 계획 | 갈철석 (64%) | 사프로라이트 (17%) | 저품위황화광 (15%) | 고품위황화광 (4%) |
| 정련 니켈 생산 비중 | 글로벌 | NPI (38%) | 전해니켈 (37%) | FeNi (16%) | 기타 (9%) |
| | 중국+인도네시아 | NPI (78%) | 전해니켈 (12%) | FeNi (2%) | 기타 (8%) |

*자료: USGS, Vale, SMM

공해 기술혁명을 일으킨 바 있다.

니켈은 실온에서 산화가 더디게 이루어지는 것이 특징이며 내식성을 갖고 있다. 또한 알칼리성과 물에 의한 침식까지 견딜 수 있어 주로 스테인리스강(STS)을 도금하는 데 사용된다. 최근에는 주요국들의 전기차 보조금 지급과 내연기관 차 판매 금지 계획(2025년부)으로 니켈의 수요 구조 변화가 빠르게 진행되고 있다. 2019년 5.7%였던 리튬이온전지향 수요 비중은 2022년(1~9월)

[그림 4-34] 니켈 수요 구조

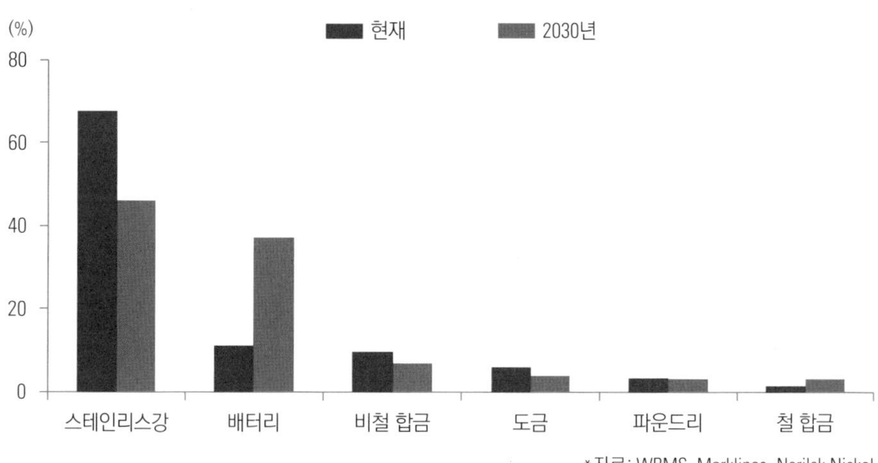

*자료: WBMS, Marklines, Norilsk Nickel

20.2%까지 확대되었다. 글로벌 메이저 니켈 생산 기업인 노릴스크 니켈(Norilsk Nickel)은 2030년 메인 수요처인 STS향 수요는 46%로 축소되는 반면 전기차향 수요는 37%까지 확대될 것이라 전망했다. 이처럼 니켈은 구리와 알루미늄보다도 수요 구조의 변화가 가장 기대되는 금속이며, 코발트, 리튬, 망간과 함께 미래를 이끌 핵심 금속이다.

## 니켈 공급 리스크

니켈의 핵심 리스크는 최대 산지인 인도네시아다. 인도네시아는 글로벌 니켈정광 생산 비중 38.5%를 차지한다. 이는 2대 생산국인 필리핀의 3배가 넘는 수준이다. 앞서 여타 원자재들의 사례를 살펴본 것처럼 편중된 공급은 높은 가격 변동성을 야기한다. 실제로 2014년부터의 니켈 가격 추이를 살펴보면 가격 변동성이 가장 강했던 것은 모두 인도네시아에서 공급 문제가 발생한 시기

[표 4-14] 지역·기업별 니켈정광과 정련 니켈 생산 비중

| | | 1 | 2 | 3 | 4 | 5 | 6 |
|---|---|---|---|---|---|---|---|
| 니켈정광 생산 비중 | 국가 | 인도네시아 (39%) | 필리핀 (12%) | 호주 (7%) | 캐나다 (7%) | 러시아 (6%) | 기타 (29%) |
| | 기업 | 노릴스크 니켈(9%) | 발리 (8%) | 글렌코어 (5%) | BHP (3%) | 노르스크 하이드로 (3%) | 기타 (74%) |
| 정련 니켈 생산 비중 | 국가 | 중국 (32%) | 일본 (7%) | 러시아 (6%) | 캐나다 (5%) | 호주 (5%) | 기타 (45%) |
| | 기업 | 칭샨 (18%) | 노릴스크 니켈(9%) | 발리 (7%) | 진촨 (7%) | 더롱 (7%) | 기타 (52%) |

*자료: INSG, USGS, Norilsk Nickel

이며, 인도네시아 정부의 의도적인 정책이라는 공통점이 있다.

### 사례 1: 1차 변동성

2014년 1월 인도네시아 정부는 미가공 광석 수출 금지법(新광업법)을 발효한다. 니켈 가격은 톤당 13,000달러대에서 불과 3개월 만에 20,000달러대를 돌파했다. 그러나 글로벌 최대 FeNi·NPI 생산자인 중국계 제련기업들이 인도네시아로 생산 시설을 이전하겠다는 계획을 발표하면서 급등했던 니켈 가격은 하락 전환했다.

### 사례 2: 2차 변동성

2019년 인도네시아 에너지·광물자원부(ESDM)는 2017년 3월부터 시행된 니켈정광 수출 쿼터제를 2020년 1월부로 조기 중단(당초 계획: 2022년)하겠다고 발표했다. 이 발표로 톤당 12,000달러대였던 니켈 가격은 18,000달러대까지 상승했다. 가파른 상승세를 보였던 니켈 가격은 인도네시아의 FeNi·NPI 생산 능력이 중국을 넘어서면서 하락 전환했다.

### 사례 3: 3차 변동성

2021년 6월 에너지·광물자원부는 FeNi와 NPI의 부가가치가 낮다며 해당 생산 시설의 증설을 제한할 수 있다고 전했다. 9월에는 한술 더 떠 Ni 함량 70% 미만 니켈 제품의 수출관세 인상과 Ni 함량 40% 미만 수출 금지를 검토 중이라고 투자장관이 밝혔다. 10월 조코위 대통령 역시 부가가치가 낮은 산업은 수출 금지 고려 대상이 될 수밖에 없다고 강조했다. 중국계 제련기업 칭샨의 기술혁명으로 톤당 15,000달러대까지 급락했던 니켈 가격은 다시 20,000달러 선을 돌파하며 상방 압력이 확대됐다. 인도네시아 정부는 과거와 마찬가지로 외자 유치를 통해 MHP·Matte 생산 능력을 확장한다는 계획을 갖고 있다.

[그림 4-35] 니켈 가격과 인도네시아 니켈 생산 추이(2012~2026)

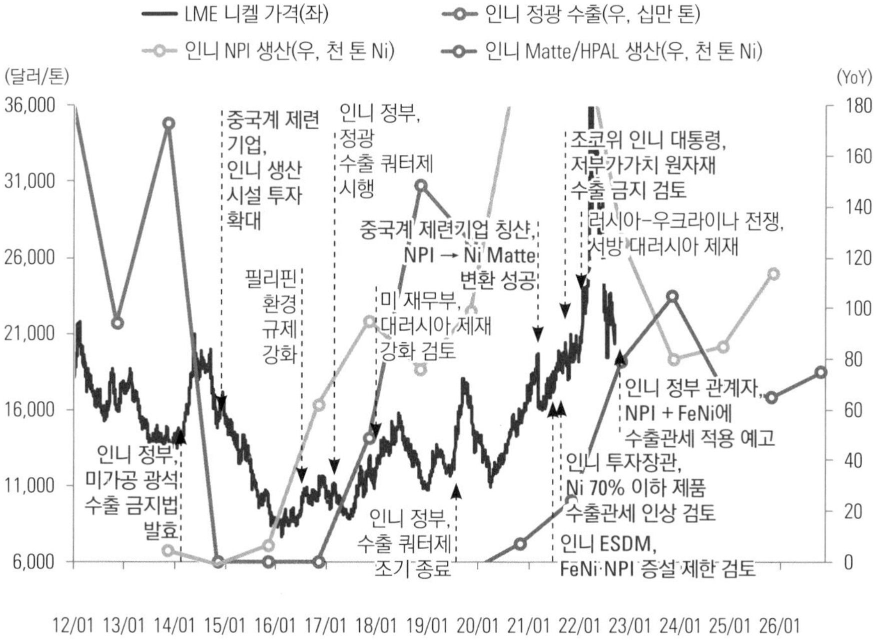

*자료: SMM, Macquarie, 블룸버그

## 필리핀발 계절성

필리핀은 글로벌 니켈정광 공급 비중에서 인도네시아 다음으로 많은 12%를 차지한다. 2014년 인도네시아 정부의 니켈정광 수출 금지 조치 이후 필리핀의 중요성은 지속적으로 커져왔다. 다만 우기라는 계절성을 감안하면 필리핀 역시 안전한 공급처라고 보기 어렵다.

필리핀의 연평균 기온은 27℃, 강수량은 2,000~3,000mm이며, 태풍은 매

[표 4-15] 필리핀 주요 니켈정광 생산 지역의 계절성과 출하 시기

| 소재지 | 정광 공급 비중(%) | 광석 품위 | 우기 | 출하 시기 |
|---|---|---|---|---|
| 수리가오/투베이 | 78 | 중고 | 10월~다음 해 3월 | 4~10월 |
| 팔라완 | 10 | 저 | 4~10월 | 11월~다음 해 7월 |
| 잠발레스 | 6 | 중저 | 4~10월 | 11월~다음 해 7월 |
| 타위타위 | 6 | 중고 | - | 전 기간 가능 |

*자료: 이베스트투자증권 리서치센터

[그림 4-36] 필리핀 니켈정광 수출 계절성

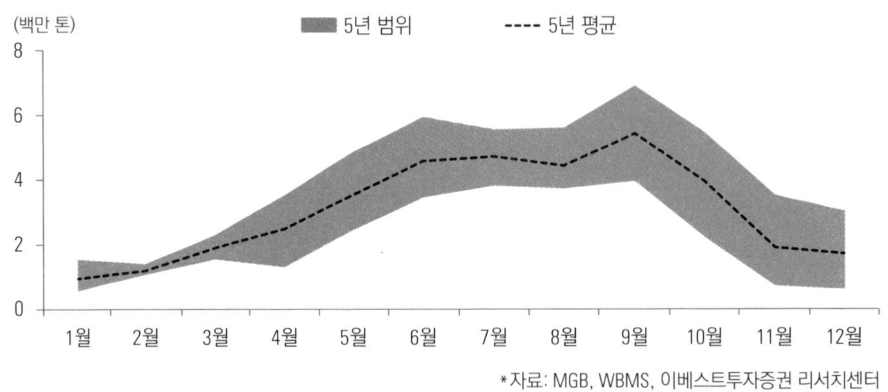


*자료: MGB, WBMS, 이베스트투자증권 리서치센터

년 7~10월 발생한다. 주요 니켈정광 생산 지역 중 하나인 잠발레스와 팔라완은 매년 4~10월 우기가 발생하지만 조업에 미치는 영향은 낮은 편이다. 이와 달리 주요 6대 광산이 집중된 수리가오는 매년 10월부터 다음 해 3월까지가 우기다. 이 시기에 발생하는 폭우로 모든 수출 항구가 결항되고 니켈광산의 조업 활동이 제한된다. 이 같은 특수한 계절성은 니켈 가격의 하방 경직성을 강화하는 역할을 하기도 한다.

## 러시아발 지정학적 리스크

글로벌 주요 에너지 생산국으로 분류되는 러시아는 여타 원자재 역시 글로벌 톱 10에 속한다([표 4-16] 참조). 특히 니켈은 글로벌 5대 생산지다. 물론 생산 비중은 인도네시아보다 낮지만, 과거 사례를 보면 러시아발 지정학적 리스크의 영향력을 실감할 수 있다.

과거의 경험은 좋은 교재다. 2014년 3월 미국은 러시아의 우크라이나 침공에 대한 보복으로 노릴스크 니켈을 실질적으로 지배하는 모회사 En+의 올리가르히 회장을 제재했다. 미국 재무부는 2018년 1월에도 러시아가 시리아 정부를 지원했다는 이유로 CAATSA(통합제재법)에 따라 푸틴 대통령 측근들을 제재하고 4월에는 En+ 회장까지 제재했다. 두 시기 모두 니켈 가격의 상방 압력이 강화되었고 4~5개월간 상승세가 유지되었다. 특히 2014년은 인도네시아의 신광업법 이슈와 맞물리면서 상방 압력이 가장 강력했다. 과거가 반드시 반복되는 것은 아니지만, 시장 대응을 위해 이 같은 변수와 사례는 숙지할 필요가 있다.

[표 4-16] 국가별 원자재 생산 비중

| | 1위 | 2위 | 3위 | 4위 | 5위 | 6위 | 7위 | 8위 | 9위 | 10위 |
|---|---|---|---|---|---|---|---|---|---|---|
| 석유 | 미국 | 러시아 | 사우디 | 캐나다 | 중국 | 이라크 | 브라질 | UAE | 쿠웨이트 | 이란 |
| | 20.5% | 11.6% | 9.6% | 5.7% | 4.9% | 4.2% | 3.7% | 2.8% | 2.5% | 2.4% |
| 천연가스 | 미국 | 러시아 | 이란 | 중국 | 카타르 | 캐나다 | 호주 | 사우디 | 노르웨이 | 알제리 |
| | 23.7% | 16.6% | 6.5% | 5.0% | 4.4% | 4.3% | 3.7% | 2.9% | 2.9% | 2.1% |
| 구리 | 칠레 | 페루 | 중국 | 콩고 | 미국 | 호주 | 러시아 | 잠비아 | 멕시코 | 카자흐스탄 |
| | 28.3% | 11.9% | 7.9% | 6.4% | 6.1% | 4.5% | 3.8% | 3.8% | 3.8% | 3.4% |
| 알루미늄 | 중국 | 인도 | 러시아 | 캐나다 | UAE | 호주 | 바레인 | 노르웨이 | 미국 | 아이슬랜드 |
| | 57.0% | 5.8% | 5.6% | 4.5% | 4.2% | 2.5% | 2.2% | 2.0% | 1.7% | 1.3% |
| 아연 | 중국 | 페루 | 호주 | 인도 | 미국 | 멕시코 | 볼리비아 | 카자흐스탄 | 러시아 | 스웨덴 |
| | 34.0% | 11.0% | 10.0% | 6.0% | 6.0% | 5.0% | 4.0% | 3.0% | 2.0% | 2.0% |
| 연 | 중국 | 호주 | 미국 | 멕시코 | 페루 | 러시아 | 인도 | 볼리비아 | 터키 | 스웨덴 |
| | 49.0% | 10.0% | 6.0% | 5.0% | 5.0% | 4.0% | 4.0% | 2.0% | 1.0% | 1.0% |
| 니켈 | 인도네시아 | 필리핀 | 호주 | 캐나다 | 러시아 | 뉴칼레도니아 | 중국 | 브라질 | 과테말라 | 쿠바 |
| | 38.5% | 12.3% | 7.0% | 6.6% | 6.1% | 5.9% | 4.2% | 3.2% | 2.2% | 2.0% |
| 주석 | 중국 | 인도네시아 | 브라질 | 호주 | 볼리비아 | 러시아 | 말레이시아 | 태국 | 민주콩고 | 미얀마 |
| | 23.0% | 17.0% | 15.0% | 10.0% | 8.0% | 7.0% | 5.0% | 4.0% | 3.0% | 2.0% |
| 백금 | 남아공 | 러시아 | 짐바브웨 | 캐나다 | 미국 | - | - | - | - | - |
| | 72.2% | 11.8% | 7.5% | 3.7% | 2.1% | - | - | - | - | - |
| 팔라듐 | 러시아 | 남아공 | 캐나다 | 미국 | 짐바브웨 | - | - | - | - | - |
| | 41.2% | 36.4% | 8.1% | 6.5% | 5.4% | - | - | - | - | - |
| 소맥 | 중국 | EU | 인도 | 러시아 | 미국 | 캐나다 | 호주 | 우크라이나 | 아르헨티나 | 카자흐스탄 |
| | 17.3% | 16.4% | 13.9% | 11.0% | 6.4% | 4.5% | 4.3% | 3.3% | 2.3% | 1.8% |
| 옥수수 | 미국 | 중국 | 브라질 | EU | 아르헨티나 | 우크라이나 | 멕시코 | 남아공 | 러시아 | 캐나다 |
| | 31.9% | 23.2% | 7.7% | 6.0% | 4.5% | 2.7% | 2.4% | 1.5% | 1.2% | 1.2% |

주: 알루미늄을 제외한 나머지 금속은 광산 생산 기준

*자료: EIA, BP, USGS, ITA, Bloomberg Intelligence, INSG, Metal Focus, USDA

[그림 4-37] 지정학적 리스크 D+30:
주요 원자재 가격 상승률

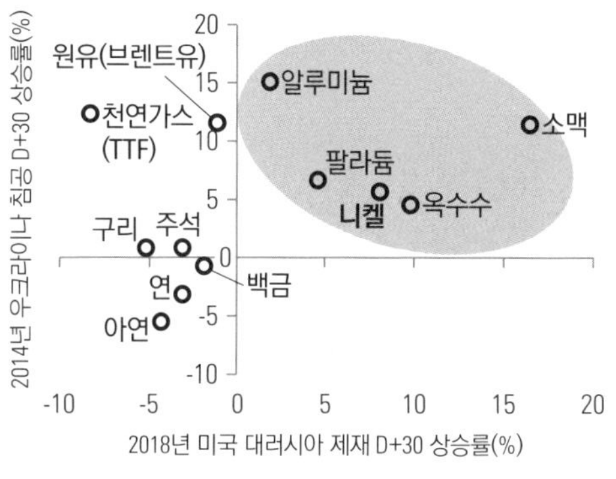


*자료: 블룸버그, 이베스트투자증권 리서치센터

[그림 4-38] 지정학적 리스크 D+60:
주요 원자재 가격 상승률

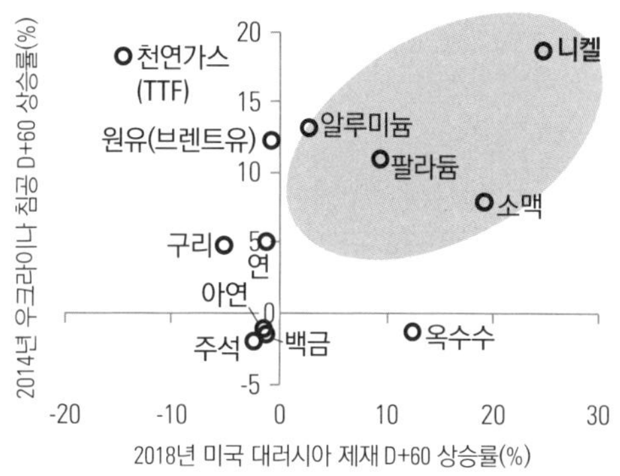


*자료: 블룸버그, 이베스트투자증권 리서치센터

[그림 4-39] 지정학적 리스크 D+90:
주요 원자재 가격 상승률

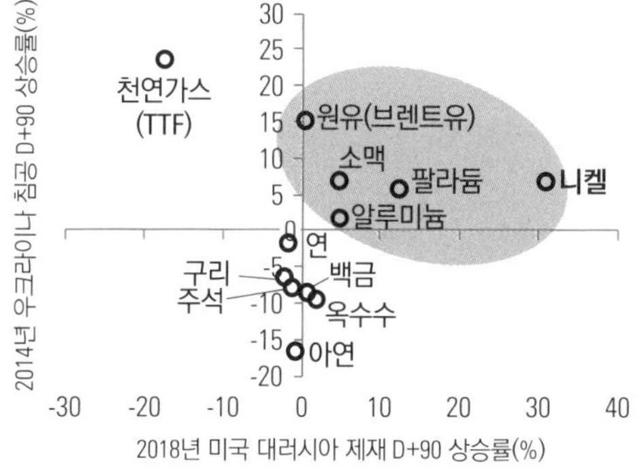


*자료: 블룸버그, 이베스트투자증권 리서치센터

[그림 4-40] 지정학적 리스크 D+120:
주요 원자재 가격 상승률

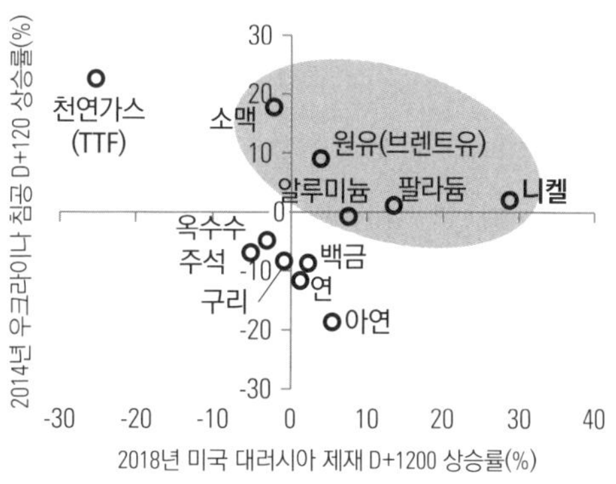


*자료: 블룸버그, 이베스트투자증권 리서치센터

## 니켈을 대체할 수 있는 것은?

서두에서 살펴본 것처럼 니켈 수요가 확대되고 있지만 공급은 턱없이 부족하다. 2005년 중국계 STS 생산 기업들은 이처럼 부족한 니켈(전해니켈) 문제를

[그림 4-41] FeNi/STS 스크랩 상대 성과와 비니켈 STS 생산량 추이(2012~2022)

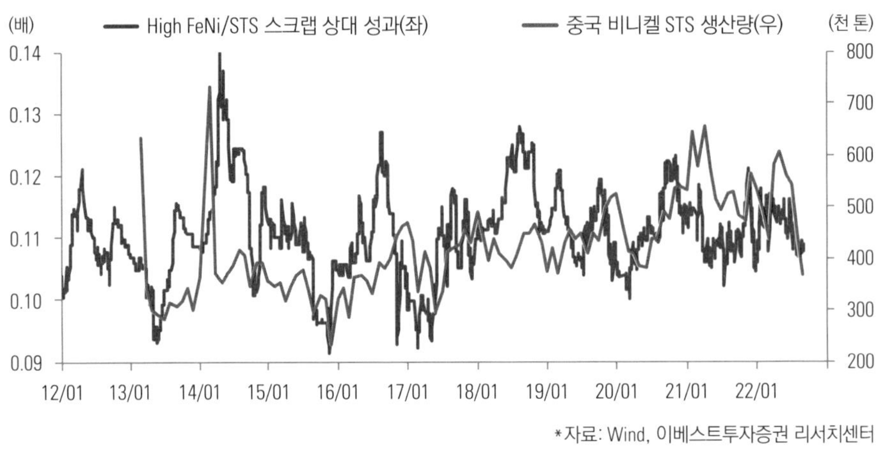


*자료: Wind, 이베스트투자증권 리서치센터

해결하고자 필리핀에서 저품위 니켈정광을 통해 NPI를 생산하기 시작했다. 일반적으로 NPI는 200계(망간계) STS에만 사용되었지만 바오산강철(Baosteel) 등 중국계 기업들은 기술 개발을 통해 니켈 함량을 높여 300계(니켈/크롬계) STS에도 적용했다. NPI는 FeNi과 함께 니켈의 고질적인 공급 부족 문제를 보완하는 역할을 하고 있다.

니켈 기반이 아닌 보완 역할 역시 존재한다. 바로 STS 스크랩이다. STS 생산 원료 중 STS 스크랩은 28%를 차지한다. 과거 추이를 살펴보면 FeNi/STS 스크랩 간의 가격 상대 성과가 상승하면 기업들이 니켈보다 비(非)니켈 기반의 STS 생산을 확대하는 것을 알 수 있다. 구리와 마찬가지로 STS향 니켈 수요는 언제든 STS 스크랩과 같은 대체재로 이동할 수 있고, 이는 미약하겠지만 니켈 가격의 기술적인 저항선이 될 수 있다.

# 농산물:
# 밥상 물가의 나침반

농산물시장은 크게 곡물(grain), 유지종자(oilseeds), 소프트(softs)로 구분된다. 이 중 메이저 농산물인 옥수수와 소맥은 곡물, 대두는 유지종자로 분류된다.

이들 주요 메이저 농산물의 수급 동향과 향후 전망은 미국 농무부(USDA)에서 발표하는 보고서를 통해 확인이 가능하다. 매월 둘째 주 목요일 발표하

[표 4-17] 농산물의 종류

| | 농산물 |
|---|---|
| 곡물 | 옥수수, 소맥, 대맥, 쌀, 수수, 귀리, 호밀, 편두, 조 |
| 유지종자 | 대두, 대두유·박, 식물유, 팜유, 평지씨·카놀라 |
| 소프트 | 원당, 커피, 코코아, 천연고무, 원면 |

는 '세계 농업 수급 전망(World Agricultural Supply and Demand Estimates, WASDE)' 보고서에는 국가와 지역별 기초 재고, 생산, 수입, 사료 수요, 총수요, 수출, 기말 재고와 전망치가 수록된다. 1분기 말 발표하는 '파종 의향 보고서(Planting Intention Report)'와 2분기 말 발표하는 '재배 면적 보고서(Acreage Report)'는 농가들에 대한 설문조사를 기반으로 경작물별 실제 재배·수확 면적 현황을 보여준다. 이를 시장 컨센서스와 비교하면 향후 수급 방향성을 체크할 수 있다. 매년 2월 말에는 농무부 주관으로 농업전망포럼(Agricultural Outlook Forum)이 개최되어 메이저 농산물의 농업경제와 수급 전망이 논의된다.

특히 농산물의 특성상 위 수급 지표보다 더 중요하게 볼 사항은 경작물을 자라게 할 기후다. 기후 상황은 미 국립해양대기국(NOAA)이 발표하는 'SWOP 주간 기상 논의(Weekly Weather Discussion)'에서 확인할 수 있고, NOAA는 매월 3주 차에 중기 전망을 발표한다. 이 외에 같은 기간 국제기후사회연구소(IRI)에서 발표하는 'ENSO 예보(Forecast)'에서는 글로벌 기후에 영향을 주는 해수

[그림 4-42] IRI의 통계 모델별 해수면 온도 전망치

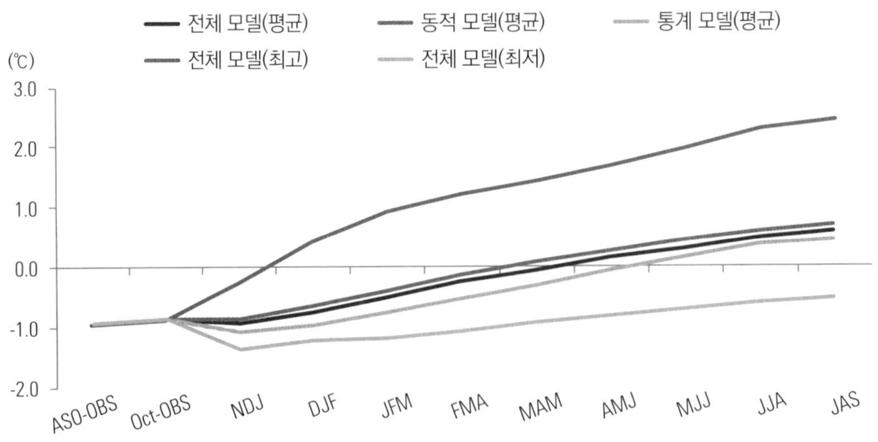


주: NDJ 등은 월별 영문 이니셜(예: Nov-Dec-Jan)

*자료: IRI/CPC, 이베스트투자증권 리서치센터

[그림 4-43] IRI의 기상 이변 발생 전망치

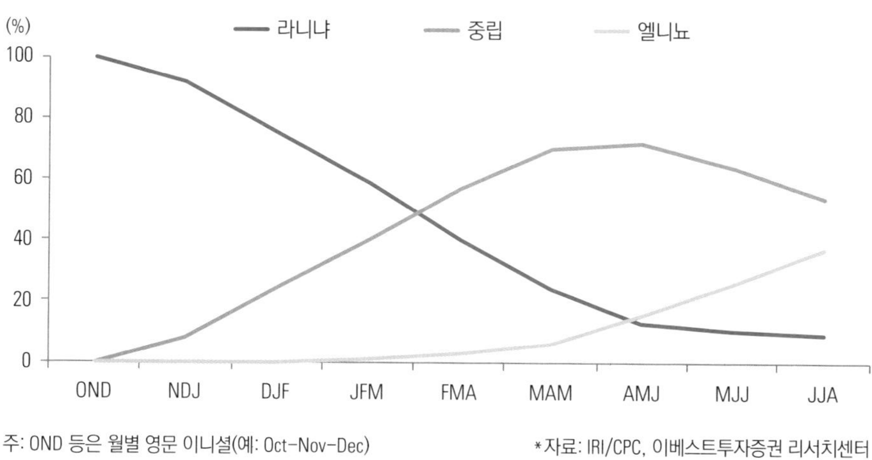


주: OND 등은 월별 영문 이니셜(예: Oct-Nov-Dec)

*자료: IRI/CPC, 이베스트투자증권 리서치센터

면 온도와 추적 모델, 기상 이변(라니냐 또는 엘니뇨) 발생 가능성 등을 확인할 수 있다.

## 기상 이변의 핵심, 라니냐와 엘니뇨

뉴스에서는 기상 이변과 관련된 내용들이 자주 보도된다. 2021년 2월 미국 텍사스주 기온이 -13℃로 떨어지고, 7월 독일 서부에 100년 만의 대홍수가 발생했으며, 8월에는 캘리포니아주에 대가뭄이 들고 중국 남부에 홍수가 나서 이재민 6천만 명이 발생하는 등 영화에서나 보던 재난들이 현실에서 일어나고 있다.

혹자는 이 같은 기상 이변이 우연이라고 하지만 결코 우연은 없다. 이는 모두 라니냐 또는 엘니뇨 현상에서 비롯되었다. 이러한 현상을 완전하게 예측하기는 어렵지만 중단기 방향성만큼은 해수면 온도를 통해 유추가 가능하다. 농산물은 경작이라는 특성상 기후 영향에 민감할 수밖에 없다. 그렇기에 라니냐 또는 엘니뇨 발생 가능성은 반드시 체크해야 한다.

기상 이변 가능성을 살피려면 우선 동태평양과 중앙태평양의 해수면 온도를 확인해야 한다. 일반적으로 정상 상태에서는 적도 부근 북반구는 북동 무역풍, 남반구는 남동 무역풍이 분다. 무역풍으로 인해 따뜻한 해수가 이동함으로써 열대 서태평양은 해수면 온도가 올라가 온난습윤 기후가 형성된다. 반면에 열대 동태평양은 온수층이 얇아지고 차가운 해수면이 드러나면서 한랭습윤 기후가 형성된다.

그러나 라니냐 상태에서는 다른 상황이 연출된다. 적도 부근 북동 무역풍과 남동 무역풍이 정상 상태보다 강화되면 적도 동태평양의 온수층이 비정상적으로 얇아지게 된다. 이로 인해 해수면 온도가 정상보다 낮아지며, 동태평양 연안 해수면 온도가 평년 대비 0.5℃ 이상 낮은 상태가 5개월 이상 유지되면 라니냐로 간주한다. 이렇게 라니냐가 발생하면 동남아와 호주, 남아공 일대에는 이상 강우로 인한 홍수 피해가 일어나고, 동태평양 연안의 아르헨티나와 미국 남부에서는 가뭄으로 인해 흉작이 발생한다.

반면에 엘니뇨는 남동 무역풍이 약해지면서 서태평양으로의 해수 이동이 둔화된다. 기류는 서태평양이 아니라 중앙 또는 동태평양 부근에 형성되며, 이로 인해 서태평양보다 동태평양 연안의 강우량이 높아진다. 중앙태평양 해수면 온도가 평년 대비 0.5℃ 이상 높은 상태가 5개월 이상 유지되면 엘니뇨로 판단한다. 엘니뇨가 발생하면 동남아와 호주에 가뭄이 들어 광산 조업 활동이 제한되고 소맥 흉작이 발생하며, 브라질에서도 가뭄으로 인해 커피 생산량이 감소한다.

이를 2020~2021년의 상황과 비교해보자. 2020년 8월부터 동태평양 연안의

[그림 4-44] Nino Index와 Food Index의 전년 동기 대비 수익률 추이(2000~2022)

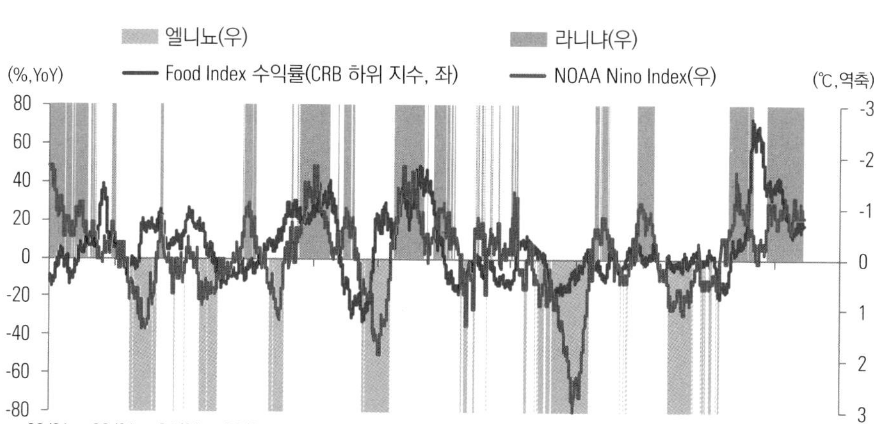


*자료: NOAA, 블룸버그, 이베스트투자증권 리서치센터

해수면 온도가 평년 대비 0.6℃ 낮았고 한국에서도 역대 최장 기간 장마가 발생하는 등 라니냐 전조 현상이 나타났다. 낮은 해수면 온도가 2021년 5월까지 이어지면서 라니냐 여파로 경작물 생산 차질이 빚어졌다. 실제로 2020년 글로벌 단위 면적당 농산물 수확률은 전반적으로 전년 대비 둔화되었다.

이후 높아졌던 해수면 온도는 2021년 10월부터 다시 평균을 0.6℃ 이상 하회했다. IRI는 앞서 2021년 8월 전망을 통해 2021년 10~12월 라니냐 발생 가능성을 67%로 상향했고, 2022년 5월 전망에서는 후퇴가 예상됐던 라니냐 전망치를 재상향했다. 농무부는 2021·2022 단위 면적당 농산물 수확률이 소맥을 제외하면 증가할 것으로 예상했지만 수확 시즌을 앞두고 언제든 재조정할 수 있다.

기후라는 특성상 완전한 예측은 어렵다. 하지만 해수면 온도를 통해 흐름을 유추할 수 있으니 늘 주의 깊게 바라봐야 한다.

## 에너지 대란이 농산물 대란을 불러올 수 있다

소맥과 옥수수, 대두의 생산 비용을 보면 기계·장비, 토지, 비료, 종자 등이 가장 크다. 이 중에서 변동성이 가장 높은 것은 작물에 영양분을 주는 비료다. 비료는 크게 질소와 인산, 칼륨계로 구분된다. 인산과 칼륨계는 인광석과 유

[그림 4-45] 농산물별 생산 비용 구조

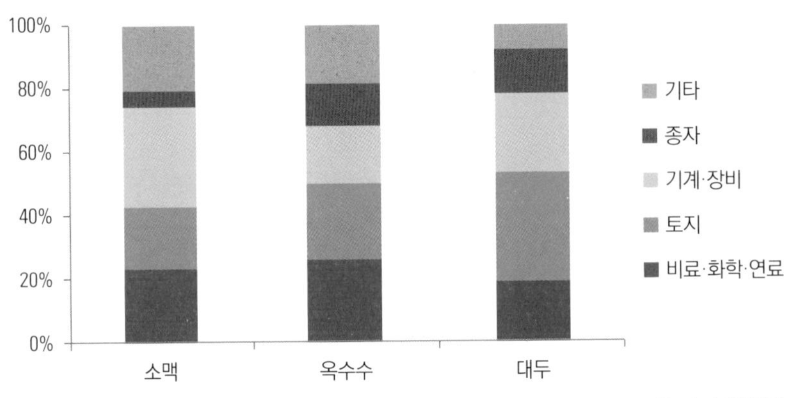


*자료: USDA, 이베스트투자증권 리서치센터

[그림 4-46] 국가별 비료 수요 구조

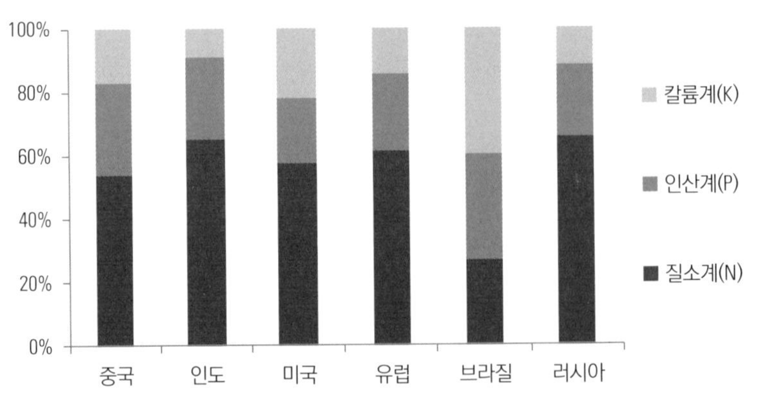


*자료: IFA, 이베스트투자증권 리서치센터

[그림 4-47] 비료 생산 공정

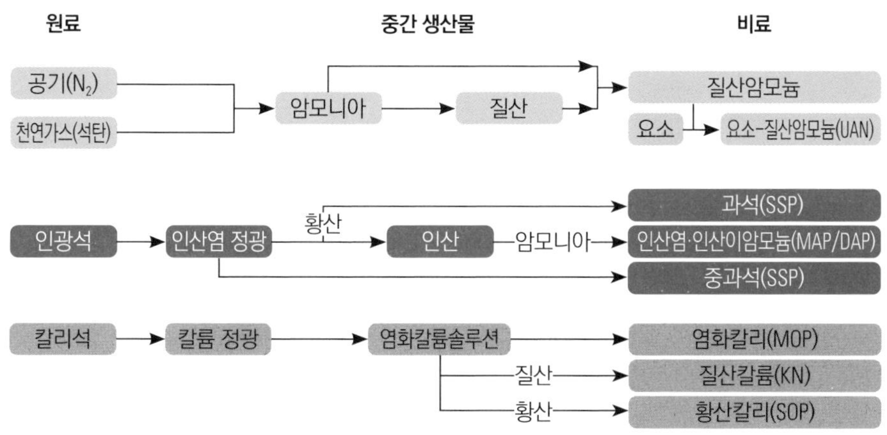


*자료: Fertilizers Europe, 이베스트투자증권 리서치센터

황, 칼륨광에서 만드는 반면, 글로벌 비료 수요의 55%를 차지하는 질소계는 석탄 또는 천연가스에서 암모니아를 추출해서 만든다. 이 때문에 에너지 가격과 비료, 농산물 가격이 추세적으로 같은 움직임을 보인다.

2021년 9월 유럽에서 천연가스 공급 부족 사태가 발생하자 노르웨이 비료 생산 기업 야라(Yara)는 암모니아 생산량을 40% 감축했고, 경쟁사인 CF 인더스트리스 홀딩스(CF Industries Holdings)는 영국 내 공장 2곳의 조업을 잠정 중단했다. 글로벌 최대 질소계 비료 생산국인 중국(비료 생산 비중: 44%)은 탄소중립 정책 착오로 석탄 부족 사태가 발생했고, 이 때문에 질소계 비료의 공급 부족이 심화되었다. 질소계 비료의 주요 사용처인 소맥(18%)과 옥수수(17%)는 파종 기간에 비료가 부족하자 가격이 상승했다.

이 외에 극단적인 사례로는 애그플레이션 구간이라고도 불리는 2007년과 2010년이 있다. 특히 2010년은 미국발 금융위기 이후 경기 회복에 따른 에너지 수요 확대, 탈화석연료(석탄) 테마, 라니냐 재발 등으로 급등한 에너지 가격이 비료 가격을 밀어 올리고 다시 농산물 가격이 급등했다. 이는 식량 소비의 54.5%를 수입에 의존하는 아랍인들의 물가 부담을 가중시켜 2010년 12월 아랍의 봄을 촉발하는 원인이 되기도 했다. 에너지 - 비료 - 농산물이라는 연결고리를 상기해야 한다.

[표 4-18] 글로벌 주요 농산물 생산국의 파종과 수확 시기

| 구분 | 국가 | 1월 | 2월 | 3월 | 4월 | 5월 | 6월 | 7월 | 8월 | 9월 | 10월 | 11월 | 12월 | 생산(%) | 수출(%) |
|---|---|---|---|---|---|---|---|---|---|---|---|---|---|---|---|
| 소맥 | 유럽(봄밀) | | | 파종 | 파종 | 파종 | | | 수확 | 수확 | 수확 | | | 18 | 20 |
| | 유럽(겨울밀) | | | | | | 수확 | 수확 | 수확 | 파종 | 파종 | 파종 | 파종 | | |
| | 중국(봄밀) | | | 파종 | 파종 | | | | 수확 | 수확 | | | | 17 | 1 |
| | 중국(겨울밀) | | | | | 수확 | 수확 | | | 파종 | 파종 | | | | |
| | 인도 | | 수확 | 수확 | 수확 | 수확 | 수확 | | | | 파종 | 파종 | 파종 | 14 | 0 |
| | 러시아(봄밀) | | | | | 파종 | | | 수확 | 수확 | | | | 10 | 18 |
| | 러시아(겨울밀) | | | | | | | 수확 | 수확 | 파종 | 파종 | | | | |
| | 미국(봄밀) | | | | 파종 | 파종 | | | 수확 | 수확 | | | | 7 | 14 |
| | 미국(겨울밀) | | | | | | | 수확 | 수확 | 파종 | 파종 | | | | |
| 옥수수 | 미국 | | | | 파종 | 파종 | | | 수확 | 수확 | | | | 31 | 26 |
| | 중국 | | | | 파종 | 파종 | 파종 | | 수확 | 수확 | 수확 | | | 23 | 0 |
| | 브라질(1기) | | 수확 | 수확 | 수확 | 수확 | 수확 | | | | 파종 | 파종 | 파종 | 9 | 21 |
| | 브라질(2기) | 파종 | 파종 | | | | 수확 | 수확 | 수확 | | | | | | |
| | 유럽 | | | 파종 | 파종 | 파종 | 파종 | | 수확 | 수확 | 수확 | 수확 | | 6 | 3 |
| | 아르헨티나 | | | 수확 | 수확 | 수확 | | | | 파종 | 파종 | 파종 | | 5 | 21 |
| 대두 | 브라질 | | | 수확 | 수확 | 수확 | | | | | 파종 | 파종 | 파종 | 38 | 56 |
| | 미국 | | | | | 파종 | 파종 | | | 수확 | 수확 | | | 29 | 28 |
| | 아르헨티나(1기) | | | 수확 | 수확 | 수확 | | | | | | 파종 | 파종 | 14 | 6 |
| | 아르헨티나(2기) | 파종 | | | 수확 | 수확 | 수확 | | | | | | 파종 | | |
| | 중국 | | | | 파종 | 파종 | | | | 수확 | 수확 | | | 5 | 0 |
| | 파라과이 | | | 수확 | 수확 | 수확 | 수확 | | | | 파종 | 파종 | 파종 | 3 | 4 |

*자료: 미국 농무부, 이베스트투자증권 리서치센터

## 일부 농산물 수요는 가축을 보아야 한다

유럽과 중동에서는 소맥, 아시아에서는 쌀을 주식으로 삼는다. 이 때문에 농산물이라 하면 모두 사람이 소비하는 것으로 생각할 수 있다. 그러나 그렇지 않은 농산물이 있다. 바로 옥수수와 대두다. 옥수수와 대두는 소맥보다 필수 아미노산이 풍부하다. 이 때문에 옥수수 수요에서 식품 비중이 14%인 반면 사료향이 60%를 차지하고, 대두의 사료향 수요는 77%에 달한다. 이처럼 사료에 편중된 수요 때문에 가축 사육 두수 추이가 중요하며, 특히 글로벌 최대 돼지 생산국인 중국(49%)의 움직임에 주목해야 한다.

실제로 중국의 돼지 사육 두수 급증으로 사료향 수요가 증가하면서 농산물 가격이 가파르게 상승한 사례가 있다. 2018년 8월 중국 랴오닝성에서 아프리카돼지열병(ASF)이 발생하자 돼지 사육 두수가 3억 두대에서 2019년 2월 2억 두대로 추락했다. 농업농촌부는 대응 차원에서 방역 활동과 함께 양돈 농가에 대한 농가 관리 보조금과 대출 지원을 확대했다. 돼지 사육 두수는 2019년

[그림 4-48] 주요 소비처별 소맥 수요 비중

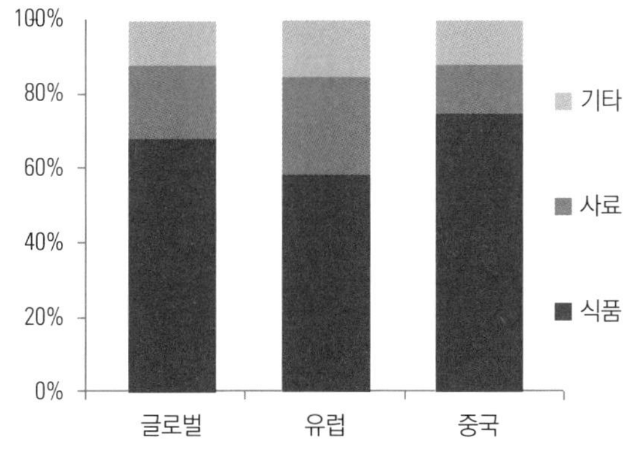


*자료: USB Market View, 중국통계국, 이베스트투자증권 리서치센터

[그림 4-49] 주요 소비처별 쌀 수요 비중

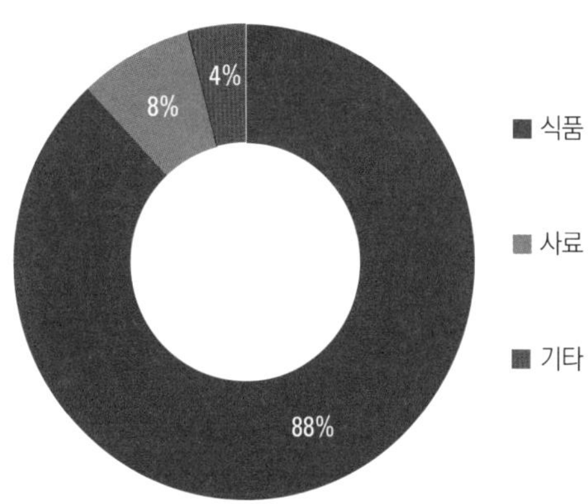


*자료: PSA, 이베스트투자증권 리서치센터

9월에 감소세가 줄기 시작하더니 육성돈 출하 주기(42주)를 거쳐 2020년 7월에 증가세(+)로 전환되었다. 해당 기간의 공급 불확실성도 있었지만 돼지 사육두수 증가에 따른 사료향 수요 역시 분명한 영향을 준 대목이다.

[그림 4-50] 주요 수요처별 옥수수 수요 비중

[그림 4-51] 주요 수요처별 대두 수요 비중

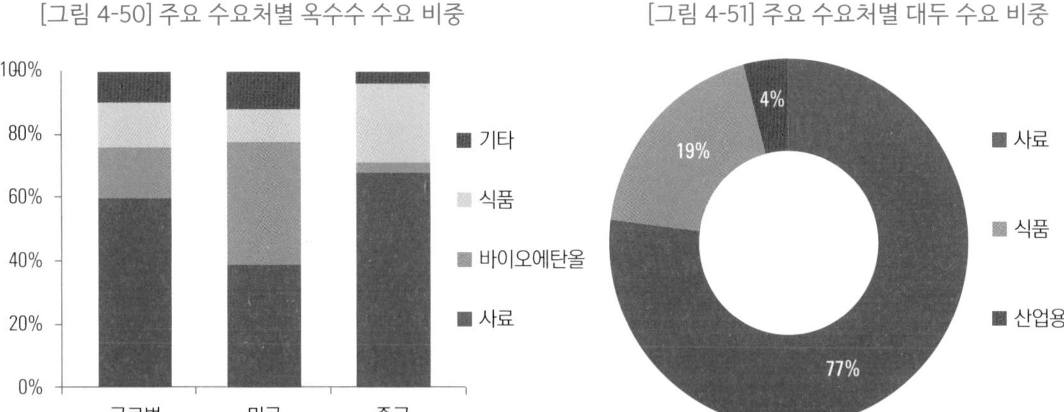


*자료: USB Market View, 중국통계국, 이베스트투자증권 리서치센터

*자료: Our World in Data, 이베스트투자증권 리서치센터

[그림 4-52] 중국 양돈 농가 마진 및 사료향 곡물 수입 추이(2011~2022)

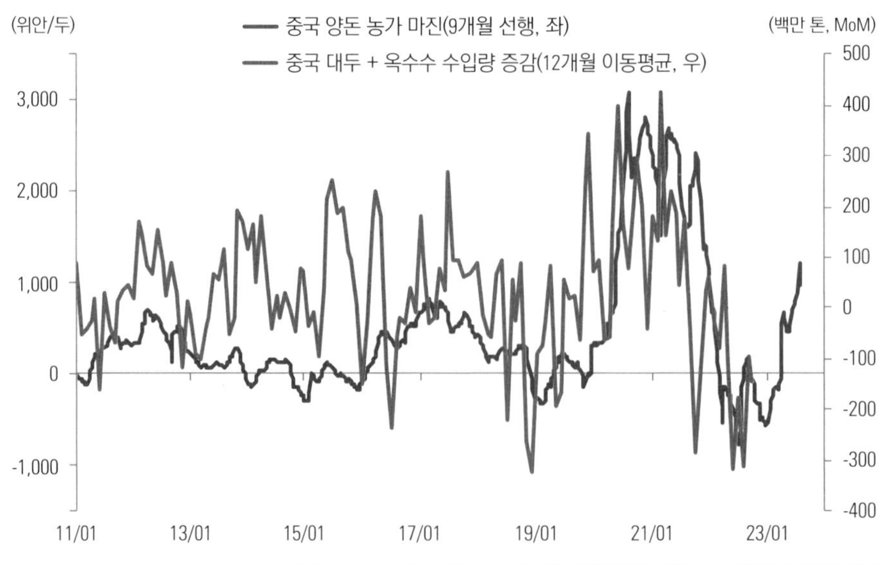


*자료: Shanghai JC Intelligence, 중국축목업정보망, 이베스트투자증권 리서치센터

[그림 4-53] 육성돈 출하 주기

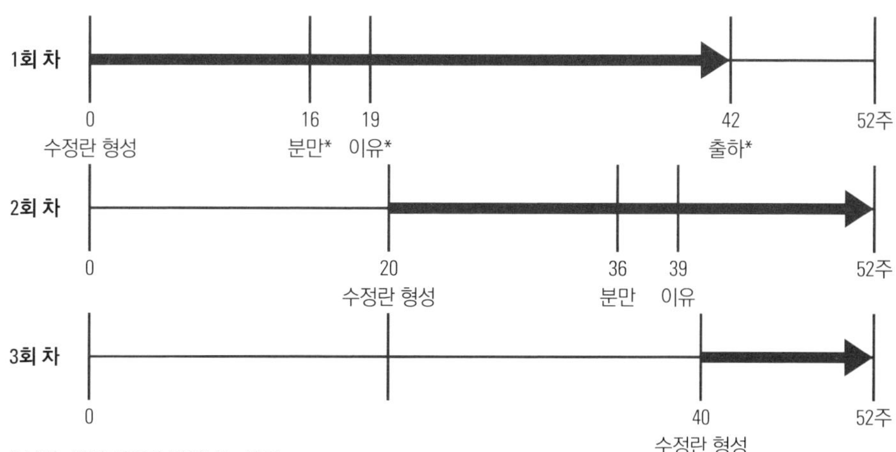


*자료: Commodity Investing(Wiley Finance), 이베스트투자증권 리서치센터

## 탄소중립과 유가 상승 수혜주, 옥수수

옥수수는 사료 외에도 바이오에탄올이라는 수요처가 존재한다. 옥수수와 사탕수수 같은 전분 기반 작물은 건식 또는 습식 제분 가공 과정을 거치는데 미국에서는 약 90%가 건식으로 가공된다. 옥수수 가루에 액화와 당화 과정을 진행하면 포도당이 추출되고 이를 발효시키면 바이오에탄올이 생산된다. 바이오에탄올의 글로벌 최대 생산국은 미국(53%)과 브라질(30%)이지만 브라질은 사탕수수를 기반으로 하기에 옥수수의 바이오에탄올향 수요는 사실상 미국이 주도한다.

여기서 주목해야 할 부분은 옥수수의 바이오에탄올향 수요를 자극하는 요인이다. 첫째는 탄소중립이다. 미국은 휘발유에 에탄올을 의무적으로 혼합하

[그림 4-54] 옥수수의 바이오에탄올 생산 공정

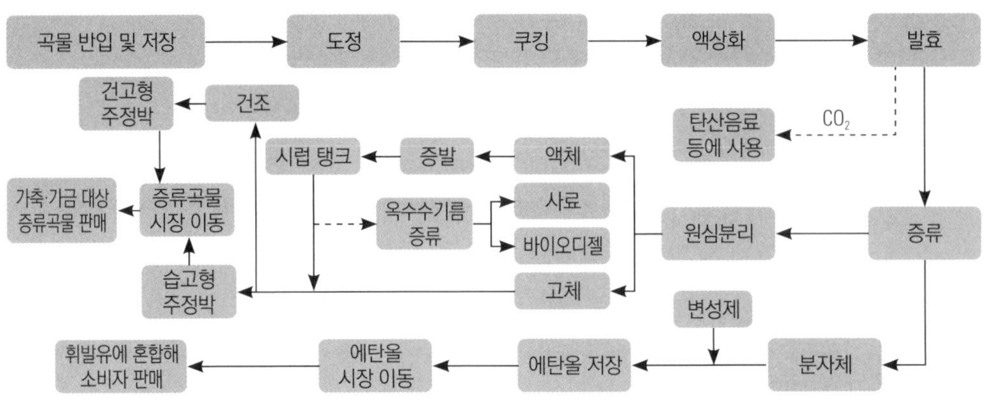


*자료: RFA, 이베스트투자증권 리서치센터

[그림 4-55] 국가별 에탄올 생산 비중

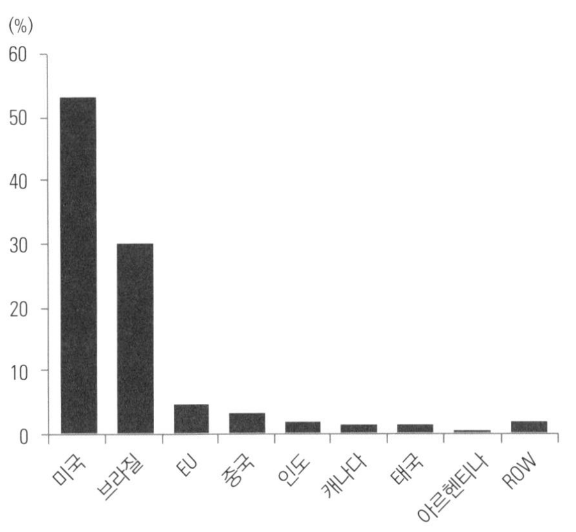


*자료: RFA, 이베스트투자증권 리서치센터

[그림 4-56] 에탄올 생산 원료 비중

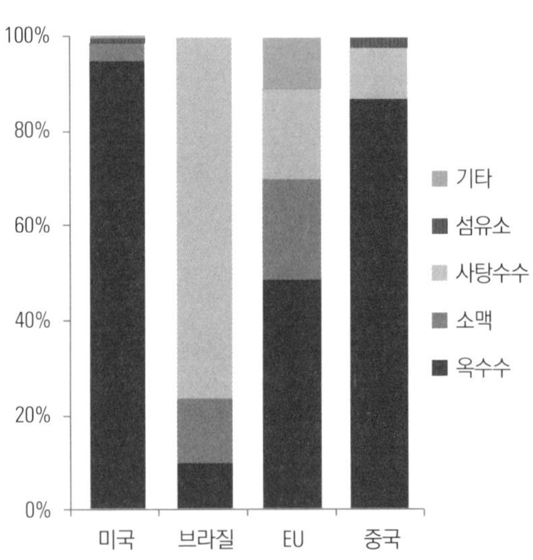


*자료: Aggregated and audited data of ePURE members, The Crop Site, WWIM, 이베스트투자증권 리서치센터

[그림 4-57] 휘발유, 옥수수, 사탕수수 가격 추이(2007~2022)

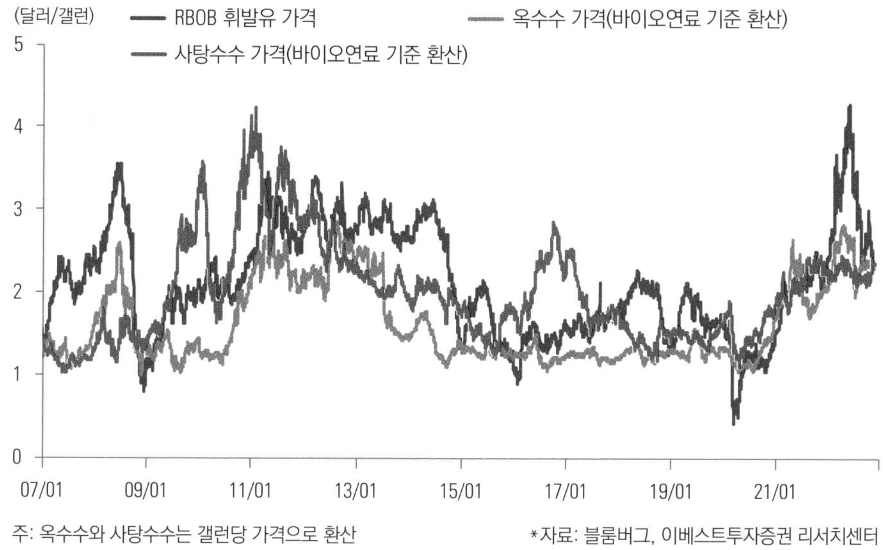


주: 옥수수와 사탕수수는 갤런당 가격으로 환산

*자료: 블룸버그, 이베스트투자증권 리서치센터

는 RFS(Renewable Fuel Standard) 규제를 2007년에 도입했다. 미국에서 판매되는 휘발유는 에탄올 비중을 10%까지 혼합해야 한다. 2021년 11월 바이든 행정부는 탄소중립 정책 이행을 명분으로 지금의 10% 규제를 15% 이상으로 확대하는 방안을 검토한 바 있으며, 이는 옥수수 수요를 자극할 수 있는 소재다. 둘째는 유가 상승이다. 바이오에탄올이 주로 연료로 사용되기 때문에 옥수수 가격은 휘발유 가격의 추세와 함께한다. 사료향 수요가 둔화되더라도 유가가 우상향한다면 옥수수 가격의 하방 경직성이 강화될 수 있다.

# 원자재 투자 주의 사항

2020~2021년 원자재 슈퍼사이클이 진행되는 동안 많은 이가 원자재 선물시장에 뛰어들었고, 이 밖에도 원자재 관련 주식, ETP 등 다양한 원자재 상품 시장에 참여했다. 그러나 열기와 다르게 모두가 좋은 성과를 내지는 못했다. 그 이유는 무엇일까? 원자재에 투자할 때 주의해야 할 사항들을 살펴보고자 한다.

## 원자재와 관련주가 늘 같이 움직이는 것은 아니다

일반적으로 원자재 가격이 상승하면 관련주들이 움직인다. 구리를 예로 들

[표 4-19] 구리-광산-제련·정련-가공기업 상관계수

| 구분 | 구리 | 광산 | | | 제련·정련 | | | 가공 | | |
|---|---|---|---|---|---|---|---|---|---|---|
| | LME 구리 | 퍼스트 퀀텀 | 프리포트 맥모란 | 안토파 가스타 | 장시 동업 | 퉁링 | LS | 서원 | 풍산 | 이구 산업 |
| LME 구리 | | 0.92 | 0.90 | 0.84 | 0.87 | 0.65 | 0.54 | 0.57 | 0.57 | 0.51 |
| 퍼스트 퀀텀 | | | 0.82 | 0.88 | 0.69 | 0.38 | 0.41 | 0.47 | 0.50 | 0.60 |
| 프리포트 맥모란 | | | | 0.64 | 0.82 | 0.65 | 0.67 | 0.43 | 0.30 | 0.30 |
| 안토파가스타 | | | | | 0.61 | 0.37 | 0.34 | 0.62 | 0.51 | 0.65 |
| 장시동업 | | | | | | 0.82 | 0.67 | 0.66 | 0.51 | 0.15 |
| 퉁링 | | | | | | | 0.50 | 0.57 | 0.48 | 0.20 |
| LS | | | | | | | | 0.30 | 0.12 | -0.12 |
| 서원 | | | | | | | | | 0.34 | 0.24 |
| 풍산 | | | | | | | | | | 0.61 |
| 이구산업 | | | | | | | | | | |

*자료: 블룸버그

어보자. 국내를 살펴보면 구리 제련·정련기업인 LS(LS니꼬동제련)와 고려아연(구리 부산물), 구리 가공기업인 풍산, 대한전선, 이구산업, 서원 등이 대표 관련주다.

이 관련주들은 벤치마크인 구리 가격과 추세상 동일하게 움직이는 듯하면서도 일부 구간에서는 서로 다른 성과를 보이기도 한다. 이처럼 관련주 간의 차이가 발생하는 이유는 무엇일까?

근본적 원인은 기업들 간의 수익 구조 차이다. 기본적으로 국내에는 없는 광산기업은 구리 가격과 동일하게 연동된다. 제련·정련기업은 광산기업들만큼은 아니지만 제련·정련수수료 외에 프리메탈(free metal)과 부산물(by-product)의 이익을 광산기업과 일부 공유하기에 상대적으로 민감도가 높다.

반면에 가공기업은 제련·정련기업에서 가산(또는 할인)된 프리미엄과 실수요

[그림 4-58] 구리 업·다운스트림 유통 메커니즘

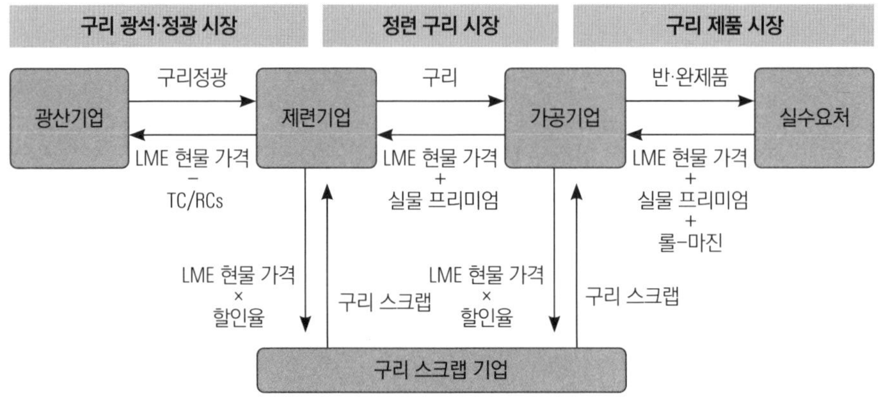


국내 상장법인 중 대표적인 구리 관련 비철금속 기업은 아래와 같음

- 광산기업: 종합상사와 제련기업들이 해외 광산에 지분 투자
- 제련기업: ㈜LS(LS니꼬동제련: 연 60만 톤 CAPA.), 고려아연(부산물로 구리 생산)
- 가공기업: 풍산, 대창, 서원, LS산전, ㈜LS(LS전선), 대한전선, 가온전선, JS전선, KBI메탈 등
- 구리 스크랩: 과거에는 종합상사가 영위했으나 현재는 대부분이 영세법인

*자료: 이베스트투자증권 리서치센터

처의 수요를 통해 결정되는 롤-마진(가공제품 판매 가격 − 구리 구입 가격)에 이익이 좌우된다. 이 같은 수익 구조의 차이가 원자재 가격과의 괴리를 만든다. 구리 가격과 관련주들의 상관계수를 보더라도 가공기업의 민감도가 상대적으로 더 낮다는 것을 확인할 수 있다. 즉 관련주라고 해서 모두 원자재 가격과 동행하는 것은 아니다.

### 제련기업의 이익 구조

**제련·정련수수료**(Treatment/Refining Charges, TC/RCs)

제련·정련수수료는 제련기업들이 정광을 제련·정련하는 과정에서 발생하는 제반 비용(운송, 인건비, 감가상각비 등 기타)을 가리키고 광산기업에서 공제받는다. 벤치마크 TC/RCs는 제련기업과 광산기업이 협상해서 결정한다. 일반적으로 매년 6월에 중국계 제련기업과 안토파가스타(Antofagasta)가, 12월에 중국계 제련기업과 프리포트 맥모란(Freeport-McMoRan)이 결정한다. 이와 별도로 중국계 제련기업 그룹인 CSPT는 분기별 벤치마크 TC까지 협의해 결정한다. 참고로 아연정광 벤치마크 TC/RCs는 매년 2월 고려아연과 테크 리소스(Teck Resources)가 협상해 결정한다. TC/RCs는 향후 광산 생산 능력 확대, 제련 시설 퇴출 등이 예상되면 높아지고, 반대의 경우에는 낮아진다.

**프리메탈**

제련기업은 제련 과정의 손실을 보전받기 위해, 회수 가능분의 구입비(= 정광 1톤 × 품위 × 회수율 × 구리 현물 가격 − 벤치마크 TC)를 광산기업에 지불한다. 구입한 정광을 제련했을 때 가정(계약)한 회수율 이상으로 생산되면 이를 초과 이익분인 프리메탈로 지칭한다.

**부산물**

구리정광을 제련하는 과정에서 발생하는 금, 은, 팔라듐, 연 등을 부산물 이익으로 분류한다.

[그림 4-59] 제련기업과 광산기업의 이익 구조

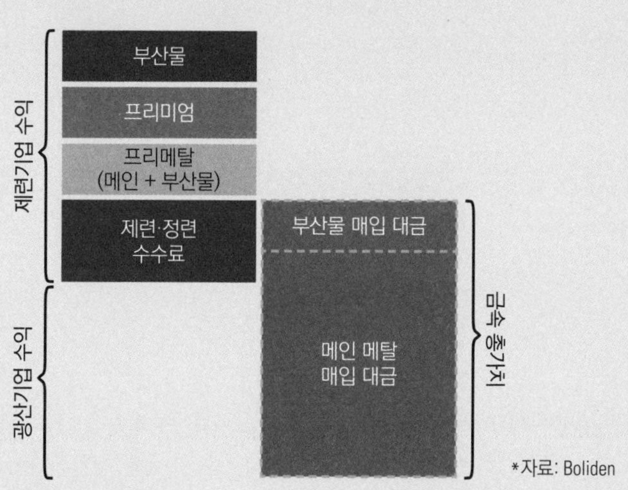

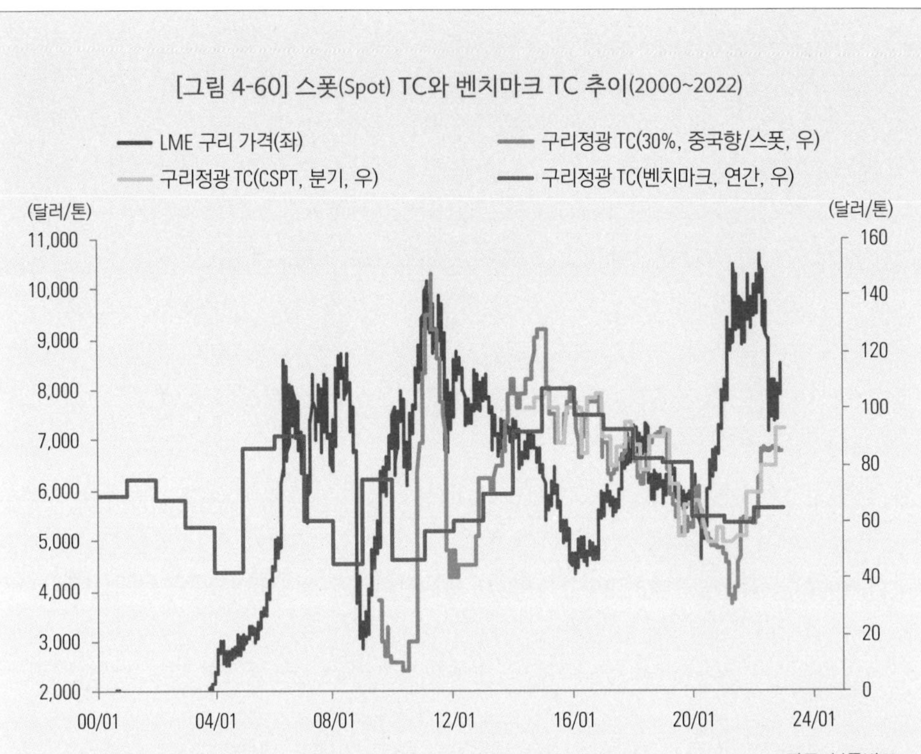

[그림 4-60] 스폿(Spot) TC와 벤치마크 TC 추이(2000~2022)

*자료: 블룸버그

### 프리미엄

프리미엄은 제련기업이 바이어에게 정련 금속을 판매하는 가격에서 LME 금속 가격을 제외한 부분을 말한다. 지역마다 다소 다르며, 수급이 타이트하면 바이어들이 선순위로 인도받기 위해 더 높은 프리미엄을 지불한다. 주로 사용되는 벤치마크 프리미엄은 매년 10월 칠레 국영 구리 가공기업인 코델코와 각 지역 가공기업 간의 협상을 통해 결정되고, 다음 해 수급 방향성이 주요 참고 대상이다.

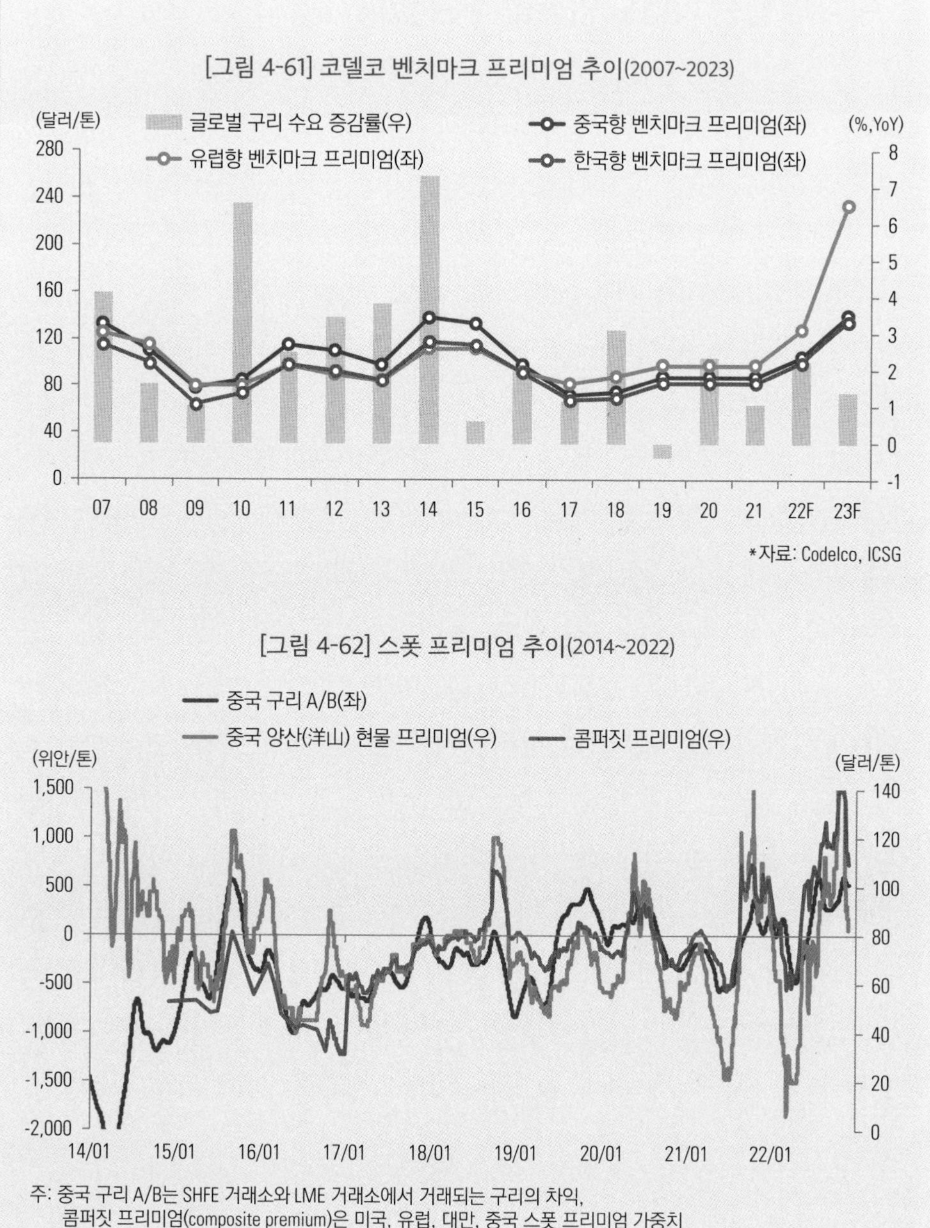
[그림 4-61] 코델코 벤치마크 프리미엄 추이(2007~2023)
(달러/톤)
글로벌 구리 수요 증감률(우)
중국향 벤치마크 프리미엄(좌)
(%,YoY)
유럽향 벤치마크 프리미엄(좌)
한국향 벤치마크 프리미엄(좌)
280
240
200
160
120
80
40
0
8
7
6
5
4
3
2
1
0
-1
07 08 09 10 11 12 13 14 15 16 17 18 19 20 21 22F 23F
*자료: Codelco, ICSG
[그림 4-62] 스폿 프리미엄 추이(2014~2022)
중국 구리 A/B(좌)
중국 양산(洋山) 현물 프리미엄(우)
콤퍼짓 프리미엄(우)
(위안/톤)
(달러/톤)
1,500
1,000
500
0
-500
-1,000
-1,500
-2,000
140
120
100
80
60
40
20
0
14/01 15/01 16/01 17/01 18/01 19/01 20/01 21/01 22/01
주: 중국 구리 A/B는 SHFE 거래소와 LME 거래소에서 거래되는 구리의 차익,
콤퍼짓 프리미엄(composite premium)은 미국, 유럽, 대만, 중국 스폿 프리미엄 가중치
*자료: Wind, 블룸버그

## 원자재 생산 기업도 안심할 수는 없다

앞서 원자재 가격과 관련주 간에 괴리가 발생하는 원인을 살펴봤다. 그렇다면 반대로 업스트림에 위치한 원자재 생산 기업은 괴리가 발생하지 않을까?

금을 살펴보자. 이론적으로 금 가격과 업스트림에 위치한 원자재 생산 기업(금광기업) 또는 주식형 ETP의 성과는 추세상 동행해야 한다. 특히 무이자 자산인 금과 달리 금광기업은 배당수익까지 창출하므로 금보다 매력적인 자산이 되어야 한다.

그러나 실상은 다른 결과를 보여준다. 금 가격은 2021년 온스당 1,800달러대를 전후로 박스권을 유지했다. 이와 달리 금광기업 ETF인 GDX는 2021년 하반기부터 하방 압력에 노출됐다. 업스트림에 위치한 원자재 생산 기업임에도 불구하고 금 가격을 추종하는 GLD ETF와의 상대 성과가 벌어졌다.

이처럼 괴리가 발생한 것은 바로 비용 인상 인플레이션(cost push inflation)과 기대심리 탓이다. 금 가격에서 비용을 나타내는 AISC를 공제하면 금광기업의 실적을 유추할 수 있다. 금 가격 상승기에는 금광기업들의 실적 호조 기대감(금 가격의 AISC 상회 가능성)이 선반영되면서 GDX의 상대 성과가 강해지지만, 금 가격 정체기에는 비용(인건비, 운송비, 전기 요금 등) 압박에 쉽게 노출된다. 이외에 로열티, 징벌적 세금 등 정부 리스크가 존재하며, 금광기업들은 주식시장에 속한 탓에 금보다 시장 변동성에 더 취약할 수밖에 없다. 추세적으로는 동행하지만 위와 같은 이유로 단기적 괴리가 발생할 수 있다는 점을 감안해야 한다.

[그림 4-63] 금·금광 ETF의 상대 성과와 금광기업 생산 이익 추이(2008~2022)

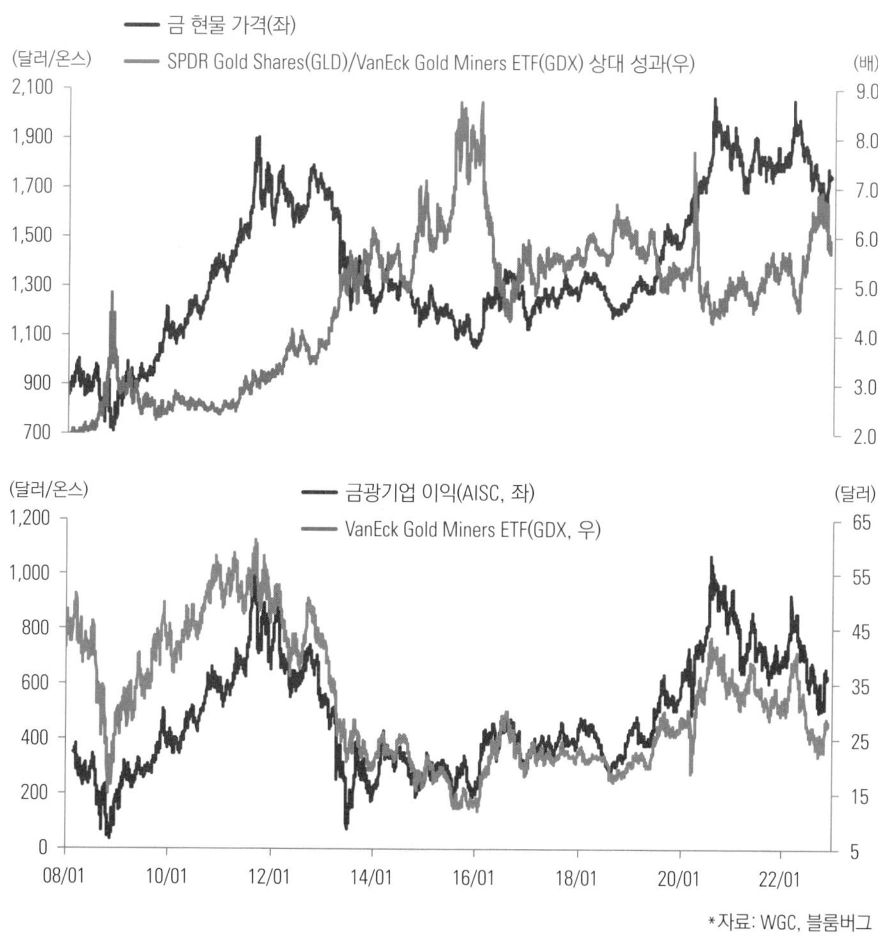


*자료: WGC, 블룸버그

## ETP에 투자한다면

기본적으로 원자재 파생형 ETP는 원자재 선물 가격을 벤치마크로 삼기 때문에 이와 동일한 추세로 움직인다. 아니, 그래야만 한다. 그러나 2020년 코로나19발 수요 쇼크와 OPEC+의 감산 공조 불발 이후 원유를 대표하는 ETP인

[그림 4-64] WTI 차근월물–근월물 스프레드와 미국 원유 재고, 원유 관련 ETP 추이(2014~2022)

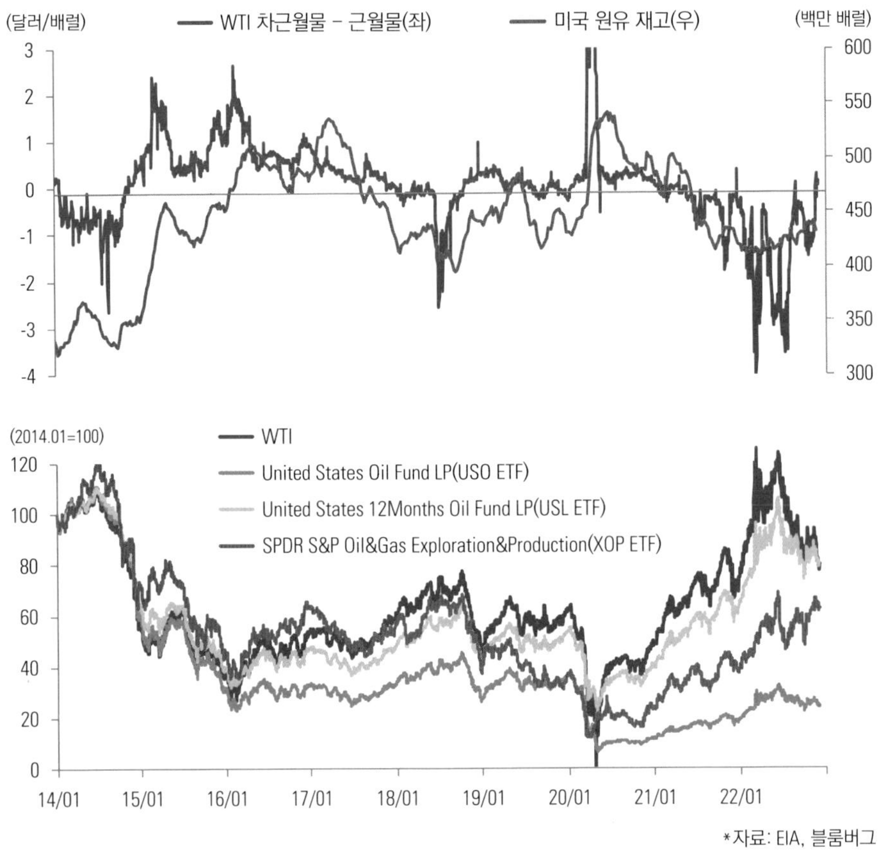


*자료: EIA, 블룸버그

USO는 WTI와 괴리가 생겼다. 누군가 장난친 것일까?

이는 원자재시장의 특성 때문이다. WTI를 비롯한 원자재는 현물이 아닌 선물 중심으로 거래되며 이 때문에 매월 만기가 존재한다. 금융 투자자는 실물 인도가 아니라 거래 차익을 추구하기에 매월 만기일을 연장해야 한다. 이론적으로 선물 가격은 창고 보관 비용과 보험 등 제반 비용을 포함하기 때문에 현물 가격보다 높게 형성된다. 이 때문에 만기 연장 시 현물 가격 – 선물 가격의 나머지 부분을 롤 오버 비용으로 지불해야 한다.

2020년 코로나19발 수요 쇼크와 OPEC+의 감산 공조 불발 이슈가 반영된 후 유가가 반등했지만, 당시는 과잉 재고로 인해 롤 오버 비용이 발생하는 콘탱고 구간이었다. 최근월물만 취급하는 USO는 만기 연장 시 롤 오버 비용 때문에 수익률이 줄어들 수밖에 없다. 일반 주식시장(또는 주식형 ETP)과 원자재 시장(파생형 ETP)의 차이가 여기에 있다.

물론 콘탱고로 인한 롤 오버 비용을 최소화하는 ETP 역시 존재한다. 우선 USL은 USO 대비 상대적으로 높은 보수 비율과 낮은 운용자산(AUM), 낮은 거래량이라는 단점을 갖고 있지만, 최근월물부터 12개의 각기 다른 선물계약 포지션을 갖추고 있어 콘탱고 부담을 최소화할 수 있다. 다른 하나는 주식형 ETP인 XOP다. 펀드 내 에너지 생산 기업의 개별 이슈에 민감하지만 최소한 콘탱고 리스크에서 자유로우며, 특히 파생형 원자재 ETP와 달리 PTP(공개 거래 파트너십) 종목이 아니라는 점에서 세금 부담 역시 낮다.

이 밖에 장비·서비스 기업에 집중하는 OIH 등 다양한 원유 관련 ETP가 존재한다. 이처럼 번거롭지만 ETF.COM 등에서 개별 펀드의 성격을 파악하고 투자하는 것이 수익을 지키는 유일한 길이다.

# 5장

정다운

## 퀀트 투자: 퀀트 리서치를 활용한 전략 수립

# 퀀트가 일하는 방법

퀀트는 금융시장을 정량적으로 분석하는 방법과, 이를 통해 시장을 분석하는 애널리스트를 모두 가리킨다. 전략, 경제 분석, 원자재 등과 같은 분석의 영역이 아니라 분석의 도구로 특징된다. 철저하게 규칙에 기반한 투자 전략을 개발하는 데 강점이 있어서 해외 및 국내 주식 전략, 자산배분 등으로 확장할 가능성을 높인다. 증권사 리서치 부서의 퀀트 애널리스트는 주식을 주된 분석 영역으로 삼는다. 다양한 데이터들을 다루며 주식시장 전반의 상승과 하락이라는 방향성을 전망할 뿐만 아니라 시장 전망에 따른 업종과 종목 선정 같은 투자 아이디어까지 아우른다.

다양한 유형의 퀀트 중에서 나는 매크로 기반의 주식 퀀트를 지향한다. 개별 기업과 업종에 기반한 상향식 접근 방식을 중시할 수도 있으나, 경기 사이클과 같은 매크로 환경이 매우 중요하다고 판단하기 때문이다. 경제지표 등의 매크로 지표를 통해 기준점을 찾는 한편, 이를 주식시장에 적용하여 시장을 전망하고 투자 아이디어를 제시하는 것을 지향한다.

이와 같은 방식하에 내가 어떤 과정을 통해 결론을 도출하는지를 보여주고자 한다. 현직 퀀트 애널리스트의 실무적인 접근 방식과 흐름을 보여주는 것이 도움이 되리라 생각한다. 더불어 주요 데이터의 이해와 측정, 전망, 전략 개발, 모델링도 참고가 되길 바란다.

## 리서치 과정

리서치 업무를 도식화해 보면 총 4단계 과정의 순환 구조로서 '관찰과 측정 → 예측과 전망 → 대응 전략과 모델링 → 피드백'의 순서로 진행된다. 피드백을 얻으면 관찰과 측정으로 돌아가 예측과 전망을 수정하면서 순환적인 의사

[그림 5-1] 리서치 과정

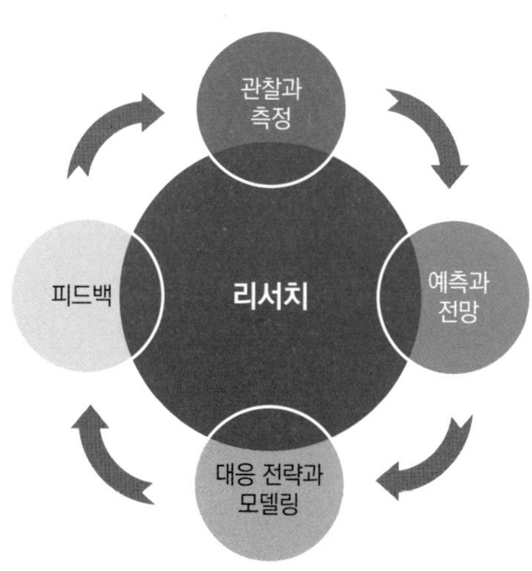

결정 과정을 수립한다. 이 리서치 과정은 퀀트뿐만 아니라 모든 애널리스트가 수행하는 업무다. 이 과정을 퀀트의 관점에서 하나씩 다시 살펴보겠다.

## 1단계: 관찰과 측정

관찰과 측정은 금융시장을 살펴보고 이를 숫자로 표현하는 작업이다. 비유하면 금융시장을 살펴보는 창을 만드는 일이다. 이 창을 통해 현재의 시장 환경을 파악한다.

금융시장은 가격이라는 지표로 결과가 그때그때 제시된다. 하지만 제시된 결과의 원인이 무엇인지, 아직 반영되지 않은 것이 무엇인지는 직접 규명해야 한다. 정형화된 측정 도구는 가격 변화를 잘 설명하지 못한다. 그럼에도 불구하고 정형화된 것들을 종합적으로 고려해야 하는 이유는 가격의 변화 요인과 이미 반영된 것들, 아직 반영되지 않은 것들을 찾기 위해서다. 이는 이후의 예측과 전망, 그리고 투자 아이디어까지 이어지게 되는데, 정형화된 측정 도구 없이는 이에 대한 고민조차 시작하기 어렵다.

이후 과정의 출발점이라는 점에서 관찰과 측정은 중요하다. 금융시장과 이를 둘러싼 환경을 관찰하고, 측정을 통해 변화의 실재 여부와 레벨, 강도, 지속 기간 등을 파악해야 한다.

이 과정에서 가장 중요한 것은 데이터 이해다. 데이터가 만들어지는 과정과 지표의 특성을 알아야 적절한 판단을 할 수 있다. 또한 찾고자 하는 지표가 정확히 제시되지 않는다면 데이터를 가공하고 새로운 지표를 개발해야 할 때도 있는데, 데이터를 이해하지 못하면 가공 단계에서 왜곡될 여지가 많으니 이해가 우선이다. 퀀트 애널리스트가 가장 많이 다루는 데이터 중 하나인 이익 컨센서스를 중심으로 살펴보자.

### 이익 컨센서스란

금융시장의 컨센서스는 '시장 참여자들의 합의된 의견'으로 볼 수 있다. 기업의 이익뿐만 아니라 목표 주가, 경제 지표, 기준금리 인상 시점과 인상 폭 등 다양한 지표들에 대해 컨센서스를 논하곤 한다. 쉽게 말하면 시장에서 예상하는 수치다. 그래서 일반적으로 발표된 수치의 레벨보다는 컨센서스 대비 발표치가 가격에 더 크게 영향을 미치곤 한다.

[그림 5-2] 이익 컨센서스와 추정치: 삼성전자의 2021년 영업이익 컨센서스

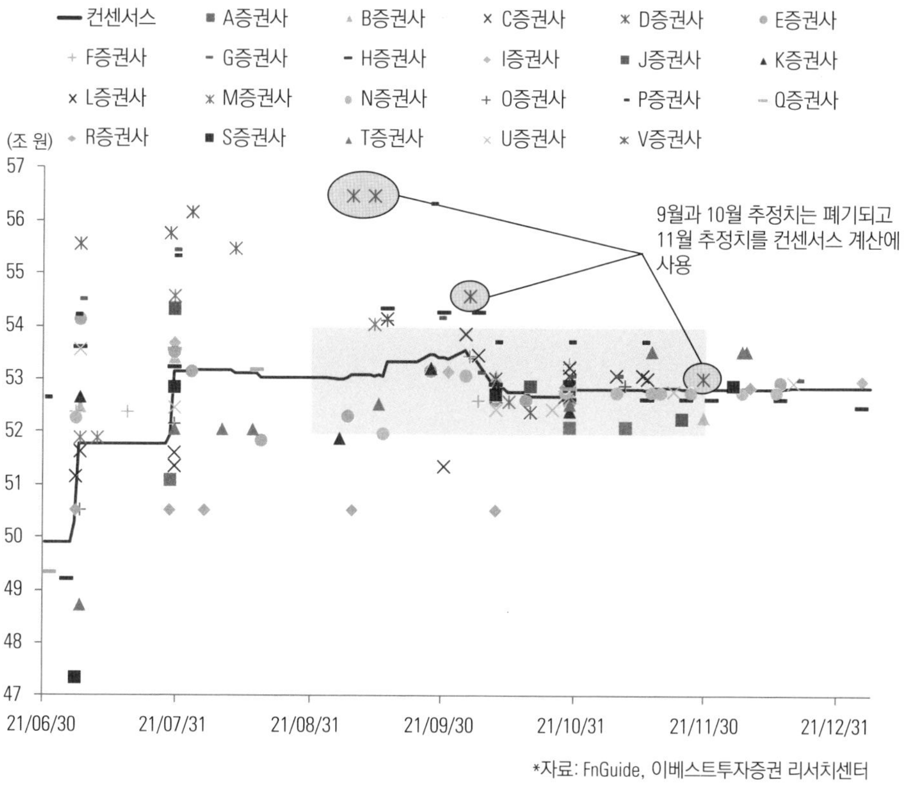


*자료: FnGuide, 이베스트투자증권 리서치센터

이익 컨센서스는 이익에 대한 컨센서스, 다시 말해 시장 참여자들이 일반적으로 예상하는 이익이다. 시장의 예상치는 각 시장 참여자들의 추정치 평균값으로 계산하는데 일반적으로 3개월 동안의 추정치를 사용한다. 예를 들어 2021년 11월 말 삼성전자의 2021년 영업이익 컨센서스 52.8조 원은 최근 3개월(8~11월) 추정치를 평균해 계산한 것이다. 단, 이 기간 동안 같은 증권사에서 2차례 이상 추정하는 경우에는 가장 최근의 추정치를 사용하고 이전 추정치는 계산에서 배제한다. 2차례 이상 추정한 것은 해당 증권사의 추정치가 변했다는 뜻이기 때문이다.

### 이익 컨센서스의 오류 가능성

이익 컨센서스는 익숙한 만큼 당연히 알고 있다는 가정하에 논의를 전개하곤 한다. 그러나 내재된 오류 가능성이 존재한다.

- **12개월 예상 이익 컨센서스는 상승하는 것이 일반적이다:** 가장 많이 보는 이익 컨센서스는 향후 12개월의 예상 이익 컨센서스다. 어느 시점에서든 향후 1년(12개월) 동안 기업이 벌어들일 것으로 예상되는 이익이라는 점에서 비교 가능성이 높고, 1년 단위의 결산이 익숙하기 때문이다. 하지만 맹점도 있다.

12개월 예상 이익은 올해와 내년의 이익 컨센서스를 월 단위로 가중 평균해 계산한다. 분기별 이익 컨센서스를 월할로 계산하는 경우도 있지만 연간 이익 컨센서스를 활용하는 것이 일반적이다. 분기별로 이익 추정치가 존재하는 종목보다 연간 이익 추정치가 존재하는 종목이 더 많기 때문이다. 연간 이익 컨센서스를 활용한 12개월 예상 이익은 다음과 같이 계산한다.

$$\text{n월의 12개월 예상 이익} = \text{올해 예상 이익} \times \frac{12-n}{12} + \text{내년 예상 이익} \times \frac{n}{12}$$

[그림 5-3] 12개월 예상 이익 전망치 개념도:
2020년 4월 30일에 측정하는 12개월 예상 이익(기간 가중)

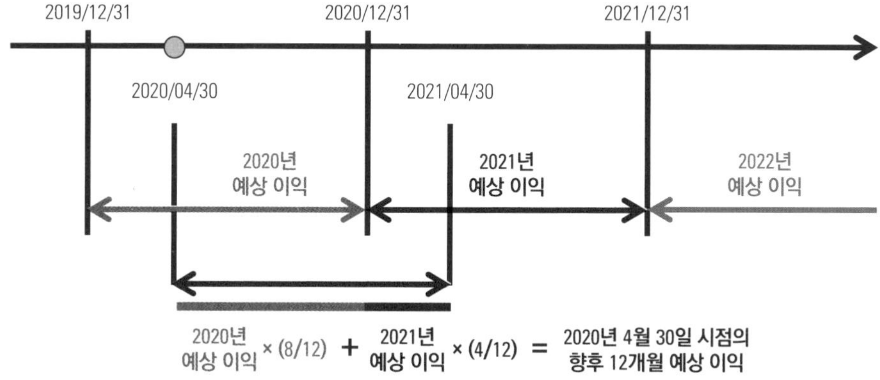


정상적인 경기 환경에서는 경제가 성장하고, 대표적인 경제 주체 중 하나인 기업도 이익이 증가한다. 경기 사이클이나 업황에 따라 차이는 있겠지만 최대한 단순화해서 보면 올해보다 내년이, 내년보다는 내후년의 이익이 증가한다는 말이다. 이런 환경에서는 시간이 지남에 따라 내년의 이익 가중치가 증가하고, 이익 추정치가 변하지 않으면, 심지어 급격하게 하락하지만 않으면 12개월 예상 이익이 상승한다.

[그림 5-4]의 삼성전자 12개월 예상 영업이익 컨센서스와 2020년, 2021년 영업이익 컨센서스 추이에서 이를 확인할 수 있다. 2020년 6월에서 9월까지 2021년 컨센서스는 하락하고 2020년 컨센서스는 큰 변화가 없었다. 그럼에도 불구하고 12개월 예상 영업이익 컨센서스는 상승했다. 12개월 예상 컨센서스를 계산할 때, 시간이 지남에 따라 2020년보다 레벨이 높은 2021년 영업이익 컨센서스의 비중이 상승하기 때문이다.

- **이익 컨센서스는 주가의 후행 내지는 동행 지표다:** 이익 컨센서스는 주가 변곡점에서는 후행적으로 움직이고, 주가의 추세적 흐름에는 동행하는 모습

[그림 5-4] 삼성전자의 12개월 예상 영업이익 컨센서스와 2020년, 2021년 영업이익 컨센서스 추이

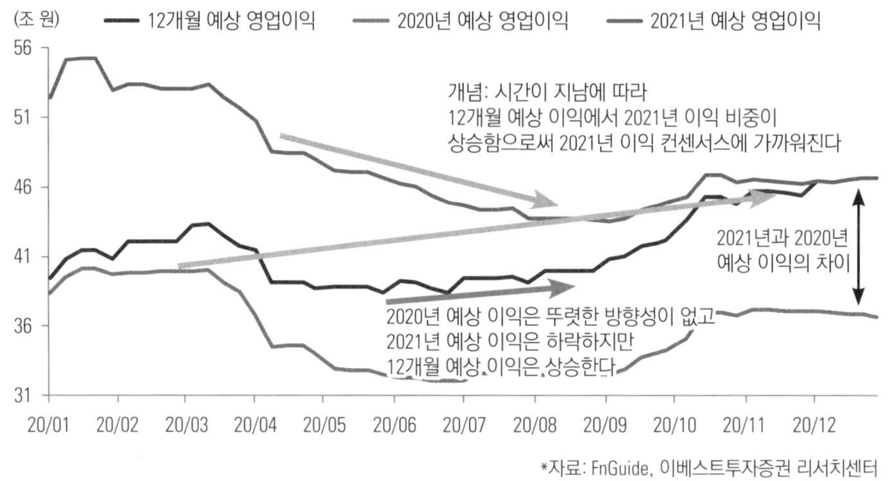


*자료: FnGuide, 이베스트투자증권 리서치센터

을 보인다. 장기적인 주가와 이익 컨센서스 그림을 보면 가장 먼저 눈에 들어오는 것은 주가가 먼저 급락하고 이익 컨센서스가 따라서 하락하는 모습이다.

'주가는 이익의 함수'라는 고전적이고 다소 구태의연한 말까지 있을 정도인데, 이익 컨센서스는 왜 주가의 후행 또는 동행 지표일까? 대표적인 이유는 크게 세 가지를 꼽을 수 있다. 첫째, 주가는 모든 지표에 선행하는 지표다. 가격이 맞든 틀리든 투자자들의 즉각적인 판단이 매매에 투영되고 이는 가격으로 나타난다. 고려가 충분했는지, 예측이 맞았는지에 따라 향후 주가는 달라지겠지만 현재의 가격은 어떤 원인의 결과로서 나타난다.

둘째, 컨센서스도 애널리스트의 심리를 반영한다. 애널리스트는 다양한 데이터, 업황 판단 등을 기반으로 이익 등을 추정한다. 하지만 애널리스트 역시 시장 참여자로서 심리적 편향에서 자유롭지 못하다. 상승 추세를 이어나가는 종목은 보다 낙관적으로, 하락 추세를 이어나가는 종목은 보다 비관적으로 보게 된다. 물론 애널리스트마다 성향이 다를 수 있지만 시장의 분위기에 영

향을 받을 수밖에 없다는 것이다.

셋째, 컨센서스가 실질적인 이익 기대를 반영하지 못하는 경우가 있다. 예상치 못한 이벤트가 발생해서 새로운 추정에 시간이 걸린다거나, 숫자로 나타나는 컨센서스가 아직 실질적인 시장 예상치를 반영하지 못하는 경우다. 코로나19 쇼크 이후 이익 컨센서스 하향 조정이 뒤늦게 나타나는 것이 전자에 해당한다. 후자는 보다 빈번하게 발생한다. 이익 컨센서스가 증권사 추정치들의 평균값으로 계산됨에 따라 실제 시장의 기대를 느리게 반영하는 점, 경상적인 개별 기업의 소식을 추정치로 변환하고 이를 취합해서 재배포하는 데 시간이 소요되는 점 등이 원인이다.

• **이익 컨센서스 상승이 반드시 이익 기대의 개선을 의미하지는 않는다:** 컨센서스는 일정 기간 동안 추정된 예측치의 평균값으로 계산하며, 최근 3개월간 추정한 것이 가장 널리 쓰인다. 예측치는 당연히 서로 다를 수 있고 특정 상황에서 큰 편차를 보이기도 한다. 시간이 지남에 따라 가장 비관적인(혹은 낙관적인), 즉 낮은(혹은 높은) 추정치가 컨센서스 계산에서 제외될 수 있다. 그러면 추정치가 변화하지 않았음에도 불구하고 컨센서스 상승(혹은 하락)으로 나타난다. 이익에 대한 시장의 기대치라는 측면에서 살펴보면 왜곡 현상이 발생할 수 있다.

### 이익 컨센서스 해석의 팁 5가지

이익 컨센서스를 해석할 때 다음과 같은 5가지를 유의하자. 첫째, 이익 컨센서스의 수준보다는 추세와 변화가 중요하다. 현재의 이익 컨센서스는 이미 주가에 반영되었을 가능성이 높으니 변화 요인과 방향을 중심으로 고민해야 한다.

둘째, 이익 추정의 가정이 더 중요하다. 첫째 요소의 연장인데, 기업 이익을 추정할 때의 가정이 바뀌면 이익 추정치 또한 수정이 불가피하기 때문이다. 예를 들어 D램 가격 10% 하락을 가정하고 삼성전자의 실적을 추정했는데 예상과 다른 수요가 확인된다면 추정치를 그에 맞춰 조정해야 한다.

셋째, 이익 컨센서스가 2개월 이상 변하지 않는다면 주의가 필요하다. 주로 추정치가 몇 개 없는 종목에 해당한다. 이익 컨센서스의 변화 이유는 총 3가지다. 새로운 이익 추정치가 공표되었을 때, 시간이 지나 이익 추정치가 컨센서스 계산에서 제외되었을 때, 이익 추정치가 바뀌었을 때다. 보통은 3개월 기준으로 계산하는데, 2개월 이상 추정치가 같다면 이익 악화 가능성을 반영하는 중일 수 있다. 이익 악화 가능성이 보이더라도 적극적으로 제시하지 않는 경우가 빈번하기 때문이다. 애널리스트 입장에서는 공매도 시장이 크지 않은 한국에서 주가에 부정적일 수 있는 의견을 개진할 유인이 없다. 심지어 기업과의 관계가 악화되거나 기존 주주들에게 비난받을 가능성까지 상존한다.

넷째, 최근 추정치의 적중률이 과거 추정치의 적중률보다 높다. 평균적으로 최근 추정치가 직전까지 있었던 변화를 반영했을 가능성이 높다. 때문에 다른 요인들이 모두 동일하다면 최근 추정치가 더 실제에 부합할 가능성이 높다. 이 때문에 최근 3개월 추정치 평균값이 아니라 최근 1개월 추정치 평균값을 컨센서스로 활용하기도 한다. 다만 1개월 평균값을 활용할 경우, 컨센서스의 연속성이 훼손될 수 있고 컨센서스가 있는 종목 수도 적어진다는 문제가 발생할 수 있다.

다섯째, 이익 컨센서스는 실적 발표 전후에 가장 많이 바뀐다. 이 시기에 기업 애널리스트들이 정기적으로 이익 추정치를 수정하고 그에 따라 실적 프리뷰와 리뷰 자료를 작성한다. 특히 추정치에서 크게 벗어난 실적이 발표되면 향후 추정치가 큰 폭으로 수정될 수 있다.

### 이 외의 다양한 지표들

정형화되어 빈번하게 언급되는 지표만 하더라도 상당히 많다. 모든 것을 설명할 수는 없으니 몇 가지 유형만 간단히 짚고 넘어가자.

• **밸류에이션:** 기업의 가치를 평가하는 것을 의미하지만 시장에서 흔히 언급되는 것은 주가 배수(multiple)를 활용하는 상대 평가 지표다. PBR과 PER이 가장 널리 사용되며 PSR, 주가순이익성장배수(Price/Earnings to Growth, PEG), EV/EBITDA, 주가현금흐름배수(PCF), 주가잉여현금흐름배수(PFCF) 등도 자주 활용된다.

지표 활용과 관련해 3가지를 언급하고자 한다. 첫째, '발표된' 실적을 기반으로 계산한 PER은 활용 빈도가 낮다. 발표된 실적은 이미 주가에 반영된, 사실상 과거 지표인 경우가 많다. 실적 발표 시 컨센서스를 상회하는 좋은 실적인데도 이익 정점 통과(peak-out) 예상에 따라 주가가 부진한 경우, 또 반대의 경우를 생각해보면 쉽게 이해할 것이다.

둘째, 밸류에이션은 환경적 요인인 경우가 많다. 종목을 분석할 때 저평가 또는 고평가라는 용어가 자주 등장한다. 그런데 저평가된 종목이 저평가 메리트만으로 주가 상승 모멘텀을 얻기는 어렵다. 오히려 '싼 데에는 이유가 있다'는 밸류 트랩(value trap)에 유의해야 한다. 밸류 트랩이 해소될 만한 요인이 발생하는지 여부가 본격적인 주가 변동의 핵심 요인이 된다. 저밸류 종목을 매수하는 전략이 성과를 만들어내는 이유는 이런 종목의 주가 하방 경직성이 상대적으로 높고 일부 종목이 성장성을 회복하는 등 밸류 트랩 해소 요인이 발생하며 주가가 상승하기 때문이다. 뒤에서 살펴볼 '가치주 투자 전략' 역시 이런 관점에서 접근한 투자 모델이다.

셋째, 절대적 밸류 레벨보다 과거 밸류 대비 현재 밸류, 즉 과거 일반적인 레벨 대비 현재의 상대적인 레벨이 더 중요한 경우가 많다. 물론 기업의 체질 변화 등으로 기본적인 밸류 멀티플이 달라지는 리레이팅(re-rating) 사례도 있다. 하지만 이는 상대적으로 드물게 발생한다.

- **수급**: 주식 투자자에게 매우 익숙한 지표다. 매수세가 유입되어 주가가 상승했다는 등의 설명을 많이 들어봤을 것이다. 수요와 공급의 논리에 따라 가격 변동을 가장 간결하게 설명할 수 있기 때문이다. 그러나 수급은 근본적인 원인이 되지 못한다. 펀더멘털 혹은 가격상의 괴리 등 수급 변화를 유발한 다른 원인이 있을 것이고 변화의 원인에 따라 수급의 지속성 또한 다를 수 있으니 이를 추정해볼 필요가 있다. 다만 대규모 수급 변화는 가격 변화의 촉매로 언급되곤 한다.

한편 외국인 수급은 주가지수의 변화를 주도하는 경향이 있다. 외국인 수급을 결정하는 요인은 지수 전반의 이익 증가율, 밸류에이션 등 한국 주식시장의 투자 매력도에 대한 종합적인 판단일 것이며, 외국인들은 환차익 역시 수익 기회의 하나로 포함한다. 때문에 외국인 수급의 선행 지표로 한국의 수출 증가율, 무역수지, 원/달러 환율 등이 언급된다.

- **배당**: 기업이 벌어들인 이익을 주주에게 환원하는 것이다. 그런데 한국 시장에서는 상대적으로 배당 수익을 주된 목적으로 하는 투자가 많지 않다. 배당에 대한 컨센서스는 분기 단위로 제시되지 않고, 연간 단위로는 존재하지만 신뢰도가 높지 않다. 배당은 기업의 주주 환원 정책에 크게 영향을 받기 때문에 애널리스트가 추정하는 데 다소 무리가 있다.

## 2단계: 예측과 전망

예측과 전망은 의사결정의 영역이다. 관찰과 측정은 환경을 해석하고 평가

하는 것이기에 '어떤 지표들을 어떻게 볼 것인가'에 간접적으로 주관이 개입한다. 예측과 전망은 해석한 결과를 바탕으로 직접적으로 주관적인 판단에 따라 가능성 높은 결과를 선택한다. 때문에 동일한 현상이나 지표를 놓고도 서로 다른 전망을 도출하게 된다.

가능성 높은 결과를 선택하기 때문에 변화 요인을 중점적으로 고려해야 한다. FOMC나 정책 변화 등은 금융시장 전반에, 전기차 구매 세제 혜택 등은 특정 산업에 보다 밀접한 영향을 미치는 요인이다. 참고로 매크로 주식 퀀트는 후자보다 전자와 같은 이벤트를 중요시한다. 개별 종목이나 업종보다는 시장 전체를 주된 분석 대상으로 삼기 때문이다. 어찌 됐건 변화 요인을 고려해야 예측과 전망이 가능하다. 다만 유사한 이벤트라 할지라도 경제와 시장 환경에 따라 영향력이 서로 다를 수 있다.

예측과 전망은 주로 3가지 접근 방식 중 하나를 취한다. 하나는 과거 사례를 참고하는 것이다. 과거의 유사한 상황을 고려해서 이번에도 과거와 같은 흐름이 예상되는지 혹은 과거와는 다른 양상을 보일 것인지 판단함에 따라 전망이 달라진다. 나머지는 현재의 흐름이 지속될 것이라는 추세 추종(trend following)과, 이와 대립하는 평균 회귀(mean reversion)다. 둘은 상호 배타적이기 때문에 어느 쪽을 택하는가에 따라 결과가 거의 180도 달라진다. 이 3가지 접근 방식은 뒤에서 설명할 리서치 사례에서 더 자세히 다룬다. '사례 1. 2020년 성장주 vs. 가치주'에서는 추세 추종과 평균 회귀 중에서 평균 회귀 접근 방식을 취했고, '사례 2. 2020년 말, 한국 증시의 리레이팅?'에서는 과거 사례를 참고해 주식시장을 전망했다.

### 퀀트도 매크로 지표를 봐야 한다

퀀트도 매크로 지표를 봐야 한다. 미국 ISM제조업지수, 미 국채 금리, 달러

인덱스, 비농업 고용자 수 등이 대표적이다. 경제를 분석하는 이코노미스트처럼 자세히 볼 필요는 없지만 경기 흐름을 이해하고 경기에 대한 판단이 필요하기 때문이다. 기본적으로 우리가 다루고 투자하는 대상은 금융 자산이기에 경기 상황과 사이클에 밀접하게 연동될 수밖에 없다는 점을 잊지 말아야 한다. 앞에서 강조한 데이터 이해와 연관되며, 실무상 매크로 지표의 이해와 판단이 필요한 원인으로 크게 4가지를 들겠다.

가장 중요한 이유는 매크로 지표가 예측과 전망의 기반이라는 점이다. 예측과 전망의 방식은 과거 사례 참조와 평균 회귀, 추세 추종이 대표적이라고 설명했다. 과거 사례와 동일하다고 판단할지, 다르다고 판단할지, 그리고 평균 회귀를 취할지, 추세 추종을 취할지의 선택은 매크로 환경에 대한 판단과 전망에 따라 달라질 수밖에 없다. 미래에도 지금과 같은 매크로 환경이 유지된다고 생각한다면 평균 회귀보다는 추세 추종을 기반으로 접근하는 것이 보다 적절하다.

또한 매크로 판단이 비교 대상 또는 기준점이 될 수 있다. 퀀트가 가장 많이 다루는 데이터 중 하나인 이익 컨센서스를 예로 들어보자. 앞서 설명한 것처럼 이익 컨센서스는 왜곡될 여지가 있고 때에 따라서는 주가에 후행한다. 때문에 이익 컨센서스를 평가해야 하는데, 지수 전체의 이익과 가장 밀접한 연관성을 보여온 경제지표를 통해 이익 컨센서스의 과대 혹은 과소 추정 여부를 판단하게 된다.

투자 모델 관점에서도 매크로 지표는 중요하다. 기초 데이터에 매크로 지표를 추가하면 어떤 지표를 통해 어떻게 경기를 판단해야 하는지에 직접적으로 영향을 미친다. 퀀트에서 가장 빈번하게 다루는 미시 데이터인 밸류에이션, 이익 컨센서스, 수급 등을 통해 상향식 투자 모델을 활용하더라도 매크로 지표는 봐야 한다. 동일한 투자 아이디어라 할지라도 주식시장을 둘러싼 매크로 환경에 따라 성과가 크게 달라질 수 있기 때문이다. 지수가 뚜렷한 방향성이 없을 때 개별 종목 또는 중소형주 강세가 두드러진다거나, 경기가 개선될 때 가치주가 긍정적인 성과를 보이는 등의 차이가 나타난다.

마지막으로 단순하지만 가장 많이 활용되는 것은 매크로 요인을 투자 아이디어로 연결하는 것이다. 손쉬운 접근 방법인데, 시장이 우려하는 요인에서 상대적으로 자유로운 종목들을 선정하는 것이다. 2022년 인플레이션이 다가오면서 이로 인한 비용 상승 우려가 클 때 가격 전가력이 좋은 종목을 선정한다거나, 달러 강세 시기에 수혜주를 찾는 등의 접근이 이에 해당한다.

## 3단계: 대응 전략과 모델링

관찰과 측정 이후 예측과 전망을 반영하는 것이 대응 전략 수립이다. 대응 전략은 예측과 전망에 얼마나 잘 부합하느냐가 핵심이다. 투자 성과가 아무리 안정적인 모델도 상대적으로 성과가 좋은 시기와 부진한 시기가 나뉜다. 예측과 전망에 부합하는 상황에서 대응 전략이 기대한 성과를 보일 수 있는지를 확인해야 한다.

전략 혹은 투자 모델은 정적(static) 모델과 동적(dynamic) 모델로 나뉜다. 정적 모델은 언제나 동일한 기준하에 결과물을 도출한다. 단순하다는 장점이 있지만, 데이터 스누핑 문제(뒤에서 설명함)에서 자유롭기 어렵다는 단점이 있다. 결과물 산출에 활용한 '언제나 동일한 기준'은 백테스트나 서적 등을 비롯한 직간접적 경험에서 나올 수밖에 없기 때문이다. 한편 동적 모델은 결과물을 도출하는 기준을 그때그때 다르게 적용하는 모델이다. 따라서 결과물 도출 기준을 바꾸는 논리(logic)가 핵심이 된다.

또 다른 구분 방식은 스크리닝(screening)과 스코어링(scoring)이다. 종목 선정 모델을 기준으로 설명하면, 스크리닝은 대상으로 삼은 종목들(유니버스)을 체에 거르듯이 해서 조건에 부합하는 종목과 그렇지 않은 종목 2가지로 나누는 방식이다. 문제는 조건에 부합하는 종목군 내에서 개별 종목들의 우선순위를 매길 수 없는 것이고, 더 큰 문제는 시점별로 조건에 부합하는 종목 수가 달라지는 것이다. 다만 백테스트와 그에 기반한 모델 개발이 상대적으로 손쉽다는 장점이 있다.

한편 스코어링은 대상으로 삼은 종목들(유니버스) 모두에 각각 점수를 매기는 방식이다. 따라서 전 종목에 우선순위가 결정되고 우선순위에 따른 활용성이 높다. 국내 증시에서 개인 투자자가 공매도를 하기는 쉽지 않지만, 우선순위에 따라 가장 매력적인 종목들은 매수하고 우선순위가 가장 낮은 종목들은 공매도하는 등의 롱숏(long/short) 전략은 활용 가능하다. 결과로 도출되는 종목 수가 일정치 않은 스크리닝과 달리, 스코어링은 종목 수를 고정할 수 있고 점수를 매길 때 활용하는 지표 각각의 중요성을 반영해 서로 다른 가중치를 적용할 수 있다는 것 또한 장점이다.

앞서 강조한 백테스트를 자세히 살펴보자. 참고로 뒤에서 백테스트 예시로 제시한 '가치주 투자 전략'은 종목 선정 기준을 고정한 정적 모델이며, 스크리닝과 스코어링을 함께 사용했다.

## 백테스트

백테스트는 선정한 투자 아이디어가 예측 및 전망 결과와 유사한 환경에서 우수한 성과를 보이는지 확인하는 과정이라는 점에서 중요하다. 다만 백테스트를 할 때 주의할 사항들이 있다. 과정에 오류가 있다면 백테스트에서 확인한 결과와 실제로 나타날 결과가 다를 수 있다. 어떤 점에 주의해야 하는지, 그리고 어떻게 문제를 해결할 수 있는지 확인해보자.

### 주의 사항과 해결 방법

- **소형주 효과:** 소형주 효과는 널리 알려진 초과수익 팩터로서, 장기적으로 소형주가 대형주보다 우수한 수익률을 보인다. 종목 선정 모델을 백테스트할 때 포트폴리오에 편입되는 소형주가 많을수록 성과가 개선된다. 선정한 아이디어 고유의 성과와 소형주 효과로 인한 성과를 구분할 필요가 있다.

  → 해결: 유니버스의 동일가중 수익률과 비교한다.
- **실행 가능성:** 백테스트를 통해 과거의 우수한 성과를 확인하더라도 실제 적용할 때 문제가 발생할 수 있다. 이를테면 시가총액 100억 원대의 초소형주나 거래 대금이 너무 작은 종목은 매매 비용이 너무 많이 발생하고, 거래정지 중인 종목은 아예 매매가 불가능하다.

  → 해결: 유니버스를 선정할 때 유동성 등의 제약 조건을 추가한다.
- **생존 편향:** 백테스트 주의 사항 중 가장 널리 알려진 것으로서, 현재의 지수 구성 종목이 아니라 테스트 시점의 구성 종목을 대상으로 해야 한다는 것이다. 코스피200 구성 종목을 유니버스로 해서 백테스트를 진행한다고 할 때, 현시점의 코스피200 구성 종목은 이미 성장해 지수에 편입된 종목이기 때문에 백테스트 결과를 낙관적으로 왜곡할 수 있다.

  → 해결: 백테스트 시점별 종목 리스트를 대상으로 한다.
- **수정 주가:** 백테스트할 때는 단순 종가가 아니라 수정 주가를 활용해야 한다. 수정 주가는 주식 수가 바뀌는 이벤트가 있었던 종목에 대해 현재 주식 수를 기준으로 과거의 주가를 조정한 가격이다.

- **누적 초과수익률의 맹점**: 누적 초과수익률은 증권사 보고서에서 빈번하게 등장하는 성과 지표 중 하나다. 그런데 한번 초과수익이 크게 나면, 이후 수익률이 시장을 하회하더라도 누적 초과수익률이 더 높아진다. 편의상 시작 지수를 100포인트로 설정하는 경우가 많다. 벤치마크 지수가 100pt에서 10% 상승해 110pt를 기록했는데, A지수가 100pt에서 시작해 100% 수익을 기록했다고 하자. 그러면 누적 초과수익률은 90%p가 된다. 그 직후 벤치마크가 3% 상승한 반면 A지수는 2% 상승했다면 벤치마크는 113.3pt, A지수는 204pt가 된다. 그러면 A지수의 누적 초과수익률은 90%p에서 90.7%p로 상승한다. A지수가 벤치마크를 1%p 하회했는데도 초기의 높은 초과 성과 때문에 최근의 부진한 성과가 왜곡된다.

  이런 현상은 상대지수를 활용할 때도 똑같이 나타난다. 상대지수는 두 지수의 상대 강도를 비교하는 지표로서 일반적으로 특정 지수를 다른 지수로 나누어 계산한다. 그런데 초기 시점에 100pt로 스케일을 맞추더라도 분자(또는 분모)에 있는 지수가 분모(또는 분자)에 있는 지수와 격차가 크면 실제 성과가 왜곡될 수 있다.

  → 해결: 기간별로 나누어 성과를 확인한다.

- **후견지명 편향**(look-ahead bias): 백테스트 시에는 당시 알 수 있는 데이터만 활용해야 한다. 당연해 보이지만 가장 흔히 사용하는 실적 데이터에서조차 주의가 필요하다. 한국의 거의 모든 상장사는 12월 결산 법인이어서 1분기는 1~3월, 2분기는 4~6월, 3분기는 7~9월, 4분기는 9~12월이다. 그러나 이는 실적을 결산하는 대상 기간이고, 각 분기의 실적은 분기가 지난 후에야 확인할 수 있다. 3월 말 시점에는 1분기(1~3월) 실적을 알 수 없다는 의미다.

  → 해결: 사용하는 데이터가 발표되는 시기를 확인하고 보수적으로 접근

한다.

- **데이터 스누핑:** 백테스트 성과를 좋게 만들기 위해 모델의 데이터를 정교하게 이용하는 것을 의미하는데 모델 정교화와 과최적화 사이의 애매한 지점에 있다. 과최적화는 백테스트를 진행한 기간의 성과에 맞춰 모델을 과도하게 정교화하는 것인데, 더 우수한 성과를 위한 모델 개선과는 정도의 문제일 수 있기 때문이다. 과최적화된 모델을 실행에 옮긴다면 백테스트의 우수한 성과와 다르게 부진한 성과를 맞닥뜨릴 것이다.

  → 해결: 교차 테스트를 하거나, 모델 수립 이후 실제 성과를 측정한다. 교차 테스트는 서로 다른 데이터를 이용해 테스트하는 것으로, 한국 주식에 대한 모델을 미국 주식에 적용한다거나, 모델 수립에 활용한 기간과 백테스트 기간을 달리하는 등의 방법으로 진행할 수 있다.

## 백테스트 사례: 가치주 투자 모델

백테스트 사례로서 가치주 투자 모델을 소개한다. 실제 고객사의 요청에 따라 개발한 모델을 일부 수정한 것이다. 밸류가 싼 종목(가치주) 중에서 초과수익을 얻을 수 있는 종목을 선별해 매수하는 단순한 개념이지만 백테스트 결과가 양호해서 실행해볼 만하다. 단순한 개념을 수치를 통해 어떻게 구현하는지, 그리고 앞서 언급한 백테스트 시의 주의 사항과 해결 방법을 어떻게 적용하는지를 중점적으로 확인하길 바란다. 이를 통해 본인만의 투자 모델을 개발하는 데 도움이 됐으면 한다.

## 유니버스

매월 말 기준 시가총액 상위 400위 이내 종목을 대상으로 하며, 거래정지 중이거나 관리종목으로 지정된 종목은 제외했다. 시가총액 상위 400위는 2022년 7월 말 현재 약 5,000억 원 수준이며, 일정한 규모를 갖춘 종목을 대상으로 한다는 의미다. 매월 말을 기준으로 해서 생존 편향을 제거했고, 거래정지와 관리종목을 제외해서 실행 가능성을 높였다.

## 종목 선정

종목 선정은 크게 2단계에 걸쳐 진행한다. 우선 밸류가 싼 종목을 스크리닝을 통해 선별하고, 그중 초과수익을 기대할 수 있는 종목을 스코어링을 통해 최종 선정한다.

밸류가 싼 종목을 선별하는 데는 5가지 지표를 활용했고 각 지표 모두 유니버스 평균 대비 밸류 메리트가 높은 종목만 선별했다. 5가지 지표는 아래와 같다. 참고로 지표에 쓰인 FY0, FY1, FQ0, FQ1 등의 의미는 지표 설명에 이어서 설명한다.

- PCF_최근4Q = 시가총액 / 가장 최근 4개 분기 동안의 영업활동으로 인한 현금흐름 합계
- 업종 대비 PER = 개별 종목의 12개월 예상 PER / 종목이 포함된 업종의 12개월 예상 PER
- PBR_FQ0 = 시가총액 / 가장 최근 발표된 분기의 순자산
- 업종 대비 PBR = 개별 종목의 PBR_FQ0 / 종목이 포함된 업종의 PBR_FQ0
- PBR_최근 3Y 평균 대비 = 개별 종목의 PBR_FQ0 / 개별 종목의 최근 3년 동안의 PBR_FQ0 평균

싼 종목들 중에서 초과수익을 기대할 수 있는 종목을 선별하는 기준으로는 4가지 지표를 활용했고 이를 종합적으로 고려해서 우선순위가 가장 높은 종목을 선별했다. 4가지 지표는 아래와 같다.

- ERR_FY1_1개월전대비 = FY1에 대한 주당순이익(EPS) 컨센서스를 계산하는 데 포함된 추정치 중 최근 1개월 동안 (상향된 추정치 수 – 하향된 추정치 수) / 전체 추정치 수
- ERR_FQ1_1개월전대비 = FQ1에 대한 EPS 컨센서스를 계산하는 데 포함된 추정치 중 최근 1개월 동안 (상향된 추정치 수 – 하향된 추정치 수) / 전체 추정치 수
- SUE(Standardized Unexpected Earnings)_FQ0 = 이익 서프라이즈를 측정하는 지표 중 하나로 '(가장 최근 발표된 분기의 순이익 – 해당 분기의 순이익 컨센서스) / 컨센서스 계산에 활용된 추정치들 간의 표준편차'로 산출
- 주가모멘텀(12M−1M) = 개별 종목의 최근 12개월에서 가장 최근 1개월을 제외한 수익률

4개 지표를 종합해서 고려하는 스코어링은 개별 종목 각각의 지표별 순위를 평균해 계산했다. 평균값을 활용했으므로 지표별 가중치는 동일하다. 이때 이익 컨센서스가 존재하지 않는 종목이 문제가 될 수 있으니, 이런 종목은 지표별 순위를 중간값으로 지정했다. 이렇게 함으로써 해당 지표가 종목 평가에 긍정적이지도, 부정적이지도 않게 처리했다. 다만 주가모멘텀을 제외한 3개 지표 모두 이익 컨센서스를 기반으로 계산하기 때문에, 컨센서스가 없는 종목이 선정되기는 쉽지 않은 구조다.

지표 설명에 등장하는 FQ 또는 FY는 회계 분기와 회계 연도를 의미하는데,

한국은 거의 모든 상장사가 12월 결산이기 때문에 달력상의 분기 혹은 연도와 딱히 구분하지 않아도 된다. 보다 중요한 것은 뒤에 붙는 숫자다. 이에 따라 기간이 달라지는데, 가장 최근에 실적을 발표한 기간을 0으로 기준 삼고, 1씩 더해지면 다음 분기 또는 연도를 가리키며, 1씩 줄어들면 이전 분기 또는 연도를 가리킨다. 헷갈리지 말아야 할 것은 실적 발표 여부가 기준이라는 것이다. 예를 들어 10월 15일 시점에서 12월 결산 법인의 FQ0은 종목별 실적 발표 여부에 따라 달라진다. 10월 15일 이전에 3분기(7~9월) 실적을 발표했다면 FQ0는 3분기가 되고, 아직 발표하지 않았다면 2분기(4~6월)가 된다. FY 역시 동일하게 이해할 수 있다.

### 포트폴리오 구성

최종 순위에 따라 최상위 10개 종목을 포트폴리오로 구성한다. 종목 수를 증가시키면 평균 수익률은 다소 하락하는 반면 안정성을 제고할 수 있다. 그러나 개인 투자자는 종목이 10개를 초과하면 포트폴리오 관리가 어렵기 때문에 10개 종목으로 제한했다.

포트폴리오 구성 방식으로는 크게 시가총액가중 방식과 동일가중 방식이 있고 둘 모두 양호한 성과가 확인된다. 다만 동일가중 방식이 보다 적극적인 투자라는 점에서 이 방식으로 포트폴리오를 구성했다. 동일가중 방식을 쉽게 권하는 이유는 유니버스가 시가총액 상위 400위 이내의 규모 있는 종목으로 구성되기 때문이다. 시가총액이 작은 종목이 다수 포함된 동일가중 포트폴리오는 운용 자금 규모가 제한적이고 유동성이 부족한 종목일 개연성이 높아서 실행 가능성이 떨어질 수 있다. 시가총액 400위 이내 종목은 그와 같은 문제에서 상대적으로 자유롭다.

## 벤치마크 지수

포트폴리오 구성에 맞추어 코스피200 동일가중지수를 활용했다. 2009년에 만들어진 지수이지만 편의성이 높다. 유니버스가 코스피200 종목으로 한정되지는 않지만 시가총액상 규모 있는 종목을 대상으로 했기 때문에 차이가 크지 않을 것이다. 코스피200 동일가중지수가 산출되지 않은 2009년 이전에는 코스피200 구성 종목의 수익률 평균값을 활용했다.

## 리밸런싱

매월 말 기준으로 리밸런싱을 진행했고 거래 비용은 반영하지 않았다.

## 기간

2005년부터 2022년 10월까지 총 17년 10개월이다.

[그림 5-5] 가치주 투자 전략의 장기 성과(2005~2022)

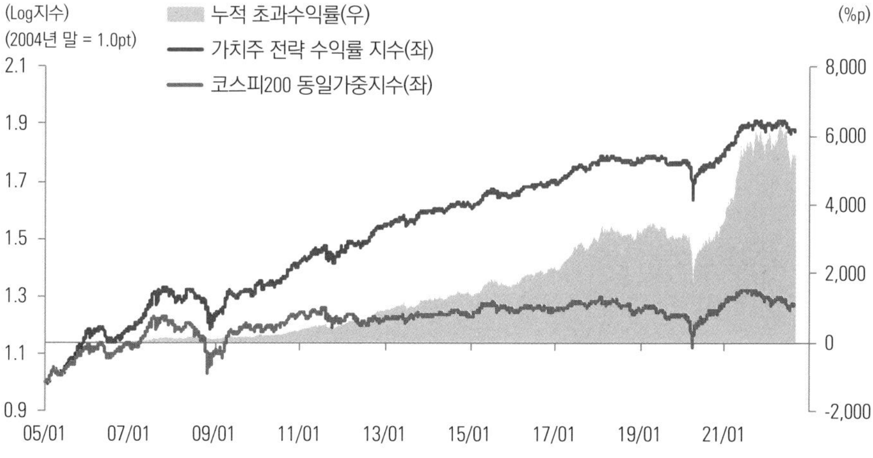

*자료: FnGuide, 이베스트투자증권 리서치센터

## 결과

백테스트 성과를 보면 실행해볼 만큼 우수한 전략으로 평가된다. 장기적으로 우상향하는 성과가 확인되기 때문이다. 2005년 1월부터 2022년 10월 말까지 최상위 10개 종목의 동일가중 포트폴리오는 5,381%이라는 높은 절대 수익률을 기록했다. 같은 기간 동안 코스피200 동일가중지수가 213% 상승했고 코스피200 지수가 160% 상승하는 데 그친 것에 비해 훨씬 우수한 성과다.

백테스트 주의 사항과 해결 방법에서 설명한 대로 누적 성과는 왜곡될 수 있으니 기간별 성과 역시 살펴봐야 한다. 기간별로 보더라도 우수한 성과가 확인되어, 2005년 1월부터 2022년 10월 말까지 총 214개월 동안 월간 단순평균 수익률은 2.1%를 기록했다. (+) 수익률을 기록한 개월은 143개월로, (+) 수익률을 기록한 개월 수 비율(hit ratio, 적중률)은 66.8%에 달한다. 연간 기준으로 2005년부터 2022년 10월(YTD)까지, 3개 연도(2008, 2019, 2022년)를 제외하고 모두 (+) 수익률을 기록했다는 점도 고무적이다.

절대 수익률만 살펴보면 주식시장 전반의 성과에 크게 영향을 받았을 수

[그림 5-6] 가치주 투자 전략의 월간 성과 추이(2005~2022)

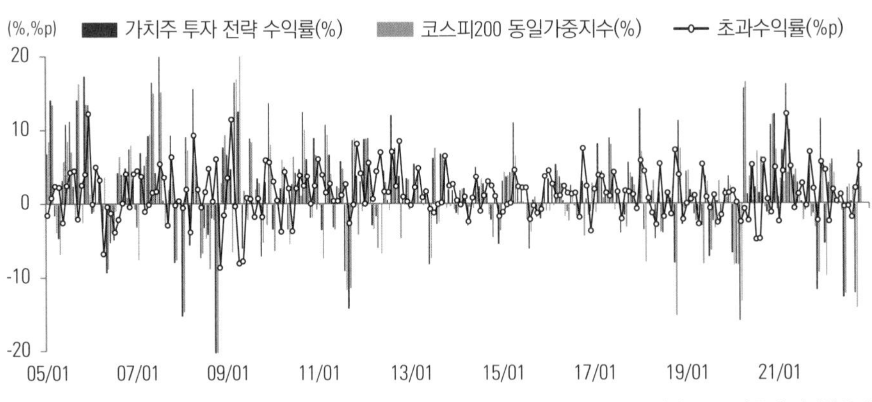


*자료: FnGuide, 이베스트투자증권 리서치센터

[표 5-1] 가치주 투자 전략의 월간 성과 추이

| 연도 | 수익률 구분 | 월간 성과(%) | | | | | | | | | | | | 연간 성과(%) |
|---|---|---|---|---|---|---|---|---|---|---|---|---|---|---|
| | | 1월 | 2월 | 3월 | 4월 | 5월 | 6월 | 7월 | 8월 | 9월 | 10월 | 11월 | 12월 | |
| 2005년 | 절대 | 6.9 | 14.1 | -1.6 | -4.7 | 3.2 | 10.9 | 11.3 | 2.4 | 14.2 | -0.1 | 17.4 | 13.5 | 126.9 |
| | 초과 | -1.6 | 0.7 | 2.3 | 2.2 | -2.6 | 2.4 | 4.3 | 4.5 | -2.1 | 2.5 | 3.9 | 12.2 | 54.2 |
| 2006년 | 절대 | -1.2 | 5.2 | 3.9 | -3.3 | -9.3 | -5.2 | -4.9 | 4.3 | 4.1 | 4.9 | 7.5 | 3.3 | 7.9 |
| | 초과 | -0.1 | 4.9 | 3.2 | -6.9 | -0.5 | -1.3 | -3.9 | -2.2 | 0.1 | 4.0 | -0.5 | 4.0 | 0.5 |
| 2007년 | 절대 | -3.2 | 7.0 | 5.3 | 9.3 | 16.5 | 4.3 | 20.5 | 0.5 | -1.2 | 9.4 | -7.9 | -0.1 | 74.6 |
| | 초과 | 4.5 | 3.7 | -1.1 | -0.2 | 1.5 | 1.6 | 5.4 | 3.5 | -3.0 | 6.3 | -0.3 | 0.3 | 32.9 |
| 2008년 | 절대 | -15.2 | 9.1 | -5.6 | 15.7 | 3.5 | -7.3 | -3.2 | -4.1 | -2.0 | -24.4 | -5.9 | 7.7 | -32.4 |
| | 초과 | -0.6 | 1.9 | -3.9 | 9.2 | 1.9 | -0.6 | 1.5 | 4.7 | 0.2 | 6.0 | -8.7 | -1.7 | 7.3 |
| 2009년 | 절대 | 6.7 | 4.8 | 16.5 | 12.6 | -6.0 | -1.5 | 8.9 | 0.2 | 3.5 | -7.1 | 3.0 | 13.7 | 66.9 |
| | 초과 | 3.5 | 11.4 | -0.4 | -8.2 | -7.8 | 0.7 | 0.6 | -1.8 | 0.7 | -1.8 | 5.9 | 5.6 | 13.9 |
| 2010년 | 절대 | -3.5 | 1.1 | 2.1 | 5.1 | -3.4 | 2.7 | 4.3 | 4.8 | 12.5 | 6.2 | -1.9 | 9.0 | 45.1 |
| | 초과 | 3.0 | 0.4 | -3.9 | 4.3 | 2.1 | -3.7 | 2.0 | 3.8 | 2.4 | 3.7 | 0.0 | 2.4 | 21.5 |
| 2011년 | 절대 | 5.8 | -3.5 | 10.8 | 6.7 | -3.2 | 2.4 | 5.9 | -9.1 | -14.1 | 8.7 | 3.9 | 3.1 | 15.1 |
| | 초과 | 6.1 | 3.9 | 1.4 | 2.7 | 0.3 | 0.3 | 1.1 | 2.6 | -2.7 | -0.2 | 8.1 | 4.1 | 27.5 |
| 2012년 | 절대 | 8.8 | 9.0 | -2.9 | -1.6 | 0.2 | 4.5 | 0.6 | 12.0 | 7.7 | 3.8 | 0.7 | 3.5 | 55.7 |
| | 초과 | 0.0 | 5.6 | 0.6 | 4.4 | 7.0 | 1.6 | 1.5 | 7.1 | 2.3 | 8.5 | 0.9 | 0.3 | 50.3 |
| 2013년 | 절대 | -0.6 | 5.5 | 5.2 | 0.5 | 2.2 | -8.2 | 6.3 | -2.7 | 6.8 | 5.9 | 2.0 | 1.8 | 26.2 |
| | 초과 | -0.2 | 2.1 | 4.8 | 0.8 | 1.6 | -0.8 | -1.3 | -0.1 | 0.1 | 6.5 | 2.4 | 2.6 | 20.7 |
| 2014년 | 절대 | -1.2 | 1.8 | 2.2 | -2.9 | 0.1 | 5.1 | 2.3 | 2.8 | 1.5 | -2.1 | 1.8 | -5.4 | 5.5 |
| | 초과 | 0.4 | -0.2 | 0.9 | -2.5 | 0.7 | 3.6 | -1.0 | 1.0 | 3.0 | 2.4 | 1.0 | -1.7 | 7.5 |
| 2015년 | 절대 | 3.2 | 3.7 | 4.3 | 11.1 | 2.5 | 2.4 | -0.1 | -6.1 | 0.6 | -1.8 | -2.0 | 2.7 | 21.4 |
| | 초과 | -1.2 | -0.2 | 0.0 | 4.5 | 2.3 | 2.1 | 2.1 | -2.2 | -0.4 | -1.3 | -0.8 | 3.7 | 9.3 |
| 2016년 | 절대 | 3.4 | 2.3 | 5.4 | 3.7 | 0.5 | -1.0 | 2.6 | -0.2 | -0.9 | 3.1 | 0.7 | -1.0 | 20.0 |
| | 초과 | 4.5 | 2.6 | 0.9 | 1.0 | 2.3 | 1.4 | 1.2 | 1.4 | -1.9 | 7.5 | 2.3 | -3.8 | 21.1 |
| 2017년 | 절대 | 0.7 | 8.2 | 4.5 | 2.5 | 9.0 | 3.4 | 1.5 | -4.0 | -1.5 | 5.7 | 3.7 | -1.1 | 36.9 |
| | 초과 | 1.9 | 3.8 | 3.7 | 1.4 | 0.9 | 4.3 | 1.5 | -2.2 | 1.7 | 1.5 | 1.2 | -0.8 | 23.0 |
| 2018년 | 절대 | 12.9 | -3.5 | 0.4 | 1.8 | -4.8 | 1.6 | -3.9 | 1.7 | 0.8 | -8.0 | 11.4 | -2.8 | 5.6 |
| | 초과 | 5.8 | 4.4 | 0.7 | -1.4 | -2.9 | 5.4 | -1.8 | 1.4 | -1.5 | 7.2 | 3.9 | -2.2 | 18.7 |
| 2019년 | 절대 | 4.5 | 1.9 | -1.3 | -1.0 | -2.9 | 3.8 | -7.1 | -2.3 | 0.4 | -2.5 | 2.1 | 3.9 | -1.2 |
| | 초과 | 0.0 | 0.5 | 1.0 | -2.8 | 5.3 | 0.8 | -0.7 | 1.1 | -2.6 | -1.6 | 1.3 | 1.4 | 3.8 |
| 2020년 | 절대 | -6.7 | -8.2 | -15.9 | 15.7 | 1.4 | 5.7 | 2.2 | 1.5 | 5.3 | -1.2 | 10.8 | 12.2 | 20.0 |
| | 초과 | 1.7 | 0.1 | -2.5 | -0.8 | -2.4 | 5.3 | -4.9 | -4.8 | 5.8 | 0.5 | -1.3 | 4.9 | 1.4 |
| 2021년 | 절대 | 0.9 | 7.4 | 16.3 | 10.1 | 3.9 | 2.9 | 0.3 | -0.9 | 5.1 | -1.3 | -11.7 | 11.6 | 50.9 |
| | 초과 | -2.4 | 4.4 | 12.1 | 5.0 | -0.7 | 1.3 | 2.6 | -0.4 | 7.0 | 2.0 | -2.3 | 5.6 | 41.0 |
| 2022년 | 절대 | -5.3 | 2.8 | 6.1 | 0.0 | 0.2 | -12.7 | 2.2 | 0.3 | -12.1 | 7.3 | | | -12.7 |
| | 초과 | 4.5 | -2.5 | 1.8 | 0.3 | 1.2 | -0.5 | -0.4 | -1.9 | 2.0 | 5.1 | | | 8.5 |

*자료: FnGuide, 이베스트투자증권 리서치센터

있고 동일가중 포트폴리오 효과로 높게 측정될 수 있다. 따라서 초과수익률 기준의 성과 역시 확인해야 하는데, 이 기준으로도 우수한 성과가 확인된다. 214개월 동안 월간 단순평균 초과수익률은 1.4%p이며 (+) 초과수익률을 기록한 기간은 141개월로, (+) 초과수익률을 기록한 개월 수 비율(적중률)은 65.9%였다. 연간 단위로는 2005년부터 2022년 10월 말까지 (-) 초과수익률을 기록한 사례가 단 한 번도 없었다.

다만 앞에서 살펴본 성과는 매매 비용을 반영하지 않았다. 그러나 매매 비용 역시 체크해야 한다. 백테스트 기간 동안 가치주 투자 전략의 월별 단순평균 회전율과 12개월 이동평균 회전율은 모두 72%다. 매매 비용을 보수적으로 50bp로 가정하더라도 월 평균 0.36%의 비용이 발생한다. 가치주 투자 전략의 월평균 초과수익률 1.4%p나 절대수익률 2.1%에서 차감하더라도 충분히 성과를 낼 수 있는 수준이다.

전고점 대비 최대 낙폭(Maximum Drawdown, MDD) 역시 중요하다. 실제 전략 실행 시에 맞닥뜨릴 수 있는 손실을 가장 잘 보여주는 지표이기 때문이다. 차트상의 어느 시점에서든 투자를 시작할 수 있다고 생각해야 한다. 평균적으로 그리고 장기적으로 우수한 성과를 기대할 만한 전략이라 하더라도 큰 폭의 손실이 빈번하게 나타난다면, 실제 전략을 실행할 때 심리적 압박이 심해서 전략을 지속하기 어렵다는 문제가 발생한다. 다행히 가치주 투자 전략은 MDD도 양호한 수준으로 보인다.

2005년 초 이후 고점을 기록하고 하락한 기간은 총 232개 구간인데, 이 중 전고점 대비 10% 이상의 손실을 기록한 기간은 14개에 불과하고, 15% 이상의 손실을 기록한 기간은 8개에 불과하다. 또한 일반적으로 전고점 대비 낙폭이 -10% 레벨을 전후로 반등하는 모습을 보인다는 점도 인상적이다.

쇼크 시기별로 기록된 최대 낙폭은 2020년 코로나19 쇼크 -50.7%, 2008년

[그림 5-7] 가치주 투자 전략의 월별 및 12개월 이동평균 회전율(2005~2022)

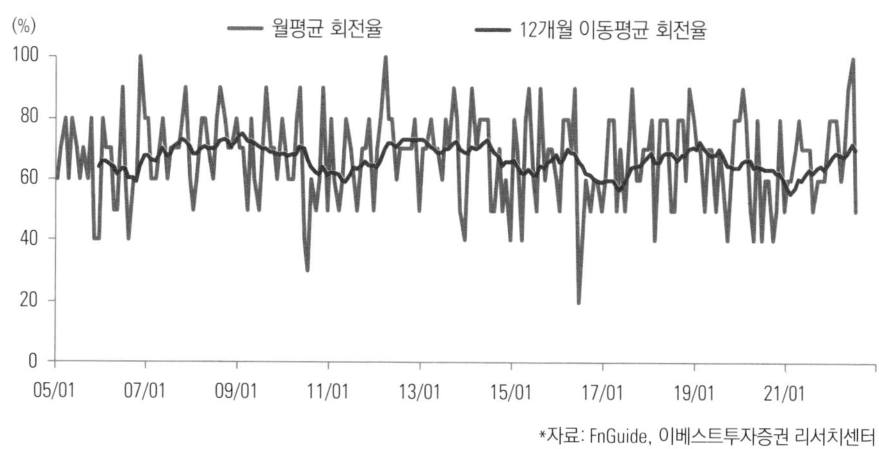


*자료: FnGuide, 이베스트투자증권 리서치센터

[그림 5-8] 가치주 투자 전략과 코스피200 동일가중지수의 전고점 대비 낙폭 추이(2005~2022)

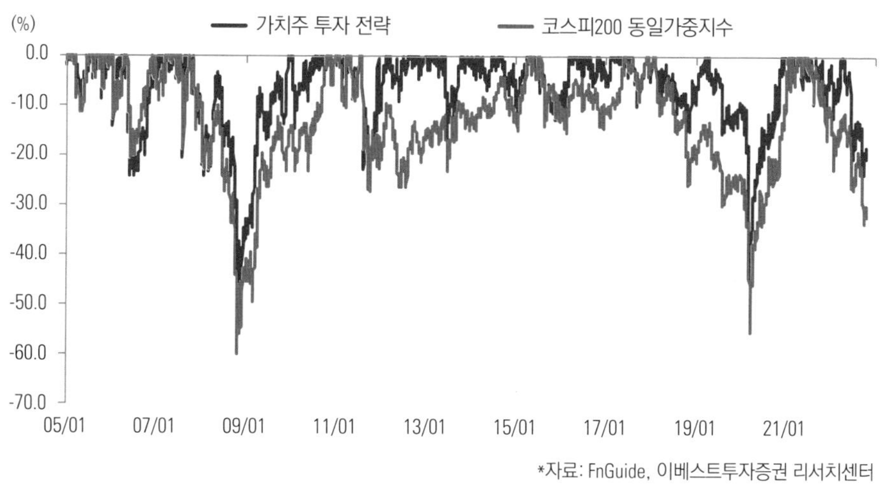


*자료: FnGuide, 이베스트투자증권 리서치센터

금융위기 -48.8%, 2011년 미국 신용등급 강등 시기 -26.2%였다. 시스템 리스크라는 점에서 가치주 투자 전략 역시 급락을 피해 가진 못했다. 그러나 코로나19 쇼크와 2008 금융위기 당시를 제외하면 낙폭이 -20%대에 머무른다는 점은 고무적이다.

[그림 5-9] 벤치마크 수익률 구간별 가치주 투자 전략의 월평균 초과수익률 분포

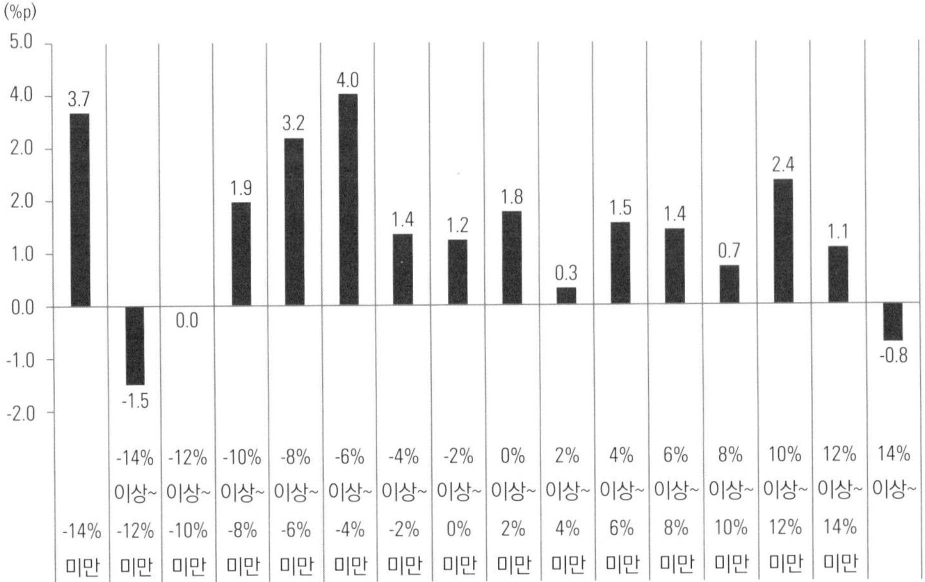


*자료: FnGuide, 이베스트투자증권 리서치센터

### 전략의 성과 특성과 활용 방안

어떤 전략이든 성과가 상대적으로 좋은 시기와 안 좋은 시기가 있다. 편차가 큰 전략일수록 성과가 좋은 시기를 놓치지 않는 것이 장기 성과를 창출하는 핵심 요인이다. 동시에 높은 변동성으로 인해 전략을 유지하는 데 더 큰 어려움이 따른다. 때문에 성과 특성을 파악하고 운용에 활용하는 것이 중요하다.

성과 특성을 파악하는 가장 쉬운 방법은 시장 수익률 분포에 따른 전략의 성과 분포를 살펴보는 것이다. 가치주 투자 전략의 성과는 매우 안정적인 것이 눈에 띈다. 거의 모든 지수 수익률 구간에서 (+) 초과수익률을 기록하고 (+) 초과수익 적중률이 50%를 상회한다. 그래서 성과 특성 파악과 활용의 중요성이 상대적으로 덜하다. 다만 벤치마크 지수 수익률 월 2~4% 수준에서 전략의

[그림 5-10] 벤치마크 수익률 구간별 가치주 투자 전략의 (+) 초과수익 적중률

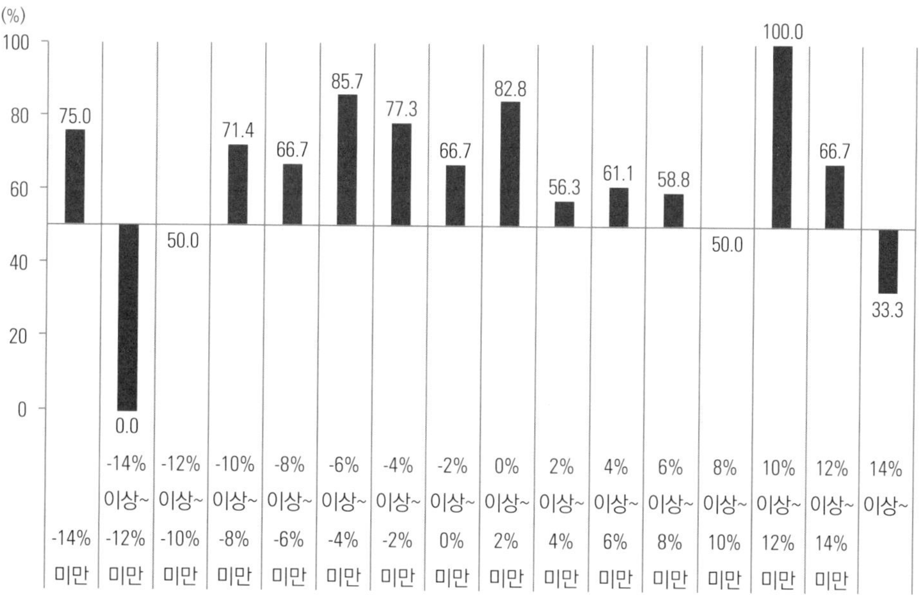


*자료: FnGuide, 이베스트투자증권 리서치센터

초과수익률이 가장 저조했다.

정리하면 가치주 투자 전략은 안정적인 성과를 보이는 한편, 시장이 완만한 상승 흐름을 보이거나 그와 같은 상황을 예상할 때는 다른 전략을 적극적으로 활용하는 것이 좋다.

# 퀀트 리서치의 실전 적용 사례

리서치 프로세스의 사례로서 내가 작성한 보고서를 소개하겠다. 어떤 상황에서 무엇을 고려해 예측과 전망, 대응 전략에 이르렀는지를 중점적으로 보길 권한다.

## 사례 1. 2020년 성장주 vs. 가치주

나는 2020년 10월 6일 '3Q20 미국 Earnings Season: 가치주에 거는 기대'라는 리포트를 작성하면서 가치주를 기대해볼 만하다고 썼다. 그 이야기를 해보고자 한다.

[그림 5-11] 다우지수와 나스닥지수(코로나19 이전 고점 = 100pt)

*자료: FnGuide, 이베스트투자증권 리서치센터

**관찰과 측정: 가격이 부담스럽지만 추가 상승 여력이 있어 보이는 성장주**

코로나19 쇼크 이후 나스닥은 가파르게 상승했다. 나스닥 버블에 대한 이야기들이 심심치 않게 들려올 정도로 상승이 대단했다. 반대로 가치주는 주식시장에서 소외되어 재미없고 따분했다. 쇼크 이후 주가 상승을 나스닥이 주도해왔기 때문이다.

2020년 9월에는 지수가 전반적으로 하락했고, 상승 폭이 컸던 만큼 나스닥이 더 크게 하락했지만 저가 매수 기회라는 시각이 지배적이었다. 여전히 기술주와 성장주에 대한 관심이 지대했고 당시 언론 기사 제목은 아래와 같다.

'美조정은 기회?' 9월 서학개미 100억달러 넘게 담았다…테슬라 1위 _ 뉴스1 (2020/09/30)

美 리서치회사 "기술주 랠리, 닷컴 버블과 전혀 달라" _ 연합인포맥스 (2020/09/24)

세계증시, 기술주 랠리에 힘입어 상승 _ 뉴스핌(2020/09/23)

[오늘장 Key Point] 대망의 '테슬라 배터리데이' 2차전지 관련주 향방 주목! _ MTN(2020/09/23)

"FAANG만 있냐"...소리없이 뜬 소형기술株 _ 한국경제(2020/09/20)

이런 상황에서 나는 2020년 3분기 미국 이익 전망 자료에 관련 내용들을 다루면서 가치주 강세 전환을 전망했다.

앞에서 환경으로 언급했던 부분을 먼저 짚고 넘어가자. 대표적인 버블 사례, 특히 당시와 유사한 2000년 IT 버블과 비교하면 성장주가 무서울 정도로 강세였다. 그렇다고 해서 당장 성장주가 약세로 전환할 만한 시점이었는지 생각하면 그럴 수도 있고 아닐 수도 있었다. 성장주 강세라는 추세를 추종할 것인가, 아니면 평균 회귀로 볼 만한 성장주 상대 약세를 택할 것인가의 문제로도 볼 수 있다.

구체적인 숫자로 살펴보면 가격은 성장주 강세가 IT 버블 때보다 더 큰 폭으

[그림 5-12] MSCI World 성장주 vs. 가치주 상대지수와 PER 프리미엄(1999~2020)

*자료: 블룸버그, Refinitiv, 이베스트투자증권 리서치센터

로 나타났다. 한편 PER(12개월 선행, 이하 12개월 선행 생략)은 성장주 29.6배, 가치주 15.2배로 가치주 대비 성장주의 프리미엄이 94.9%를 기록했다. 가격 면에서는 충분히 한계에 달한 듯 보이지만, IT 버블과 비교했을 때 PER 프리미엄의 추가 상승 여력이 있어 보였다. 성장주 추세를 추종하는 성장주 강세론자는 가격이 부담스러운 것은 맞지만 PER 프리미엄이 IT 버블보다 낮다는 점에서 성장주의 이익 기대가 충분히 높으니 추가 상승 여력이 있다고 주장할 수 있었다.

### 예측과 전망: 이익 환경의 변화, 가치주 상대 강세 전망

애매한 상황에서 추세 추종과 평균 회귀 간에 결정해야 했다. 추세 추종은 성장주의 상대 강세 흐름을 추종하는 것이고, 평균 회귀는 가치주 상대 강세로의 전환을 의미한다.

내가 당시에 가치주 상대 강세 전환을 전망한 것은 백신 개발의 확신이 없었음에도 불구하고 장기적인 방향성 측면에서 코로나19에서 점진적으로 벗어난다는 기대를 전제했기 때문이다. 이런 희망 섞인 기대만으로는 부족하지만 무엇보다 주가 수준을 확인하고 한결 가벼운 마음으로 가치주 강세를 전망하게 되었다. 이익 회복 흐름 역시 근거가 되었다.

우선 이익 회복 흐름에서 근거를 찾아보자([그림 5-13] 참조). 2020년 상반기에는 성장주에 해당하는 반도체와 IT 소프트웨어를 중심으로 이익이 견조한 흐름을 보였다. 반면 3분기에는 대표적인 가치주 업종 중 하나인 은행을 중심으로 이익 개선이 기대되었다. 참고로 일반적인 이익 흐름을 살펴볼 때는 계절성이 제거된 전년 동기 대비(YoY) 이익 증가율이 중요하다. 하지만 2020년 코로나19와 같은 쇼크에서 회복하는 구간에서는 전 분기 대비(QoQ) 증가율이 더 중요하다. 쇼크로 인한 변화의 효과가 계절성을 압도하기 때문이다.

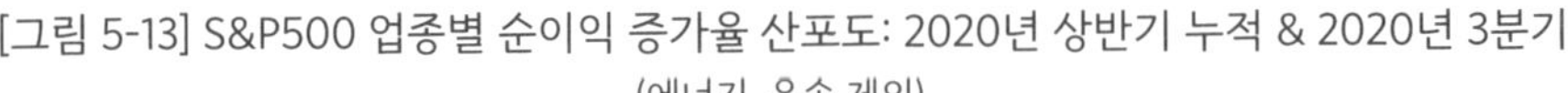

[그림 5-13] S&P500 업종별 순이익 증가율 산포도: 2020년 상반기 누적 & 2020년 3분기

(에너지, 운송 제외)

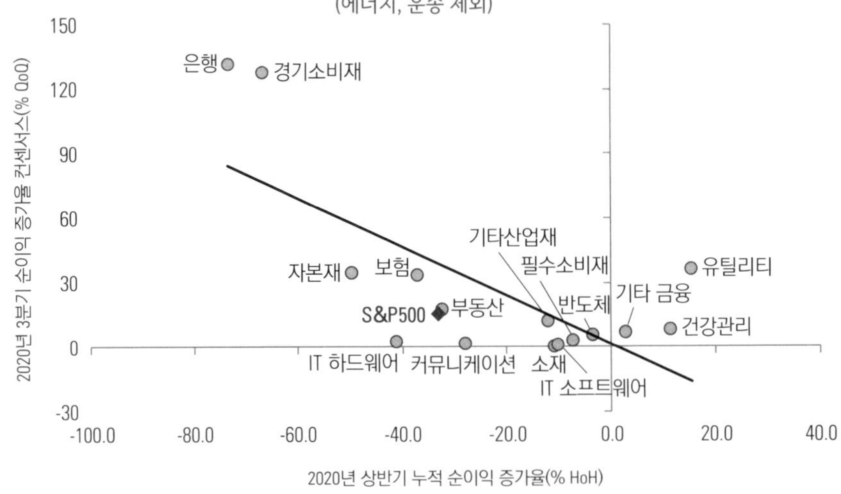


주: 2020년 10월 2일 기준

*자료: Refinitiv, 이베스트투자증권 리서치센터

이번 분석에서 2020년 상반기와 3분기는 코로나19 쇼크로 이익이 크게 줄었다. 전년 동기 대비로 이익 증가율을 측정하면, 코로나19 쇼크가 없었던 2019년의 동기와 비교하기 때문에 큰 폭의 감익이 계산될 수밖에 없다.

더불어 2020년 10월 2일 기준 주가 측면에서는 가치주 해당 업종들이 여전히 낮은 수준이었다. 애플이 포함된 IT 하드웨어, 아마존이 포함된 경기소비재, 반도체 등 성장주 성격의 업종들은 대부분 코로나19 이전 고점을 넘어섰지만 에너지, 은행, 보험 등 가치주 성격의 업종들은 코로나19로 인한 하락 폭을 크게 되돌리지 못한 상황이었다.

물론 이렇게 낮은 주가에는 그만큼 부진한 이익 전망이 반영되어 있었다. EPS(12개월 선행, 이하 12개월 선행 생략)를 살펴보면 이런 모습들이 드러나는데, 주가 수익률 순위와 이익 전망치의 변화 순위가 크게 다르지 않았다.

2020년 3분기의 이익이 개선되었으나 주가는 거의 회복하지 못했으므로

[그림 5-14] S&P500 업종별 주가: 코로나19 이전(2020/02/19) 대비 낙폭과 현재 위치

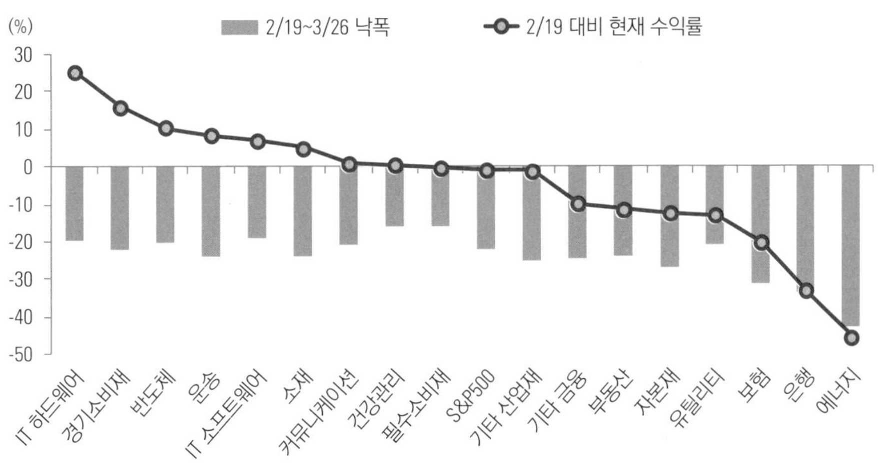


주: 2020년 10월 2일 기준 *자료: Refinitiv, 이베스트투자증권 리서치센터

[그림 5-15] S&P500 업종별 주가 수익률과 EPS 변화율: 코로나19 이전 대비

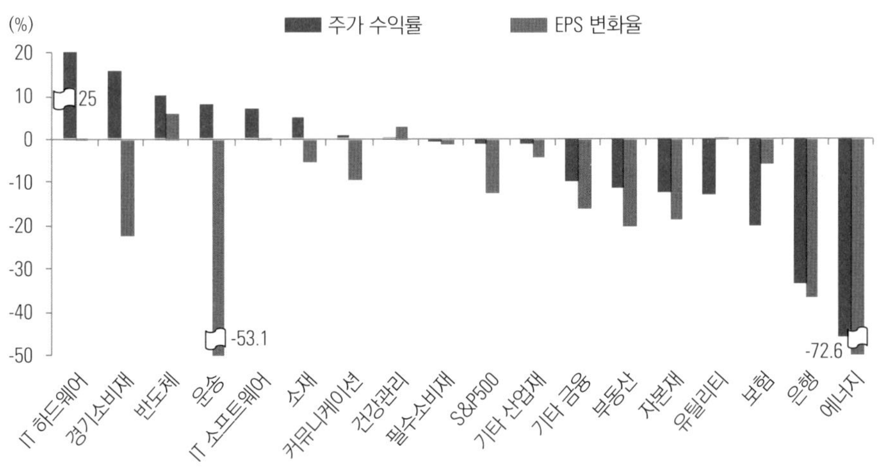


주: 2020년 10월 2일 기준 *자료: Refinitiv, 이베스트투자증권 리서치센터

가치주를 긍정적으로 전망할 수 있었다. 하지만 문제는 여전히 이익 기대, 즉 EPS가 낮은 것이었다. 이를 피하기 위해 가치주 내에서도 이익 컨센서스가 상

[그림 5-16] S&P500 업종별 주가 수익률과 EPS 변화율 산포도: 코로나19 이전 대비

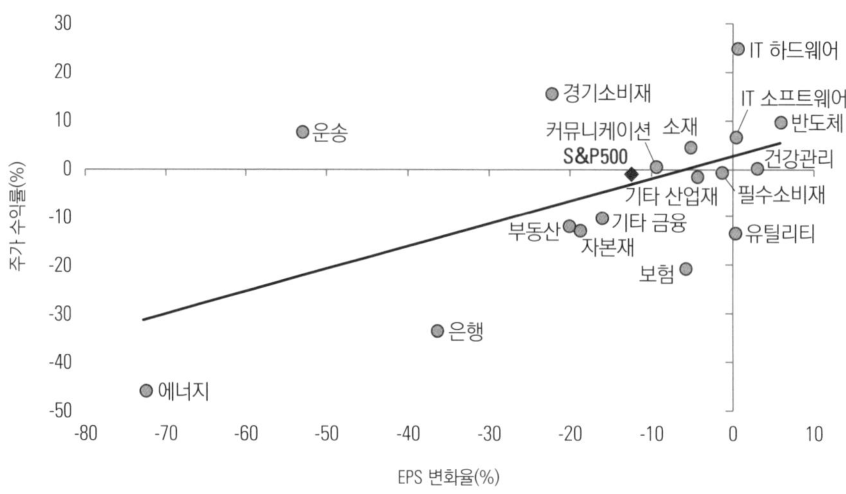


주: 2020년 10월 2일 기준

*자료: Refinitiv, 이베스트투자증권 리서치센터

[그림 5-17] 2020년 이후 성장주/가치주 상대지수 추이(2020/01~2021/08)

주: 성장주지수는 S&P500 Growth Index를, 가치주지수는 S&P500 Value Index를 활용

*자료: Refinitiv, 이베스트투자증권 리서치센터

승하는 업종을 선호 업종으로 제시했다. 이익 컨센서스가 상승하는 종목은 발표 실적도 양호할 가능성이 상대적으로 높다는 점에서 이런 접근 방식을

활용했다. 이는 미국이나 한국이나 동일하게 해당하는 사실이다.

당시 은행, 기타 금융, 자본재, 유틸리티 등이 이에 해당해 선호 업종으로 제시했다. 다행히 시장은 전망에 부합하는 흐름을 보이며 2021년 3월 초까지 가치주 강세가 나타났다. 백신 개발의 낭보가 훈풍이 되어주기도 했다.

## 사례 2. 2020년 말, 한국 증시의 리레이팅?

나는 2021년 1월 12일에 'eBest 자산배분 전략: 상승편향 심리와 변수'라는 자료를 작성했다. 여기에서는 한국 증시의 리레이팅을 논하기보다 실질적인 상승 동력이던 개인의 순매수에 초점을 맞춰야 한다는 논리를 폈다. 결론적으로 2021년 1분기가 위험 선호(risk-on)의 정점일 것이라는 판단은 크게 틀리지 않았지만, 개인의 추가 순매수 여력을 과소평가한 부분이 있다.

### 관찰과 측정: 눈앞에 보이는 개인 매수에 집중해야 한다

2020년 11월부터 2021년 연초까지 한국 증시가 놀랍게 상승했다. 코스피는 사상 처음으로 3,000pt를 돌파했고 글로벌 증시 내에서도 돋보이는 수익률을 자랑하고 있었다.

이런 현상을 관찰하고서 원인을 파악하기 위해 다양한 데이터들을 살펴보았다. 우선 유럽 일부 국가를 제외한 나머지 국가들은 전반적으로 긍정적인 수익률을 보였다. 대부분이 유동성 확대에 기대어 PER(12개월 선행, 이하 12개월 선행 생략)을 확대해나가며 주가가 상승했다. 하지만 수익률 차별화 요인은 EPS(12개월 선행, 이하 12개월 선행 생략), 즉 이익 기대가 견조하게 상승하는지 여부였다. 차별화의 대표 국가가 바로 한국과 대만이었다. 두 국가는 PER 기여분

[그림 5-18] MSCI 주요 증시 대비 MSCI 한국(2018~2020)

주: 2017년 12월 말 = 100pt 기준, APx Japan은 일본 제외 아시아태평양을 가리킴

*자료: Refinitiv, 이베스트투자증권 리서치센터

[그림 5-19] MSCI 주요 주가지수의 수익률 분해: PER 기여분과 EPS 기여분(2020년)

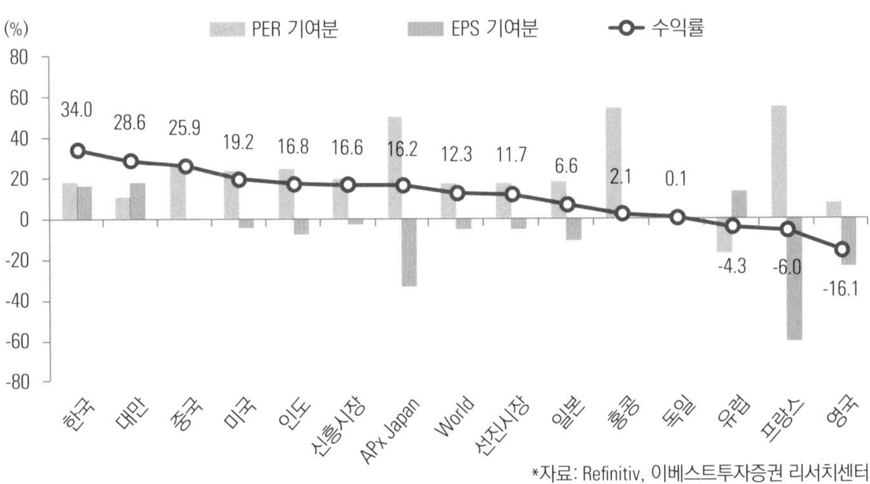


*자료: Refinitiv, 이베스트투자증권 리서치센터

과 EPS 기여분이 둘 다 높아서 종합적으로 성과가 전 세계에서 가장 좋았다.

참고로 이는 주가가 PER과 이익의 곱이라는 관점에서 접근한 것이다. 주가의 변화 요인을 찾기 위해 PER 요인과 이익(EPS) 요인으로 나누어 살펴보곤 한

[그림 5-20] MSCI 주요 주가지수의 EPS 변화율과 주가 수익률 산포도(2020년)

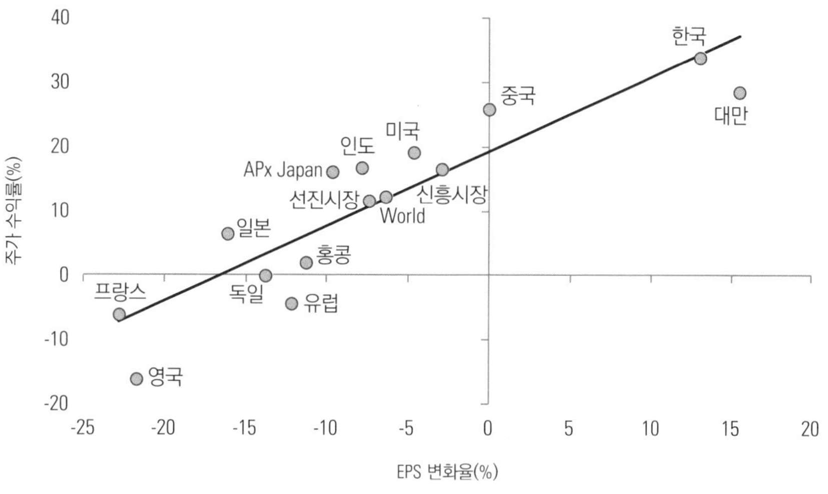


*자료: Refinitiv, 이베스트투자증권 리서치센터

다. 꽤 단순화하면 PER 변화는 유동성 변화로, EPS 변화는 펀더멘털 요인으로 해석할 수 있다. PER과 EPS의 기여분은 다음과 같이 산출한다. 주가 수익률 계산 기간의 초기 시점 PER(또는 EPS)을 고정하고, 이 값에 수익률 계산 기간 말의 EPS(또는 PER)를 곱해 주가지수를 계산한 다음, 이를 계산 기간 초기의 주가지수와 비교한다.

결과적으로 한국 증시 상승은 유동성 유입에 따른 글로벌 증시 상승에 동반한 흐름이라고 판단했다. 당시 대두된 제조업 르네상스와 이에 따른 한국 증시의 재평가 주장(PER 멀티플 리레이팅, 즉 한국의 기본적인 PER 수준이 과거와 달리 더 높아져야 한다는 논리)보다는 수급 요인에 더 집중해야 한다는 것이다. 한국의 재평가를 논하기에는 글로벌 국가 대부분에서 PER이 유례없는 수준으로 높은, 혹은 적어도 5년 범위의 최고치에 가까운 상황이었기 때문이다.

더군다나 PER 확장을 주도한 유동성 유입은 개인 투자자들에게서 비롯

[그림 5-21] MSCI 주요 주가지수의 PER 최근 5년 범위와 현재

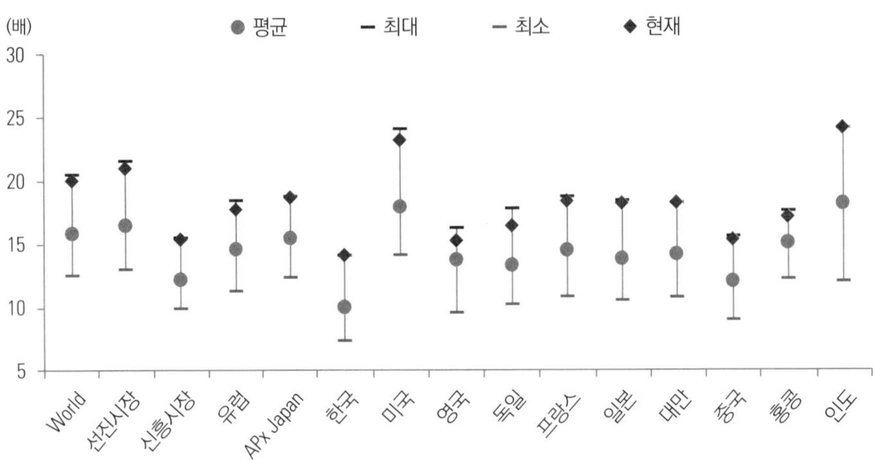


주: 2021년 1월 6일 기준

*자료: Refinitiv, 이베스트투자증권 리서치센터

했다. 2020년 한 해 동안 코스피와 코스닥 합산 기준으로 개인 투자자는 총 63.8조 원을 순매수한 반면 기관은 36.0조 원을 순매도했고 외국인은 24.8조 원을 순매도했다. 한국 증시의 재평가 논리가 억지스러웠던 부분이다. 개인 투자자들을 폄하하는 것이 아니다. 진정한 재평가 논리라면 한국 내부가 아니라 외부의 유동성 유입이 필요하다고 판단했기 때문이다.

또한 과거 외국인은 순매도하는 반면 개인들의 자금이 펀드 등을 통해 주식 시장으로 유입되며 강세를 이끌었던 2000년대 중후반과 닮아 있기도 했다. 당시 개인의 주식 투자 열풍을 일컫는 용어인 동학개미운동을 감안했을 때, 하나의 현상으로 접근하는 것이 더 적절해 보였다.

마지막으로 한국의 신흥시장 대비 PER 할인율은 2020년 말 12.1%로, 2005년 이후 평균 13.2%보다 약간 낮았다. 글로벌 증시의 PER 확장과 맞물려 한국 역시 PER 확대가 나타났다는 것이 더욱 합리적인 접근으로 보였다.

개인의 자금 유입이 핵심이라고 판단했기 때문에 이를 측정하는 데 집중했다.

[그림 5-22] 2020년 투자 주체별 누적 순매수

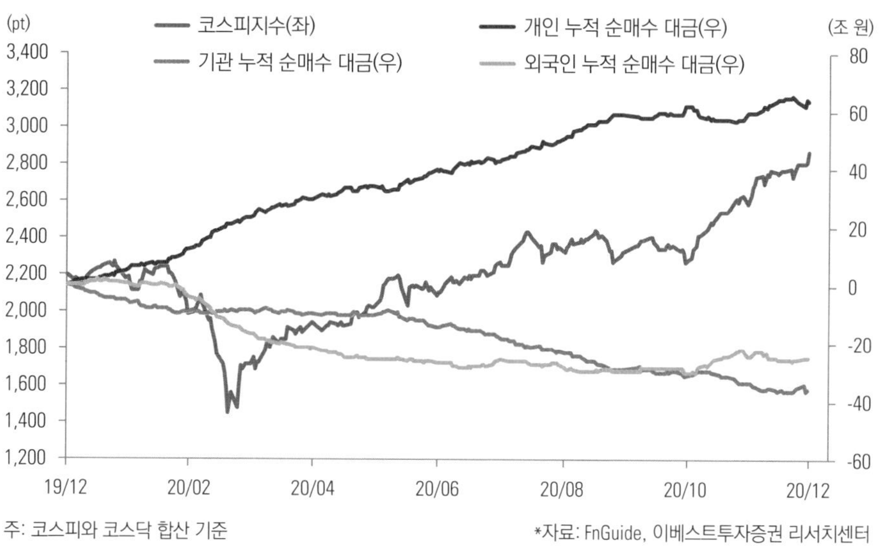


주: 코스피와 코스닥 합산 기준

*자료: FnGuide, 이베스트투자증권 리서치센터

측정과 관련해서 짚고 넘어가야 할 부분이 두 가지 있다. 하나는 2020년 개인의 누적 순매수(63.8조 원)와 개인 누적 자금 유입액(71.1조 원)은 서로 다르다는 것이다. 누적 순매수는 주식시장의 직접 거래 금액을 기준으로 하는 반면, 자금 유입액은 펀드 등을 통한 투자까지 고려하기 때문이다. 앞에서 잠깐 언급했다시피 2007년 즈음과 2021년이 닮아 있기에 둘을 비교했다.

다른 하나는 단순 금액이 아니라 시가총액 대비 자금 유입액을 비교하는 것인데 과거와 시장 규모, 즉 시가총액이 다르기 때문이다. 여기서 주의해야 할 부분이 하나 더 있다. 단순히 특정 시점의 시가총액 대비 자금 유입액을 계산하면 특정 시점의 주가 레벨에 따라 자금 유입 규모가 확연히 달라지게 된다. 극단적인 예로 2020년 코로나19 쇼크 시점과 비교하면 자금 유출입 규모가 과장되어 보이는 것이다. 대안으로 특정 기간의 평균 시가총액 대비 누적 자금 유입액을 계산해 수치의 왜곡을 완화할 수 있다.

[그림 5-23] 한국의 신흥시장 대비 PER 할인율과 개인 자금 유입액(2005~2020)

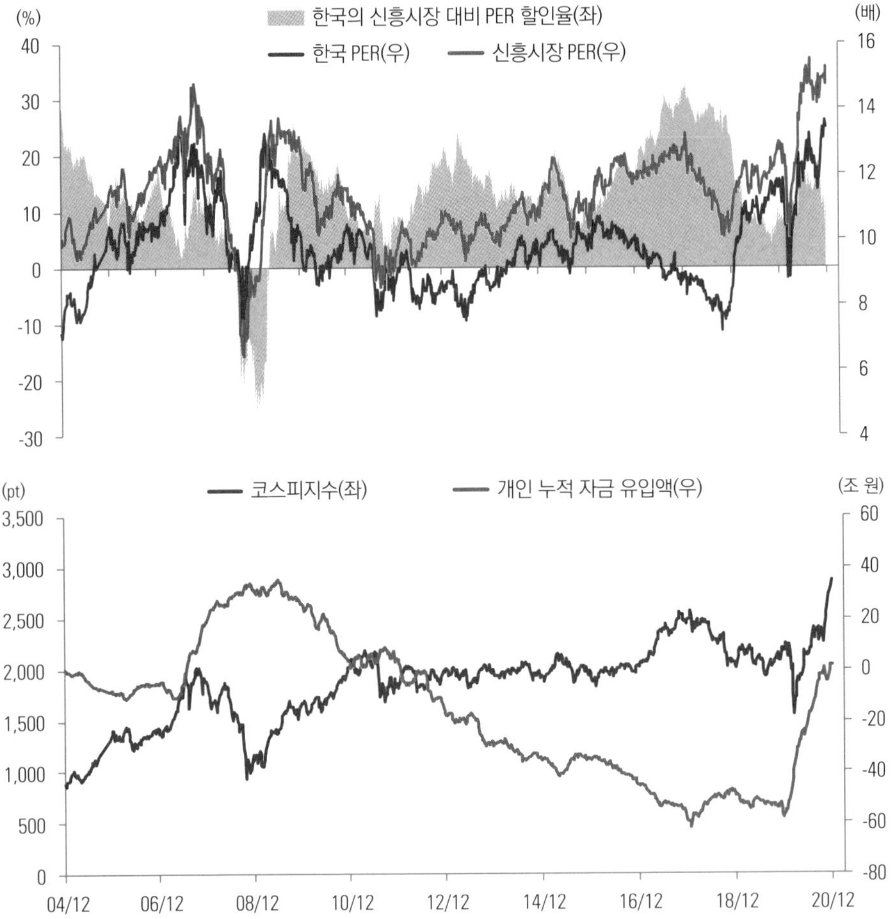

주: 개인 누적 자금 유입액은 코스피 + 코스닥 개인 순매수 금액과 주식형 공모펀드 자금 유입액 합산 금액으로 계산, PER은 12개월 선행 값

*자료: Refinitiv, 금융투자협회, 이베스트투자증권 리서치센터

## 예측과 전망: 과거 사례와 비교

개인의 자금 유입이 중요하다고 판단했기 때문에 추가 개인 자금 유입액을 추정해보았다. 이때 활용한 것이 과거 사례 참고다. 구체적으로는 2007~2009년을 참고했다. 개인의 자금 유입이 2020년처럼 공격적인 시기는 당시가 유일했

기 때문이다. 또한 개인 자금 유입이 주식시장의 강세를 이끌었다는 점에서 유사했다. 코로나19 쇼크 이후에 동학개미운동이라는 용어가 등장한 것처럼, 당시에는 1가구 1펀드 시대라는 용어가 등장하며 주식 투자 열풍을 단적으로 보여주었다. 즉 국내 역사상 주식 투자에 가장 적극적이었던 시기라는 점에서

[그림 5-24] 개인 자금 유입액의 금액과 비중 비교(2007~2009년 vs. 2020년)

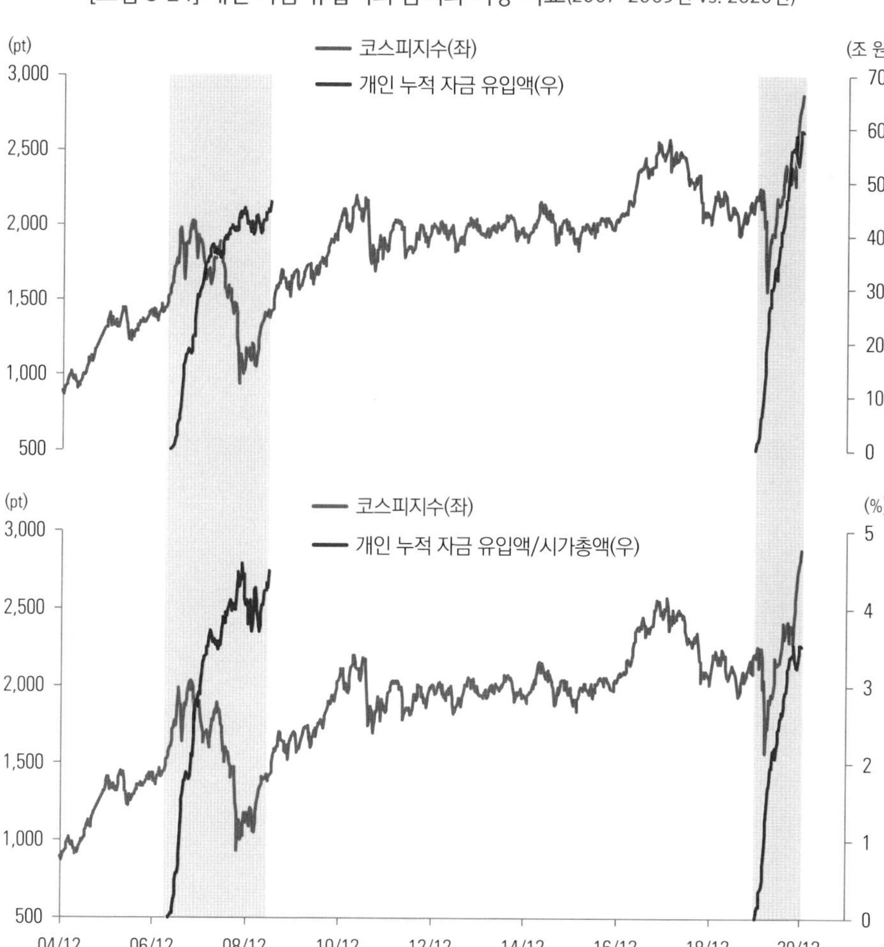


주 1: 개인 누적 자금 유입액/시가총액은 주간 단위로 [(코스피 + 코스닥 개인 순매수 금액) + (주식형 공모펀드 자금 유입액)] / (전주 말 코스피 + 코스닥 시가총액)을 누적해 계산

주 2: 주식형 공모펀드 자금 유입액은 데이터 접근성 문제로 인해 2006년 6월부터 계산

*자료: Refinitiv, 금융투자협회, 이베스트투자증권 리서치센터

[표 5-2] 기간별 특징 비교

| | 2007~2009년 | 2019~2020년 |
|---|---|---|
| 기간 | 2007/04/27~2009/06/26 | 2019/12/27~2020/12/31 |
| 개인 자금 유입액 | 46.3조 원 | 59.3조 원 |
| 투자처 구성 | 펀드 30.8조 + 주식 15.6조 | 펀드 -5.4조 + 주식 64.6조 |
| 거래일 평균 자금 유입액 | 828억 원 | 3,958억 원 |
| 누적 순매수/시가총액 비중 | 4.48% | 3.50% |
| 거래일 평균 순매수/시가총액 비중 | 0.84% | 1.41% |

참고할 만했다. 앞서 설명한 방식을 통해 두 시기를 비교했다.

이렇게 비교해보니 자금 유입 규모 면에서는 2007~2009년이 2020년에 비해 적었지만 시가총액 대비 비율 면에서는 다른 결과가 도출되었다. 2020년의 특이 사항은 자금 유입 규모가 큰 데다가 속도 측면에서 매우 가파르게 진행되었다는 점이다. 여기서 확인할 수 있는 것은, 2020년에 주식시장으로 개인 자금이 가파르게 유입되었지만 규모(자금 유입액/시가총액) 면에서 추가 유입이 가능하다는 것이다.

그렇다면 얼마나 더 많은 규모가 유입될 수 있을까? 단순히 과거 시가총액 대비 자금 유입 규모만큼 적용할 수 있을까? 그럴 수도 있지만 해당 수치가 특별히 2020년과 같은 수준으로 유지될 개연성이 부족하다. 때문에 개인의 자금 여력 대비 주식 투자 금액 관점에서 접근했다.

개인의 자금 여력은 유동성(M2)으로 가정했다. M2는 유동성 측정 지표로서 현금, 요구불예금, 수시 입출식 저축성 예금과 더불어 CMA, MMF, 수익증권, 양도성예금증서, 2년 미만의 정기 예·적금과 금융채, 금전신탁 등을 포함한다.

주식 투자 열풍이 불었던 시기의 자금 여력 대비 주식 투자 금액은 일종의 한계 수준으로 판단한다. 따라서 2020년 당시에도 적용할 수 있다는 점에서 더 논리적인 접근이다. 이와 같은 접근하에 유동성 대비 누적 자금 유입액 비율(누적 유입액/유동성)의 목표치를 2007~2009년과 동일하게 두었다. 따라서 2007~2009년의 유동성 대비 누적 유입액 비율(6.04%)에서 2020년의 비율(3.81%)을 차감해 추가 매수 여력이 유동성의 2.23%라고 판단했다. 2020년의 유동성 평균이 1,554.7조 원이었으니 2020년 연말 기준의 추가 개인 순매수 여력을 약 35조 원으로 추정했다.

하지만 결과적으로는 잘못된 판단이었다. 위와 같이 판단한 2020년 연말 이후 2021년 10월 말까지 개인은 86.7조 원을 추가로 순매수했다. 2019년 말부터 계산하면 누적 순매수 금액은 150.6조 원에 달한다. 더구나 2021년에 있

[그림 5-25] 개인의 유동성 대비 누적 자금 유입액 비교(2007~2009년 vs. 2020년)

*자료: Refinitiv, 금융투자협회, 이베스트투자증권 리서치센터

었던 기업공개(IPO)를 감안하면 주식시장에 유입된 금액은 이보다 더 컸다. 추정이 잘못된 원인은 개인의 주식 선호도 상승, 대출을 통한 자금 여력 확대, 다른 자산으로부터의 자금 유입 등이라고 생각한다.

## 사례 3. 2022년 이익 컨센서스가 너무 낙관적이다

2021년 11월 16일에 '2022 정상으로의 회귀 - 무엇을 보고 선택해야 하는가?'라는 제목으로 공표했던 연간 전망을 다루려고 한다. 퀀트 기반의 전망이 어떤 과정을 거쳐 만들어지는지 이해하고 증권사에서 제시하는 전망들을 취사선택하는 데 도움이 되었으면 하는 마음이다.

### 관찰과 측정: 종합적으로 고려하면 이익이 중요한 시점이다

2022년 한국 증시는 그리 낙관적이지 않았다. MSCI 한국의 PER(12개월 선행, 이하 12개월 선행 생략)은 10.49배로 최근 5년 범위의 평균(10.36배)에 근접했다. 선진국 증시가 대부분 평균치를 상회하는 상황이니 한국의 밸류에이션 메리트가 높다고 볼 수도 있었다. 하지만 대만, 중국 등을 비롯한 신흥시장 역시 PER이 최근 5년 평균치에 근접했다. 오히려 한국은 2022년 이익 증가율 부진과 컨센서스 하향 때문에 밸류에이션 하락이 나타나는 것으로 해석할 수 있었다. MSCI 지수 기준, 2022년 한국의 EPS 증가율은 -3.5%인 데다가, 2021년 8월 초를 고점으로 하향이 지속되고 있었다.

이와 같은 상황에서 2022년 이익 컨센서스가 충분히 하향되었다면 낮은 PER을 밸류에이션 메리트로 판단할 수 있겠지만, 이익 컨센서스의 추가 하향을 예상한다면 아직은 밸류에이션 메리트를 판단하기엔 일렀다. 이 판단에 따

[그림 5-26] 글로벌 주요 증시 PER 범위 대비 현재 위치

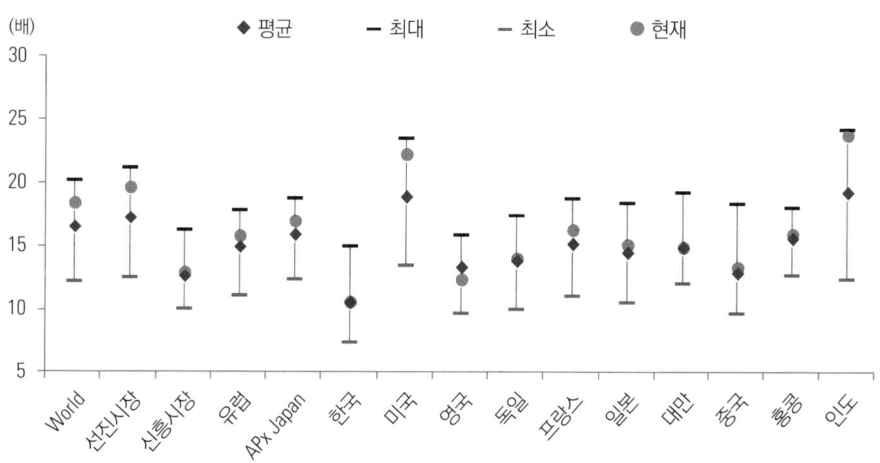


주: 2021년 11월 초 기준 *자료: Refinitiv, 이베스트투자증권 리서치센터

[그림 5-27] 주요 증시의 코로나19 이전 대비 2021년 EPS와 2022년 EPS 증가율 산포도

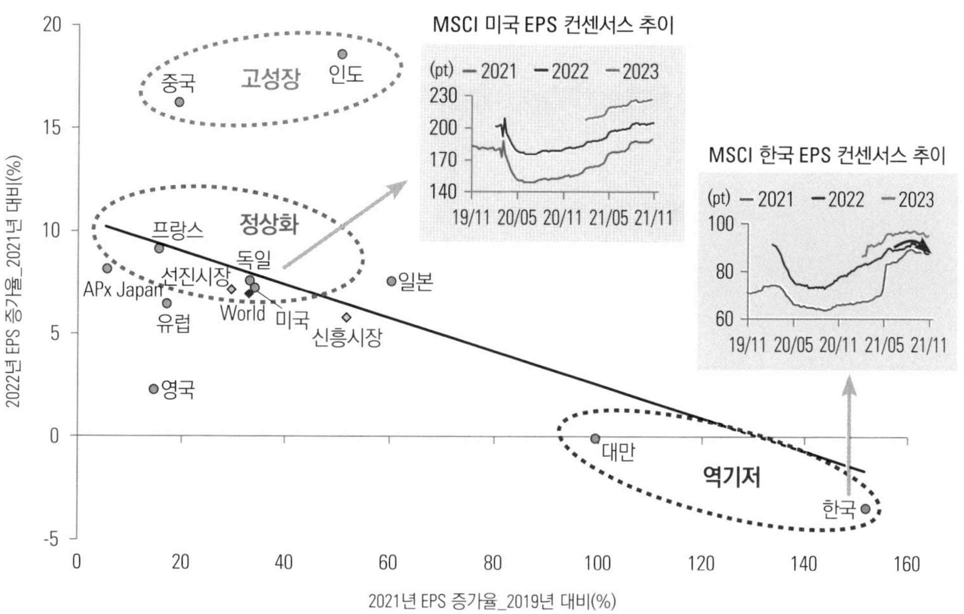


주: 2021년 11월 초 기준 *자료: Refinitiv, 이베스트투자증권 리서치센터

라 해석이 달라질 수 있어서 이익 컨센서스가 매우 중요한 시점이었다.

### 예측과 전망: 매크로 지표를 통해 살펴본 이익 컨센서스는 과도

이익을 어떻게 전망할 수 있을까? 가장 많이 활용하는 방법은 과거 평균 이익 서프라이즈·쇼크 폭을 적용하는 것이다. 하지만 한국의 기업 이익 컨센서스 데이터는 작성된 지 채 20년도 되지 않는다. 개념적인 접근 없이 과거의 패턴을 그대로 답습하리라고 생각하기에는 충분치 못하다.

그래서 이익을 전망할 때 경제지표를 활용해보았다. 한국을 하나의 기업으로 가정할 때 매출액은 월별 수출과, 영업이익률은 '수출 단가 – 수입 단가'와 밀접한 상관관계가 있다는 것을 찾아냈다. 한국의 산업 구조는 중간재 수출 중심이다. 때문에 수출과 매출액의 상관성을 보는 것은 개념적으로 큰 무리가 없어 보인다. 더구나 수출 데이터는 산업통상자원부에서 매월 첫날에 전월 수치를 발표한다. 시기적으로 매우 빠르게 집계되고 발표된다는 점에서 활용도가 높다. 실제 데이터를 확인해도 수출 증가율과 매출 증가율은 상관계수가

[그림 5-28] 한국 수출(분기별)과 매출액 증가율 추이(2001~2021)

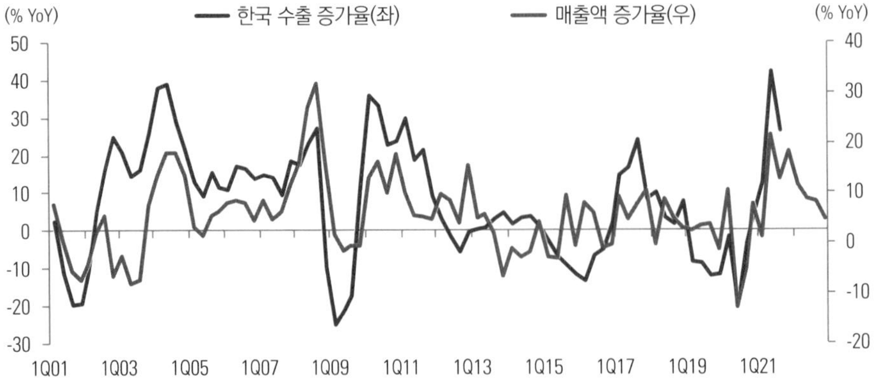

(% YoY) — 한국 수출 증가율(좌) — 매출액 증가율(우) (% YoY)

*자료: FnGuide, Refinitiv, 이베스트투자증권 리서치센터

0.55로 높다.

수출 증가율을 직접 추정하기는 다소 무리가 있다. 그래서 수출 증가율과 매출액 증가율의 상관관계를 바탕으로 해서 2022년 매출액 증가율 컨센서스에 내재된 수출 증가율을 역으로 계산해보았다. 그랬더니 2022년 매출액 증가율 7.9%에 내재된 수출 증가율이 18.7%라는 놀라운 결과가 나왔다. 2021년 10월까지 YTD 기준으로 한국의 수출은 이미 사상 최고치를 경신했다. 그런데 2022년 수출 증가율을 전년 대비 18.7% 높인다는 것은 유례없는 수출 호황기를 맞이하며 경제가 레벨 업한다는 의미다. 단순화해서 장기 한국 수출 증가

[그림 5-29] 한국 수출 증가율과 매출액 증가율 산포도

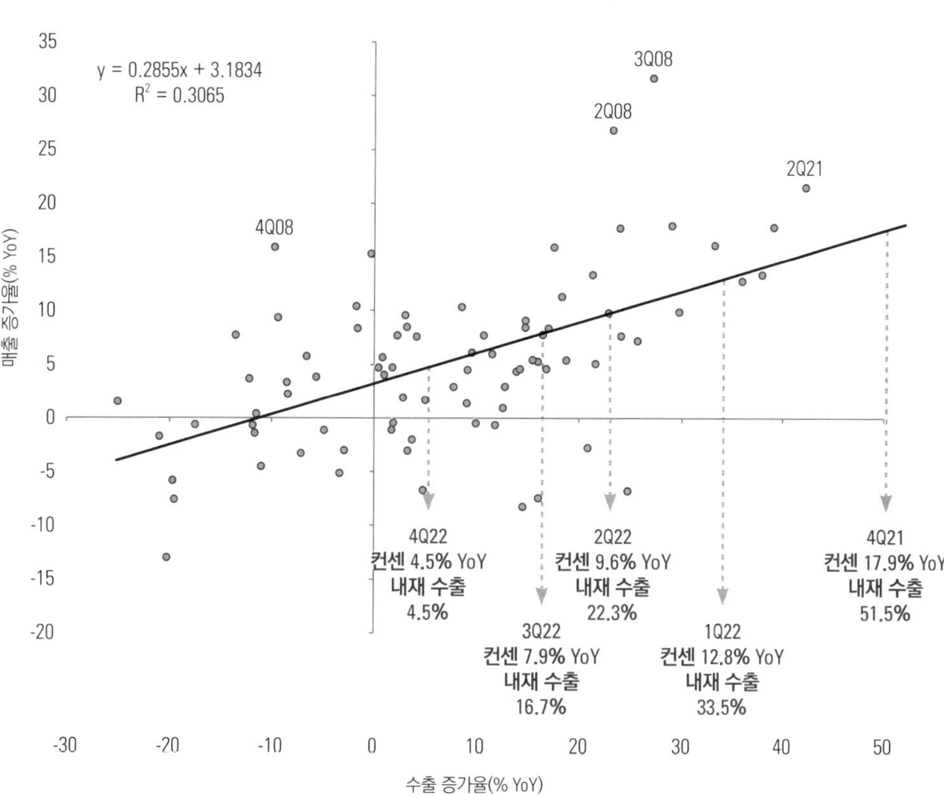


*자료: 블룸버그, 이베스트투자증권 리서치센터

[그림 5-30] 매출액 컨센서스에 내재된 한국 수출 금액(2011~2023)

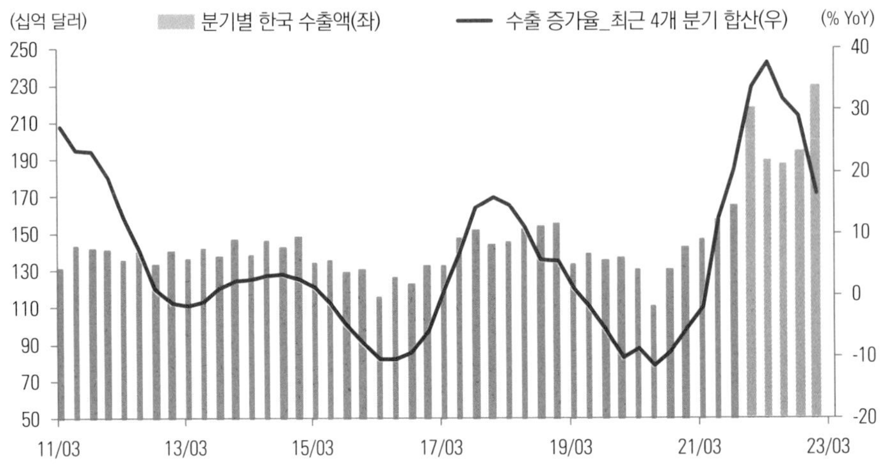


*자료: 블룸버그, Refinitiv, 이베스트투자증권 리서치센터

[그림 5-31] 한국 연도별 수출 증가율(2000~2022)

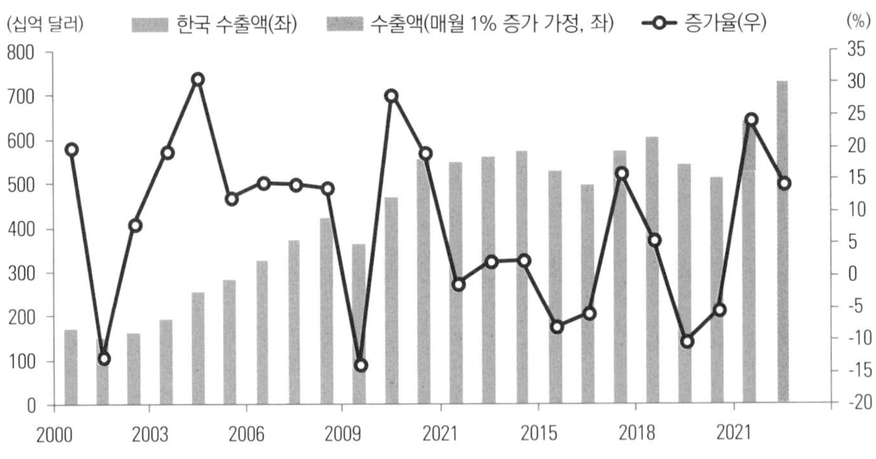


*자료: 블룸버그, Refinitiv, 이베스트투자증권 리서치센터

율 평균값인 1.0% MoM 2022년 12월까지 적용하더라도 2022년 연간 수출 증가율은 14.1%에 그쳐서 18.7%는 요원해 보인다.

매출액 컨센서스가 과도해 보이는 가운데 영업이익률도 우려스러웠다. 한국

[그림 5-32] 한국 월별 '수출 단가-수입 단가'와 영업이익률 증감(2001~2021)

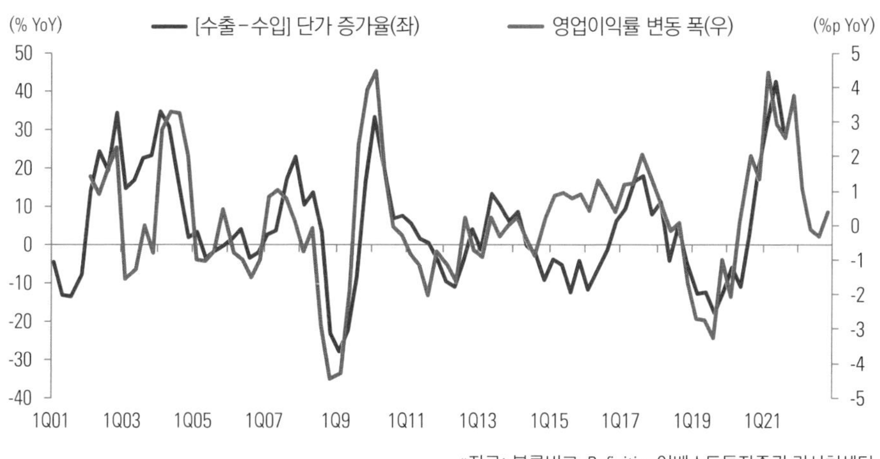


*자료: 블룸버그, Refinitiv, 이베스트투자증권 리서치센터

[그림 5-33] 한국 월별 '수출 단가-수입 단가'와 영업이익률 증감 산포도(2001~2021)

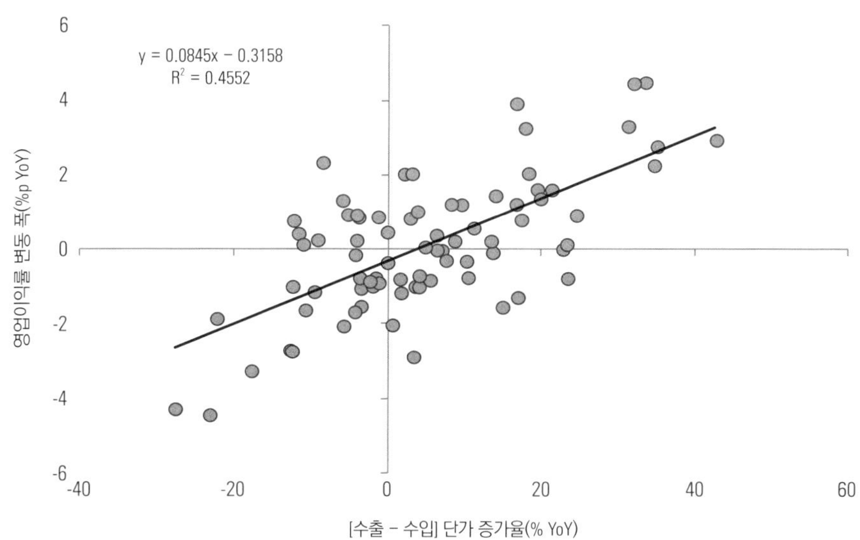


*자료: 블룸버그, Refinitiv, 이베스트투자증권 리서치센터

의 월별 수출 데이터는 금액과 물량이 각각 발표되고 월별 수입 금액과 물량도 발표된다. 이를 이용해서 '수출 금액/수출 물량'으로 수출 단가를, '수입 금

액/수입 물량'으로 수입 단가를 계산한다. 단순화해서 한국을 상품 수출 기업으로 보면 수출 단가는 판매 단가로, 수입 단가는 매입 단가로 이해할 수 있고 '수출 단가 – 수입 단가'는 한국의 영업 마진이 된다. 해당 수치와 실제 한국 기업의 영업이익률이 함께 움직이는 모습을 보인다([그림 5-32], [그림 5-33] 참조).

그런데 '수출 단가 – 수입 단가'는 와닿지 않는다. 수출이 10% 증가했다는 것과 '수출 단가 – 수입 단가'가 10% 증가했다는 것의 체감은 너무나도 다르다. 그래서 '수출 단가 – 수입 단가'의 의미에 집중했다.

이미 기업들의 비용 상승으로 인한 영업이익률 하락은 투자자들이 공통으로 꼽는 부담 요인이었다. 이는 미국의 생산자물가지수(PPI)가 급등하는데 소비자물가지수(CPI)가 따라가지 못하는 것에서 드러난다. 생산자물가지수는 가격 지표라는 점에서 수요를 반영한다. 때문에 한국의 수출 단가와 수입 단가 모두와 높은 상관관계를 갖지만 수입 단가와의 상관관계가 훨씬 높다. 결국 생산자물가지수 상승은 한국 기업에 영업이익률 압박으로 작용하고, 한국 기

[그림 5-34] 미국 생산자물가지수와 소비자물가지수, 생산자물가지수–소비자물가지수 추이(2020/03~2021/10)

*자료: 블룸버그, Refinitiv, 이베스트투자증권 리서치센터

[그림 5-35] 한국 수입 단가와 OECD 생산자물가지수 증가율(2001~2021)

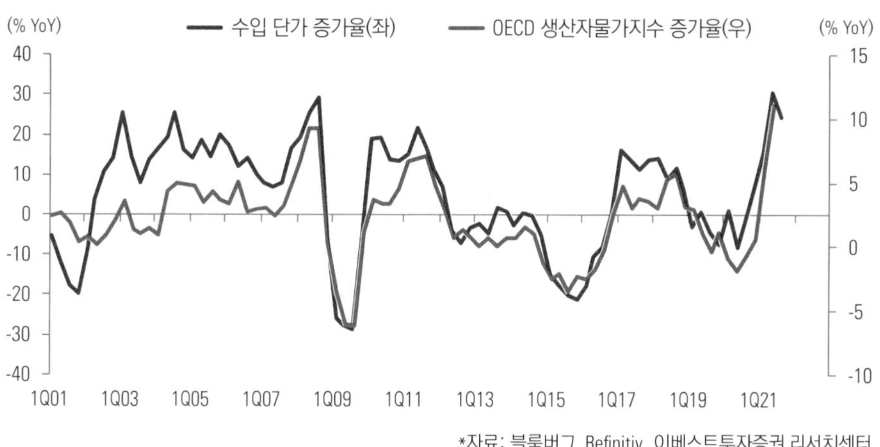


*자료: 블룸버그, Refinitiv, 이베스트투자증권 리서치센터

[그림 5-36] 한국 수출 단가와 OECD 생산자물가지수 증가율(2001~2021)

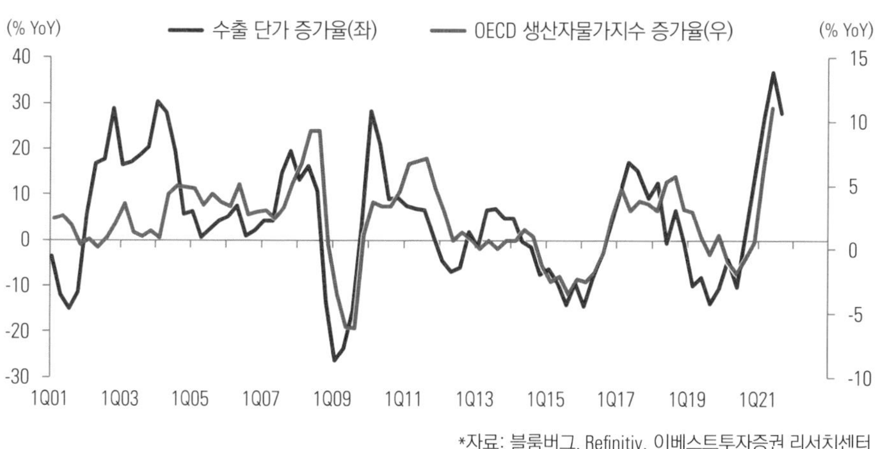


*자료: 블룸버그, Refinitiv, 이베스트투자증권 리서치센터

업의 이익률 역시 부담스럽다는 결론을 도출할 수 있다.

2021년 사상 최대의 수출을 기록한 것은 물량 증가보다 가격 상승 요인이 더 컸고, 2021년 9월부터 수출 물량이 감소하고 있다. 수출 단가 역시 증가율이 둔화되는 흐름을 보인다.

[그림 5-37] 한국 수출 물량과 단가 증가율(2020~2021)

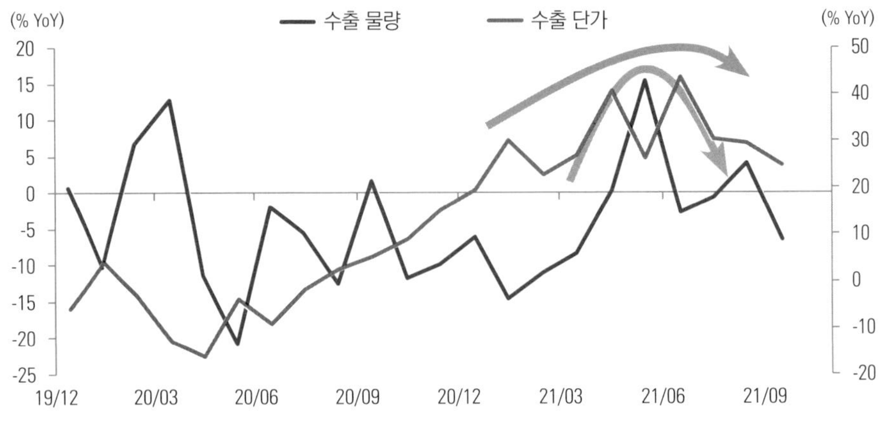


*자료: 블룸버그, Refinitiv, 이베스트투자증권 리서치센터

[그림 5-38] 한국 상장사 순이익 비중: 서비스업과 제조업(2005~2023)

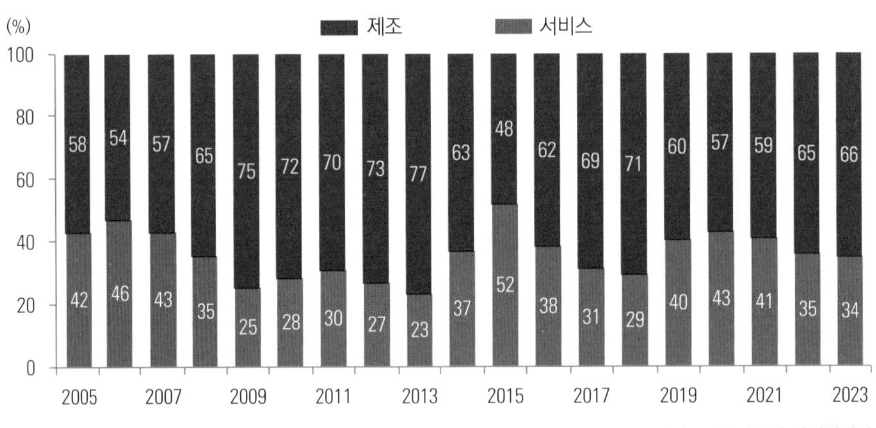


*자료: 블룸버그, Refinitiv, 이베스트투자증권 리서치센터

한국의 월별 수출이 잡아내지 못하는 서비스 영역이 커졌으니 이전과는 다른 흐름을 보일 수 있을까? 적어도 상장사들의 순이익 비중으로 보면 여전히 한국은 제조업 중심이다.

미국의 2021년 실적이 좋았던 것은 내구재(재화) 수요가 폭증했기 때문이다.

[그림 5-39] 미국의 소비: 내구재와 서비스 추이(2018~2021)

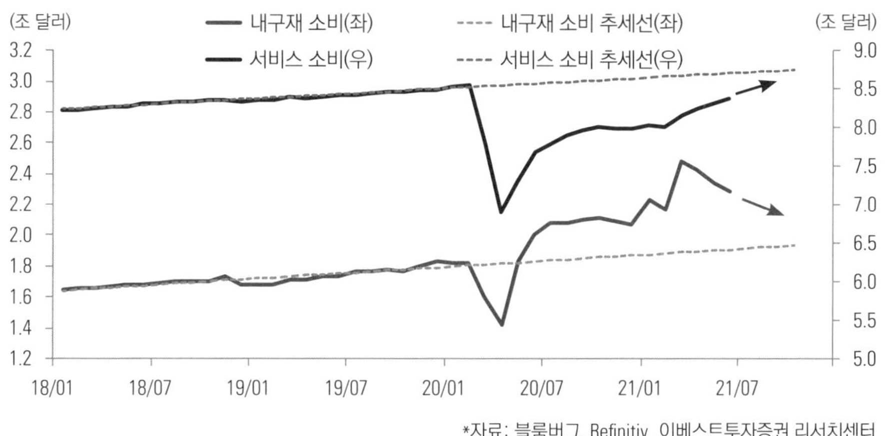


*자료: 블룸버그, Refinitiv, 이베스트투자증권 리서치센터

[그림 5-40] 미국의 가처분소득(이전소득 제외)과 소매 판매 추이(2015~2021)

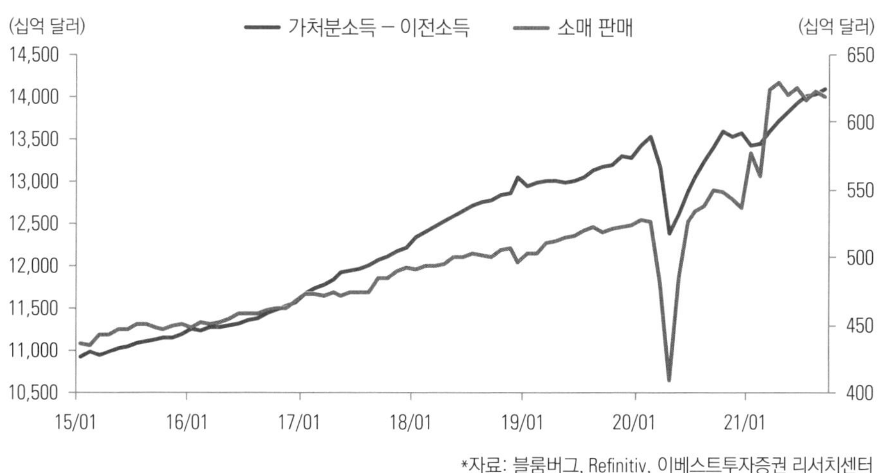


*자료: 블룸버그, Refinitiv, 이베스트투자증권 리서치센터

2022년에도 긍정적인 수요 환경이 지속된다면 2021년 같은 호실적을 기대할 수 있을 것이다. 기업은 높아진 비용을 손쉽게 소비자에게 전가할 수 있기 때문이다. 그러나 이미 재화 수요가 둔화되고 있어서 포스트 코로나이든 위드 코로나이든 재화보다는 서비스 수요 회복을 기대할 수밖에 없는 상황이다.

최종 수요의 원천인 개인 소득 역시 이전 소득을 제외하면 특별히 긍정적인 수요를 기대하기 어려워 보인다. 2021년 수요의 원천인 가처분소득의 증가 폭이 재화 소비(소매 판매) 증가 폭에 비해 적기 때문이다([그림 5-40] 참고).

2022년 9월 말 현재까지 한국의 기업 이익 컨센서스는 빠르게 하락하고 있다. 지정학적 리스크를 비롯해 예상치 못한 다양한 이벤트가 발생한 것과 더불어 수요 부진의 영향으로 2021년 11월 예상했던 이익 레벨은 요원해져버렸다.

# 팩터 분석

팩터 분석은 증권사 퀀트가 발행하는 대표적인 자료 유형 중 하나다. 상대적으로 친숙하지 않은 접근 방식이기에 관심이 크지 않지만 익숙해지면 많은 도움이 될 수 있다.

우선 빈번하게 언급되는 성장주, 가치주, 배당주 등의 개념이 팩터 분석에 기반한다. 또한 이익 개선이 전망되는 종목, 배당수익률이 높은 종목, 밸류 메리트가 높은 종목 등 정량적인 종목 스타일마다 경기 사이클과 시장 환경에 따라 서로 다른 수익률 양상을 보이니, 상황에 따라 어떤 종목이 더 높은 수익률을 기대할 만한지 고민할 수 있다. 마지막으로 팩터 분석에 국한되지 않고 전반적인 투자 모델 개발에 도움이 될 여지가 많다. 퀀트 분석에 관심이 있는 독자라면 팩터 분석을 공부해볼 만하다.

증권사마다 운용사마다 다양한 방식으로 멀티 팩터 모델을 구현해 활용하고 있다. 특히 자산운용사, 그중에서도 코스피200 등 주가지수를 추종하는 패시브 운용에서 가장 많이 활용한다. 나도 멀티 팩터 스코어링 모델을 개발하고 자료를 통해 매월 어떤 스타일 팩터(지표)가 수익률 차별화를 크게 만들어낼 수 있는지, 그리고 결과적으로 어떤 종목들을 긍정적으로 전망하는지(롱 포트폴리오), 부정적으로 전망하는지(숏 포트폴리오)를 제시한다.

다만 이 책에서는 그 모델을 자세히 설명하지 않는다. 실익이 크지 않기 때문이다. 통계 관점에서 접근하기 때문에 멀티 팩터 스코어링에 따른 포트폴리오는 상대적으로 많은 종목으로 구성되어서 개인 투자자가 접근하기엔 쉽지 않다. 모델 자체를 설명하기보다는 스타일 팩터 관점에서 각 지표가 어떤 특징을 갖는지, 어떤 분석에 따라 그 특징이 도출되었는지 등을 설명하고자 한다.

## 초과수익을 창출하는 팩터를 찾아라

팩터 분석은 효율적 시장 가설을 반박하면서 시작되었다. 효율적 시장 가설은 이용 가능한 정보가 주가에 충분히, 그리고 즉각적으로 반영된다는 것이다. 하지만 실제 시장에는 다양한 초과수익을 창출하는 이상 현상(anomalies)이 확인되고, 이를 연구하는 것이 바로 팩터 분석이다. 특정 팩터를 확인하고 이후의 주가 수익률 차별화를 중점적으로 분석한다.

더불어 팩터 분석은 정량적 관점, 개별 종목의 지표들에서 시작하는 상향식 관점에서 기본적이고 강력한 틀이다. 현재의 주도 종목이 어떤 성격을 지니는지를 액티브 관점에서는 업종이나 테마를 중심으로 탐색한다면, 퀀트는 팩터에 기반해 접근한다.

기본적으로 현시점에 어떤 지표를 중심으로 수익률이 차별화되는지 접근하기 때문에 횡단면 분석에 가깝지만, 데이터를 쌓아나감으로써 시계열 분석으로 이어진다. 개별 팩터가 고유의 성과 패턴을 보이는 경우가 많기 때문에, 기본적으로 어떤 환경에서 어떤 팩터를 중심으로 종목을 선정해야 하는지, 시장이 어떤 방향으로 나아갈지 추정하는 도구로 확장할 수 있다.

## 스타일 팩터 활용법

팩터 분석은 크게 3가지에 활용할 수 있다.

### 종목 선정

개별 종목을 매매할 때 활용한다. 팩터들은 시장 환경에 따라 성과 패턴이 서로 다르다는 점을 활용하는 것이다. 예를 들어 PBR 밸류에이션 메리트가 높은 종목들은 시장이 상승하거나 하락할 때 우수한 성과를 내고 비추세적인 흐름을 보일 때 높은 성과를 달성한다. 시장이 박스권 흐름을 보일 것으로 예상한다면 PBR 밸류에이션 팩터는 종목 선정 시 고려할 지표에서 제외한다. 또 다른 방법은 특정 시점에 우려 요인으로 꼽히는 것들에서 상대적으로 자유로운 종목을 중심으로 선정하는 것이다. 높은 인플레이션 환경에서 소비력 우려가 높아진 시기에는 상대적으로 영업이익률이 높은 종목과 같은 고퀄리티 종목을 선정하는 방식 등이 이에 해당한다.

### 특정 지표의 성과 측정

개별 팩터들을 분석함으로써 널리 알려진 지표들 중 성과가 우수한 지표를 찾아낼 수 있다. 이익 서프라이즈가 실제 종목별 수익률을 차별화하는 요인인지 통계적으로 확인할 수 있다는 의미다. 장기적으로 우수한 성과를 보이는 팩터가 많지만 성과는 변동성이 있으므로 언제나 우수한 성과를 보이는 지표를 찾기는 쉽지 않다. 시장 상황을 예상하고 이에 부합하는 종목들을 선정하는 것이 보다 현실적인 접근 방식이다. 퀀트 애널리스트들이 이익 모멘텀이 우수한 종목이나 고배당 종목 등을 긍정적으로 보면, 이와 같은 고민을 통해 해당 유형의 종목군을 추천하게 된다.

## 스마트 베타 ETF

스마트 베타 ETF는 팩터 분석을 그대로 투자로 연결하는 방법이다. 팩터가 종목의 유형에 따른 분류라면, 스마트 베타 ETF는 특정 유형의 종목군을 매수하는 것이다. 이익 성장률이 높을 것으로 예상되는 종목군으로 구성한 성장주 ETF가 그 예다. 통계적으로 검증된 사실을 실제 금융시장에 활용한다는 점에서 개념적으로 우수하다. 그러나 미국 증시에서 널리 활용되는 것과는 달리 한국에서는 그다지 환영받지 못하고 있다. 개념과 그에 따라 구성한 포트폴리오가 쉽게 와닿지 않는다는 것이 걸림돌로 작용한 것 같다.

스마트 베타 ETF는 사실 업종 ETF 매매와 크게 다르지 않다. 업종 ETF는 특정 업종에 포함된 종목들로 구성된 ETF이고, 그 업종이 전반적으로 좋아질 것이라는 전망하에 매수한다. 여기서 특정 업종을 특정 유형의 종목으로 바꾸면 그대로 스마트 베타 ETF가 된다. 다만 팩터의 성과를 포트폴리오 수익률로 연계하는 방법이 다소 다를 수 있다.

참고로 주가지수 산출 기관 중 대표적인 글로벌 기업인 MSCI와 S&P가 각 스타일 지수를 산출할 때 활용하는 지표를 [표 5-3]에 정리했다.

[표 5-3] MSCI와 S&P가 각 스타일 지수에 활용하는 지표

| 구분 | MSCI | S&P |
|---|---|---|
| 가치 | Book Value to Price(확정치 기준) | PBR |
| | Earnings to Price(향후 12개월 예상치 기준) | PER |
| | 배당수익률(최근 12개월 배당 기준) | PSR |
| 성장 | 향후 3 ~ 5년 동안의 예상 EPS 증가율 | 최근 3년 EPS 성장률/주가 |
| | 향후 12개월 예상 EPS 증가율 | 최근 3년 매출 성장률/주가 |
| | 내부 성장률(ROE_최근 12개월 X 이익유보율) | 최근 12개월 주가 수익률 |
| | 최근 5년 동안의 EPS 증가 추세 | |
| 저변동성 | 주가 변동성, 공분산 등을 통한 포트폴리오 최적화 | 최근 1년 동안의 주가 변동성 |
| 고배당 | 배당수익률(최근 12개월 기준) | 향후 12개월 예상 배당수익률 |
| | (추가적인 네거티브 스크리닝 조건: 배당성향, 과거 배당 지속성, 최근 5년 배당 성장률) | |
| 퀄리티 | ROE(최근 12개월 기준) | ROE(최근 12개월 기준) |
| | 부채비율(가장 최근 결산 기준) | 발생액 배수(Accruals Ratio, 순영업자산 증가율로 계산) |
| | 이익 변동성(5년 동안의 이익 증가율 변동성) | 재무 레버리지 비율 |

*자료: 블룸버그, 이베스트투자증권 리서치센터

## '가치주 투자 전략' 분석 결과

### 팩터 분석에 주로 활용하는 데이터

팩터 분석에 활용하는 데이터는 무수히 많다. 초과수익 창출에 대한 연구라는 점에서 다양한 팩터를 두루두루 보는 것이 중요하기 때문이다. 다양한 팩터 데이터를 볼수록 초과수익의 원천을 놓치지 않을 가능성이 높다. 내가 현재 모니터링하는 지표는 총 8개 유형의 229개 팩터다. 더불어 해당 지표 값

뿐만 아니라 각 종목이 포함되는 업종 대비 지표 값(sector neutral), 즉 업종 특성을 제외하거나 업종 내의 상대적 수치를 비교할 수 있는 지표 값을 함께 체크해 총 458개를 정기적으로 모니터링하고 있다.

① 이익 모멘텀 지표: 이익 기대치의 변화를 측정하는 지표로 주로 컨센서스 변화 또는 개별 추정치 변화에 초점을 맞춘다. 가치 지표와 더불어 가장 안정적이고 높은 성과를 보인다. 이익 서프라이즈 지표를 여기에 포함했는데, 이익 서프라이즈가 이익 컨센서스 변화를 유발할 개연성이 높기 때문이다. 이익 서프라이즈 지표 중 실적 발표일 전후 총 3거래일간의 초과수익률은 상대적으로 수치가 낮지만 다른 이익 서프라이즈 지표와의 성과 상관계수가 낮다는 점에서 의미가 있다. 성과 상관계수가 낮을수록 다른 지표와 결합했을 때 성과 개선 효과가 크기 때문이다. 이익 모멘텀 지표에서 주로 활용하는 지표는 올해 영업이익 컨센서스의 1개월 전 대비 변화율이고, 이익 서프라이즈 지표에서 주로 활용하는 지표는 발표된 실적이 이익 컨센서스 대비 얼마나 높은지 등을 측정하는 지표다.

② 성장 지표: 이익을 비롯한 기업의 성장성을 측정하는 지표로서 주로 매출, 영업이익, 순이익 등의 실적 성장률 지표가 활용된다. 전반적으로 단기(1~3개월)에는 이렇다 할 초과수익이 관찰되지 않는다. 이익 증가에 대한 기대치인 이익 증가율 컨센서스가 이미 높은 밸류에이션 멀티플로 주가에 반영돼 있기 때문으로 추정된다. 다만 2020년 코로나19 쇼크 이후 2021년까지 높은 성과를 기록했는데, 나는 시장의 구조적 변화라기보다는 유동성이 풍부한 시기의 이례적인 현상으로 판단한다. 한편 미국 증시에서는 성장 지표가 주도적으로 강세를 보이며 장기적인 지수 상승을 이끌어왔다.

③ 가격 모멘텀 지표: 주가는 추세적인 흐름을 보이기 때문에 최근의 추세

가 향후에도 지속될 것을 전제로 하며, 주로 기간 수익률이나 주가 추이 등에 초점을 맞춘 지표들이 활용된다. 다양한 학술 논문을 통해 성과가 확인되었고 한국보다는 미국을 비롯한 해외에서 더 많이 활용되고 있다. 한국에서는 코로나19 쇼크 이후에 높은 성과를 보였다. 특히 모멘텀을 측정하는 지표 중 최근 12개월 동안의 주가 수익률이 높은 성과를 보이는 것으로 알려져 있다.

④ 리스크 지표: 주가의 위험을 측정하는 지표로서 주로 베타(beta)나 변동성 등을 활용한다. 초과수익이 크진 않지만 1개월 이하의 단기간에서 일부 초과수익을 창출하는 것으로 보인다.

⑤ 퀄리티 지표: 기업 혹은 이익의 지속 가능성을 측정하는 지표로 주로 재무 건전성, 기업의 유동성, 이익 마진율 등을 활용한다. 대표적인 방어 팩터로서 시장이 부진할 때 주가 차별화가 두드러진다. 다만 미국에서는 대표 성장주인 빅테크가 높은 퀄리티를 겸비함에 따라 상승 탄력 역시 양호한 모습을 보여왔다.

⑥ 유동성 지표: 투자 주체별 수급 지표로 기관과 외국인, 개인의 순매수 등이 활용된다. 대체로 안정적인 성과를 보이진 않지만 의외로 개인 수급 관련 팩터들이 견조한 성과를 보인다.

⑦ 가치 지표: 밸류에이션 지표로서 비교 가능성과 계산 편의성 등으로 인해 주로 상대 가치 평가 지표들이 활용된다. 장기적으로 우상향하는 팩터가 상당수 포진해 있으며, 지표의 값 자체보다는 시계열 대비 현재의 수준을 비교하는 지표가 상대적으로 더 높은 초과수익을 창출하는 경향이 있다. 일반적으로 시장이 상승할 때 높은 성과를 보이지만, 코로나19 이후의 상승장에서는 그러한 성과를 보이지 못했다. 또한 시장 하락 시에는 현금흐름 관련 지표나 컨센서스가 아니라 확정 값 기반의 밸류가 더 우수한 초과수익을 창출하곤 한다.

⑧ 배당 지표: 배당과 관련된 지표로서 배당수익률이 가장 흔하게 쓰인다. 퀄리티와 마찬가지로 방어적 성향의 성과 패턴을 보인다. 유형 내 개별 팩터의 전반적인 성과를 기준으로 하면 가치와 이익 모멘텀 다음으로 성과가 높다.

### 데이터 가공(전처리)

OP_12M Fwd_1M Chg(12개월 예상 영업이익 컨센서스의 1개월 전 대비 변화율)를 기준으로 팩터 데이터를 가공하고 해석하는 방법을 살펴보자.

우선 팩터 데이터를 가공해야 한다. 비교 가능하도록 수정하는 것인데, 데이터 이해가 부족하면 잘못된 방식으로 접근할 수 있으니 주의가 필요하다. 크게 주의해야 할 부분은 다음의 3가지 정도다. 팩터 모델을 만들 때뿐만 아니라 구현할 때에도 동일하게 적용된다.

① 0과 N/A(Not Available): 0은 데이터 값으로서의 의미가 있고 N/A는 데이터가 없다. OP_12M Fwd_1M Chg를 기준으로 보면 컨센서스가 없는 종목, 컨센서스가 없었다가 새로 생긴 종목, 컨센서스가 있었지만 없어진 종목이 N/A에 해당한다. 반면 0은 컨센서스가 변하지 않았다는 의미다. 한국 증시에 상장된 종목 중 컨센서스가 없는 종목이 생각보다 많으니 주의가 필요하다.

② N/A 처리: 0과 N/A가 다르다는 것을 인지했다면 이젠 N/A 값을 어떻게 처리할 것인가의 문제가 발생한다. 이 역시 데이터에 대한 이해가 필요하고 합리적인 의사결정이 개입한다. 우리는 N/A 값을 매력도의 중간 레벨로 간주해서 영향을 미치지 않도록 처리하고 있다.

③ 극단값 처리(Winsorization): 극단값은 이름과는 달리 매우 빈번하게 나타난다. 변동성이 높은 데이터일수록 그런데 OP_12M Fwd_1M Chg 역시 변동성이 높은 지표 중 하나다. 이 지표에서는 소폭 적자나 소폭 흑자를 예상했던 종

목에서 1개월 후 흑자 전환이나 적자 전환이 예상되는 경우가 가장 빈번하게 나타난다. 이에 대해 각각 임의의 값을 지정할 수도 있고, 지표 값 자체를 활용하기보다는 Z-스코어(Z-Score) 값을 활용하여 ±3 값을 경계값으로 제한하는 등의 방법을 택할 수 있다.

### 개별 분석 사례

OP_12M Fwd_1M Chg는 가장 널리 사용되는 이익 모멘텀 지표 중 하나로서 성과가 우수하고 안정성도 높다. 우상향하는 팩터가 많지만 그중에서도 장기적 성과가 증명되고 있다.

본격적으로 분석하기에 앞서 활용할 주요 지표들부터 살펴보자.

① 정보계수(Information Coefficient, IC): 팩터의 성과를 측정하는 주요 지표로, 특정 지표가 향후 주가 수익률 차별화에 관여하는 정도라고 할 수 있다. 특정 지표 값과 이후 일정 기간의 수익률 간의 상관계수로 계산된다. 상관계수이기 때문에 -1.0~+1.0 범위를 가지며, 이론적으로는 단위가 없으나 편의상 %로 표기하기도 한다. 예를 들어 특정 지표 값에 따라 이후 수익률이 정해진다면 1.0의 값을 갖는다. 지표 값 순위와 수익률 순위 간 상관계수를 측정하는 순위 상관계수가 활용되기도 한다. 나는 순위 상관계수를 더 선호한다.

② 정보 비율(Information Ratio, IR): 성과 지표 중 하나로서 변동성을 감안한 점이 특징이며 '성과/변동성'으로 계산한다. IC 지표나 5분위수 혹은 10분위수의 초과수익률 계산에도 활용된다.

③ 적중률(hit ratio): 특정 기간 중 (+) 초과수익률 혹은 (+) IC 값을 기록한 기간의 비율로서 성과의 안정성을 측정하는 지표다. 포트폴리오 리밸런싱 기간에 따라 기간 단위가 달라지며, 여기에서는 월간을 기준으로 계산한다.

④ 신뢰도: IC와 초과수익률에 대해 통계적으로 t-분포에 의거한 신뢰 수준을 나타낸다.

⑤ 롱숏(L/S) 포트폴리오: 분위별 성과를 측정할 때 많이 활용되는 포트폴리오다. IC는 전체 종목에 대해 상관계수를 계산하기 때문에 그 자체로 성과를 나타내지만, 분위별로 접근하면 최상위 포트폴리오의 성과와 최하위 포트폴리오의 성과 차이를 통해 팩터 성과를 측정한다. 수익률, 적중률, IR을 모두 활용해 롱숏 성과를 측정하고 팩터 성과를 가늠한다.

IC에 따른 성과를 분석해보자. OP_12M Fwd_1M Chg 지표를 짧게는 1주에서 길게는 4개월에 걸쳐 측정하고 살펴봤다. 지표 값이 주가 수익률에 반영되기까지 소요되는 시간과, 특정 지표가 시간이 지남에 따라 주가 설명력이 낮아지는 시점을 판단하기 위함이다. 물론 안정적인 성과가 도출되는지도 확인해야 한다.

[표 5-4]에서 기간별 IC 값의 분포를 보면 1개월 성과가 가장 우수하다. 성과의 크기(IC 평균값), 성과의 안정성(적중률), 변동성 대비 성과(IR) 등 모든 면에서 가장 우수한 모습을 보인다. 신뢰도 또한 높게 도출된다. 정리하면 1개월

[표 5-4] 기간별 성과표(2006~2021)

| 기간 | IC(%) | 표준편차(%) | IR(%) | 적중률(%) | 신뢰도(%) |
|---|---|---|---|---|---|
| 1주 | 1.45 | 10.65 | 13.62 | 59.7 | 94.0 |
| 2주 | 1.46 | 9.77 | 14.92 | 57.8 | 96.1 |
| 1개월 | 3.17 | 9.68 | 32.79 | 64.4 | 100.0 |
| 2개월 | 2.51 | 8.56 | 29.30 | 63.2 | 100.0 |
| 3개월 | 1.89 | 7.58 | 24.88 | 61.9 | 99.9 |
| 4개월 | 1.68 | 9.01 | 18.64 | 55.3 | 99.0 |

*자료: FnGuide, 이베스트투자증권 리서치센터

을 기준으로 볼 때 주가 설명력이 가장 큰 지표로 확인된다. 또한 성과 역시 개별 팩터로서 충분히 높다.

다만 누적 IC와 12개월 이동평균 IC, 월별 IC를 통해 성과 흐름을 보면 2006년부터 2009년까지는 성과가 안정적이고 우수하지만 2010년부터 2019년 상반기까지는 이렇다 할 성과를 보이지 못했다. 아마도 IT 인프라가 발

[그림 5-41] 기간별 IC

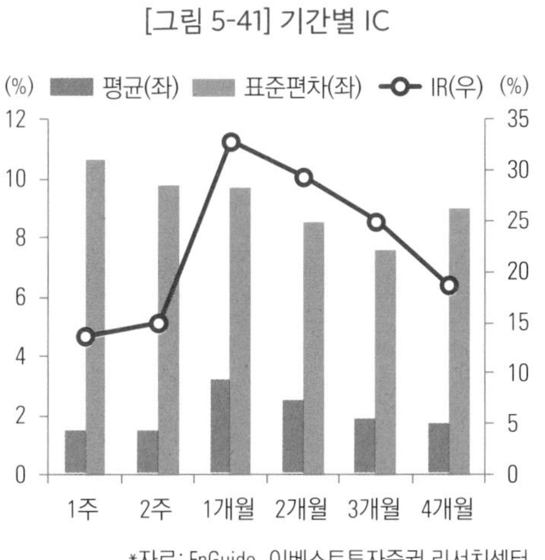


*자료: FnGuide, 이베스트투자증권 리서치센터

[그림 5-42] 누적 IC(2006~2021)

12개월 이동평균 IC(좌) 누적 IC(우)

*자료: FnGuide, 이베스트투자증권 리서치센터

[그림 5-43] 월별과 12개월 이동평균 IC(2006~2021)

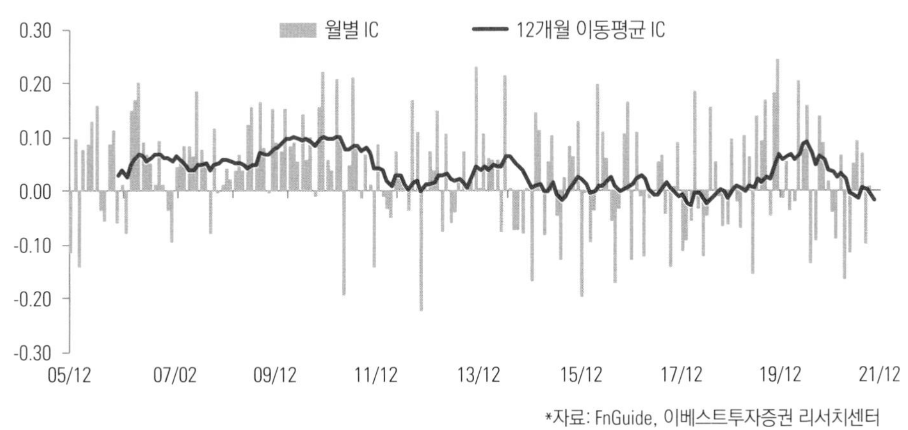


*자료: FnGuide, 이베스트투자증권 리서치센터

달해 데이터 접근성이 높아짐에 따라 초과수익이 감소한 것으로 추정된다.

참고로 누적 IC는 월별 IC 값을 단순 누적한 값이다. 상관계수이기 때문에 수익률 개념으로 접근하지 못하고, 단순 누적이 주가 설명력을 더 잘 표현하기 때문이다. 덕분에 복리 효과가 포함되지 않고, 특정 시점의 기울기가 곧 성과를 나타낸다는 장점도 있다.

이번에는 분위별 성과를 살펴보자.

가장 많이 활용하는 기준은 유니버스를 20%씩 5개 분위로 나누는 것이다. 일반적으로 코스피200을 유니버스로 하는데, 대수의 법칙을 감안하면 그룹당 종목이 40개는 되어야 유의미한 분석 결과를 도출할 수 있다는 판단 때문이다. 그러나 10% 기준, 즉 20개 종목으로도 의미 있는 결과가 도출된다는 것을 확인함에 따라 우리 모델은 최종 포트폴리오를 최상위 10%(20개 종목)와 최하위 10%(20개 종목)로 제시한다. 또한 동일가중을 기본으로 하며, 이에 따라 코스피200 동일가중지수가 벤치마크가 된다. 팩터 개념 자체가 지표의 주가 차별화에 대한 설명력을 분석하는 것이기 때문이다. 시가총액가중 방식 등을 통해 개별 종목에 차등을 두면 팩터의 성과가 왜곡될 수 있다.

[표 5-5] 5개 분위의 성과(2006~2021)

| 분위 | | 초과수익률 (A) (연율화, %p) | 표준편차 (B) (연율화, %) | IR (A) / (B) (%) | 적중률 월간 기준 (%) | 신뢰도 (%) |
|---|---|---|---|---|---|---|
| 1그룹 | 최하위 ↑ | -5.46 | 7.01 | -77.82 | 37.5 | 99.8 |
| 2그룹 | | -4.93 | 5.43 | -90.72 | 40.1 | 100.0 |
| 3그룹 | | 0.10 | 4.28 | 2.26 | 46.4 | 7.2 |
| 4그룹 | ↓ 최상위 | 3.22 | 6.45 | 49.91 | 53.6 | 94.9 |
| 5그룹 | | 7.63 | 6.78 | 112.64 | 57.8 | 100.0 |
| 롱숏 | | 13.78 | 10.95 | 125.82 | 65.1 | 100.0 |

*자료: FnGuide, 이베스트투자증권 리서치센터

분석 결과를 보면 5개 분위와 10개 분위 모두 상당히 안정적인 성과를 낸다. 성과의 크기(월별 초과수익률 평균)와 안정성(적중률) 모두 그렇다. 특히 최상위 그룹(5개 분위에서는 5분위, 10개 분위에서는 10분위)에서 최하위 그룹(1분위)까지 차등적인 성과 흐름을 보이는 것이 인상적이다. 실사례로서 우수한 팩터를 제시했기 때문이다. 그렇지 못한 팩터 역시 많다.

5개 분위와 10개 분위 모두 중간 그룹(5개 분위에서는 3분위, 10개 분위에서는 5분위와 6분위)의 신뢰도가 낮게 측정된다. 이는 우리 팩터 모델에서 N/A와 Null 값을 모두 중간 그룹으로 처리했기 때문이다. 전반적인 성과를 계산할 때 큰 영향을 미치지 못하게 하는 방식이다.

5개 분위와 10개 분위의 차이는 성과의 크기와 변동성에 있다. 그룹별 종목 수에 따라 10개 분위의 변동성이 상대적으로 높지만 그만큼 성과도 크게 나타난다. 최상위 그룹과 롱숏(최상위 그룹−최하위 그룹)에서 모두 확인된다. IR 면에서는 5개 분위 기준의 롱숏 값이 더 높지만 차이가 그리 크진 않아서, 10개 분위 기준을 활용해도 큰 차이는 없을 것으로 보인다.

[그림 5-44] 5개 분위 초과수익률(2006~2021)

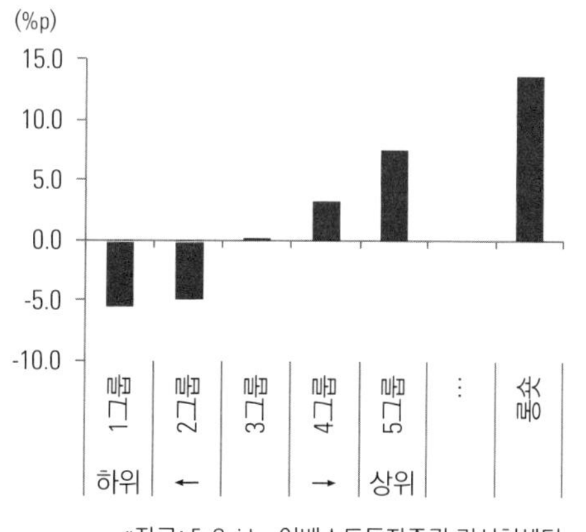


*자료: FnGuide, 이베스트투자증권 리서치센터

[그림 5-45] 5개 분위 적중률(2006~2021)

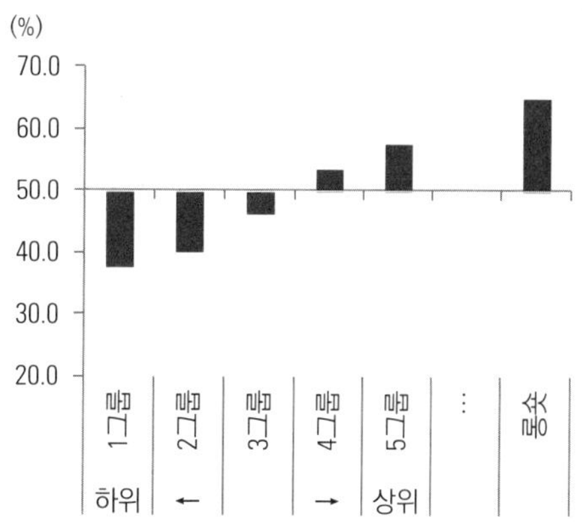


*자료: FnGuide, 이베스트투자증권 리서치센터

[그림 5-46] 최상위 그룹(5분위)
월별(12개월 이동평균) 초과수익률(2006~2021)

*자료: FnGuide, 이베스트투자증권 리서치센터

[그림 5-47] 롱숏(5분위-1분위)
월별(12개월 이동평균) 초과수익률(2006~2021)

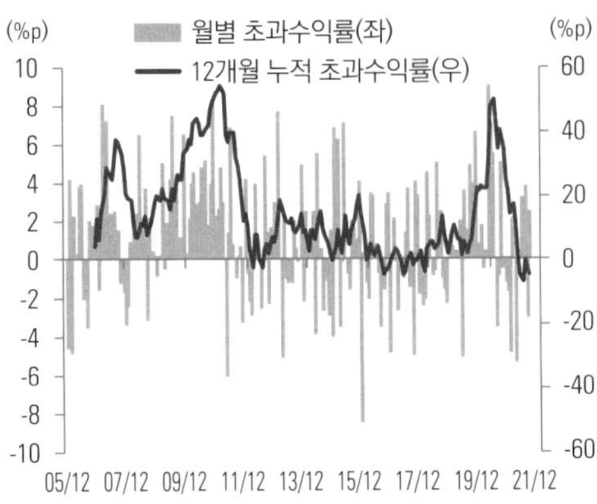


*자료: FnGuide, 이베스트투자증권 리서치센터

[표 5-6] 10개 분위별 성과(2006~2021)

| 분위 | | 초과수익률 (A) (연율화, %p) | 표준편차 (B) (연율화, %) | IR (A) / (B) (%) | 적중률 월간 기준 (%) | 신뢰도 (%) |
|---|---|---|---|---|---|---|
| 1그룹 | 최하위 매력도 ↑ | -7.86 | 9.84 | -79.84 | 39.6 | 99.9 |
| 2그룹 | | -3.04 | 9.07 | -33.54 | 42.7 | 82.5 |
| 3그룹 | | -6.45 | 8.35 | -77.29 | 35.4 | 99.8 |
| 4그룹 | | -3.38 | 8.12 | -41.64 | 44.3 | 90.8 |
| 5그룹 | | 0.05 | 5.87 | 0.90 | 45.8 | 2.9 |
| 6그룹 | | 0.05 | 8.94 | 0.51 | 49.0 | 1.6 |
| 7그룹 | | 3.38 | 8.94 | 37.80 | 53.1 | 86.2 |
| 8그룹 | | 3.14 | 8.67 | 36.25 | 48.4 | 84.5 |
| 9그룹 | | 6.09 | 8.80 | 69.24 | 55.2 | 99.2 |
| 10그룹 | ↓ 매력도 최상위 | 9.27 | 9.80 | 94.60 | 58.3 | 100.0 |
| L/S | | 18.46 | 14.42 | 128.00 | 64.1 | 100.0 |

*자료: FnGuide, 이베스트투자증권 리서치센터

[그림 5-48] 10개 분위 초과수익률(2006~2021)

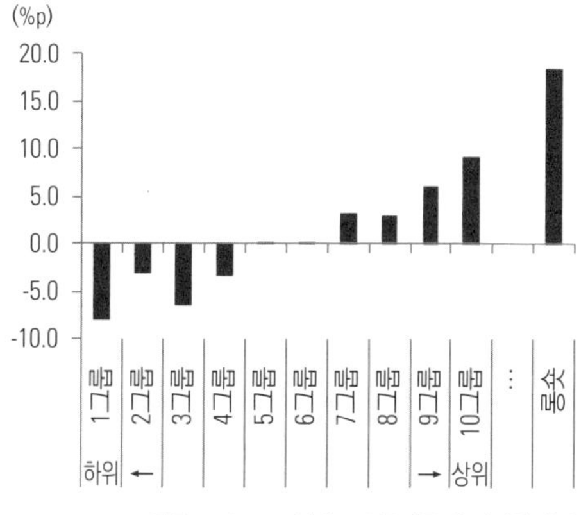


*자료: FnGuide, 이베스트투자증권 리서치센터

[그림 5-49] 10개 분위 적중률(2006~2021)

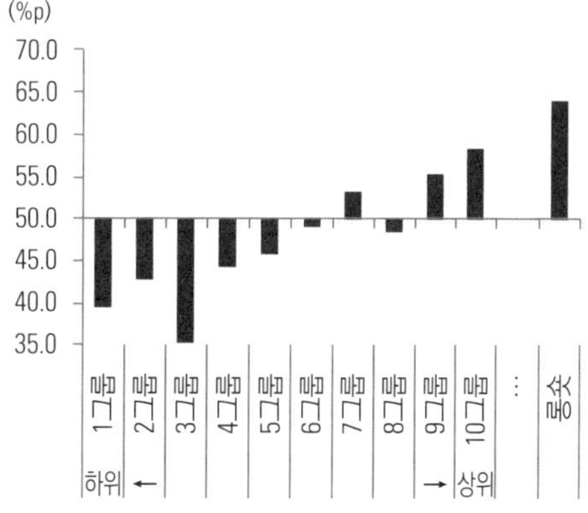


*자료: FnGuide, 이베스트투자증권 리서치센터

[그림 5-50] 최상위 그룹(10분위)
월별과 12개월 누적 초과수익률(2006~2021)

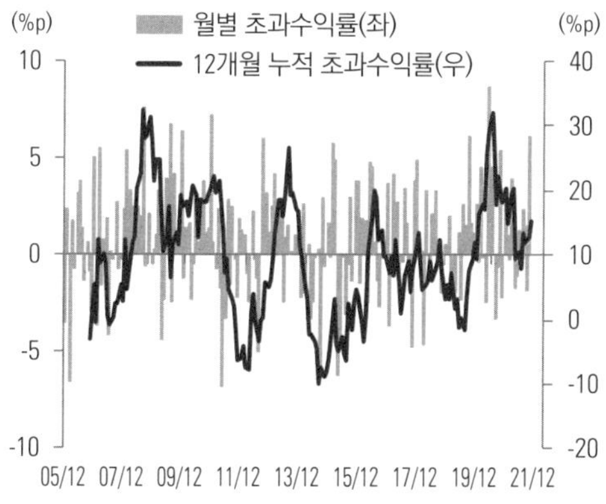


*자료: FnGuide, 이베스트투자증권 리서치센터

[그림 5-51] 롱숏(10분위-1분위)
월별과 12개월 누적 초과수익률(2006~2021)

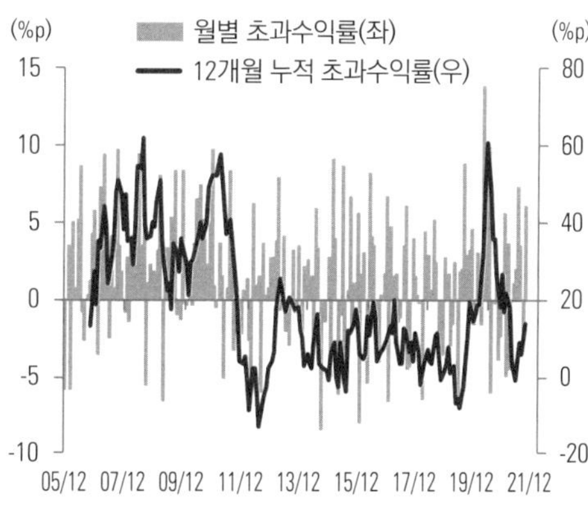


*자료: FnGuide, 이베스트투자증권 리서치센터

# 2023년 주식시장을 전망한다

2023년 주식시장은 어떨까? 2022년 10월 25일에 펴낸 2023년 연간 전망 자료 '변동성은 위험이 아니다 - 바닥에서 파는 것도 위험'과 더불어 주간 정기 자료(Quant Weekly)를 통해 살펴보자. 불확실성이 높은 환경에서 주식 투자에 대한 고민에 도움이 됐으면 한다. 결과적으로 2022년 연간 전망과 달리 이미 부정적인 매크로 환경이 주가에 상당 부분 반영된 것으로 판단한다. 지수 상승 여력이 크지 않을 수는 있지만, 모두가 걱정하는 위기 상황에 움츠러들기보다는 적극적인 행동이 필요한 시점이다.

## 관찰과 측정: 극단적인 밸류 레벨과 쏠림

코스피는 2022년 7월 6일 3,305pt를 역사적 고점으로 기록한 이후 2022년

9월 말 저점인 2,215pt까지 35% 하락했다. 시장은 긴축과 이로 인한 경기 침체, 시스템 위기로까지의 확산 가능성을 언급하며 공포에 질려 있는 상황이다. 누가 봐도 시장 상승 요인보다는 하락 요인이 더 눈에 들어오고 합리적으로 보인다.

그럼에도 불구하고 세부적인 데이터를 살펴볼 필요가 있다. 고점 대비 35% 하락한 가격 레벨이 매력적인지부터 체크하는 것이 우선이다. 코스피의 PBR(FQ0, 이하 FQ0 생략)은 이미 2008년 글로벌 금융위기에 근접한 수준까지 하락했다. 2022년 9월 말의 0.83배는 2008년 10월 24일 저점인 0.81배와 유사해서, 가격적으로는 충분히 매력적인 수준까지 도달했다고 볼 수 있다.

또 한 가지 눈여겨볼 만한 지표는 수급 지표다. 부정적인 전망이 지배하는 상황에서 이를 상당 부분 반영한 것으로 확인되는 지표들이 있기 때문이다. 앞서 언급한 원인들로 인해 긴축 우려가 심화되고 이를 반영해 달러인덱스가 가파른 상승세를 보였다. 그런데 선물 포지션은 2022년 6월 21일 기준으로, 2005년 말 이후 가장 높은 수준인 76.9%까지 상승한 이후 소폭 하락했다. 연

[그림 5-52] 코스피지수와 PBR(FQ0) 추이(2005~2022)

*자료: FnGuide, 이베스트투자증권 리서치센터

[그림 5-53] 달러인덱스 선물 순포지션: 극단적인 상승 베팅의 일부 되돌림(2006~2022)

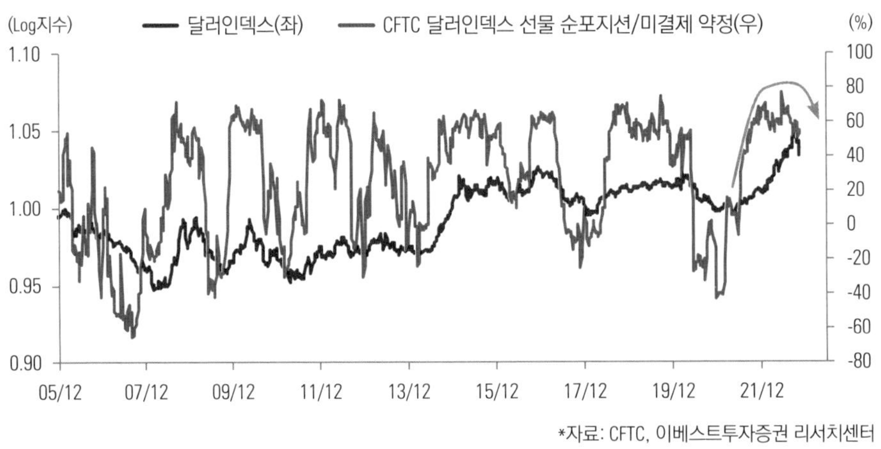


*자료: CFTC, 이베스트투자증권 리서치센터

[그림 5-54] S&P500 선물 순포지션: 극단적인 하락 베팅의 일부 되돌림(2006~2022)

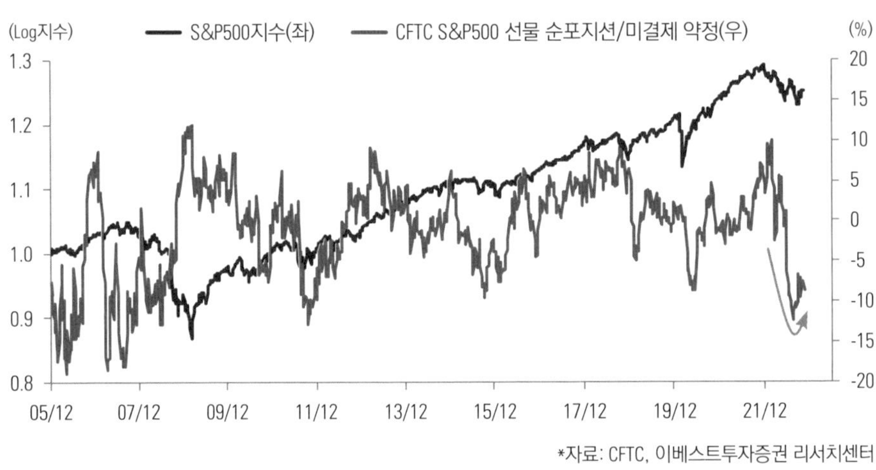


*자료: CFTC, 이베스트투자증권 리서치센터

준의 강도 높은 긴축에서 연결되는 달러인덱스 강세를 감안할 때, 긴축 우려가 상당 부분 반영되었다고 볼 수 있는 부분이다. 반대로 S&P500은 극단적인 하락 베팅에서 일부 되돌림이 나타난 상황이다. 저점으로 놓고 보면 코로나19 쇼크 당시보다 더 많은 하락 베팅이 이뤄졌다는 것은 그만큼 쏠림이 심화된 것으로 해석할 수 있다.

참고로 CFTC의 선물 포지션 데이터는 2장 '신용 사이클을 파악하는 두 번째 열쇠: 미국 달러인덱스'(95쪽)를 참고하기 바란다.

### 예측과 전망: 쏠림 완화

2023년에는 극단적인 우려를 반영한 쏠림이 완화될 것으로 전망한다. 물론 그 속도와 강도는 매크로 변수, 정책, 실적 등에 영향을 받을 것이다. 우선 건전성 지표는 생각보다 양호한 수준을 유지하고 있다. 여기에서는 실적 부분을 검토해보는데, 결론적으로 실적 역시 우려를 상당 부분 반영한 레벨로 평가하고 있다. 때문에 쏠림이 완화될 수 있을 것으로 전망한다.

[그림 5-55] 수출 증가율과 매출액 증가율 산포도

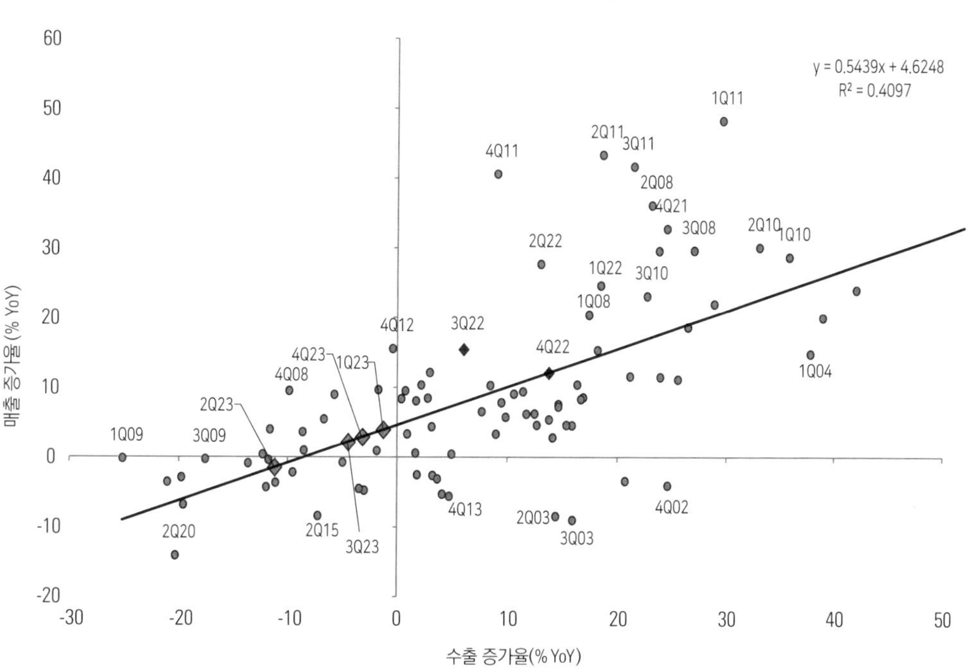


*자료: FnGuide, Refinitiv, 이베스트투자증권 리서치센터

[그림 5-56] 매출액 컨센서스에 내재된 수출 증가율: 2023년 수출 -5%(2019~2023)

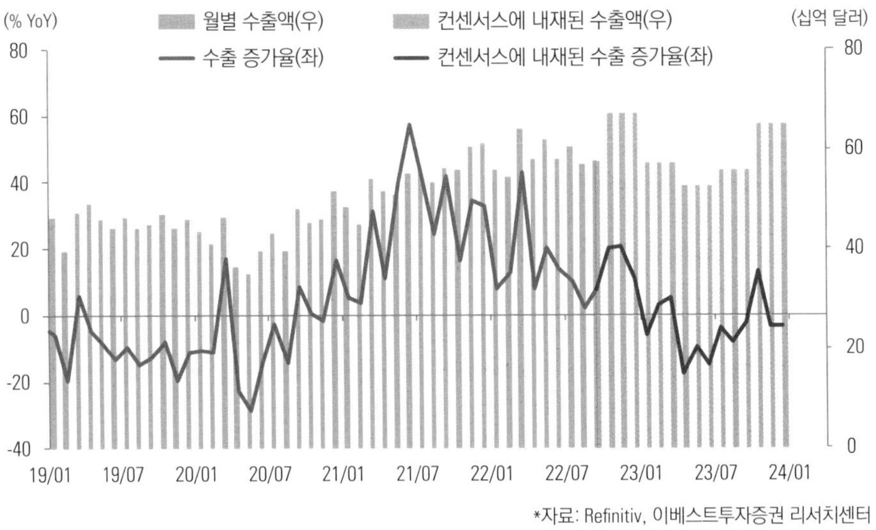


*자료: Refinitiv, 이베스트투자증권 리서치센터

2022년 연간 전망에서 활용한 수출 증가율과 한국 기업들의 합산 매출 증가율을 비교했을 때 이와 같은 평가가 나온다. 부진한 경기와 매크로 리스크를 반영해서 이미 컨센서스는 충분히 낮아졌다고 판단한다. 회귀선 상으로 보면 2023년 분기별 코스피 합산 매출액 증가율 컨센서스는 4개 분기 모두 수출의 역성장을 전제하고 있다. 연간으로 보더라도 2023년 수출 증가율은 -5% 수준이 내재되어 있다. 적어도 매크로와 컨센서스의 명백한 괴리는 없어 보인다.

기업의 이익은 매출에서 비용을 차감한 나머지다. 바꿔 말하면 이익은 매출과 이익률의 곱으로 표현된다. 매출 단은 우려를 상당 부분 반영했다 하더라도 이익 단에서 여전히 추가 하락 여지가 크다면 별다른 의미를 부여할 수 없다. 그런데 이익률 측면에서도 긍정적인 요인을 최소한 한 가지는 찾을 수 있다. 이익에 대한 기대치가 바닥을 기는 상황이기 때문에, 개선의 여지가 있다는 것 자체만으로도 의미가 있다는 점이다.

이익률 개선 여지는 비용 하락 가능성에 있다. 한국이 중간재 수출 기업이라는 관점을 유지해서 살펴보면, 수출과 수입 단가 차이와 이익률 변동 폭이 함께 움직임을 알 수 있다([그림 5-57] 참조). 이를 통해 2022년의 이익률 하락을 설명하면, 수출 단가가 빠르게 하락한 반면 수입 단가는 여전히 높은 수준을 유지하고 있어서 이익률이 부진하다([그림 5-58] 참조).

그러나 2023년부터는 수입 단가 하락이 이익률에 반영될 것이다([그림 5-59] 참조). 왜냐하면 한국의 기업 이익에서 비용은 원자재지수에 3개 분기 지연하여 반영되기 때문이다. 원재료 가격의 변화가 실제 기업들의 구매 가격에 반영되는 데 2개 분기가 지연되고, 구매한 원재료가 생산 과정을 거쳐 판매되고 이익으로 반영되는 데 1개 분기가 지연된다.

우선 앞서 살펴본 수출 단가와 수입 단가의 차이와 영업이익률에서 수입 단가는 전 분기의 수치가 반영된다. 기업의 생산 과정에서 원재료 구입과 생산 투입, 판매 등을 감안하면 원재료비는 당 분기가 아니라 이전에 구입했다고 보는 것이 합리적이다. 실제로 데이터를 보면 당 분기의 수출 단가에서 직전 분기의 수입 단가를 차감한 수치가 영업이익률과의 상관계수가 상대적으로 더 높다.

또한 한국의 수입 물가는 원자재지수에 2개 분기 후행한다. 일반적으로 원자재 가격이 하락하더라도 이미 체결한 계약 가격으로 구매가 이뤄질 수밖에 없다. 낮아진 가격을 신규 계약에 반영하고 해당 원자재를 한국에 들여오기까지 2개 분기가 지연된다고 해석할 수 있다.

### 매크로 전망에 부합하는 종목 스타일: 가치주 선호

쏠림 완화 환경에서 어떤 종목의 주가가 보다 긍정적일까? 매크로 전망을

[그림 5-57] [수출 - 수입] 단가와 코스피 비금융 영업이익률 변동 폭(2001~2023)

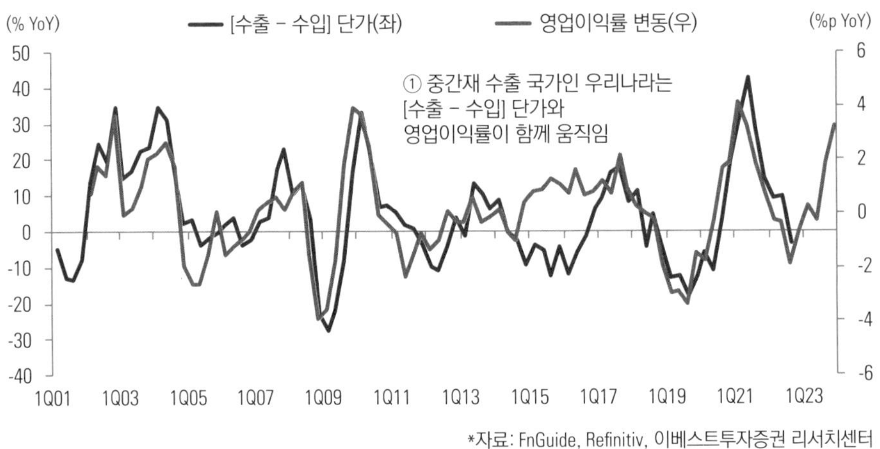


*자료: FnGuide, Refinitiv, 이베스트투자증권 리서치센터

[그림 5-58] 수출 단가와 수입 단가:
수출 단가는 급격하게 하락했으나 수입 단가는 여전히 높은 수준(2001~2023)

*자료: Refinitiv, 이베스트투자증권 리서치센터

참고해서 답을 찾아보았다.

2022년 가장 놀라웠던 것 중 하나는 미 국채 금리 급등이었다. 2021년 말만 하더라도 1.5%에 불과했던 미 국채 10년물 금리는 4.2%까지 급등하며 시장

[그림 5-59] 한국 수입 물가와 CRB 원자재지수:
원자재 가격 하락이 본격적으로 수입 물가에 반영될 시점(2001~2023)

*자료: Refinitiv, 이베스트투자증권 리서치센터

에 충격을 주었다. 그런데 2023년에는 변화가 있을 것으로 전망된다. 한 단계 낮아지거나, 여전히 높은 수준을 유지하며 금리의 변동성, 즉 무브(Move) 인덱스는 하향 안정화되는 모습이다. 이런 매크로 환경에서 어떤 종목 스타일이 우수한 성과를 보일까?

우선 성장주와 가치주 측면에서는 가치주를 선호한다. 물론 금리가 하락하는 구간에서는 성장주가 보다 우수한 성과를 보이는 경향이 있다. 그러나 금리 레벨과 성과 상관계수를 보면 금리가 높은 레벨에서는 성장주보다는 가치주가 우수한 성과를 보이는 경향이 있다. 금리 변동성인 무브 인덱스가 하락할 때는 성장주와 가치주 모두 성과가 우수하지만, 성장주보다 가치주가 더 높은 성과 탄력성을 보인다는 측면에서 가치주를 선호한다.

추가로 이익 모멘텀, 어닝 서프라이즈, 퀄리티, 배당 스타일도 금리 전망에 부합하는 성과 패턴을 보인다는 점에서 관심을 가질 필요가 있다.

[표 5-7] 금리 환경에 따른 스타일 성과 상관계수 매트릭스

| 구분 | | 2023년 전망 | 팩터 성과 지표 | 이익 모멘텀 | 어닝 서프라이즈 | 성장 | 주가 모멘텀 | 변동성 | 퀄리티 | 가치 | 배당 |
|---|---|---|---|---|---|---|---|---|---|---|---|
| 미 국채 10년물 금리 | 월평균 레벨 (%) | 높은 레벨 유지 | IC | 0.17 | 0.10 | -0.07 | 0.07 | -0.02 | 0.20 | -0.02 | 0.06 |
| | | | 롱숏 (%p) | 0.17 | 0.17 | -0.08 | 0.05 | -0.02 | 0.22 | 0.03 | 0.03 |
| | 월평균 변동 폭 (%p) | 제한적인 하락 | IC | 0.18 | 0.11 | -0.07 | 0.09 | -0.03 | 0.22 | -0.05 | 0.08 |
| | | | 롱숏 (%p) | 0.18 | 0.18 | -0.08 | 0.07 | -0.04 | 0.24 | 0.00 | 0.02 |
| 무브 인덱스 | 월평균 레벨 (pt) | 하향 안정화 | IC | 0.05 | 0.03 | -0.02 | -0.05 | -0.11 | 0.04 | 0.02 | 0.01 |
| | | | 롱숏 (%p) | 0.02 | 0.05 | -0.04 | -0.11 | -0.10 | 0.01 | 0.05 | 0.11 |
| | 월평균 변동 (%) | 하락 흐름 | IC | 0.04 | 0.11 | -0.11 | 0.08 | -0.25 | 0.13 | -0.13 | 0.11 |
| | | | 롱숏 (%p) | 0.02 | 0.13 | -0.11 | 0.08 | -0.26 | 0.17 | -0.16 | 0.06 |

*자료: 블룸버그, 이베스트투자증권 리서치센터

앞에서 제시한 가치주 투자 전략이 이에 딱 맞아떨어지는 대응 전략이 될 수 있다. 스타일 선호도상 가치주를 선호하고 더불어 이익 모멘텀, 어닝 서프라이즈, 퀄리티, 배당 등을 관심 스타일로 제시했는데, 가치주 투자 전략이 거의 이런 스타일 팩터를 고려한 투자 전략이기 때문이다.

참고로 [표 5-7]은 2개 데이터 간의 선형 상관계수를 정리한 표다. 이를 통해 성과 패턴을 한눈에 파악할 수 있다. 결론적으로 붉은색 음영은 당사가 전망하는 금리와 무브 인덱스(금리 변동성) 흐름에서 긍정적인 성과를 보이는 스타일 유형이고, 회색 음영은 반대로 당사 전망과 반대의 환경에서 긍정적인 성과를 보이는 스타일 유형이다. 예를 들어 미 국채 10년물 금리의 월평균 레벨은 10년물 금리의 월평균 값과 각 스타일 유형의 성과 간 상관계수 값을 의미한다. 상관계수가 (+)인 스타일은 금리가 높은 레벨일 때 긍정적인 성과를 보

이는 스타일 유형이다. 당사는 금리가 제한적으로 하락하더라도 여전히 높은 레벨을 유지할 것으로 전망하기 때문에, 금리 레벨과 (+) 상관계수를 갖는 스타일 유형인 이익 모멘텀, 어닝 서프라이즈, 주가 모멘텀, 퀄리티, 배당에 붉은색 음영을 해두었다.

미 국채 10년물 금리의 월평균 변동 폭(%p)과 스타일 간 성과 상관계수는 금리의 방향성에 따른 스타일 성과를 보기 위한 것이다. 다만 금리는 제한적인 하락을 예상하지만 일방적인 방향성을 보이기는 어려울 것으로 전망한다. 따라서 해당 지표에는 따로 음영 처리하지 않았다.

무브 인덱스의 월평균 레벨은 변동성의 높고 낮은 수준을 기준으로, 월평균 변동은 변동성의 확대 또는 축소 흐름을 기준으로 각 스타일의 성과 패턴을 확인해보았다. 당사는 무브 인덱스의 하향 안정을 전망하기 때문에 상관계수 값이 (-)인 스타일 유형에 붉은색 음영 처리를 해두었다.

스타일 유형별 성과 지표는 IC 값과 롱숏을 활용했는데, 각 지표는 "팩터 분석"의 '스타일 팩터 유형별 데이터 - 개별 분석 사례' 부분을 참고하기 바란다.

# 찾아보기

한국형 탑다운 투자 전략

초판 1쇄 | 2023년 2월 28일
3쇄 | 2023년 5월 10일

지은이 | 윤지호, 신중호, 최광혁, 정다운, 최진영

펴낸곳 | 에프엔미디어
펴낸이 | 김기호
편집 | 양은희, 오경희
기획관리 | 문성조
마케팅 | 박강희
디자인 | 채홍디자인

신고 | 2016년 1월 26일 제2018-000082호
주소 | 서울시 용산구 한강대로 295, 503호
전화 | 02-322-9792
팩스 | 0303-3445-3030
이메일 | fnmedia@fnmedia.co.kr
홈페이지 | http://www.fnmedia.co.kr
ISBN | 979-11-88754-77-9
값 | 27,000원